Juha-Pekka Raeste und Hannu Sokala
Die 50 gefährlichsten Unternehmen der Welt

JUHA-PEKKA RAESTE UND HANNU SOKALA

DIE 50 GEFÄHRLICHSTEN UNTERNEHMEN DER WELT

Aus dem Finnischen von
Marleen Hakwins

Econ

Wir verpflichten uns zu Nachhaltigkeit
- Klimaneutrales Produkt
- Papiere aus nachhaltiger Waldwirtschaft und anderen kontrollierten Quellen
- ullstein.de/nachhaltigkeit

Die Originalausgabe erschien 2021 unter dem Titel
Maailman 50 vaarallisinta Yhtiötä
bei Nemo
© Juha-Pekka Raeste, Hannu Sokala und Otava Book Foundation 2021

Econ ist ein Verlag
der Ullstein Buchverlage GmbH

ISBN: 978-3-430-21068-3

© der deutschsprachigen Ausgabe
2023 Ullstein Buchverlage GmbH, Berlin
Alle Rechte vorbehalten

Lektorat: Dr. Annalisa Viviani, München
Umschlaggestaltung: total italic, Thierry Wijnberg
Layout und Satz: LVD GmbH, Berlin
Gesetzt aus der Aldus nova Pro
Druck und Bindearbeiten: CPI books GmbH, Leck

Inhalt

Vorwort   9

Einleitung   19

DIE GEFÄHRLICHSTEN UNTERNEHMEN DER WELT, PLÄTZE 50–41   57

50. PGE: Der Verschmutzer Europas   58
49. Purdue Pharma: Die Opioidfabrik   58
48. Berkshire Hathaway: Der Rattenfänger der Investoren   59
47. China National Petroleum Corporation: Verteidiger der Verschmutzung   59
46. Hangzhou Hikvision Digital Technology: Die Nummer eins der Überwachungskameras   60
45. NSO Group: Die Firma, der die Agenten vertrauen   60
44. Kaspersky Lab: Informations(un)sicherheit   61
43. Odebrecht: Der Meister der Bestechung   61
42. Die Coca-Cola Company: Der Müll-Pionier   62
41. ByteDance: Der TikTok-Erfinder   62

DIE GEFÄHRLICHSTEN UNTERNEHMEN DER WELT, PLÄTZE 40–1   63

40. Der norwegische Ölfonds: Der größte Staatsfonds der Welt (JPR)   64
39. Glencore: Verblüffender als sein Ruf (HS)   64
38. Academi: Gekaufte Kämpfer (HS)   65
37. BNP Paribas: Die Makel der Vergangenheit (HS)   66
36. UBS: Ein cleveres Geldversteck (HS)   66
35. Ikea: Wenn Schmutz nicht haften bleibt (HS)   67
34. LVMH: Der König der Luxusgüter (JPR)   68
33. MindGeek: Der größte Netzausbeuter (HS)   68
32. Anheuser-Busch InBev: Der Traum von einer besseren Welt (HS)   69
31. Uber: Temporäre Arbeitsplätze (JPR)   69
30. Visa: Der König der digitalen Zahlungen (JPR)   70
29. Bayer: Umgang mit Giften seit 1898 (JPR)   71
28. Lockheed Martin: Förderer der Kriegswirtschaft (HS)   71
27. Ryanair: Europas beliebteste Billigfluggesellschaft (JPR)   72
26. Huawei: Feind Nummer eins der Vereinigten Staaten (JPR)   72
25. Cargill: Der Konzern hinter dem Big Mac (HS)   73
24. JBS: O Mann, was für ein Unternehmen! (HS)   80
23. Die Walt Disney Company: Träume für alle (JPR)   89
22. HSBC: Die Bank für Terroristen und Drogenhändler (HS)   108
21. Softbank: Start-up-Rausch im großen Stil (JPR)   116
20. Boeing: Weit entfernt von der Marktwirtschaft (JPR)   128
19. Walmart: Hier lohnt es sich einzukaufen (JPR)   140
18. China National Tobacco Corporation: Das Raucherzimmer der Welt (HS)   150
17. Chevron: Bis die Hölle gefriert (HS)   154
16. McKinsey: »Schuldig!« (HS)   161

15. Koch Industries: Sponsor eines »Netzwerks
    der Verleugnung« (HS) 176
14. Microsoft: Einfach immer viel zu mächtig (HS) 192
13. Hon Hai Precision Industry: Das Ausbeutungs-
    unternehmen schlechthin (HS) 203
12. BlackRock: Der Fuchs, der den Hühnerstall bewacht?
    (JPR) 217
11. Apple: Des Kaisers neue Kleider (HS) 229
10. JPMorgan: Überall dabei (HS) 240
 9. Alibaba: So funktioniert das Geschäft der Zukunft
    (JPR) 253
 8. Goldman Sachs: Im Auftrag Gottes (HS) 265
 7. Gazprom: Putins Faust (JPR) 278
 6. Deutsche Bank: Im Herzen Europas ist etwas faul (HS) 291
 5. Facebook: Expansion um jeden Preis (JPR) 305
 4. Amazon: Ein Datenunternehmen mit allem Drum
    und Dran (JPR) 328
 3. Saudi Aramco: Mohammed bin Salman, der Inbegriff
    der Macht (JPR) 342
 2. Tencent: Die Datenschmiede der Welt (HS) 356
 1. Google: Die wichtigste Zahl (HS) 366

DIE WELT AUF CHINAS PFADEN 381

WER MACHT HIER DIE REGELN? 411

Quellen 487

JPR = Juha-Pekka Raeste
HS = Hannu Sokala

Vorwort

Die Zukunft kommt unaufhaltsam. Sie wird nicht mehr von den Mächten der Demokratie, von willkürlichen Entscheidungen gutartiger Herrscher oder böswilliger Diktatoren gestaltet. In unserer neuen Welt geben eine andere Logik und andere Regeln den Takt der Zukunft an.

Früher führte privates Profitstreben mithilfe der Marktmechanismen zu höherer Effizienz in der Produktion und mehr Flexibilität in der Wirtschaft. Insbesondere in den westlichen Ländern gewährleistete die Demokratie, dass nahezu alle Bürger irgendwie in den Genuss des Fortschritts kamen.

Der freie Kapitalstrom rund um den Globus sowie die Veränderungen, die das Internet mit sich gebracht und kontinuierlich beschleunigt hat, haben eine neue Welt eröffnet. In dieser Welt wird die Zukunft von den größten Unternehmen und der Geschäftslogik ihrer Eigentümer gestaltet. Egal wie das Ergebnis ausfällt, fest steht: Über die Zukunft wird nicht bei Wahlen, auf Parlamentssitzungen oder internationalen Kooperationsforen entschieden, sondern in den Laboren für Produktentwicklung und in der Führungsetage der Konzernriesen.

In einer ähnlichen Lage befand sich die Welt zuletzt vor gut 420 Jahren. Damals konnte die Britische Ostindien-Company

(BEIC) – bis 1707 English East India Company (EIC) – neue Handelsbeziehungen zwischen Europa und Indien beziehungsweise Asien nutzen. Die EIC hatte Sklaven- und Drogenhandel praktiziert und zu Bestzeiten einen großen Teil Südasiens besetzt. Eine konkurrierende Handelsgesellschaft war die Niederländische Ostindien-Kompanie (Vereenigde Oostindische Compagnie, VOC). Das Unternehmen gedieh, indem es Asien und Afrika derart ausplünderte, dass sein Nettovermögen heute schätzungsweise schwindelerregenden 7900 Milliarden Dollar entspräche (*Visual Capitalist*).

Die Handelskompanien wurden von ihren Hauptsitzen in Europa aus geleitet und fungierten zugleich auch als Behörden. Die als Aktiengesellschaften agierenden Kompanien verfügten über eigene Armeen, brachten ihre eigene Währung in Umlauf und trieben auf ihren Gebieten Steuern ein. Die BEIC verfügte im Jahr 1800 über eine Armee, die mit rund 200.000 Mann doppelt so groß war wie die offizielle britische Armee. Die Handelskompanien scheiterten letzten Endes an ihrem eigenen Größenwahn, doch sie hielten sich lange: Die VOC war 200 Jahre lang tätig, bis zum Jahr 1799, und die BEIC noch knapp 60 Jahre länger, bis 1858.

Die Handelskompanien waren in ihrer Machtausübung völlig skrupellos, und das Vorgehen heutiger Großkonzerne lässt sich nicht direkt mit deren Verhalten vergleichen. Im Hinblick auf die wirtschaftliche Macht gibt es dennoch viele Gemeinsamkeiten: Die Konzernriesen sind mächtiger als Nationalstaaten, und Politiker haben keine wirksamen Instrumente, um sie zu regulieren.

Der Schweizer *Tages-Anzeiger* fragte im September 2007 den ehemaligen Vorsitzenden der US-Notenbank Alan Greenspan, welchen Kandidaten er bei der kommenden Präsidentschaftswahl unterstütze. Seine Antwort war aufschlussreich:

»Wir haben Glück, denn dank der Globalisierung haben die globalen Marktkräfte politische Entscheidungen in den Vereinigten Staaten weitgehend ersetzt. Wenn man die nationale Sicherheit außer Acht lässt, hat der Name des nächsten Präsidenten kaum eine Bedeutung. Die Welt wird von Marktkräften regiert.« (Vgl. Tooze, J. Adam: *Crashed: Wie zehn Jahre Finanzkrise die Welt verändert haben.* München 2018)

Was sind diese globalen Marktkräfte eigentlich? Wer regiert die Welt? Die Antwort: supranationale Großunternehmen. In diesem Buch werden fünfzig Unternehmen vorgestellt, die einen großen Teil der globalen Marktmacht innehaben. Darunter finden sich sowohl allgemein bekannte Namen wie Amazon, Facebook und Ikea als auch weniger bekannte wie Koch Industries, Tencent oder Cargill. Sie alle haben jedoch eines gemeinsam: Sie entscheiden, in was für einer Welt wir morgen leben werden. Vor der Auflistung der Unternehmen wenden wir uns zunächst den größten Problemen zu, die der Machtzuwachs der Unternehmen mit sich bringt. Am Ende des Buches stellen wir Überlegungen an, ob eine Änderung der Situation überhaupt noch möglich ist.

Ein Teil der Unternehmen hat es aufgrund von permanenten Regelverstößen und Verfehlungen auf unsere Liste geschafft – das frühere Verhalten der Konzerne erlaubt auch eine Prognose über ihr künftiges Verhalten. Einige Unternehmen stehen auf der Liste, weil sie bewirken, dass sich alle Beteiligten in ihrem Umfeld ängstlicher, gieriger oder unbeherrschter verhalten. Andere sind aufgeführt, weil sie aufgrund verschiedener Umstände schneller und stärker gewachsen sind, als es für uns gut wäre.

Der Fokus dieses Buches liegt nicht auf Steuerhinterziehung oder krimineller Geschäftstätigkeit. Uns interessieren insbesondere die Risiken und Gefahren im legalen Rahmen von

Unternehmenstätigkeit und konventionellem Wirtschaftsbetrieb. Darüber wird gewöhnlich weder im Wirtschaftsteil der Zeitungen noch in TV-Dokumentationen berichtet. Vor den Aktivitäten der Großbanken in den vergangenen Jahren kann man jedoch nicht die Augen verschließen. So häufig sind Grenzen übertreten und Gesetze missachtet worden, dass der Eindruck entstanden ist, dies gehöre zum Businessplan der Großbanken.

Lassen wir uns inzwischen zu viel gefallen? Zwischen Großkonzernen und Staaten ist ein erschreckendes Gleichgewicht entstanden: Die Macht der Großkonzerne als Arbeitgeber und Investoren, die sich zwischen den Ländern hin und her bewegen, ist so groß, dass Staaten immer häufiger Unternehmen und ihre Führungsetagen hofieren müssen.

Wirtschaftsjournalisten und -wissenschaftler haben sich darauf konzentriert, den Erfolg, also die Wettbewerbsfähigkeit, der Unternehmen zu untersuchen. Sie fragen nicht danach, welche Schäden oder Gefahren mit dem Geschäftsmodell und den Geschäftspraktiken der einzelnen Unternehmen verbunden sind. In diesem Buch geht es jedoch nicht darum, die Unternehmen in gute und böse zu unterteilen in dem Sinne, dass es Unternehmen gibt, deren Besitzer und Angestellte böse beziehungsweise gute Menschen sind. Es ist vielmehr so, dass in vielen Branchen die Logik des freien Wettbewerbs in Kombination mit einer Politik, die sich am großen Geld orientiert, und der Entwicklung der Informationstechnologie dazu geführt hat, dass die Macht einiger Unternehmen zu groß geworden ist.

Die Wirtschaftsnachrichten verfolgen vor allem Produktions- und Beschäftigungsstatistiken verschiedener Länder. In unserer neuen Welt wäre es wichtiger, die Geschäftsmodelle und Geschäftspraktiken von Konzernen unter anderen Gesichtspunkten zu analysieren, als dies in den täglichen Nachrichten oder in Informationshappen, die für Investoren bestimmt sind, geschieht. Die Macht von Google oder Tencent ist so groß, dass es angebracht wäre, wenn die Medien neben ihren traditionellen Auslandskorrespondenten eigene Google- und Tencent-Korrespondenten hätten.

Das Vermögen, das von der Investmentgesellschaft Blackstone verwaltet wird, ist mehr als 100-mal so groß wie das Haushaltsbudget des finnischen Staates. Würde man wiederum alle Microsoft-Aktien verkaufen und den Geldwert gleichmäßig verteilen, hätte jeder Deutsche sofort 16.000 Euro mehr auf dem Konto.

Der digitale Wandel, die Verbreitung von künstlicher Intelligenz und Plattformwirtschaft, das Abhängigmachen der Menschen von Dienstleistungen, die zunehmende Ungleichheit der Vermögensverteilung und die Trägheit des politischen Systems, auf diesen Wandel zu reagieren, sind Dinge, über die alle sprechen, die aber kaum jemand begreifen kann. Dadurch, dass wir einen Zugang zur Ebene der einzelnen Unternehmen schaffen, hoffen wir, den LeserInnen ein neues Verständnis von Gegenwart und Zukunft vermitteln zu können.

Die durch das Coronavirus ausgelöste Pandemie hat die Wirtschaft in vielerlei Hinsicht hart getroffen. Während Fluggesellschaften und die Tourismusbranche in eine Krise geraten sind, haben andere Unternehmen regelrecht von der Situation profitiert. Die IT-Riesen – allen voran Facebook, Google und Apple – haben sich zunutze gemacht, dass die Menschen mehr als zuvor online arbeiten und ihre Handys und Computer stärker nutzen.

Stellenweise fokussiert sich dieses Buch auf die USA. Die Unternehmenskonzentration und das Anhäufen von Marktmacht einiger weniger Unternehmen ist in den Vereinigten Staaten schneller vorangeschritten als in Europa. Zudem waren die Behörden dort früher als in Europa mit den negativen Folgen dieser Konzentration konfrontiert. Auch fachkundige Nichtregierungsorganisationen, die kritisch über Geschäftspraktiken berichten, haben Informationen gesammelt, sodass über die Lage in den USA mehr Daten vorhanden sind als in Europa, wo Untersuchungen und Nachforschungen selten europa- oder EU-weit durchgeführt werden.

Auf welcher Basis haben wir die Liste der fünfzig gefährlichsten Unternehmen erstellt? Unsere Antwort lautet: Auf keiner. Unsere Auswahl ist absolut subjektiv, das Kriterium der Zuschreibung »gefährlich« ist nicht so auszulegen, dass die aufgeführten Unternehmen eine akute konkrete Gefahr darstellen. Es geht vielmehr um schlimme Praktiken der Unternehmen und deren verhängnisvolle Auswirkungen.

Bei einigen Entscheidungen darf man sich zu Recht fragen, warum wir Visa ausgewählt haben und nicht Mastercard. Warum McKinsey und nicht Accenture? Warum ist Chevron auf unserer Liste und nicht Shell, BlackRock und Vanguard? Und so weiter.

Wir haben als Journalisten unsere Auswahl getroffen, nicht als Wissenschaftler, Berater oder Finanzanalytiker. Wir haben die Unternehmen aufgenommen, die bei uns den größten Eindruck hinterlassen haben. Aus vielen Branchen haben wir ein Unternehmen gewählt, das als Beispiel für die Geschäftspraktiken und Gesetzmäßigkeiten – und Gefahren – der gesamten Branche verstanden werden darf. Wer sich für Aktienanlagen begeistert, kann das Buch auch als Investmentratgeber nutzen; unser fünfzig Unternehmen umfassendes Verzeichnis beinhaltet auch viele Unternehmen, deren Status und Geschäftsmodell dafür sorgen, dass sie auch in Zukunft bei Investoren beliebt sind.

Die Untersuchung der Erfolgs-DNA dieser Superunternehmen ist in vielen Kapiteln das Hauptthema. Die Gefährlichkeit der ausgewählten Konzerne wird an drei zentralen Kriterien festgemacht: an den Gefahren für die Umwelt, für die funktionierende Marktwirtschaft und für die Demokratie.

Was den Machtzuwachs der Konzerne angeht, stechen fünf Themen hervor:

1. Die Wertsteigerung und der Machtzuwachs der IT-Konzerne seit 2008.
2. Der daraus resultierende Machtzuwachs in Bezug auf die Preisgestaltung.
3. Die Firmenkäufe der IT-Riesen und die Fähigkeit, die Konkurrenz zu ruinieren.
4. Die Bedeutung von Echtzeitdaten und des Kaufs von Kundenstämmen.
5. Der Algorithmus der Abhängigkeit: die Fähigkeit der Konzerne, uns mithilfe von Daten und allerlei Tricks von ihren Produkten abhängig zu machen.

Kurzum: Die Allianz der künstlichen Intelligenz mit dem Kapital bestimmt unsere Zukunft.

Der Schlussteil des Buches ist auf den Kampf der USA und China um die Weltherrschaft fokussiert. Dabei geht es um nicht weniger als die Zukunft der Demokratie, der Menschenrechte, der Redefreiheit und des Rechtsstaats. Um diesen Kampf zu gewinnen, müssten die Demokratien ein Modell finden, das den Wohlstand, den die Technologie uns beschert, so unter der Bevölkerung verteilt, dass es gerechter ist als das chinesische Modell.

Wir haben das Wirtschaftsgeschehen über 30 Jahre lang als Journalisten verfolgt: Juha-Pekka Raeste als Wirtschaftsredakteur für Finnlands größte Tageszeitung *Helsingin Sanomat*, als

Chef der Wochenzeitung *Nyt* und als Leiter des Wirtschaftsblattes *Taloussanomat*; Hannu Sokala als Wirtschaftsjournalist für die Tageszeitung *Helsingin Sanomat,* als Leiter der eigenen Firma und als investigativer Journalist bei der finnischen öffentlich-rechtlichen Rundfunkanstalt Suomen Yleisradio.

Alles begann damit, dass wir ein Buch gesucht haben, das davon berichtet, wie ein paar Dutzend Großkonzerne an den Grundfesten der Demokratie rütteln, Institutionen destabilisieren und über den Zustand der Umwelt entscheiden. Ein Buch, in dem die Herausforderungen der globalen Wirtschaft und der Zukunft aus dem Blickwinkel einzelner Unternehmen – also dort, wo heutzutage alles Wichtige passiert – untersucht werden. Als wir ein solches Buch nicht fanden, beschlossen wir, es selbst zu schreiben. Wir danken dem Finnischen Kulturfonds (Suomen Kulttuurirahasto) und der Stiftung Otavan Kirjasäätiö, deren Fördergelder dieses Projekt maßgeblich unterstützt haben. Für die Überprüfung der Fakten und die Sprachpflege war Riina Nygrén verantwortlich.

Im Januar 2022   *Juha-Pekka Raeste und Hannu Sokala*

Postskriptum
Russlands Angriff auf die Ukraine im Februar 2022 wird auch einen Teil der globalwirtschaftlichen Strukturen verändern – und das möglicherweise dauerhaft. Frankreichs Minister für Wirtschaft und Finanzen Bruno Le Maire zufolge ziehen die EU und ihre Alliierten in einen Wirtschaftskrieg gegen Russland. Die Absicht ist ihm zufolge der »Zusammenbruch der russischen Wirtschaft«. Russland ist ein relativ großer Öl- und Gas-Exporteur sowie ein wichtiger Akteur auf dem Weizen-, Palladium- und Nickelmarkt. Gemessen an der Produktion befindet sich Russland allerdings in der Größenordnung von

Italien, und der Zusammenbruch der russischen Wirtschaft wird nicht die gesamte Weltwirtschaft in große Schwierigkeiten bringen. Die aus reichen Industrieländern bestehende G7-Gruppe sowie zwanzig weitere Staaten verhängten im Frühjahr 2022 beispiellose Sanktionen gegen Russland. Einer der wichtigsten Schritte im Wirtschaftskrieg war die Entscheidung der EU, sieben russische Banken von dem internationalen Finanztelekommunikationssystem SWIFT auszuschließen. Die Entscheidung wirkt sich erheblich auf den Zahlungsverkehr der betroffenen Banken und deren Kundschaft aus. Im Kielwasser der von den Staaten verhängten Sanktionen begann ein großer Teil der internationalen Konzerne sich schnell aus Russland zurückzuziehen. Von den Unternehmen, die in diesem Buch behandelt werden, wandten sich Alphabet (Google), Apple, BlackRock, Coca-Cola, Deutsche Bank, Disney, Goldman Sachs, IKEA, JPMorgan, LVMH, McKinsey, Meta (Facebook), Norwegens Ölfonds, Uber und Visa von Russland ab.

Nur ungern folgen die großen internationalen Konzerne dem Beispiel der Politiker und lassen sich lukrative Geschäfte entgehen. Die Reaktionen auf den russischen Angriff auf die Ukraine könnten ein Zeichen dafür sein, dass Großkonzerne anfangen, sensibler dafür zu werden, was um sie herum geschieht.

US-Präsident Joe Biden verbot zwei Wochen nach dem Angriff die Einfuhr von russischem Öl in die USA. Die EU-Kommission beabsichtigt den Energieimport aus Russland bis 2030 gänzlich einzustellen.

Der Export von Öl und Gas stellt die Lebensgrundlage der russischen Wirtschaft dar, doch infolge des Kriegs dürfte der Export zumindest in die westliche Welt wohl stagnieren. Gazprom ist ein Konzern mit staatlicher Mehrheitsbeteiligung und der größte Gasproduzent der Welt. Der Konzern erlebte einen herben Rückschlag, als Deutschland infolge der Lage in der Ukraine verkündete, das Nord-Stream-2-Projekt auf Eis zu legen. Der Ölkonzern Shell beschloss, sich aus den gemeinsamen Projekten mit Gazprom zurückzuziehen, und BP gab bekannt, seinen Anteil von knapp 20 Prozent an dem Ölriesen Rosneft zu verkaufen. Als Russland sich gegenüber den Sanktionen unnachgiebig zeigte, begannen die westlichen Länder in raschem Tempo den Energieimport aus Russland zunächst einzuschränken und dann allmählich einzustellen.

Die Sanktionen gegen Russland trieben vor allem in der Anfangszeit die Marktpreise für Öl und Gas in die Höhe. Infolgedessen erzielte Russland zuerst mit dem Export von Öl und Gas höhere Einnahmen als vor den Sanktionen.

Zu den größten Veränderungen 2022 gehört der schnellste Inflationsanstieg seit Jahrzehnten. Eine Zentralbank nach der nächsten erhöhte ihr Zinsniveau, um die Inflation auszubremsen. Als dieses Buch in Druck ging, war noch nicht absehbar, in welche Richtung die Strukturen und Konjunkturen der globalen Wirtschaft sich in Folge von alldem entwickeln würden.

Im Oktober 2022

Einleitung

I

Es ging schneller als erwartet. Aus Großkonzernen wurden wahre Giganten, ihre Größe und die Geschwindigkeit ihres Wachstums verblüfften uns jeden Tag aufs Neue. Der US-amerikanische Konzern Apple überschritt im Sommer 2018 als erstes Unternehmen der Geschichte den Marktwert von einer Billion Dollar, also 1000 Milliarden Dollar, und zwei Jahre später knackte sein Marktwert die 2000-Milliarden-Dollar-Grenze. Das einzige andere Unternehmen, das diesen Wert überschritten hatte, war damals Aramco, das die immensen Ölreserven Saudi-Arabiens fördert. Aramcos Marktwert lag im Dezember 2019 für kurze Zeit über der magischen Grenze. Im Juni 2021 schloss sich auch der US-amerikanische Konzern Microsoft dem 2000-Milliarden-Dollar-Club an.

Gelegentlich lassen sich die Dimensionen des Wandels anhand vereinzelter Anekdoten illustrieren. Der Wirtschaftsnachrichtendienst Bloomberg berichtete am 31. Juli 2018, dass der reichste Mann der Welt, Jeff Bezos, Gründer des börsennotierten US-amerikanischen Onlineversandhändlers Amazon, seine Eltern im Jahr 1995 dazu überredet hatte, 245.573 Dollar in das Unternehmen ihres Sohnes zu investieren: »Ich möchte, dass ihr begreift, wie riskant das ist«, hatte Bezos zu seinen Eltern gesagt. »Ich möchte am Erntedankfest zum Abendessen kommen, und ich möchte, dass ihr nicht sauer auf mich seid.«

Der Wert dieser ursprünglichen Investition von einer Viertelmillion Dollar entsprach Bloombergs Einschätzung zufolge im Sommer 2018 30 Milliarden Dollar. Zum damaligen Zeitpunkt lag der Wert einer Amazon-Aktie bei rund 1700 Dollar. Im Sommer 2020 war der Kurs auf 3300 Dollar angestiegen, und laut Bloombergs Formel war die Investition von Bezos' Eltern bereits 58 Milliarden Dollar wert.

Zwei weitere aufschlussreiche Beispiele für die Dimensionen der globalen Wirtschaft: Im Sommer 2018 sank der Wert des sozialen Netzwerks Facebook, das vom US-amerikanischen Unternehmen Meta Platforms betrieben wird, für einen Börsentag um 20 Prozent, also um 120 Milliarden Dollar. Grund für den Kursabfall war die Meldung des Konzerns, dass die Analytiker eine Verlangsamung des Wachstums erwarteten.

Noch mehr litten die Investoren, als der Börsenwert des chinesischen Internetunternehmens Tencent innerhalb weniger Monate um 180 Milliarden Dollar sank. Ungeachtet der starken Kursabfälle gerieten die Unternehmen in keinerlei Schwierigkeiten, und auch ihre Investoren gingen daran nicht zugrunde. Die größten Unternehmen sind bereits so groß geworden und die reichsten Investoren so reich, dass ein Wertverlust in Milliardenhöhe für sie überhaupt nicht mehr spürbar ist.

Die Giganten sind schneller gewachsen als der Markt. Das bedeutet, dass ein immer größerer Anteil der gesamten Produktion und des gesamten Verkaufs in den Händen einer immer kleineren Gruppe von Unternehmen liegt.

Laut Berechnungen der Organisation für wirtschaftliche Zusammenarbeit und Entwicklung (OECD) wuchs der Verkaufsanteil der acht größten Unternehmen an ihrer eigenen Branche von 2000 bis 2014 in Europa um etwa vier Prozentpunkte. Der US-amerikanische Markt konzentrierte sich in noch höherer Geschwindigkeit: Der Verkaufsanteil der acht größten Unternehmen stieg um acht Prozentpunkte.

Vor allem das Internetbusiness und das damit einhergehende florierende Mobiltelefonbusiness sind zum Spielfeld einiger weniger Auserwählter geworden.

- $ Apples und Googles Anteil an Smartphone-Software beträgt 99 Prozent. Das bedeutet, dass Apple und Google zu zweit auch den Markt der Handy-Apps beherrschen.
- $ Microsoft und Apple haben praktisch ein Duopol in Computer-Betriebssystemen.
- $ Amazons Anteil am Onlinehandel beträgt in den USA rund 50 Prozent.

Das Rezept für Amazons Erfolg? Nicht die Tatsache, dass der Konzern neben Büchern jetzt auch alles Mögliche verkauft, sondern vielmehr, dass er seine Plattform auch für all seine Konkurrenten zugänglich gemacht hat.

So sehen sowohl die VerbraucherInnen als auch Amazons MitarbeiterInnen gleich, ob ein anderes Unternehmen dasselbe Produkt billiger verkauft.

Wenn der Preisunterschied groß ist, kann Amazon die Ursache dafür finden und als Großkunde vom Hersteller einen niedrigeren Preis erpressen.

Oftmals kann Amazon allerdings einen etwas höheren Preis verlangen als irgendein unzuverlässig wirkendes Unternehmen, da der Kunde gerne für die sichere Lieferung bezahlt und dafür, dass er weiß, wie der Reklamations- und Rücksendungsprozess bei Amazon abläuft.

Der größte Faktor ist jedoch, dass, wenn ein Verbraucher sein Produkt irgendwo anders kauft, Amazon vom Verkäufer des Produkts eine Kommission für die Nutzung der Plattform kassiert. Amazon gewinnt also in jedem Fall, immer.

- $ Googles Anteil an allen Internetsuchmaschinen weltweit liegt seit September 2018 bei mehr als 92 Prozent.

- $ Facebooks Social-Media-Marktanteil liegt in den USA bei knapp 80 Prozent.
- $ In den Vereinigten Staaten gehen über die Hälfte aller Einnahmen aus Onlinewerbung an Facebook und Google.

Den Erfolg der IT-Riesen veranschaulicht auch die Liste der reichsten Personen der Welt. Die zehn Reichsten waren im Oktober 2022 (Vermögenswert in Millionen Dollar):

1. Elon Musk, Tesla   223.000
2. Jeff Bezos, Amazon   139.000
3. Bernard Arnault, LVMH   130.000
4. Gautam Adani, Adani Group   120.000
5. Bill Gates, Microsoft   107.000
6. Warren Buffett, Berkshire   96.000
7. Larry Page, Google   91.000
8. Sergey Brin, Google   87.000
9. Steve Ballmer, Microsoft   86.000
10. Mukesh Ambani, Reliance   82.000

(Quelle: The Bloomberg Billionaires Index, 4. Oktober 2022)

Unternehmen der am stärksten konzentrierten Branchen fahren höhere Gewinne ein als die anderen. Gleichzeitig ist die Effizienz dieser Unternehmen nicht merklich gestiegen, was bedeutet, dass die Marktmacht zu einem wichtigen Bestandteil des Unternehmenswertes geworden ist. Marktmacht bedeutet der relative Status der Beteiligten an der Marktlage.

Die starke Stellung der Unternehmen, die ihre Machtposition etabliert haben, zeigt sich auch darin, dass die Anzahl neuer Unternehmen in den USA innerhalb der vergangenen 30 Jahre stark gesunken ist.

Die Wettbewerbsregulierung konnte mit der Entwicklung der Geschäftswelt nicht Schritt halten. Die Gesetzgeber konnten sich nicht auf eine Welt vorbereiten, in der persönliche Daten von Menschen mehr und mehr für kommerzielle Zwecke genutzt und teilweise auch missbraucht werden. Heute »bezahlen« Verbraucher für viele Dienstleistungen (zum Beispiel Facebook und Google), indem sie den Anbietern ihre Daten überlassen. Auch das ist ein neues Phänomen, dass Unternehmen in einer Machtposition ihre Plattformen (Apple, Amazon) nutzen, um die Konkurrenz im Griff zu haben.

Apple kann man ohne Weiteres als echten Superkonzern bezeichnen. Wir meinen damit einen Konzern, der in seinem eigenen Industriezweig eine derartige Größe erreicht hat, dass er mit ein oder zwei weiteren Unternehmen die Preise und Bedingungen auf dem Markt diktieren kann.

Der Erfolg der Superkonzerne verdeckt allerdings die Tatsache, dass es trotz der lang anhaltenden Wachstumsperiode nicht allen Unternehmen gut geht. In den Vereinigten Staaten stiegen die Aktienpreise seit Anfang 2009 fast kontinuierlich bis zum Corona-Frühling 2020. Hinter dem Kursanstieg steckten jedoch fast ausschließlich Apple und andere Superkonzerne der US-amerikanischen Technologieunternehmen wie Amazon, Facebook und Google. Nach dem kurzen Corona-Tief stiegen die Aktienkurse weiter an.

Zur Zeit des Inflationsdrucks und der steigenden Zinsen fielen 2022 die Aktienkurse vieler Konzerne, auch der IT-Konzerne, rasch. Letztgenannte fielen sogar schneller als der Durchschnitt. Ende September war beispielsweise der Kurs von Microsoft um 30 und der von Meta um ganze 56 Prozent innerhalb von zwölf Monaten gesunken.

Bis Anfang Oktober 2022 hatten US-amerikanische IT-Milliardäre im Laufe des Jahres 2022 Vermögen im Wert von rund

315 Milliarden verloren, berechnete der US-amerikanische Technikblog Recode. Der größte Teil verfügte trotzdem immer noch über mehr Vermögen als zu Beginn der Coronapandemie.

In den USA verteilten sich 1975 die Hälfte aller Gewinne von börsengelisteten Unternehmen auf 109 Unternehmen. Heute nehmen 30 Unternehmen die Hälfte der Gewinne ein.

Jan De Loecker, Professor an der Katholischen Universität Löwen (Belgien), und Jan Eeckhout, Professor am Londoner University College, untersuchten die Marktmacht von Konzernen, indem sie das, was die Konzerne für ihre Produktion bezahlen mussten, dem gegenüberstellten, was sie auf dem Markt für das hergestellte Produkt bekamen.

De Loecker und Eeckhout stellten eine Datenbank aus 134 Ländern zusammen, die mehr als 70.000 Unternehmen umfasst. Aus der Analyse der Datenbank ging hervor, dass die rechnerische Deckung von durchschnittlich 1,1 im Jahr 1980 auf 1,6 im Jahr 2016 angestiegen war. Am stärksten war die Deckung in den USA und Europa gestiegen, in Südamerika war der Anstieg am geringsten. »Wettbewerb ist für eine gut funktionierende Wirtschaft unerlässlich. Ohne Konkurrenzdruck reißen die Konzerne Marktmacht an sich, was sie wiederum dazu befähigt, Güter zu höheren Preisen zu verkaufen. Marktmacht führt natürlicherweise zur Umverteilung von Ressourcen von Arbeitnehmern und Verbrauchern zu Konzernbesitzern: Die Gewinnbeteiligung wächst, während der Arbeitsanteil sinkt und die Güter zu höheren Preisen an die Verbraucher verkauft werden«, schrieben De Loecker und Eeckhout in ihrem Bericht »Global Market Power« (NBER 2018).

Die Auswirkungen der Konzentration der Marktmacht reichen jedoch noch weiter. Die hohen Preise schließen einen Teil der Verbraucher vom Markt aus, und der mangelnde Wettbewerb führt außerdem zu einem Rückgang von Innovationen und Investitionen.

Der Internationale Währungsfonds (IWF) analysierte im Frühjahr 2019 die Daten von knapp einer Million Unternehmen aus 27 Ländern. Nach 2000 war die durchschnittliche Gewinnspanne nur wenig angestiegen. Als die Forscher die Unternehmen aufgrund der Gewinnspanne ordneten, zeigten sich die Unterschiede. Das obere Zehntel der Unternehmen hatte seine Gewinnspanne um mehr als 30 Prozent steigern können, während die Gewinnspannen der übrigen 90 Prozent unverändert geblieben waren. Im Frühjahr 2021 schätzte der IWF, dass die Coronapandemie die Unternehmenskonzentration noch weiter vorantreiben würde.

- $ Visa, MasterCard und American Express beherrschen seit Langem das globale Kreditkartenbusiness. Der wirtschaftliche Aufschwung in China hat mit Union-Pay (CUP) einen vierten großen Akteur hervorgebracht.
- $ Die fünf größten Banken verwalten über die Hälfte des gesamten Vermögens des US-amerikanischen Finanzsystems. Noch gegen Ende der Neunzigerjahre lag der Vermögensanteil der fünf größten Banken bei einem Fünftel.
- $ In den vergangenen zehn Jahren sind sechs der größten US-amerikanischen Fluggesellschaften zu drei Riesenkonzernen fusioniert. In der EU wurde hingegen verstärkter Wettbewerb angestrebt und viele Billigfluggesellschaften (Ryanair und EasyJet) gingen neu an den Markt.
- $ In den USA lag das Verhältnis der 500 größten Unternehmen zum Bruttosozialprodukt des ganzen

Landes 1980 bei etwa 58 Prozent; heute sind es 73 Prozent. Das Verhältnis der 100 größten Unternehmen stieg von 33 auf 46 Prozent an.

- $ Das Mobilfunknetz ist eine der wenigen Branchen in Europa, in denen der Wettbewerb sehr konzentriert ist: Das Netz wird in den meisten Ländern von dem Trio bestehend aus dem britischen Vodafone, der spanischen Telefonica und der Deutschen Telekom beherrscht. In Deutschland beispielsweise liegen die Marktanteile bei 21, 30 und 33 Prozent (Quelle: Deutsche Telekom, März 2020).
- $ Der Chemiekonzern Monsanto hat in den vergangenen zehn Jahren 30 Unternehmen aufgekauft. Oracle kaufte 80 Unternehmen und Google mehr als 120.
- $ Noch im Jahr 1994 waren mehr als 80 Konzerne in der US-amerikanischen Luftfahrt- und Rüstungsindustrie tätig – im Jahr 2000 gab es nur noch fünf konkurrierende Konzerne.
- $ ChemChina, Corteva (früher DowDuPont) und Bayer bestimmen 70 Prozent des weltweiten Pestizidmarktes.
- $ Anheuser-Busch InBev und MillerCoors teilen sich knapp zwei Drittel des US-amerikanischen Biermarktes.
- $ Boeing und Airbus beherrschen zu zweit den Weltmarkt der großen Passagierflugzeuge.

Die schnelle Konzentration der Industriezweige auf einige wenige und besonders erfolgreiche Großkonzerne wird überall in der Wirtschaft sichtbar. Gleichzeitig stecken die Lohnentwicklung, die Inflation und das Wirtschaftswachstum bei nahezu null fest. Dies drückt sich auch darin aus, dass der Anteil der Lohnempfänger am Nationaleinkommen in den Industrieländern seit den Achtzigerjahren zurückgegangen ist. Der sinkende Anteil der Lohnempfänger spricht in der Volkswirtschaft allgemein für einen geschwächten Status der Arbeitnehmer.

Joseph E. Stiglitz, der mit dem Nobelpreis ausgezeichnete Professor der University of Columbia, geht in seinem Artikel »A Rigged Economy« (*Scientific American* 5/2018) der Frage nach, warum die Regulierung von Unternehmen in den vergangenen Jahren entschärft worden ist, obwohl man doch die Unternehmen strenger hätte regulieren müssen als zuvor. Ihm zufolge hat der technologische Fortschritt mit zweierlei Mechanismen dafür gesorgt, dass die Marktmacht in die Hände einiger weniger globaler Akteure gelegt wurde und sich so konzentriert hat.

Den ersten Mechanismus nennt Stiglitz »Netzwerk-Effekt«: Ein Verbraucher wählt bestimmte soziale Medien oder ein Computerprogramm, wenn dieses in seinem Bekanntenkreis schon genutzt wird. Einmal über die kritische Grenze hinausgewachsen, lässt sich an der Stellung von Facebook oder Microsoft kaum noch rütteln.

Der zweite Mechanismus ist das Wachstum von Fixkosten im Vergleich zu den Grenzkosten. Der Gedanke lässt sich wie folgt veranschaulichen: Die Entwicklung eines Computerprogramms kostet immer mehr (Fixkosten), während das Kopieren eines Programmes ausgesprochen günstig ist (Grenzkosten). Wenn ein Neuling auf dem Software-Markt Fuß fassen will, muss er sofort für beide Kosten aufkommen. Taucht ein neuer Konkurrent am Markt auf, kann ein etabliertes und wohlhabendes Unternehmen die Entstehung von Wettbewerb effektiv vermeiden, indem es schnell den Preis seines Endprodukts, in diesem Fall des Computerprogramms, senkt. »Kurz gesagt: An den Markt zu gehen, ist schwierig und risikoreich, was den etablierten Unternehmen, die über eine Kriegskasse verfügen, die enorme Macht gibt, Konkurrenten zu ruinieren und schließlich die Preise anzuziehen«, schreibt Stiglitz und fährt fort: »Was die Situation noch schlimmer macht, ist, dass US-amerikanische Unternehmen nicht nur innovativ in ihrer Produktentwicklung waren, sondern auch darin, Methoden zu entwickeln, mit denen sie ihre Marktmacht noch ausweiten und verstärken können. Die EU-Kommission hat Microsoft und Google Geldstrafen in Milliardenhöhe auferlegt und sie angewiesen, ihr wettbewerbswidriges Verhalten zu stoppen [...]. Wir haben in den USA zu wenig unternommen, um die Konzentration von Marktmacht zu kontrollieren, sodass es nicht verwunderlich ist, dass sie in verschiedenen Sektoren zugenommen hat.«

Mit wachsenden Gewinnen und wachsender Marktkraft nahm auch die politische Macht der Superkonzerne zu. Dies zeigt sich unter anderem in Fällen, in denen Unternehmen sich weigern, sich an behördliche Bestimmungen zu halten.

Eines der bekanntesten Beispiele ist Apple. Das Unternehmen verweigerte dem FBI seine Unterstützung beim Versuch, auf das iPhone von Syed Farook zuzugreifen, der für den Terroranschlag 2015 im kalifornischen San Bernadino verantwortlich war. Farook tötete 14 Menschen. Apple teilte mit, dass die Behörden freie Hand hätten, auf die Inhalte sämtlicher iPhones zuzugreifen, wenn sie die Sicherheitssperre eines einzigen Geräts brechen würden. Der CEO Tim Cook sagte, dass Apple in diesem Streit für die »Rechte des Volks« kämpfe. Noch bevor der Streit vor Gericht entschieden wurde, teilte das FBI mit, eine Drittpartei gefunden zu haben, die geholfen habe, das Gerät zu entsperren (mehr über den Streit in Kapitel 11: »Apple: Des Kaisers neue Kleider«).

Die Nachrichtenagentur Reuters enthüllte im Jahr 2018, dass die US-Regierung versucht habe, Facebook zur Dechiffrierung von verschlüsselten Nachrichten der Messenger-Anwendung zu zwingen, damit die Polizei die Messenger-Gespräche eines Mitglieds der kriminellen Bande Mara Salvatrucha abhören konnte. Die gewaltbereite Gang, die in den Achtzigerjahren in Los Angeles gegründet worden war, ist auch unter der Abkürzung MS-13 bekannt. Sie ist in Mittelamerika, Mexiko und den USA aktiv und gilt als äußerst brutal.

Reuters zufolge teilte Facebook in einer Gerichtsverhandlung unter Ausschluss der Presse mit, dass die Messenger-Gespräche Ende-zu-Ende verschlüsselt seien. Das bedeutet, dass die Sprache verschlüsselt beziehungsweise so unkenntlich gemacht wird, dass nur die jeweiligen Gesprächspartner das Gesprochene verstehen können. Facebook sagte, dass die Dechiffrierung dieser Verschlüsselung eine Neuschreibung des Messenger-Codes sowie die Aufhebung der Verschlüsselung bei allen Nutzern voraussetze. Ein Richter des Federal Court, des US-amerikanischen Bundesgerichtshofs, entschied, dass Facebook nicht dazu verpflichtet sei, die Verschlüsselung der Gespräche für die Polizei aufzuheben. Die Begründung für dieses Urteil ist geheim.

In den westlichen Ländern beobachtete man mit Besorgnis, wie vor allem Russland Einfluss auf die Präsidentschaftswahlen in den USA und die britische Volksabstimmung zur EU-Mitgliedschaft ausübte. Trotzdem gelang es dem Westen nicht einmal innerhalb der EU, eine einheitliche Handlungsstrategie zu entwickeln. Die Internetriesen befürchteten, dass die Regierungen früher oder später einschreiten würden, und begannen selbst eine behördenartige Überwachung ihrer Dienste aufzubauen.

Google verkündete vor der Wahl des EU-Parlaments 2019

ein eigenes gesamteuropäisches Projekt. Ein Bestandteil dieses Projekts war die Prüfung aller Werbebetreibenden auf Google-Plattformen, bevor der Werbung zugestimmt wurde. Facebook und Twitter experimentierten bei den US-Kongresswahlen 2018 mit neuen Methoden, um Fake News und irreführende Informationen aufzuspüren und aus ihren Diensten zu löschen. Bei der Präsidentschaftswahl 2020 kennzeichneten Facebook und Twitter mehrere Posts von Donald Trump als potenziell irreführend.

Laut Einschätzung der Wissenschaftler Alessio Terzi und Stefano Marcuzzi in ihrem Artikel »Are multinationals eclipsing nation-states?« (IPS 2018) sind die multinationalen – und insbesondere die US-amerikanischen – Technologiekonzerne zu globalen politischen Einflussnehmern geworden. Gleichzeitig haben das nachlassende Wirtschaftswachstum, Rekordwerte bei der Staatsverschuldung, die polarisierte Politik und die paralysierte Gesetzgebung dazu geführt, dass die Nationalstaaten an Macht verloren haben.

Wenn Apple ein Land wäre, wäre sein BIP, nach dem Umsatz berechnet, im Jahr 2017 größer gewesen als dasjenige von Portugal. Mithilfe seiner gut mehr als 200 Milliarden Dollar schweren Portokasse könnte Apple ein Investitionsprogramm in der Größenordnung von zwei Marshallplänen realisieren, rechnen Terzi und Marcuzzi vor. Angepasst an den heutigen Wert war der Marshallplan eine etwa 100 Milliarden Dollar schwere Unterstützung der USA, mit der die Staaten Westeuropas nach dem Zweiten Weltkrieg 1948 bis 1951 wiederaufgebaut wurden.

Terzi und Marcuzzi zufolge wird vor allem von den Social-Media-Giganten erwartet, sozusagen als Organe der Gewaltenteilung zu fungieren. Von den Unternehmen wird erwartet, bei ihren Dienstleistungen selbst die Grenzen für angemessenes Verhalten festzulegen (gesetzgebende Gewalt, Legislative), außerdem müssen sie überwachen, dass diese Regeln eingehalten werden (ausführende Gewalt, Exekutive) und Regelverstöße bestrafen (rechtsprechende Gewalt, Judikative).

Die IT-Riesen treten inzwischen als gleichwertige Akteure bei internationalen Foren auf. Ende 2018 schlossen Facebook und Google mit anderen Tech-Giganten und Dutzenden Staaten einen Vertrag zur Förderung der Cybersicherheit. China, Russland und die USA unterzeichneten den Vertrag nicht.

Auch im Hinblick auf die Besteuerung müssen Konzernriesen sich um die Grenzen der Nationalstaaten keine Sorgen mehr machen. Forscher gehen davon aus, dass rund 40 Prozent des Gewinns multinationaler Konzerne jedes Jahr in Steueroasen abfließen. (Tørsløv, Wier & Zucman 2018: *The Missing Profits Of Nations*).

Auch große Entwicklungssprünge werden mithilfe der Großkonzerne gemeistert. Die Konzerne sind für das Erschaffen von allem Neuen und Wichtigen verantwortlich – sei es die Eroberung des Weltraums, der Aufbau und die Entwicklung des Internets oder die Entwicklung von Solarenergie und neuen Medikamenten.

Die ersten 50 Jahre wurde der Weltraum auf Kosten der Staatskassen erobert. Obwohl der Bau von Raketen ausgesprochen teuer ist, hat auch hier der private Sektor in den vergangenen Jahren eine immer größere Rolle angenommen.

Elon Musk, der den meisten durch seine Tesla-Elektroautos bekannt ist, hat mit seinem Unternehmen SpaceX Hunderte von Satelliten in die Atmosphäre geschickt, und im November 2020 beförderte das Unternehmen vier NASA-Astronauten zur Internationalen Raumstation ISS. Virgin Galactic, die zu Richard Bransons Virgin-Konzern gehört, bereitet sich darauf vor, den Weltraum als Ausflugsziel für Touristen anzubieten, und Branson selbst flog im Sommer 2021 mit drei Passagieren und zwei Piloten ins All. Amazon-Gründer Jeff Bezos verkauft im Milliardentakt Amazon-Aktien, um sein Weltraumprojekt Blue Origin zu finanzieren. Bezos stattete der Grenze des Weltalls rund eine Woche nach Branson mit seiner eigenen Rakete einen Besuch ab. »Ich möchte allen Amazon-Angestellten und Amazon-Kundinnen und -Kunden danken, denn ihr habt für all das hier bezahlt«, sagte er nach seiner Rückkehr auf die Erde.

II

Private Kapitalanleger sind ein immer wichtigerer Teil der Wirtschaft geworden. Die Finanzkrise, die 2007 ihren Anfang nahm, führte zu einer strikteren Überwachung der Großbanken. Die von den Marktschwankungen lebenden Hedgefonds litten darunter, dass die Zentralbanken – mit Erfolg – versuchten, die Schwankungen auszugleichen.

Den Private-Equity-Investoren geht es ihrerseits gut, und sie können Kapital in Höhe von Tausenden Milliarden Euro investieren. Private-Equity-Gesellschaften verwalten außerbörsliches Kapital, das sie in private Unternehmen investieren, deren Aktien nicht an der Börse gehandelt werden. Die Grundidee des privaten Beteiligungskapitals ist, mit geliehenem Geld Unternehmen zu kaufen und nach einiger Zeit wieder ganz oder teilweise zu verkaufen. Privates Beteiligungskapital gäbe es nicht, wenn kein geliehenes Geld zur Verfügung stünde. Das Zinstief der Zentralbanken der Industrienationen in den vergangenen Jahren hat es für Private-Equity-Gesellschaften einfach gemacht, an Geld zu kommen.

Konventionelle Vermögensverwalter erzielen Einnahmen, indem sie eine Gebühr auf das von ihnen verwaltete Vermögen erheben; Investoren zahlen dem Vermögensverwalter üblicherweise eine jährliche Gebühr in Höhe von maximal ein Prozent des verwalteten Vermögens.

Das Gebührenmodell der Private-Equity-Gesellschaften lautet hingegen »2+20«: Die Anleger bezahlen dem Vermögensverwalter eine jährliche Gebühr in Höhe von zwei Prozent des verwalteten Vermögens und sogar 20 Prozent des mit dem Kapital erzielten Gewinns, sofern eine gesondert vereinbarte Gewinngrenze überschritten wird.

Businessweek berechnete 2019, dass das Kapital der Private-Equity-Gesellschaften in 25 Jahren einen jährlichen Gewinn von rund 13 Prozent erzielt hatte; gleichzeitig lag der Gewinn bei traditionellen Aktieninvestitionen mit rund neun Prozent deutlich darunter (3. Oktober 2019: »Everything Is Private Equity Now«). Im Vergleich zu anderen Unternehmen kommt es bei Unternehmen mit privatem Beteiligungskapital leichter zu Kürzungen der Arbeitnehmerlöhne, zu einem Rückgang von Investitionen und zu häufigeren Konkursen.

Schätzungen von *Businessweek* zufolge sollen Private-Equity-Gesellschaften in einem Vierteljahrhundert in insgesamt mehr als 8000 Unternehmen investiert haben. Hingegen gab es nur 4000 börsengelistete Unternehmen. 1996 waren in den USA noch 8000 Unternehmen an der Börse gelistet, doch seitdem hat sich die Zahl halbiert.

Das heutige Bilanzmodell sowohl in den USA als auch in Europa begünstigt Unternehmensverschuldung. Dabei handelt es sich keineswegs um ein Naturgesetz, sondern um eine Antwort auf die Spanische Grippe, die von 1918 bis 1920 die Welt aus den Angeln hob. An der durch das Grippevirus verursachten Krankheit starben 20 bis 50 Millionen Menschen.

Die US-Regierung entschied, Unternehmen höher zu besteuern, doch gab ihnen gleichzeitig die Möglichkeit, alle Zinsen vor der Versteuerung vom Gewinn abzuziehen. Da das zu versteuernde Einkommen zuerst um die gezahlten Zinsen verringert worden war, sanken die Steuereinnahmen des Staates von den Unternehmen. Es sollte sich um eine Übergangslösung handeln, doch als die Steuererhöhung 1921 abgeschafft wurde, blieb die Begünstigung der Kreditzinsen weiterhin in Kraft und verbreitete sich weltweit. Laut dem Internationalen Währungsfonds (IWF) ist in großen Teilen der Welt auch heute noch ein solches Besteuerungssystem gebräuchlich, das denjenigen Unternehmen, die ihre Investitionen mit Krediten finanzieren, einen Steuervorteil bietet.

»Ein ideologischer Coup hat unsere Gesellschaft binnen 50 Jahren stillschweigend verändert«, schrieb Mehrsa Baradaran, Professorin für Rechtswissenschaften an der University of California, Irvine, in ihrem Kommentar im Sommer 2020 (*The New York Times*, 2. Juli 2020: »The Neoliberal Looting of America«).

Der Coup hat die Finanzwirtschaft und die ihr dienlichen Instanzen, wie Private-Equity-Gesellschaften, florieren lassen – auf Kosten vieler Bürger, die die Auswirkungen auf die Realwirtschaft am eigenen Leib zu spüren bekamen.

Baradaran zufolge hat diese intellektuelle Übernahme ihre Wurzeln im Europa des Kalten Kriegs und im Kampf gegen den Sozialismus. Der wichtigste Vertreter dieser Idee war der österreichische Ökonom und Sozialphilosoph Friedrich August von Hayek, demzufolge nur freie Märkte dazu in der Lage sind, Ressourcen gerecht zu verteilen und Individuen ihrem Verdienst entsprechend zu entlohnen. »Diese Ideologie – bekannt als Neoliberalismus – war besonders effektiv, da sie sich selbst als neutrale Feststellung der Ökonomie ausgab und nicht als einfach eine weitere neue Theorie«, erklärte Baradaran.

In den Sechzigerjahren schaffte der Neoliberalismus den Sprung von den wirtschaftswissenschaftlichen Fakultäten der Universitäten in die US-amerikanische Politik, wo er sich mit dem konservativen Antikommunismus zusammenschloss. Im Laufe der Achtzigerjahre beherrschte der Neoliberalismus die Politik und führte zu Steuersenkungen, zum Abbau der Wirtschaftsregulierung und zur Privatisierung des Schul- und Rentensystems und der Infrastruktur.

»Die Magie des Marktes verwandelte tatsächlich alles in Gold – zumindest für wohlhabende Investoren«, schrieb Baradaran.

Am eifrigsten wurden die Früchte des Neoliberalismus eben von Private-Equity-Gesellschaften geerntet. Mit den Krediten, die sie auf den deregulierten Märkten aufnahmen, begannen Private-Equity-Gesellschaften, Unternehmen zu kaufen, aufzuspalten und in kleinen Stücken weiterzuverkaufen. Laut Baradaran ist die Private-Equity-Industrie ein Paradebeispiel für die Werte des Neoliberalismus und gibt zugleich Aufschluss über den grundlegenden Charakter der neoliberalen Ideologie.

Die Begünstigung von Krediten hat viel Gutes bewirkt, unter anderem gab sie denjenigen, die über kein Eigenkapital verfügten, die Möglichkeit, ein Unternehmen zu gründen und zu prosperieren. Zugleich hat sie zu höheren Risiken in der Investment- und Bankingbranche geführt, was unter anderem eine entscheidende Ursache für die Finanzkrise 2007 war.

Laut dem Institute of International Finance lagen die weltweit zusammengerechneten Schulden im Verhältnis zur weltweiten Gesamtproduktion im ersten Quartal 2021 bereits bei 360 Prozent. Die niedrigen Zinsen haben die Bereitschaft zur Kreditaufnahme befeuert, und die Coronapandemie hat insbesondere im öffentlichen Sektor die Verschuldung zusätzlich verstärkt. Im schnell überschuldeten China gab vor allem der Immobilienkonzern Evergrande Anlass zur Sorge, dessen Schulden im September 2021 auf etwa 300 Milliarden Dollar geschätzt wurden.

Robert Armstrong, Redakteur der *Financial Times*, schrieb in seiner Kolumne (6. Mai 2020: »Companies are dangerously drunk on debt«), dass die Unternehmen in einem gefährlichen Schuldenrausch steckten. Er zitierte Homer Simpson, der sein Glas mit den Worten »Auf den Alkohol – Ursache und Lösung aller Probleme« erhob.

Andy Mukherjee, Kolumnist beim Nachrichtensender Bloomberg, schlug vor (29. März 2020: »Black Death Makes Us Think About Interest Rates«), mit den Maßnahmen zum Corona-Rettungsschirm auch die Bilanz- und Steuergesetze für Unternehmen neu zu schreiben, um der Begünstigung der Kreditaufnahme ein Ende zu setzen. Als Konsequenz dieser Reform müssten Unternehmen nicht mehr so oft gerettet werden, und die Rettungsaktionen kämen die Steuerzahler nicht mehr so teuer zu stehen wie jetzt.

Mit Schulden belastete Unternehmenskäufe bedeuten im Erfolgsfall die Privatisierung von Gewinnen, während Verluste hingegen auf den Staat und das Sozialsystem abgewälzt werden, wenn ein Geschäft schiefgeht: Ehemals gesunde Unternehmen gehen in Konkurs oder ächzen jahrelang unter ihrer Schuldenlast. Die Liste der Opfer von Private-Equity-Investitionen ist in den vergangenen Jahren immer länger geworden, als zum Beispiel das Spielwarenunternehmen »Toys R Us« und The Hertz Corporation hinzugekommen sind.

Im vergangenen Jahrzehnt hat das Private-Equity-Geschäft in den USA rund 1,3 Millionen Arbeitsplätze infolge von Konkursen zunichte gemacht. Mehrsa Baradaran bezeichnet das Vorgehen der Private-Equity-Gesellschaften als von Entscheidungsgebern legalisierten Raub und zitiert eine Headline der Satire-Zeitschrift *The Onion*: »Demonstranten in der Kritik, weil sie Unternehmen plünderten, ohne eine Private-Equity-Gesellschaft zu gründen.«

Im Silicon Valley, dem Zentrum zahlreicher Start-up-Firmen und weltweit tätiger Technologieunternehmen, gilt es bei der Unternehmensgründung immer zu bedenken, wie man das Unternehmen loswird, schreiben Mark Lemley, Professor an der Stanford University, und der Forscher Andrew McCreary in ihrer Untersuchung im Dezember 2019 (»Stanford Law and Economics Olin Working Paper #542: Exit Strategy«): »Das Wagniskapital-Modell, das die Tech-Branche dominiert, fokussiert sich auf die ›Exit-Strategie‹ – darauf, wie Finanzierer und Gründer ihre Investition wieder herausbekommen. Während gemeinhin die ›Exit-Strategie‹ zum Börsengang des Unternehmens führt, werden Börsengänge in der Praxis immer seltener. Stattdessen verschwinden Unternehmen vom Markt, indem sie mit anderen Unternehmen fusionieren.«

Ihnen zufolge führt der Fokus auf die Fusion zur Konzentration der IT-Branche und zu einem Machtwachstum der branchenführenden Unternehmen. Nicht einmal jedes zehnte Start-up geht heute noch an die Börse. Lemley und McCreary zufolge konzentriert sich die IT-Industrie auch im Schatten der IT-Riesen auf einige wenige Akteure. Das Winner-takes-all-Prinzip führt dazu, dass sich an Märkten, an denen zuvor reger Wettbewerb herrschte, die Marktkraft bei ein oder zwei Unternehmen ballt.

In Branchen, die sich traditionell schnell entwickelten, herrschte das Prinzip der sogenannten schumpeterschen schöpferischen Zerstörung, was bedeutet, dass Neulinge, die die Technologie der neuen Generation nutzten, den Marktführer verdrängten und anschließend selbst den Thron erklommen. Laut den beiden Forschern fand sich dieses Modell beispielsweise auf dem Spielkonsolen-Markt, als Nintendo Atari, anschließend Sega Nintendo, dann Sony Sega, Microsoft Sony und Sony dann wiederum Microsoft verdrängte und so weiter.

Unternehmenskäufe sind ein immer wichtigerer Bestandteil des Geschäftsmodells erfolgreicher IT-Riesen geworden. Microsoft kaufte in den ersten zehn Jahren seiner Geschäftstätigkeit 32, Google kaufte 85 und Facebook 78 Unternehmen auf. Der heutige Geldwert dieser Käufe entspräche bei Microsoft weniger als einer Milliarde Euro, während Google knapp zehn Milliarden Dollar für Firmenkäufe ausgab und Facebook beinahe 25 Milliarden Dollar.

Die Konzernriesen kaufen Unternehmen nicht zuletzt deshalb auf, um Konkurrenten vom Markt zu verdrängen. Lemley und McCreary zufolge haben Facebook und Google beide zig Unternehmen aufgekauft und anschließend aufgelöst. Im März 2015 zum Beispiel erwarb Facebook die Online-Discovery-Shopping-Suchmaschine TheFind und löste das Unternehmen noch am selben Tag auf.

Dem US-amerikanischen Repräsentantenhaus, das die Konzentration der IT-Branche untersucht, liegen Dokumente vor, in denen sich auch eine 2012 von Mark Zuckerberg verfasste E-Mail findet: »Charakteristisch für Start-ups ist, dass man sie kaufen kann.«

Hier eine Liste der größten Unternehmenskäufe:
    1997: Apple kauft NeXT Computer
    2006: Google kauft YouTube
    2007: Google kauft DoubleClick
    2011: Microsoft kauft Skype
    2012: Facebook kauft Instagram

2014: Facebook kauft WhatsApp
2016: Microsoft kauft LinkedIn
2017: Amazon kauft Whole Foods
2021: Microsoft kauft Nuance

Neben dem Kauf von Großkonzernen kauften die IT-Riesen auch viele kleine Unternehmen. Diese Käufe brauchten den überwachenden Behörden nicht angezeigt zu werden, doch die Federal Trade Commission (FTC) beschloss, Hunderte Unternehmenskäufe von Apple, Amazon, Facebook, Google und Microsoft erneut zu prüfen. 2020 teilte die FTC mit, prüfen zu wollen, ob die Behörden in die möglicherweise wettbewerbsbeschränkenden Unternehmenskäufe hätten eingreifen müssen.

Elizabeth Warren, Bewerberin um die Präsidentschaftskandidatur der Demokraten, fand in einem CBS-Interview am 10. März 2019 sehr klare Worte für die Megadeals: »Wissen Sie eigentlich, [...], dass diese Zone um Apple und Google und Amazon von allen, die mit ihnen in Wettbewerb treten [...], ›Kill Zone‹ genannt wird [?]. Wagniskapitalanleger investieren rund 20 Prozent weniger in diese Start-ups, weil sie wissen, wenn sie die ›Kill Zone‹ betreten, gibt es nur zwei Möglichkeiten. Entweder werden sie vom Konzernriesen geschluckt, oder sie werden von ihm ausradiert, aber sie werden keine Chance haben, zu wachsen und sich zu entwickeln [...]«

III

Unternehmenskäufe sollten besonders dann hinterfragt werden, wenn das Unternehmen, das zum Verkauf steht, über KI-Kenntnisse verfügt. Künstliche Intelligenz wird zu einer entscheidenden Ressource, die sowohl ganze Nationen als auch einzelne Unternehmen in Gewinner und Verlierer spaltet.

Laut dem Marktforschungs- und Analyseunternehmen CB Insights wurden die meisten auf KI spezialisierten Firmen von Apple, Google, Microsoft, Facebook, Intel und Amazon gekauft. Seit 2010 sind insgesamt 635 KI-Firmen verkauft worden. CB Insights gibt an, dass viele Erfolgsprodukte der IT-Riesen direkt auf den Kauf kleinerer KI-Firmen zurückzuführen sind. Beispiele hierfür sind RealFace, mithilfe dessen Apple die Technik entwickelt hat, das iPhone durch bloßes Anschauen zu entsperren, und DeepMind, mit dessen Kauf Google große Fortschritte im Ausbau von gesundheitlichen Versorgungssystemen gemacht hat.

»Wenn die großen IT-Konzerne sie alle aufkaufen, eliminieren sie die Konkurrenten der Zukunft«, sagte Sean Gourley, CEO von Primer AI gegenüber dem Nachrichtensender Bloomberg (16. März 2020: »Big Tech Swallows Most of the Hot AI Start-ups«).

Investitionen in künstliche Intelligenz sind vor allem für die US-amerikanischen Konzerne Facebook und Google sowie den Chinesen Tencent nur logisch. Schließlich verfügen diese Unternehmen über die enorme Datenmenge, die benötigt wird, um KI-Muster »auszubilden«. Facebook hat eine Datenbank über die Aktivitäten sämtlicher Nutzer (zum Beispiel das Freunde-Netzwerk und Likes). Google weiß in Echtzeit alles über die Suchanfragen der Menschen, und Tencent hat dank der WeChat-Anwendung Informationen über so ziemlich alle Besorgungen des Alltags.

Die individualisierte Gesellschaft des Westens basiert auf der Grundidee, dass die Menschen selbst am besten ihre Gedanken, Ziele und Träume kennen und besser als der Staat wissen, wie das Leben gestaltet werden soll.

»Künstliche Intelligenz wird all dies verändern«, schreibt Simon McCarthy-Jones, außerordentlicher Professor für Psychologie am Trinity College Dublin in *The Conversation* (12. August 2020: »Artificial intelligence is a totalitarian's dream – here's how to take power back«). »Künstliche Intelligenz [...] wird uns besser kennen als wir uns selbst. Eine mit KI ausgerüstete Regierung kann behaupten zu wissen, was die Bevölkerung wirklich will und was sie glücklich macht. Bestenfalls nutzt sie dies, um Bevormundung zu rechtfertigen, schlimmstenfalls führt dies zum Totalitarismus.« Und McCarthy-Jones fährt fort: »Große Tech-Konzerne sammeln gigantische Mengen an Informationen über unser Verhalten. Auf maschinellem Lernen basierende Algorithmen nutzen diese Daten, nicht nur, um zu berechnen, was wir tun werden, sondern auch, wer wir sind. [...] KI kann bereits vorhersagen, welche Filme wir mögen werden, welche Nachrichten wir lesen wollen und mit wem wir bei Facebook befreundet sein wollen. Sie kann vorhersagen, ob Paare zusammenbleiben, und ob wir versuchen werden, Selbstmord zu begehen. Auf Basis unserer Facebook-Likes kann KI Prognosen über unsere religiösen und politischen Ansichten, unsere Persönlichkeit, unsere Intelligenz, unseren Drogenkonsum und unsere Zufriedenheit aufstellen.«

Auf KI gestützte Computerleistung begann 2012 mit der Verbreitung des maschinellen Lernens rapide anzusteigen. Beim maschinellen Lernen lernt der Computer aus wiederkehrenden Ereignissen, ohne dass der Mensch ihm etwas beibringen muss. Bis zum Jahr 2018 war die Computerleistung, die sich auf das Erlernen großer Muster stützte, um das 300.000-Fache angestiegen, und dieser Wert verdoppelte sich innerhalb von nur dreieinhalb Monaten.

Ein gutes Beispiel für die Nachfrage an KI-Entwicklung ist

das US-amerikanische Unternehmen OpenAI, das beschloss, KI-Systeme zu entwickeln, indem es den Computer das beliebte Computerspiel Dota 2 spielen lässt, einen Nachfolger des Videospiels »Defense of the Ancients«, eines Strategiespiels, in dem zwei Teams versuchen, das Hauptquartier des Gegners zu zerstören. Das Ziel war, dass das OpenAI Five-System den Menschen im Spiel besiegen sollte. Für den Aufbau des Systems waren fast ein Jahr lang Tausende hocheffiziente Mikroprozessoren im Einsatz. Auf die menschliche Lebenszeit umgerechnet, hat die Maschine etwa 10.000 Jahre Spielerfahrung gegen sich selbst gesammelt.

Das maschinelle Lernen stellte sich als erfolgreich heraus: Im Frühjahr 2019 besiegte OpenAI Five das menschliche Team OG, den bisherigen Dota-2-Weltmeister.

Algorithmen kommt vor allem auf den Finanzmärkten eine Schlüsselrolle zu – an der weltweit wichtigsten Börse, der Wall Street in New York, werden über die Hälfte der Transaktionen bereits automatisch von Computern, genauer gesagt von Algorithmen, durchgeführt. An unruhigen Börsentagen ist der Anteil sogar noch höher.

Algorithmen werden auch bei tatsächlichen Investitionsentscheidungen immer häufiger eingesetzt. Ursprünglich haben Großinvestoren wie die Rentenfonds 60 Prozent ihres Vermögens in Aktien von angesehenen Börsengesellschaften und die übrigen 40 Prozent in Anleihen investiert, mit denen sich sowohl Staaten als auch Großkonzerne Geld von den Anlegern leihen.

Das Sammeln von Daten aus Algorithmen und anderen marktrelevanten Daten (Big Data) und deren Nutzung hat Anlegern neue Möglichkeiten zur Gewinnmaximierung eröffnet. Großanleger setzen auch auf Algorithmen, die den Inhalt der Portfolios die ganze Zeit automatisch abstimmen. Sowohl ein

Teil der Hedgefonds als auch der Investmentfonds wird so bereits automatisch gesteuert.

Je effizienter die Computer werden, umso effektiver kann man sie nutzen, um enorme Datenmengen zu analysieren. Algorithmen unterstützen Menschen bei der Auswertung von Zwischenberichten, Wirtschaftsstatistiken, der historischen Entwicklung von Wertpapieren und sogar Satellitenbildern (beispielsweise um die Ölreserven der Raffinerien abzuschätzen).

Eines der interessantesten Forschungsobjekte der von Investoren verwendeten Algorithmen ist Twitter: Ein sich ständig aktualisierender Algorithmus untersucht die Meinungen der Twitter-Nutzer in Bezug auf ausgewählte Branchen und einzelne Unternehmen. Der Kurs eines Unternehmens steigt, wenn der Algorithmus auffällig viele positive Meldungen über dieses Unternehmen aufspürt.

Die größten Hedgefonds und Anlagebanken haben die raffiniertesten Tools. Die größten Anlagebanken sind eigentlich selbst IT-Unternehmen.

Bei JPMorgan beispielsweise sind 50.000 IT-Angestellte tätig, von denen zwei Drittel Software-Entwickler sind. Die Gesamtzahl aller Angestellten bei Facebook überschritt erst im Jahr 2020 die 50.000er-Marke.

Dennoch sind Algorithmen nicht der Weisheit letzter Schluss. Algorithmen, die Handel und Investitionen steuern, sind auf Basis von Daten der Vergangenheit programmiert. Und die Zukunft kann immer Überraschungen bereithalten. Genau das war der Fall, als 2007 die Finanzkrise ausbrach. Die Wohnungspreise waren nie zuvor überall in den USA gleichzeitig gesunken, sodass die Modelle und Algorithmen der Investoren und Banken ein derartiges Phänomen nicht hatten berücksichtigen können. Da die Aktionen aller Marktteilnehmer auf denselben Annahmen beruhten, war die Fehleinschätzung lange Zeit übersehen worden.

Ein Beispiel aus der jüngeren Vergangenheit ist Montag, der 5. Februar 2018. An jenem Tag begann der Handel an der Wall Street unter ruhigen Vorzeichen, und die durchschnittlichen Aktienpreise verzeichneten ein leichtes Tief. An jenem Tag gab es plötzlich viel mehr Verkäufer als Einkäufer, und in der letzten Stunde vor Börsenschluss begannen die Kurse rapide zu fallen. Der Dow-Jones-Index fiel um 1175 Punkte, also mehr als je zuvor. Dies bedeutete, dass die Aktien der 30 bestbewerteten Unternehmen durchschnittlich um 4,6 Prozent billiger wurden. Am Tiefstpunkt verzeichnete der Dow-Jones-Index ein Minus von 1597 Punkten. In der letzten Minute vor Börsenschluss traten jedoch Einkäufer auf den Markt, die eine Gelegenheit gewittert hatten, und durch die Einkäufe erholten sich die Kurse etwas.

Warum hatten die Algorithmen so vieler Anleger gerade an diesem fraglichen Montag um 15 Uhr entschieden, dass sie nun ihre Aktien loswerden mussten? Im Zentrum der Aufklärung steht das Angstbarometer, der Volatilitätsindex (Cboe Volatility Index, VIX). Dieser misst mithilfe der Aktienindexoptionen die auf dem Markt zu erwartende Volatilität, also das Ausmaß der Preisschwankungen. Die Anleger bezahlen für Optionen, also Wertpapiere, die ihrem Eigentümer das Recht einräumen, beispielsweise Aktien zu einem vorher verabredeten Preis zu kaufen, vor allem dann, wenn sie Preisschwankungen der Aktien erwarten. Aus den Preisen dieser Optionen kann man also einen Durchschnittswert für die erwartete Volatilität der Aktienkurse berechnen.

Der Volatilitätsindex stellt also dar, welche Erwartungen die Investoren an die nahe Zukunft der Aktienmärkte haben: Der Index ist niedrig, wenn die Anleger sich ruhig verhalten, und steigt, wenn die Anleger nervös werden. Die raffinierten Produktentwickler an der Wall Street haben viele verschiedene Investmentprodukte entwickelt, die auf dem Volatilitätsindex beruhen: VIX Futures kam 2004 auf den Markt, VIX Options 2006. Besonders beliebt wurden Wertpapiere, mit denen der Anleger Wetten auf die VIX-Berechnung abschließen konnte. Nach einem konstanten Anstieg der Aktienkurse hatte diese Wette eine gehörige Geldsumme generiert. Das meiste Anlagekapital, fast zwei Milliarden Dollar, sammelte die Schweizer Bank Credit Suisse mit ihrem XIV-Fonds, dem »umgekehrten VIX«.

Am Montag, dem 5. Februar, stieg der VIX-Wert zum ersten Mal in der Geschichte innerhalb eines Tages um 115 Prozent. Der Anstieg des Indexes bedeutete, dass die Anleger, die auf einen sinkenden Index gewettet hatten, ihr Geld auf dem Futures-Markt absichern mussten. Das setzte eine Spirale in Gang, die wiederum den VIX-Wert ansteigen ließ – und zugleich die Aktienkurse in die Tiefe stürzte.

Investoren des »umgekehrten VIX«-Fonds verloren innerhalb eines Tages sogar vier Milliarden Dollar. Bei Handelsbeginn am Montag lag der XIV-Kurs der Credit Suisse bei 99 Dollar und sank innerhalb eines Tages auf 7,35 Dollar.

Für den raketenartigen Anstieg des VIX am Montagnachmittag gab es keinen ersichtlichen Grund. Ferner war nicht ganz klar, warum die Aktienwerte nach dem Anstieg des VIX so abrupt in die Tiefe stürzten. Immerhin ein Grund dafür war offensichtlich, dass den inhärenten Regeln zufolge mit zunehmender Volatilität viele Großinvestoren die Aktien verkaufen mussten, die unter den Preisschwankungen gelitten hatten. Je mehr Investoren von Algorithmen ihre Aktien zum Verkauf freigaben, umso mehr fielen die Kurse, und umso mehr Investoren entschieden sich zum Verkauf.

»Wir haben einen Aktienmarkt geschaffen, der sich für Menschen zu verdammt schnell bewegt«, sagte David Weild, ehemaliger Vizevorsitzender der Nasdaq-Börse, dem Nachrichtensender CNN (5. Februar 2018: »How the Dow fell 800 points in 10 minutes«).

Nachdem sie den Börsencrash vom 5. Februar überlebt hatte, tat die weltgrößte Investmentgesellschaft BlackRock kund: »Dies ist ganz klar ein Produkt, das darauf ausgerichtet ist, als Instrument zur Vorhersage eines Börsentags genutzt zu werden und nicht als langfristige Investition.«

Der Absturz der VIX-Papiere erinnerte an frühere Unruhen am Markt. Der Börsencrash 1987 wurde von sogenannten Wertsicherungsprodukten (portfolio insurance products), die von Algorithmen gehandelt wurden und auf Derivaten beruhten, beschleunigt, und im Zentrum der 2007 beginnenden Finanzkrise standen zahlreiche komplizierte Derivat-Wertpapiere.

Der 5. Februar 2018 war ein Warnschuss, wohin algorithmischer Handel führen kann. Kein Mensch kommt mehr mit, wenn Computer innerhalb von Bruchteilen von Sekunden herleiten, dass sich irgendwo eine neue Gewinnoption bietet, und die Kauf- oder Verkaufsvorgaben für den Markt voll ausreizen. Je effizienter Computer und je schneller ihre Schnittstellen werden, umso wichtiger wird die Rolle von handelsentscheidenden Algorithmen.

Ein Fenster zur Zukunft öffnete sich Ende 2017, als das US-amerikanische Unternehmen EquBot eine Allianz mit IBM einging und den Supercomputer Watson des IT-Riesen nutzte, um einen Roboter zu entwickeln, der das börsennotierte Vermögen verwaltet. Der KI-basierte Roboter kann unter anderem an einem Tag eine Million Informationshäppchen in Börsenblättern, Zeitungen und Social-Media-Posts lesen und auf deren Grundlage versuchen abzuleiten, welche Aktien im Kurs steigen und welche fallen werden. Im Laufe der Zeit lernt der Roboter kontinuierlich dazu; EquBot-Geschäftsführer Art Amador sagte gegenüber dem Wirtschafts- und Finanznachrichtensender CNBC im Sommer 2019, dass der Roboter jeden Tag schlauer sei als am Tag zuvor (3. August 2019: »This ETF run by a robot is beating the market – here's how it works«).

Einige Investoren, die ihr Geld beim VIX-Absturz verloren hatten, stellten die Theorie auf, dass hinter dem Crash an der Wall Street Manipulation steckte. Diesen Investoren zufolge könnte der VIX-Wert beeinflusst werden, indem man geschickt die Preise der für die Wertberechnung verwendeten Optionen anhebt.

Bislang gibt es keine offenkundigen Beweise zur Stützung der Manipulationstheorie. John Griffin und Amin Shams, Forscher an der University of Texas, haben den Volatilitätsindex untersucht und stützen den Manipulationsverdacht. In einem Artikel des Finanzmedien-Onlinedienstes Investopedia (25. Juni 2019: »Is Someone Manipulating the VIX?«) schrieben sie, dass es sich um einen Fall in der Dimension der zuvor enthüllten Manipulationsskandale der Libor- und Euribor-Zinsen, der Rohstoffe sowie der Währungskurse handeln könne. Die Anwaltskanzlei Zuckerman Law sei sich sicher, dass es sich um aktive Manipulation handle und übe Druck auf die Behörden aus, den Vorgang zu untersuchen, da die Anleger innerhalb einer Woche im Februar 2018 »mehrere Milliarden Dollar verloren«.

Die Chicagoer Optionsbörse Chicago Board Options Exchange (CBOE), die den VIX veröffentlicht, teilte im September 2018 mit, dass sie mehrere Methoden einführen wolle, darunter auch künstliche Intelligenz und maschinelles Lernen, um die Veränderungen des VIX-Wertes besser nachvollziehen zu können.

Wir leben also in einer Welt, in der eine Maschine mithilfe von künstlicher Intelligenz zu ermitteln versucht, ob die anderen KI-basierten Maschinen sich der Marktmanipulation bedient haben. Dies stellt eine völlig neue Dimension dar: Je mehr und länger selbstlernende Algorithmen den Menschen Entscheidungen abnehmen, umso schwieriger wird es für den Menschen, die Logik hinter diesen Entscheidungen nachzuvollziehen. Algorithmen können so enorme Datenmengen nutzen und so komplizierte Kettenschlüsse ableiten, dass es dem Menschen fast unmöglich ist zu überprüfen, wie der Algorithmus zu seiner Schlussfolgerung gekommen ist.

Die Algorithmen von zwei Milliarden Facebook-Nutzern sind so konzipiert, dass der Nutzer möglichst viel Zeit bei dem Anbieter verbringt. Der Erfolg besteht darin, die Nutzer zu fesseln, also abhängig zu machen. Am besten zeigt sich das an dem Maß der Befriedigung, die man erfährt, wenn der eigene Kommentar, das eigene Bild oder die eigene Story viele Likes bekommen.

Sean Parker, erster Vorstandsvorsitzender bei Facebook, erzählte im November 2017 in einem Interview mit der Nachrichtenwebsite Axios (9. November 2017: »Sean Parker: Facebook was designed to exploit human ›vulnerability‹«), dass die zentrale Frage bei der Entwicklung von Facebook lautete: »Wie können wir so viel Zeit und bewusste Aufmerksamkeit von dir bekommen wie möglich?«

»Das bedeutet, dass wir dem Nutzer von Zeit zu Zeit sozusagen eine Dopamindosis verabreichen müssen, wenn jemand ein Foto oder einen Post mit einem Like oder einem Kommentar versieht«, sagte Parker. »Dann postest du mehr Inhalte bei Facebook, was wiederum mehr Likes und Kommentare mit sich bringt. Es ist eine Rückkopplungsschleife sozialer Bestätigung, genau das, was ein Hacker wie ich sich ausdenken würde, weil es die Verwundbarkeit der menschlichen Psyche ausnutzt.«

»Die IT-Riesen haben Abhängigkeit zum Businessmodell gemacht«, sagte Josh Hawley, Mitglied des US-Senats, als er im Juli 2019 einen Gesetzesentwurf präsentierte, um die zur Abhängigkeit führenden Geschäftsmodelle der sozialen Medien in den Griff zu bekommen. Ihm zufolge haben die Internetriesen nicht so sehr in die Entwicklung besserer Produkte investiert als es vielmehr darauf abgesehen, die Aufmerksamkeit der Nutzer mithilfe psychologischer Tricks mehr als zuvor gefangen zu nehmen.

Auch in Großbritannien sicherte das Parlament zu, die Zunahme der abhängig machenden Techniken zumindest zu untersuchen. Neben den Like-Buttons ist eine Grundeigenschaft, die den Suchtfaktor erhöht – nicht nur bei Facebook, sondern auch bei Twitter – das automatische Laden: Der Newsfeed bei Facebook und die Timeline bei Twitter enden nie, stattdessen schöpfen die Algorithmen der Anbieter immer wieder erstaunliche Neuigkeiten, während der Nutzer nach unten scrollt. Der Nutzer muss also zu keinem Zeitpunkt die bewusste Entscheidung treffen, neue Updates anzuschauen – der Anbieter übernimmt diese Entscheidung für ihn.

Bei dieser Sucht ist nicht der reine Genuss an sich entscheidend, sondern auch die Erwartung des bevorstehenden Genusses. Diese wird mittels Formeln reguliert, die analysieren, welche Handlung welche Reaktion hervorruft: Führt das Anschauen von Werbung nach sechs Sekunden zu einem besseren Ergebnis als nach acht Sekunden und so weiter.

Der Informatiker Jaron Lanier ist einer der größten Kritiker der sozialen Medien. Das Nachrichtenmagazin *Time* wählte ihn 2010 auf die Liste der 100 einflussreichsten Menschen der Welt. Er gilt als der Vater des Begriffs »virtuelle Realität« und hat erforscht, wie die Algorithmen von Google und Facebook unser Verhalten beeinflussen und uns in die Abhängigkeit treiben. Laut Lanier werden den Algorithmen absichtlich Unregelmäßigkeiten beigemischt, sodass sich Belohnungen und Bestrafungen nicht logisch wiederholen.

Obwohl Algorithmen in allen Bereichen der Wirtschaft eine immer größere Rolle spielen, hat niemand umfassendes Wissen darüber, wie sie funktionieren. Nachdem der Mensch den Code eines Algorithmus geschrieben hat, beginnt der Algorithmus selbst Informationen über seine Erfolge zu sammeln und verändert sich entsprechend. Aufgrund der gewaltigen Nutzer- und Nutzungszahlen der sozialen Medien geschieht das eigenständige Lernen der Algorithmen so schnell und effizient, dass es den Nutzern unmöglich ist, die Nutzung der Dienste selbst zu steuern.

Die Entwicklung der Algorithmen hat eine noch größere Tragweite als der Suchtfaktor der sozialen Medien. Die Nutzung von Algorithmen wird schrittweise eingeführt, um zum Beispiel im Bereich der Gesundheitsvorsorge Diagnosen zu stellen oder um über den Anspruch auf Arbeitslosengeld zu entscheiden. Gleichzeitig kommen wir an einen Punkt, an dem wir nicht mehr *so ganz genau* wissen, wie es zu diesen Entscheidungen kommt. So stehen wir vor ganz neuen Fragen. Wer ist verantwortlich für diese Entscheidungen, die von Maschinen getroffen werden? Wie funktioniert Demokratie, wenn Algorithmen sich immer näher an lebenswichtige, Bürger und Nationen betreffende Entscheidungen heranschleichen?

IV

Die schnell voranschreitende Konzentration der Unternehmen und die Lähmung der Wirtschaft kamen für viele überraschend. Erst in den vergangenen Jahren haben einige Ökonomen angefangen, darüber nachzudenken, ob die Machtkonzentration in der Geschäftswelt der Grund für die stockende Wirtschaft ist.

Auch Zentralbankiers haben begonnen, einzelne Unternehmen und Industriezweige zu untersuchen. Auch sie haben begriffen, dass die Geschäfte der Großkonzerne einen immer größeren Einfluss auf das gesamte Wirtschaftsgeschehen haben.

Wenn die Machtkonzentration der Superunternehmen hinter der schlechten Lohnentwicklung steckt, können die Zentralbanken die Niedrigzins-Periode fortsetzen, ohne eine Beschleunigung der Inflation beziehungsweise des Preisanstiegs befürchten zu müssen.

Immer mehr Unternehmen investieren statt in Maschinen und Geräte verstärkt in Software, Patente und andere immaterielle Güter. Die Banken akzeptieren gemeinhin aber keine immateriellen Güter als Sicherheit für die Kreditvergabe – dies kann ein Grund dafür sein, weshalb es den Zentralbanken nicht gelungen ist, mit der Zinssenkung ein Investitionswachstum herbeizuführen.

Die Verschiebung des wirtschaftswissenschaftlichen Fokus zeigte sich klar im Sommer 2018 in Jackson Hole, wohin die zum Zentralbanksystem der USA gehörende Zentralbank von Kansas City jährlich Zentralbankiers und andere wichtige Vertreter der Weltwirtschaft einlädt.

Alan Krueger, Professor für Wirtschaftswissenschaft an der

Princeton University, sagte in Jackson Hole, dass rational betrachtet die Löhne – wenn es Wettbewerb am Arbeitsmarkt gäbe – sogar um 1,5 Prozentpunkte schneller hätten steigen müssen, als es tatsächlich der Fall war.

Wenn einem Arbeitnehmer nur wenige passende Arbeitgeber zur Auswahl stehen, sind seine Möglichkeiten bei den Gehaltsverhandlungen eingeschränkt. Zugleich ist es für die Arbeitgeber einfacher, die Arbeitnehmer dazu zu bringen, schlechtere Löhne in Kauf zu nehmen.

Laut Krueger fällt es vielen Ökonomen schwer zu akzeptieren, dass es auch außerhalb des Arbeitsmarkts oft an Wettbewerb mangelt: »Ich habe bemerkt, dass viele Ökonomen daran zweifeln, dass die Märkte manipuliert werden können, dass Unternehmen oder Makler einen Einfluss auf die Preise und die Löhne nehmen können. [...] Während meiner Arbeit im Finanzministerium der Vereinigten Staaten 2009 hielten einige der besten Sachverständigen für Finanzwirtschaft es für ausgeschlossen, dass man die Währungsmärkte oder den Libor-Referenzzins der Märkte manipulieren könne. Schließlich sind dies die größten und liquidesten Märkte der Welt. Erst später bekamen wir zu sehen, dass mehrere Makler wegen Verschwörung am Währungsmarkt verurteilt wurden und dass der Libor komplett gefälscht war.«

Die Banken, die die Finanzkrise und die darauffolgende Rezession zu verantworten hatten, haben sich geschickt aus der von ihnen verursachten Zerstörung herausgewunden. Die größten US-Banken haben die Krise mit den Geldern der Steuerzahler nicht nur überlebt, sondern sind heute sogar noch größer und einflussreicher als je zuvor.

Die Manager der Riesenbanken schämen sich auch nicht für ihre eigene Rolle in der Krise – oder sie haben das Schamgefühl schnell abgelegt. Dies zeigte sich, als im Frühjahr 2019 die Chefs von sieben Großbanken zum ersten Mal nach der Krise auf einem Kongress in den USA zu Wort kamen. Manch ein Kongressabgeordneter wunderte sich über die Gehälter der Bankenchefs, die rasant in die Höhe stiegen, nachdem sie während der Finanzkrise für ein paar Jahre gesunken waren. Nydia Velázquez, die New Yorker Abgeordnete der Demokratischen Partei, bat den Geschäftsführer der Citigroup Michael Corbat, sein Jahresgehalt zu begründen, das mit 24 Millionen Dollar das 486-Fache des Durchschnittsgehalts der Bankangestellten betrug.

»Es ist nicht fair, dass ich das beurteilen soll. Ich würde sagen, dass ich mir absolut im Klaren darüber bin, dass ich großes Glück habe«, sagte Corbat laut der Nachrichtenagentur Reuters.

Die kalifornische Repräsentantin der Demokraten Katie Porter fragte Jamie Dimon, den Geschäftsführer von JPMorgan, ob die Bank ihren Kassenangestellten einen Lohn zahle, der deren Lebensunterhalt sicherstellte. Dimon antwortete, dass Beschäftigten der unteren Ränge die Möglichkeit offenstünde, zu den Bestverdienern aufzusteigen.

»Das weiß ich nicht. Darüber muss ich nachdenken«, antwortete Dimon dreimal auf die Frage, was eine Porter bekannte Bankangestellte tun müsse, um ihre Mietkosten und sonstigen Ausgaben des alltäglichen Bedarfs decken zu können. Dimon hielt für die Bankangestellte eine ermutigende Botschaft bereit: »Eines Tages nimmt sie vielleicht meinen Platz ein.«

Dimons Gehalt betrug 2018 das 381-Fache des Durchschnittsgehalts bei JPMorgan. Sein Gehalt betrug 31 Millionen Dollar und wurde im darauffolgenden Jahr auf 31,5 Millionen Dollar erhöht.

In diesem Buch werden fünfzig Unternehmen vorgestellt, die alle ihren eigenen Beitrag dazu leisten, wie sich unsere Zukunft verändert. Die ausführlicheren Geschichten von vierzig Unternehmen berichten davon, wie der Kapitalismus, so wie wir ihn kennen, bedroht werden könnte.

Die Zahlen tragen dazu dabei, sich vor Augen zu führen, warum die Wachstumsmöglichkeiten dieser Unternehmen so groß sind und warum sie gleichzeitig so verlockend für Investoren wie bedrohlich für die Entscheidungsfreiheit, die Privatsphäre, die Umwelt und die Demokratie sein können.

Wichtiger als die Unternehmen sind jedoch die Menschen. Letzten Endes hängt es von uns ab, wem wir unsere Daten überlassen, bei wem wir unsere Geräte kaufen, wessen Dienstleistungen wir in Anspruch nehmen. Wir müssen mehr verlangen – sowohl von den Unternehmen, den Politikern und Behörden als auch von den Medien. Es reicht nicht mehr aus, dass wir uns nur um unsere eigenen Angelegenheiten kümmern und die Augen vor dem verschließen, was anderswo passiert.

Die Welt ist so kompliziert geworden, dass wir alle besser über sie Bescheid wissen sollten.

Die gefährlichsten Unternehmen der Welt, Plätze 50–41

50. PGE (Polen)
Der Verschmutzer Europas

Der polnische Staat ist Hauptanteilseigner des Energiekonzerns Polska Grupa Energetyczna, der das Kohlekraftwerk in Bełchatów betreibt. Gemessen am CO_2-Ausstoß ist dies der größte Umweltverschmutzer Europas. Laut Greenpeace produziert Bełchatów jährlich 38 Millionen Tonnen Kohlendioxid. Der Kohleanteil der polnischen Stromerzeugung liegt bei 80 Prozent. PGE zufolge wird das Unternehmen noch weitere 20 bis 25 Jahre Kohle verbrennen.

49. Purdue Pharma (USA)
Die Opioidfabrik

Der US-amerikanische Pharmakonzern ist im Besitz der schwerreichen Sackler-Familie und war mit seinem Schmerzmittel Oxycontin maßgeblich für die Opioidkrise in den USA verantwortlich. Der Konzern behauptete, dass Oxycontin nicht abhängig machen würde und vermarktete das Medikament vor allem in den US-Bundesstaaten, in denen es weniger strenge Regeln gab. Hunderttausende US-Amerikaner starben an Opioidabhängigkeit und infolge einer Überdosis. Als das Unternehmen bankrottging, stellte sich heraus, dass die Sacklers seit 2008 mehr als zehn Milliarden Dollar aus dem Unternehmen geschleust hatten. Im September 2021 wurde der Konzern nach dem Insolvenzverfahren aufgelöst.

48. Berkshire Hathaway (USA)
Der Rattenfänger der Investoren

Es handelt sich um eine Holding-Gesellschaft, die zig Unternehmen ganz oder anteilig besitzt, darunter unter anderem Kraft Heinz, Business Wire, Brooks und Duracell. Laut einer Auflistung des Wirtschaftsmagazins *Forbes* im Jahr 2021 (»The World's Largest Public Companies«) ist es das drittgrößte Börsenunternehmen der Welt, wenn man die Unternehmen nach Umsatz, Gewinn, Vermögen und Marktwert bewertet. Berkshires größter Anteilseigner ist Warren Buffett, der als einer der erfolgreichsten Investoren aller Zeiten gilt. Er wird auch »das Orakel von Omaha« genannt, und viele Investoren vertrauen blind auf seine Ansichten und Aktivitäten am Markt.

47. China National Petroleum Corporation (China)
Verteidiger der Verschmutzung

Mit rund 1,4 Millionen Angestellten gehört dieses Unternehmen zu den größten der Welt. Es besitzt Asiens größten Öl- und Gasproduzenten PetroChina. Es widersetzte sich der Verschärfung von Umweltschutznormen; China produziert mehr Treibhausgasemissionen als jedes andere Land.

46. Hangzhou Hikvision Digital Technology (China)
Die Nummer eins der Überwachungskameras

Weltweit größter Hersteller von Überwachungskamerasystemen, mehr als 40.000 Angestellte. Das Verteidigungsministerium der Vereinigten Staaten zählte Hikvision zu den 20 wichtigen Unternehmen, die sich im Besitz oder unter der Kontrolle der chinesischen Volksbefreiungsarmee befinden. Die Geräte dieses Unternehmens werden zur Überwachung der uigurischen Minderheit in China eingesetzt, weshalb sich Hikvision auf der schwarzen Liste der US-Regierung befindet.

45. NSO Group (Israel)
Die Firma, der die Agenten vertrauen

Zu den Kunden des israelischen Softwarekonzerns gehören Staaten und Aufsichtsbehörden. Der Konzern verkauft die Pegasus-Software, mit der sich die Aktivitäten der Nutzer an ihren Handys ferngesteuert überwachen lassen. Die Organisationen Forbidden Stories und Amnesty International enthüllten im Sommer 2021, dass despotische Staaten die Pegasus-Software benutzt hatten, um MenschenrechtsaktivistInnen, JournalistInnen und JuristInnen auszuspionieren. Mithilfe der Software konnten die Späher in die von Malware befallenen Android- und iPhone-Smartphones eindringen. Sie konnten Telefongespräche abhören, das Mikrofon der Geräte aktivieren sowie Textnachrichten, Fotos und E-Mails von den Geräten löschen.

44. Kaspersky Lab (Russische Föderation)
Informations(un)sicherheit

In den staatlichen Behörden der USA wurde 2017 die Nutzung von Produkten des russischen Sicherheitssoftware-Anbieters verboten. Anschuldigungen zufolge überwacht Kaspersky seine Kunden im Auftrag der russischen Ermittlungsbehörden. 2018 empfahl die niederländische Regierung den Unternehmen, die Nutzung von Kaspersky-Produkten einzustellen. Im selben Jahr stufte das EU-Parlament die Nutzung von Produkten des Konzerns als gefährlich ein. 2019 befand die EU-Kommission, dass es keinerlei Beweise für die Gefährlichkeit von Kasperky-Produkten gebe.

43. Odebrecht (Brasilien)
Der Meister der Bestechung

Das Bauunternehmen gab 788 Millionen Dollar an Bestechungsgeldern aus, um sich Aufträge in Höhe von 3,3 Milliarden Dollar in insgesamt 12 verschiedenen Ländern zu verschaffen. Es gründete eine eigene Abteilung für die Zahlung von Bestechungsgeldern, und der Zahlungsverkehr wurde über eine eigens dafür eingerichtete Software abgewickelt. In den USA räumte es Rechtsbruch ein und stimmte der Zahlung einer Geldstrafe in Höhe von 2,6 Milliarden Dollar zu.

42. Die Coca-Cola Company (USA)
Der Müll-Pionier

Der größte Getränkehersteller der Welt. Trendsetter im Einsatz von Maissirup (high fructose corn syrup), der das Risiko einer Erkrankung an Diabetes Typ 2 erhöht. Das Unternehmen verbraucht jährlich drei Milliarden Kilogramm Plastik für Verpackungsmaterial – das entspricht 200.000 Flaschen pro Minute. Es verursacht mehr Plastikmüll als jedes andere Unternehmen weltweit.

41. ByteDance (China)
Der TikTok-Erfinder

Das Technologieunternehmen ByteDance ist der Entwickler der mobilen Video-Sharing-App TikTok, die sich rasant verbreitet hat. Der Westen befürchtet, dass das Unternehmen die Daten seiner Nutzer an die chinesischen Behörden weitergibt – in den USA hat das Verteidigungsministerium dem Militär angeordnet, TikTok von seinen Smartphones zu löschen. Die App verwendet undurchsichtige Algorithmen. Sie hat 800 Millionen monatliche Nutzer.

Die gefährlichsten Unternehmen der Welt,

Plätze 40–1

40. Der norwegische Ölfonds:
Der größte Staatsfonds der Welt
Besitzt 1,5 Prozent der börsennotierten Unternehmen weltweit

Das norwegische Parlament erließ 1990 ein Gesetz, nach dem die Ölgewinne des Staates in einen Ölfonds umgeleitet werden. Beim Staatlichen Pensionsfonds (Statens pensjonsfond utland) handelt es sich nicht nur um eine wirtschaftliche Absicherung des Staates, sondern auch um ein langfristiges Sparprogramm. Der Fonds verfügt über rund 1,5 Prozent aller Aktien weltweit. Die Gewinne aus seinen jährlichen Investitionen sind größer als Norwegens Energiegewinne.

Norwegens Ölfonds ist ein bezeichnendes Beispiel für einen Megatrend der vergangenen Jahrzehnte: Investitionen sind mittlerweile ein besonders lukratives Geschäft. Der Wert des Ölfonds ist bereits doppelt so hoch wie die geschätzten Ölreserven Norwegens oder größer als alle Öleinnahmen des norwegischen Staates in den vergangenen 50 Jahren in Geld umgewandelt.

39. Glencore: Verblüffender als sein Ruf
Der undurchsichtige Riese auf dem Rohstoffmarkt

Das von dem umstrittenen US-amerikanischen Rohstoffhändler Marc Rich gegründete Unternehmen ist einer der weltweit größten Rohstoffhändler, der neben Öl, Steinkohle und Ferrochrom auch mit Kupfer, Nickel und Zink handelt. Rich wurde unter anderem des Betrugs, der Teilnahme an organisiertem Verbrechen und der Steuerhinterziehung verdächtigt. Er machte trotz der von den USA verhängten Handelssanktionen

Geschäfte mit dem Iran und stand 17 Jahre lang auf der Liste der meistgesuchten internationalen Verbrecher des FBI.

Laut einer Untersuchung des Gewerkschaftsverbands IndustriALL Global Union missachtet Glencore die Gesetze und bemüht sich deshalb, so wenig wie möglich in der Öffentlichkeit zu stehen. Dem Bericht des Gewerkschaftsverbands zufolge hat das Unternehmen sein Vermögen der Steuerhinterziehung und der Missachtung internationaler Handelssanktionen zu verdanken. Der Konzern stand zumindest in den USA, Großbritannien und Brasilien im Fokus von Antikorruptionsermittlungen.

38. Academi: Gekaufte Kämpfer
Die Finanzierung der Unsicherheit der Welt

Academi (ehemals Blackwater) ist vor allem bekannt dafür, als privates Sicherheitsunternehmen an den Kriegen der USA in Afghanistan und im Irak beteiligt gewesen zu sein. Der Unternehmensgründer Erik Prince hat enge Beziehungen zur chinesischen und russischen Regierung.

Im September 2007 erschossen Blackwater-Mitarbeiter 14 Zivilisten am Nisour-Platz in Bagdad mit Maschinengewehren und Granatwerfern. Die an dem Massaker beteiligten Blackwater-Mitarbeiter wurden zu langen Haftstrafen verurteilt, im Dezember 2020 jedoch von US-Präsident Donald Trump begnadigt. 2014 fusionierte Academi mit seinem US-amerikanischen Konkurrenten Triple Canopy unter dem Namen Constellis Group.

37. BNP Paribas: Die Makel der Vergangenheit
Die anrüchige Bank

Die BNP Paribas musste in den vergangenen Jahren für ihre widerrechtlichen Aktivitäten Geldstrafen in Milliardenhöhe zahlen. Die Bank verstieß unter anderem gegen US-Wirtschaftssanktionen gegen den Iran, den Sudan und Kuba und war zudem gemeinsam mit vielen anderen Banken an der Manipulation des Währungskurses beteiligt.

Drei französische Menschenrechtsorganisationen beschuldigen die BNP der Beteiligung am Völkermord in Ruanda. 1994 kamen bei dem drei Monate andauernden Blutbad in Ruanda 800.000 Menschen ums Leben. Gegen die Bank wird auch wegen Beteiligung an humanitären Verbrechen in Darfur im Sudan ermittelt. Die US-Regierung bezeichnet die BNP als »de-facto-Zentralbank des Sudans«.

36. UBS: Ein cleveres Geldversteck
Die Bank für Steuerhinterzieher

Sie half lange Zeit reichen Amerikanern, ihr Vermögen vor der US-amerikanischen Steuerbehörde zu verstecken, und verdiente mit deren Konten sogar 200 Millionen Dollar im Jahr. Sie entging einem Prozess, indem sie sich auf einen Deal mit den US-amerikanischen Behörden einließ. Der Vorstand hatte ausgerechnet, dass der Verlust der US-amerikanischen Konzession die Bank in den Ruin treiben könnte. Zahlte Geldbuße in Höhe von 780 Millionen Dollar und lieferte den Behörden die Namen von Tausenden amerikanischen Kontoinhabern. Wegen des Verdachts auf Geldwäsche und Steuerhinterziehung wurde auch in Frankreich gegen die Bank ermittelt. Sie war außerdem an der von großen internationalen Banken praktizierten Zinsmanipulation beteiligt, bei der die Libor-, Euribor- und Tibor-Referenzzinssätze manipuliert wurden.

35. Ikea: Wenn Schmutz nicht haften bleibt
Steuerhinterziehung mit Möbeln

Der größte Möbelkonzern der Welt hat Hunderte Filialen und beschäftigt mehr als 200.000 Angestellte. Unternehmensgründer Ingvar Kamprad ließ verlauten, dass die Übertragung des Unternehmens in den Besitz zentraleuropäischer Stiftungen eine Frage der »Steuereffizienz« und im Zuge der »Sparsamkeit des Unternehmens« ein nur logischer Schritt gewesen sei. 2016 rechnete die grüne Fraktion des Europa-Parlaments in einer eigenen Untersuchung aus, dass es Ikea auf diese Weise im Verlauf von sechs Jahren gelungen sei, Steuerzahlungen in Höhe von einer Milliarde Euro zu umgehen. Das Unternehmen hatte mit den Niederlanden ein günstiges Steuerabkommen getroffen, was die Untersuchung durch die EU-Kommission in Gang setzte.

Der Unternehmensgründer war darum bemüht, das Image seiner Marke zu schützen, und bekannte sich erst zu seiner Nazi-Vergangenheit, nachdem Journalisten sie nach und nach ans Licht gefördert hatten. Sein Verschleiern erklärte er mit der Angst, dass diese Enthüllung »dem Geschäft geschadet hätte«.

34. LVMH: Der König der Luxusgüter
Der Konkurrenzschlucker am Modemarkt

Die börsennotierte LVMH Moët Hennessy – Louis Vuitton SE ist der weltweite Branchenführer der Luxusgüterindustrie. Der Konzern kaufte einen Konkurrenten nach dem anderen, um Wettbewerb auszuschließen. Ihm gehören unter anderen Bulgari, Chaumet, Dior, Fendi, Givenchy, Kenzo, Loewe, Loro Piana, Louis Vuitton, Marc Jacobs, Rimowa und Tiffany. Der Vorstandsvorsitzende Bernard Arnault war im Sommer 2019 der erste Europäer, dessen Vermögenswert die 100-Milliarden-Euro-Marke knackte. Im September 2021 belegte Arnault Platz drei auf der Liste der reichsten Menschen der Welt.

LVMH ist in die Kritik von Nichtregierungsorganisationen geraten, unter anderem weil der Konzern für die Herstellung einiger Handtaschen Python- und Krokodilleder verwendet.

33. MindGeek: Der größte Netzausbeuter
Die Nummer eins der Pornowelt

Pornhub, das Hauptprodukt dieses Unternehmens, ist die am häufigsten besuchte Pornowebseite und kommt pro Tag im Schnitt auf 130 Millionen User. Die Webseite ist beliebter als Netflix und Amazon. Zu dem Unternehmen zählen außerdem weltweit bekannte Marken wie Pornhub, YouPorn, RedTube, Brazzers, VideoBash, Mofos, Mydirtyhobby, Tube8, XTube, ExtremeTube und SpankWire.

Mehr als zwei Millionen Menschen unterzeichneten einen Antrag für die Schließung von Pornhub. Laut der Petition verdient Pornhub Geld mit der Verbreitung von Videos, die Vergewaltigungen und sexuellen Missbrauch beinhalten. Im Sommer 2021 teilte die US-amerikanische Anwaltskanzlei Brown Rudnick mit, MindGeek in Kalifornien vor Gericht angeklagt zu haben. Der Anwaltskanzlei zufolge waren auf Pornhub Videos gefunden worden, die Vergewaltigungen und sexuellen Missbrauch an Kindern zeigten.

32. Anheuser-Busch InBev: Der Traum von einer besseren Welt
Die größte Brauereigruppe der Welt

Die belgische Unternehmensgruppe ist der größte Bierhersteller der Welt. Fast ein Drittel aller Biere der Welt werden von Anheuser-Busch gebraut. Zu den globalen Marken des Konzerns gehören unter anderem Budweiser, Corona, Stella Artois und Beck's.

Der Konzern ist vor allem im Sport als Sponsor vertreten (NBA, NFL, NHL und MLB). *The Lancet* veröffentlichte 2020 einen Artikel, demzufolge es der Brauereigruppe mit geschickten PR-Kampagnen gelungen ist, nicht zur Zielscheibe der Gesundheitspolitik zu werden, obwohl dem Artikel zufolge der Alkoholkonsum jährlich mehr Tote als HIV, Tuberkulose und Malaria zusammengerechnet verursacht.

31. Uber: Temporäre Arbeitsplätze
Kasse machen mit Niedriglöhnen

Der 2009 gegründete Online-Vermittlungsdienst zur Personenbeförderung hat Investoren Gelder in Milliardenhöhe aus der Tasche gelockt, jedoch bislang insgesamt gut 20 Milliarden

Dollar Verluste eingefahren. Das Unternehmen hat beträchtliche Anteile an DiDi (China), Yandex Taxi (Russland) und Grab (Singapur).

Im Jahr 2017 erlitt Uber vor dem Europäischen Gerichtshof eine schwere Niederlage. Dieser stufte das Unternehmen als Verkehrsdienstleister ein statt als reinen Vermittler und machte damit das ursprüngliche Geschäftsmodell zunichte. Der Dienst unterscheidet sich nun rechtlich nicht mehr wesentlich von klassischen Taxidiensten, sodass auch Uber-Fahrer eine Lizenz benötigen. Im jahrelangen Ringen um den Status von Fahrern hat Uber im Februar 2021 einen wichtigen Rechtsstreit in Großbritannien verloren, als der Londoner Supreme Court entschied, dass Uber-Fahrer als Arbeitnehmer (und nicht als Unternehmer) gelten und ihnen somit dieselben Rechte zustehen wie allen anderen Arbeitnehmern auch, zum Beispiel der Mindestlohn.

30. Visa: Der König der digitalen Zahlungen
Der Kreditkarten-Gigant

Das Unternehmen hat gemeinsam mit seinem Hauptkonkurrenten Mastercard das Kreditkartenbusiness sowie den elektronischen und Fernzahlungsverkehr fest im Griff. Es ist in mehr als 200 Ländern vertreten, insgesamt sind 3,3 Milliarden Visa-Karten in Gebrauch. Einer der rentabelsten Großkonzerne der Welt.

Dem *Economist* zufolge (März 2020) erreichen nur der saudische Ölkonzern Saudi Aramco und Chinas staatlicher Alkoholkonzern eine höhere Rentabilität als Visa und Mastercard. Die beiden US-amerikanischen Konzerne sind zwei Giganten im Wettbewerb der Finanztechnologie, die über die zwei wichtigsten Eigenschaften für den Bank- und Zahlungsverkehr verfügen: das Vertrauen der Kunden und die einfache Anwendung ihrer Dienstleistungen.

29. Bayer: Umgang mit Giften seit 1898
Die Giftküche

Bayer, der Albtraum des verantwortungsvollen Anlegers, besitzt den US-amerikanischen Konzern Monsanto, der für die Herstellung der gefährlichen PCB-Verbindungen, der Chemikalien in den über Japan abgeworfenen Atombomben und des im Vietnamkrieg verwendeten Gifts Agent Orange verantwortlich ist. Monsanto ist auch für seine genveränderten Produkte und das Gift Roundup bekannt, das zur Unkrautvernichtung eingesetzt wird.

Auch in Bayers eigener Geschichte gibt es genügend Befremdendes. Das Unternehmen entwickelte Heroin als Produkt für den Handel, um Morphin als Hustenstillmittel abzulösen. Heroin wurde auch als für Kinder geeignetes Medikament vermarktet. Bayer ist einer der Hauptanteilseigner der IG Farben, die mit dem deutschen Nazi-Regime zusammenarbeitete und dieses mit Sprengstoff und dem in Konzentrationslagern eingesetzten Giftgas Zyklon B belieferte.

28. Lockheed Martin: Förderer der Kriegswirtschaft
Das größte Rüstungsunternehmen der Welt

Es stellt unter anderem Atomwaffen, Jagdflugzeuge und Hyperschallraketen her. Das derzeit wichtigste Produkt ist das Mehrzweckkampfflugzeug F-35, das teuerste Waffensystem aller Zeiten; eine einzelne Maschine kann bis zu 160 Millionen Dollar kosten.

Der US-amerikanische Rüstungs- und Technologiekonzern hat die Waffenherstellung überall in den USA dezentralisiert. Die Dezentralisierung hält die Kritik an der Anschaffung kostspieliger Waffen im Zaum – Lockheed Martin ist als großer Arbeitgeber überall vertreten, sodass Politiker es sich nicht leisten können, sich den Konzernprojekten zu widersetzen und sich als Vernichter von Arbeitsplätzen zu profilieren.

27. Ryanair: Europas beliebteste Billigfluggesellschaft
Beschleuniger des Klimawandels

Die Billigfluggesellschaft revolutionierte das Reisen, indem sie 1997 im Rahmen der Deregulierung des EU-Luftverkehrs mit der Expansion auf das europäische Festland mit billigen Flugangeboten begann.

Die rasante Zunahme des Flugverkehrs vor der Coronapandemie führte zu erhöhten Treibhausgasemissionen. Laut einer EU-Statistik ist Ryanair der größte Verschmutzer unter den Fluggesellschaften.

26. Huawei: Feind Nummer eins der Vereinigten Staaten
Der Spionage für das chinesische Militär verdächtig

Huawei ist innerhalb weniger Jahre, angeführt von den USA, zum großen Feind der westlichen Welt geworden. Westliche Nachrichtendienste sollen gewarnt worden sein, dass Huawei in seine Produkte »Schlupflöcher« einbaut, mithilfe derer das chinesische Militär den Westen ausspionieren kann. Die Existenz dieser »Schlupflöcher« konnte jedoch bisher nicht nachgewiesen werden.

Viele westliche Länder haben den Telefongesellschaften verboten, in ihren Telefonnetzen Huawei-Geräte zu verwenden. Dennoch war der chinesische Konzern einer Untersuchung von Dell'Oro zufolge 2020 der weltgrößte Hersteller von Netzwerkgeräten mit einem Marktanteil von 31 Prozent. Der schwedische Konzern Ericsson und der finnische Konzern Nokia hielten jeweils 15 Prozent der Marktanteile. Auf dem Smartphone-Markt hat Huawei jedoch schnell seine Anteile verloren.

25. Cargill: Der Konzern hinter dem Big Mac
Ein Lebensmittelkonzern zerstört die Umwelt

Gigantische Lieferketten sind überall auf der Welt für die Verfügbarkeit von Mobiltelefonen, Autos und Lebensmitteln verantwortlich. Die wichtigste dieser Ketten ist die Lebensmittellieferkette und der wichtigste Konzern dieser Lieferkette ist das US-Unternehmen Cargill.

Die Namen der Riesen der Lebensmittelindustrie sind der breiten Öffentlichkeit nicht bekannt, doch auf vielen Märkten sind Menschen die Endnutzer der Produkte dieser Konzerne – zum Beispiel wenn sie McNuggets oder einen Big Mac essen.

Das britische Wirtschaftsmagazin *The Economist* schätzt, dass allein der Wert der internationalen Lebensmittellieferkette jährlich 8000 Milliarden Dollar beträgt. Das Magazin bezeichnet dies als »kapitalistisches Wunder«.

80 Prozent der Menschen weltweit konsumieren zumindest teilweise aus dem Ausland importierte Nahrungsmittel. Laut *The Economist* lag der Wert der Import-Lebensmittel 2019 bei

1500 Milliarden Dollar und war somit dreimal so hoch wie im Jahr 2000.

Mit dem Wachstum des internationalen Lebensmittelgeschäfts hat sich der Markt immer stärker auf einige wenige Großkonzerne konzentriert. Ein beachtlicher Teil aller Lebensmittel der Welt wandert durch die Hände von vier Zwischenhändlern. Diese sind die US-amerikanischen Konzerne Archer Daniels Midland, Bunge und Cargill sowie das niederländische Unternehmen Louis Dreyfus. Sie sind unter der Abkürzung ABCD bekannt und agieren weltweit in der Beschaffung, Lagerung und Lieferung von landwirtschaftlichen Produkten an Lebensmittelhersteller wie beispielsweise Kraft oder Unilever.

Der globale Charakter des Geschäfts wird in einer Zusammenfassung von *The Economist* treffend dargestellt: Der Weizen wird auf Feldern in der Ukraine angebaut, in der Türkei zu Mehl gemahlen und schließlich in China zu Nudeln verarbeitet.

Laut einem Bericht, der von der britischen Wohltätigkeitsorganisation Oxfam veröffentlicht wurde, betrug der Anteil der ABCD-Konzerne am weltweiten Getreidehandel ganze 90 Prozent. In den vergangenen Jahren hat sich auch das chinesische Staatsunternehmen Cofco mit aller Kraft auf den Markt gedrängt.

Das größte der ABCD-Unternehmen ist Cargill. Der Konzern ist in 70 Ländern tätig und beschäftigt 160.000 Angestellte. Er befördert unter anderem Weizen, Gerste, Sorghum, Baumwolle, genverändertes Soja und Palmöl sowie Viehfutter, Fleisch, Diesel und Ethanol.

Cargill ist der größte außerbörsliche US-Konzern. Da er nicht von den Offenlegungsverordnungen der Börse betroffen ist, ist Cargill es gewohnt, Geschäfte abseits der breiten Öffentlichkeit zu machen. Für außenstehende Beobachter ist es unmöglich, genaue Informationen über Cargills Strategie, geschweige denn über die größten Kunden des Konzerns zu bekommen.

Die Umweltorganisation Mighty Earth hat Cargills Geschäftstätigkeiten recherchiert und geht davon aus, dass McDonald's wahrscheinlich Cargills größter und wichtigster Kunde ist. Ihren Angaben zufolge soll Cargill Hamburger und Nuggets für McDonald's herstellen und einfrieren. Die Zubereitung bleibt Aufgabe der Fast-Food-Kette. »Im Prinzip fungieren McDonald's-Restaurants als Cargills Fassade«, so Mighty Earth.

Cargill sowie die Fleischkonzerne Tyson (USA), JBS (Brasilien) und Smithfield Foods (China) verarbeiten 85 Prozent des Rindfleischs des amerikanischen Marktes. Die Tatsache, dass der Anteil von Tyson, JBS und Smithfield am Schweinefleisch in den USA bei 63 Prozent liegt, spricht in Bezug auf die Konzentration der Fleischindustrie Bände.

Die Senatsmitglieder Josh Hawley und Tammy Baldwin waren 2020 über die Konzentration der Fleischindustrie alarmiert und sprachen von einem Oligopol, bei dem es nur wenige Akteure am Markt und keinen funktionierenden Wettbewerb gibt. Die Senatoren baten die Federal Trade Commission (FTC) zu untersuchen, ob die Konzentration eine Gefahr für die Lebensmittellieferkette darstellte.

Cargill wurde von William Cargill gegründet, der 1865 einen Kornspeicher in Conover, Iowa erwarb. Innerhalb von 20 Jahren verfügten Cargill und seine zwei Brüder bereits über mehr als 100 Kornspeicher in Minnesota sowie in Süd- und Nord-Dakota. Nach William Cargills Tod übernahm sein Enkel John MacMillan die Leitung des Unternehmens. Die Mehrheit des Unternehmens befindet sich auch heute noch im Besitz von William Cargills und MacMillans Nachkommen. Laut einer Schätzung des Wirtschaftsmagazins *Forbes* gibt es in der Familie 13 Milliardäre. Der letzte MacMillan, der die Firma leitete, war Whitney MacMillan, der im März 2020 verstarb.

Cargill ist in den vergangenen Jahren verstärkt ins Fadenkreuz der Umweltorganisationen gerückt. Der Grund liegt unter anderem darin, dass das Unternehmen sich weigerte, den Umweltschutzforderungen der Organisationen zuzustimmen.

Greenpeace hat Cargill für die Regenwald-Abholzung in Brasilien kritisiert. Im Sommer 2019 ernannte die Umweltorganisation Mighty Earth Cargill wegen seiner skrupellosen Geschäftspraktiken, Umweltzerstörung und Behinderung der nachhaltigen Entwicklung zum »schlimmsten Unternehmen der Welt«.

Der Mighty-Earth-Vorsitzende und ehemalige Kongressabgeordnete Henry Waxman ging mit Cargill hart ins Gericht: »In meiner 40-jährigen Dienstzeit im US-Kongress habe ich es mit einer Reihe von Unternehmen aufgenommen, die Missbrauch praktizierten«, schrieb er im Vorwort seines Cargill-Berichts. »Ich habe mit eigenen Augen gesehen, welche schädlichen Auswirkungen Unternehmen haben, die die Ethik außer Acht lassen. Doch Cargill sticht unter all diesen Unternehmen hervor.«

Laut Mat Jacobson, Senior Director for Forests bei Mighty Earth, ist Cargill nur so lange ungeschoren davongekommen, weil die Verbraucher den Konzern nicht kennen. »Doch wenn die Menschen wüssten, dass die Lebensmittel, die sie bei McDonald's oder bei Stop & Shop und Target kaufen, die Regenwälder zerstören oder mithilfe von Kinderarbeit beziehungsweise -sklaverei hergestellt wurden, wären sie schockiert.«

Mighty Earth war eigenen Angaben zufolge fünf Jahre lang mit Cargill über dessen Geschäftspraktiken im Gespräch. Letzten Endes haben die Gespräche keine Wirkung gezeigt, und die Organisation hat ihren Bericht veröffentlicht.

Cargill ist auch der größte Exporteur von Soja aus Brasilien nach China. Umweltorganisationen werfen dem Unternehmen vor, dass der verstärkte Sojahandel zur Zerstörung des Regenwaldes in Brasilien geführt habe.

Gegen Cargill und den Schweizer Konzern Nestlé wurde 2005 Anzeige wegen der Ausnutzung von Kinderarbeitskraft an der Elfenbeinküste erstattet. Die Anzeige wurde von sechs malischen Staatsbürgern eingereicht, die angaben, entführt und als Sklavenarbeiter an die Elfenbeinküste gebracht worden zu sein. Der Fall wurde jahrelang von US-amerikanischen Gerichtshöfen hin- und hergereicht, doch im Sommer 2021 entschied der Supreme Court den Fall zugunsten von Cargill und Nestlé, weil die US-amerikanische Judikative eventuelle Verbrechen, die im Ausland begangen wurden, nicht verurteilen könne.

Joseph Stiglitz und Geoffrey Heal, Professoren an der Columbia University, halten die Entscheidung des obersten Gerichts für eine »gefährliche Botschaft«. Sie weisen darauf hin, dass US-Gerichte immer wieder über Verbrechen im Ausland Urteile fällen, wenn sie beispielsweise ausländischen Unternehmen, die gegen die US-Sanktionen gegen den Iran verstoßen, Strafen auferlegen. »Der Unterschied in diesem Fall ist, dass es US-amerikanische Unternehmen (oder deren Handlanger) waren, die zur Rechenschaft gezogen werden sollten. Indem es zu ihren Gunsten entschied, wich das Gericht der Frage aus, wie Unternehmen, die sich im Ausland gesetzwidrig verhalten, je zur Rechenschaft gezogen werden können. Vor welches Gericht sollen sie gestellt werden, wenn nicht vor ein US-Gericht?«

Cargill erhielt seine bislang höchste Strafe im Jahr 2005, als dem Unternehmen vorgehalten wurde, die Emissionswerte seiner Fabriken in 13 US-Bundesstaaten beschönigt zu haben. Es schloss einen Kompromiss mit den Behörden und sicherte zu, 130 Millionen Dollar in die Reduktion seiner Emissionen zu investieren.

Gemäß der Webseite Violation Tracker der Organisation Good Jobs First musste Cargill seit dem Jahr 2000 mehrere Strafen und Entschädigungen in Höhe von insgesamt 175 Millionen Dollar zahlen.

Landwirtschaftliche Produkte sind immer mehr zu einem Objekt des internationalen Handels und der Verbriefung geworden, ähnlich wie Öl. Der Handel mit Getreide-Futures begann bereits im 18. Jahrhundert in London. Die allgemeine Liberalisierung der Märkte und die Deregulierung sind am heutigen Lebensmittelmarkt immer deutlicher zu sehen: Dort finden sich neben Lebensmittelherstellern und -lieferanten große Finanzakteure, die von den Schwankungen von Angebot und Nachfrage profitieren wollen. Vor allem der Derivathandel hat sowohl Investmentbanken als auch Hedgefonds und Rentenfonds angelockt.

Die Konzentration und Verbriefung des Lebensmittelhandels haben auch vermehrt zu Spekulationen geführt. Dies zeigte sich konkret in den Jahren 2006 bis 2008, als die Marktpreise für Rohstoffe scheinbar willkürlich auf und ab schwankten. Tania Salerno, Forscherin an der Universität Amsterdam, stellte fest, dass viele Unternehmen und Finanzakteure aus dem Nahrungsmittelsektor während der Preisfluktuation historische Gewinne erzielten und ihre Position im globalen Landwirtschaftssystem festigten.

Unternehmen des Lebensmittelvertriebs haben in Bezug auf Marktspekulationen gegenüber anderen Marktteilnehmern einen Vorteil. Sie sind als Erste über Ernteerträge und mögliche Lieferschwierigkeiten in verschiedenen Teilen der Welt informiert. Laut Salerno gilt ein derartiger Informationsaustausch allgemein am Markt als Missbrauch von Insiderwissen, doch am Rohstoffmarkt ist er legal. Einer der größten Nutznießer dieses Wissens ist Cargill, das seit 1935 an der Rohstoffbörse in Chicago handelt. Die ersten Schritte an der Börse waren für den Konzern jedoch holprig; er wurde für eine befristete Zeit vom Börsenhandel ausgeschlossen, weil Cargill 1937 bei dem Versuch, einen beträchtlichen Teil des Mais-Futures-Marktes zu erobern, aufflog.

Die internationale Coronapandemie hat die Stärken und die Verwundbarkeit der globalen Nahrungskette aufgezeigt. Während in den Industrieländern genauso viele Nahrungsmittel wie vorher zur Verfügung standen, ist vor allem auf dem Fleischmarkt auch die Störanfälligkeit sichtbar geworden.

Einer Veröffentlichung von Bloomberg in der *Businessweek* zufolge verursachte das Coronavirus die schlimmste Bedrohung für die Fleischproduktionskette der USA seit dem Zweiten Weltkrieg.

Die Fleischveredelung steht am Ende der Kette und erfordert eine hohe Anzahl von Arbeitskräften; Hunderte Mitarbeiter zerteilen das Fleisch Schulter an Schulter gedrängt. In Cargills Fleischfabrik in Hazleton in den USA gibt es zum Beispiel 900 Angestellte. Bis April 2020 waren fast 200 von ihnen am Coronavirus erkrankt. Die Mitarbeiter versuchten die Werksleitung dazu zu bringen, einzuschreiten, aber die Leitung wollte nicht, dass die Produktion gestört wurde. Dem Bloomberg-Artikel zufolge wurden Mitarbeiter, die kein Fieber hatten, wieder ans Fließband beordert, und ihnen wurde verboten, über den Kollegenschwund zu sprechen. In Cargills Schlachterei im kanadischen High River erkrankten 900 der 2200 Angestellten des Werks.

Donald Trump stufte in seiner Amtsperiode die Fleischfabriken der USA als »kritische Infrastrukturen« ein, was bedeutete, dass die staatlichen und kommunalen Gesundheitsämter diese nicht unter Berufung auf Gesundheitsaspekte schließen konnten.

Während in den Fleischfabriken in den USA die Coronapandemie wütete, war Entsprechendes in Europa nicht zu sehen. Hier sind die Fabriken kleiner, und die Mitarbeiter werden durch stärkere behördliche Verordnungen geschützt.

24. JBS: O Mann, was für ein Unternehmen!
Der größte Fleischproduzent der Welt

Nur wenige kennen den größten Fleischproduzenten der Welt und das größte Fleischverarbeitungsunternehmen Südamerikas. Laut *The Bureau of Investigative Journalism* wurden hier im Jahr 2018 täglich 77.000 Rinder, 116.000 Schweine und 13,6 Millionen Hühner geschlachtet. Obwohl der Konzernriese 240.000 Mitarbeiter beschäftigt und Produkte in 150 Länder verkauft, ist er nach wie vor praktisch ein Familienbetrieb. Der Hauptanteilseigner ist die brasilianische Familie Batista durch ihre Investitionsfirma J&F Investimentos.

In Brasilien ist in den vergangenen Jahren ein gewaltiger Korruptionsskandal nach dem anderen ans Licht gekommen. Davon war auch JBS im Frühjahr 2017 betroffen. In einer Untersuchung unter dem Namen »Operation schwaches Fleisch« (Operação Carne Fraca) deckten die Behörden auf, dass JBS Lebensmittelkontrolleure geschmiert hatte. Die Angst vor Fleisch von minderwertiger Qualität veranlasste die EU und die USA dazu, den Fleischimport aus Brasilien zu stoppen. Laut der brasilianischen Staatsanwaltschaft sollen JBS und der brasilianische Fleischkonzern BRF in ihrer Wurst Schweineköpfe verwendet, Pappe unter das Fleisch gemischt und den Geruch von verdorbenem Fleisch mit Säuren überdeckt haben.

Die geschäftsführenden Batista-Brüder von JBS, Joesley und Wesley, erklärten sich zur Kooperation mit den Anklägern bereit und versprachen, alles offenzulegen. Sie gaben unter anderem zu, an 1829 Politiker Schmiergelder in Höhe von insgesamt 600 Millionen Reals, also rund 100 Millionen Euro, gezahlt zu haben. Außerdem versprach J&F, die Investmentfirma der Batistas, als Teil des Geständnisses innerhalb von 25 Jahren Entschädigungen in Höhe von 10,3 Milliarden Reals zu zahlen, was nach heutigem Kurs fast zwei Milliarden Dollar entspricht.

Ein paar Monate später begriffen die Ankläger, dass die Batistas sie reingelegt hatten. Die Batista-Brüder hatten Aktien des Unternehmens verkauft, kurz bevor sie die Zahlungen der Schmiergelder offenlegten. Sie hatten damit gerechnet, dass das Geständnis den Aktienkurs des Unternehmens in die Tiefe stürzen würde. Außerdem sollen sie nach Schätzungen der Polizei durch das Ausnutzen von Insiderwissen zig Millionen Euro verdient haben.

Joesley und Wesley Batista saßen ein halbes Jahr im Gefängnis, und in der Zeit übernahm ihr 84-jähriger Vater José Batista Sobrinho wieder die Geschäftsführung. Nachdem dieser 1953 sein erstes Fleischgeschäft eröffnet hatte, fing er an, in schnellem Takt Schlachtereien zu kaufen. Hinter dem schnellen Wachstum von JBS steckte außerdem die brasilianische Entwicklungsbank BNDES, die einige brasilianische Konzerne ausgewählt hatte, um aus ihnen Global Player am Weltmarkt zu machen. Die Bank hat JBS zahlreiche große Unternehmenskäufe finanziert und ist immer noch einer der größten Anteilseigner von JBS.

Der Korruptionsskandal legte die Pläne der Batista-Brüder, den US-amerikanischen Tochterkonzern von JBS an der Börse zu listen, für Jahre auf Eis, doch nach zwei Jahren schien der Aufruhr vergessen. Im Frühjahr 2019 stieg der Aktienkurs der JBS-Muttergesellschaft in Brasilien auf sein Rekordhoch an, und der Vermögenswert der Brüder erreichte jeweils nahezu drei Milliarden Dollar.

Das brasilianische Appellationsgericht Superior Tribunal de Justiça entschied 2020, dass Joesley und Wesley ihre Tätigkeit im Unternehmen wieder aufnehmen durften. Das Gericht nahm an, dass die Schwierigkeiten durch die Coronapandemie ein Risiko für die brasilianische Volkswirtschaft darstellen würden, wenn die Brüder sich aus dem Unternehmen fernhielten, berichtete *Food Safety News*.

Die engen Beziehungen von JBS zur Regierung treten auch in Henrique Meirelles' Laufbahn zutage: Er ist nicht nur Präsident des Verwaltungsrats von J&F Investimentos, sondern war auch als Finanzminister sowie als Vorsitzender der Zentralbank von Brasilien tätig.

Gegner der Fleischindustrie werfen Unternehmen der Branche seit Langem vor, die Gesundheit der Verbraucher zu gefährden, Tierwohl zu missachten und die Umwelt zu zerstören. Die besonders schnelle Verbreitung des Coronavirus in Schlachthöfen hat die Kritik an der Fleischindustrie noch verschärft.

Der harte Wettbewerb der globalen Konzernriesen hat die Produktion effizienter gemacht und den Fleischpreis sinken lassen. Gleichzeitig sind Tiere zu Gütern geworden, die wie jeder andere Rohstoff behandelt, gehandelt und befördert werden.

Marion Nestle, emeritierte Professorin für Lebensmittel- und Ernährungswissenschaften an der Universität New York, sagte der *Financial Times* im Sommer 2020, dass viele Verbraucher erschüttert waren, als sie während der Coronapandemie über die Arbeitsbedingungen in der Fleischindustrie erfuhren. In großen Schlachtereien werden täglich Tausende Tiere getötet. Die Schlachthöfe befinden sich üblicherweise am Stadtrand, außerhalb der Sichtweite der Verbraucher. Das Personal besteht oft größtenteils aus Einwanderern, die nicht direkt beim Großkonzern angestellt sind, sondern über eine Vermittlungsfirma.

Als Folge des starken Wettbewerbs und der niedrigen Gewinnspannen ist die Arbeit in der Fleischindustrie vor allem in den USA schlecht bezahlt. In einem Interview mit der *Financial Times* sagte Jais Fleur, Geschäftsführer von Europas größtem Fleischkonzern Danish Crown, dass seine Firma einen durchschnittlichen Stundenlohn von 30 Dollar zahle, während der entsprechende Lohn in den USA 14 Dollar betragen soll.

Die Arbeit in Schlachthöfen lässt die Angestellten abstumpfen. Amy Fitzgerald, Professorin für Kriminologie an der Staatlichen Universität in Windsor, hat erforscht, warum es unter dem Personal von Schlachtereien häufiger als gewöhnlich zu Gewaltverbrechen kommt: »Es scheint etwas mit dem Industrialisierungsprozess zu tun zu haben. Da sind Menschen, die tatsächlich für das Töten mehrerer tausend Tiere am Tag verantwortlich sind«, teilte sie dem kanadischen Magazin *The Star* mit.

Das Netzwerk Farm Animal Investment Risk and Return (FAIRR), eine Initiative der Großinvestoren, schätzt, dass 70 Prozent der Nutztiere weltweit in der intensiven Landwirtschaft gezüchtet werden; in den USA liegt der Anteil bei 99 Prozent.

Das Schrumpfen des Regenwaldes am Amazonas wird schon

seit Langem mit großer Sorge verfolgt. Er wird vor allem zugunsten der Viehzucht abgebrannt und abgeholzt. Die Nachrichten von den Bränden im Amazonas versetzen die Welt schon lange in Aufruhr, doch die Entwaldung hat während der Präsidentschaft von Jair Bolsonaro noch stärker zugenommen.

Im Jahr 2009 hatten die großen brasilianischen Fleischhersteller einen Vertrag mit der Umweltorganisation Greenpeace geschlossen, in dem sie versprachen, kein Vieh von Höfen zu kaufen, die sich auf erst kürzlich abgeholzten Gebieten befinden. Die Konzerne versprachen, nicht nur die direkten Viehlieferanten zu überwachen, sondern auch die gesamte Lieferkette, die das Vieh an die Fleischzulieferer der Unternehmen verkauft. Der Vertrag sollte der ganzen Welt als Vorbild dafür dienen, was Unternehmen und Umweltorganisationen gemeinsam erreichen können.

Jedoch in der Realität scheiterte dieses Modell. Greenpeace stellte zuletzt 2020 Nachforschungen an, bei denen sich herausstellte, dass alle Fleischgiganten, die in Brasilien tätig sind, JBS, Marfrig und Minerva, den Vertrag brechen.

Die Umweltorganisationen sprechen von »Viehwäsche« (cattle laundering): Ein Hof, der der Umweltzerstörung verdächtigt wird, verkauft sein Vieh an einen »sauberen« Hof, der dieses dann an einen Fleischkonzern weiterverkauft.

Die Vernichtung der Wälder und das Freiräumen neuer Anbauflächen kann schlimmstenfalls geradezu brutal ablaufen. In dem abgelegenen Waldgebiet des Bundesstaates Mato Grosso im Westen Brasiliens wurden im April 2017 neun Männer ermordet. Einige von ihnen wurden gefoltert, einige mit dem Messer abgestochen und die anderen erschossen.

Die Staatsanwaltschaft teilte mit, dass der Landwirt Valdelir João de Souza, dem zwei Höfe in der Nähe des Tatorts gehören, der Morde verdächtigt werde, aber die Behörden konnten de Souza nicht fassen. Der Staatsanwaltschaft zufolge sollten die Morde die ortsansässigen Anwohner einschüchtern und sie dazu bringen, ihre Grundstücke abzutreten. *Repórter Brasil* berichtete, dass de Souzas Höfe Vieh an eine Firma verkauft hätten, die JBS mit Fleisch belieferte.

JBS teilte *The Guardian* mit, dass Versuche, den Konzern mit de Souza in Verbindung zu bringen, »unverantwortlich« seien, weil der Konzern keine Rinder von Höfen beziehe, die an der Zerstörung der Wälder beteiligt seien.

Der Journalistenverein »The Bureau of Investigative Journalism« berichtete – laut der Auskunft von Trase, einem Projekt, das globale Produktionsketten untersucht –, dass durch das von JBS aus Brasilien exportierte Fleisch jährlich 280 bis 320 Quadratkilometer Wald vernichtet werden.

Im Herbst 2019 drängte eine Gruppe von mehr als 200 Großinvestoren Unternehmen dazu, sicherzustellen, dass die Unternehmen oder ihre Lieferketten keine Waldvernichtung förderten. Zwei große Investoren fehlten jedoch auf der Liste der Unterzeichner: BlackRock und Capital Group. Der *Financial Times* zufolge gehören beide zu den zehn größten Anteilseignern von JBS.

Laut Nichtregierungsorganisationen könnten die Großinvestoren durchaus noch strenger sein. Im Dezember 2019 forderten Dutzende US-amerikanische, europäische und brasilianische Organisationen von den Investoren, auf den Zusammenhang zwischen der Fleischindustrie und der Waldzerstörung im Amazonasgebiet zu achten. »Entweder stoppen Banken und Investoren den Geldfluss in die Zerstörung von Wald, der für das Aufhalten des Klimakollapses entscheidend ist, oder eben nicht«, sagte Shona Hawkes, Sonderbeauftragte der Organisation Global Witness.

Unter den Riesen der Fleischindustrie haben sowohl JBS als auch Marfrig den Verkauf ihrer Aktien an neue Investoren geplant. »Ob sie sich nun entscheiden, die Aktien für den Handel freizugeben oder selbst Profit zu schlagen, Finanzdienstleister haben hier eine Schlüsselrolle«, befand Hawkes.

Die US-Senatoren Marco Rubio und Bob Menendez forderten im Herbst 2019 das Finanzministerium auf, die Geschäfte von JBS zu untersuchen.

Ihnen zufolge hat JBS in Brasilien nicht nur die Gesetze übertreten, sondern auch »mit mehreren dubiosen Instanzen zusammengearbeitet«, unter anderem mit der venezolanischen Gesellschaft für externen Handel Corpovex (Corporación Venezolana de Comercio Exterior), die laut US-Behörden Corpovex in Korruption verwickelt ist.

Rubio und Menendez drückten auch ihre Sorge darüber aus, dass JBS in der Finanzierung »stärker als zuvor von Instanzen abhängig ist, die mit der chinesischen Regierung unter einer Decke stecken«. Sie nannten keine einzelnen chinesischen Finanziers, doch durch den zunehmenden Fleischkonsum in China ist das Land für JBS zu einem immer wichtigeren Markt geworden.

Im Juni 2020 gab es noch mehr schlechte Nachrichten für JBS: Jayson Penn, Geschäftsführer der in den USA tätigen JBS-Tochtergesellschaft Pilgrim's Pride, sowie drei weitere Führungskräfte wurden der Manipulation des Hühnerfleischmarktes geziehen.

Schon vor der Veröffentlichung der Vorladung durch das Justizministerium hatten Vertreter aus Landwirtschaft und Handel behauptet, dass die Geflügelfleischfirmen in den USA eine gemeinsame Absprache getroffen hätten, die Produktion herabzusetzen, um den Großhandelspreis in die Höhe zu treiben. Dem Ministerium zufolge war das Kartell von 2012 bis mindestens zu Beginn des Jahres 2017 aktiv.

Gleich nach dem Geflügelfleischskandal berichtete die Nachrichtenagentur Bloomberg, dass das Justizministerium der Vereinigten Staaten auch größere Rindfleischhersteller überprüfe. JBS, Tyson Foods, Cargill und National Beef produzieren mehr als 80 Prozent des gesamten Rindfleischs auf dem amerikanischen Markt. Bloombergs Quelle zufolge hatten mehrere Bundesstaaten vom Ministerium gefordert, Untersuchungen einzuleiten, ob die Fleischhersteller illegale Verträge zur Wettbewerbsminderung geschlossen hatten.

Die Konzentration der Fleischproduktion hat diese sehr störanfällig gemacht. Nach der Verbreitung des Coronavirus in den Schlachthöfen wies Donald Trump die Schlachthöfe an, die Produktion am Laufen zu halten, da sich bereits Engpässe in der Produktion und in der Verfügbarkeit abzeichneten, die sich in den Fleischpreisen niederschlugen. Unter anderem spornte JBS seine Mitarbeiter, die sich vor einer Coronainfektion fürchteten, an, trotz Erkrankung zur Arbeit zu gehen, indem er ihnen als Bonus kostenlose Koteletts versprach.

Auch wenn JBS bereits gewohnt ist, von einer Krise in die nächste zu stolpern, ist damit zu rechnen, dass die Fleischindustrie in Zukunft vermehrt mit Risiken konfrontiert sein wird.

Die Viehzucht verursacht 14,5 Prozent aller Treibhausgasemissionen weltweit – also mehr noch als der Verkehr, wie FAIRR vorrechnet. Investoren können demnach Umweltrisiken, soziale Verantwortung und Grundsätze der Unternehmensführung nicht länger ignorieren: »Dennoch sind bei einem der größten Industriezweige der Welt – der Lebensmittelindustrie – die Investoren oft blind für die Umweltfaktoren und gesellschaftliche Faktoren, die die Industrie formen, insbesondere wenn es um die Produktion von tierischem Protein geht.«

Der Fleischkonsum ist weltweit seit 1990 um 75 Prozent angestiegen. Laut FAIRR wird die Nachfrage nach Fleisch bis 2050 um 80 Prozent ansteigen. Das starke Wachstum lockt Investoren, doch laut der Initiative der Großinvestoren würde das Bedienen der Nachfrage zu einer Knappheit von Wasser und landwirtschaftlicher Fläche führen sowie exzessive Treibhausgasemissionen verursachen.

Zurzeit werden 83 Prozent des anbaufähigen Landes des gesamten Globus für die Vieh- und Fischzucht genutzt, während die Branche nur 37 Prozent der von Menschen konsumierten Proteine herstellt – und nur ein Fünftel der Kalorienzufuhr. FAIRR erinnert daran, dass stolze 70 Prozent des Waldschwundes im Amazonasgebiet auf die Rinderzucht zurückzuführen sind.

Laut der Denkfabrik The Institute for Agriculture and Trade Policy (IATP) verantworten die fünf größten Konzerne der Fleisch- und Molkereibranche der Welt – also JBS, Tyson, Cargill, Dairy Farmers of America und Fonterra – mehr Treibhausgasemissionen als zum Beispiel die Ölkonzerne ExxonMobil oder Shell. Wenn die in der Viehzucht verankerten Unternehmen den Prognosen entsprechend wachsen, wird der Anteil des Sektors an den Emissionen bis 2050 bei 80 Prozent liegen.

Während die Welt prosperierte, stieg der Fleischkonsum rasant an. In den westlichen Ländern wächst allmählich die Gruppe der Verbraucher, die pflanzliche Lebensmittel bevorzugt, doch in der Zukunft könnte Fleisch wieder zum Nahrungsmittel einer kleinen, erlesenen Gruppe von Menschen werden. Einer Untersuchung der Oxford University zufolge müsste jeder Mensch seinen Rindfleischkonsum um 75 Prozent und seinen Schweinefleischkonsum um 90 Prozent senken, damit die Klimaerwärmung das international vereinbarte Ziel, die globale Erwärmung auf weniger als zwei Grad Celsius bis zum Jahr 2100 gegenüber dem Niveau vor Beginn der Industrialisierung zu begrenzen, einhalten kann.

Die Fleischgiganten müssen all ihre Mittel nutzen, wenn sie auch in Zukunft an ihren Gewinnen festhalten wollen. JBS hat in diesem Kampf bessere Voraussetzungen als viele seiner Konkurrenten, da das Familienunternehmen der Batistas es gewohnt ist, in der Grauzone – und gelegentlich auch im illegalen Bereich – Geschäfte zu machen und sich flexibel an die jeweiligen Gegebenheiten anzupassen.

23. Die Walt Disney Company: Träume für alle
Mit Märchen den Geist anregen

»Alles, was das Licht berührt, ist unser Königreich«, sagt Mufasa, König des Geweihten Landes im Disney-Film *Der König der Löwen* zu seinem Jungen Simba, als sie vom Gipfel des Königsfelsens auf die weite Landschaft blicken, die vor ihnen liegt.

Brooks Barnes, Disney-Reporter der *New York Times*, zitierte Mufasas Aussage am 20. November 2019 in einer Meldung darüber, dass Disney den Zuschlag für den 71,3 Milliarden Dollar schweren Kauf der Hauptanteile der 21st-Century-Fox-Gruppe erhalten habe. Bei dem Deal trat der Medienmogul Rupert Murdoch seinen Hauptanteil ab, um sein Unterhaltungs- und Medienimperium News Corporation aufzubauen: »Nach dem Handel schien es, als würde Mufasas Satz die Walt Disney Company selbst beschreiben.«

Abigail Disney, die Enkelin von Walt Disneys Bruder Roy O. Disney, brachte es in einem Interview des National Public

Radio (NPR) noch direkter auf den Punkt: Disney rüstete sich mit diesem Schachzug für das Vorhaben, »das größte Medien- und Unterhaltungskonglomerat auf unserem Planeten in der Geschichte der Menschheit« zu werden.

Der Kauf war in erster Linie eine Machtdemonstration des Disney-Geschäftsführers Bob Iger und seines Kaders. Der Deal bescherte Disney – unter anderem – die Franchising-Rechte sowohl für die Simpsons als auch für die Mutanten aus Marvels X-Men-Filmen, die Fox Film- und Fernsehstudios sowie National Geographic und den indischen TV-Riesen Star India.

Bereits im März 2018 hatte Disney sein Geschäftsmodell auf den bevorstehenden Kauf ausgerichtet. Das Unternehmen gab bekannt, künftig Internetdienste und Produktverkauf in den Fokus zu nehmen. Ausgangspunkt für diesen Strategiewechsel war der Wunsch, direkt ans Portemonnaie des Kunden zu gelangen und Unternehmen wie Netflix den Kampf anzusagen.

Bob Iger war zu jenem Zeitpunkt knapp 14 Jahre als CEO tätig gewesen. In dieser Zeit hatte Disney sich von einer renommierten Unterhaltungsgesellschaft zum Giganten der Bewusstseinsindustrie gewandelt.

Das zeigt sich auch in den Zahlen: Als Iger 2005 die Geschäftsführung übernahm, erzielte Disney 2,5 Milliarden Dollar Gewinn. Im Geschäftsjahr 2019 lag der Nettogewinn des Unternehmens bei zehn Milliarden Dollar (im Corona-Jahr 2020 machte das Unternehmen allerdings drei Milliarden Dollar Verluste). Das Unternehmenswachstum und der Gewinnzuwachs ließen auch den Marktwert des Unternehmens innerhalb von 15 Jahren auf das Vierfache ansteigen: auf 230 Milliarden Dollar.

Das Wachstum lässt sich vor allem auf die zahlreichen stattlichen Unternehmenskäufe zurückführen. Nachdem Iger gerade einmal drei Monate den Posten des CEO innehatte, gab Disney im Januar 2006 bekannt, eine Einigung über den Kauf des Animationsstudios Pixar in Höhe von 7,4 Milliarden Dollar erzielt zu haben. Gleichzeitig wurde Pixar-CEO und Apple-Galionsfigur Steve Jobs zu Disneys größtem Anteilseigner und Vorstandsmitglied.

Noch bedeutender für Disneys späteren Erfolg war, dass Ed Catmull, einer der Pixar-Gründer, zum Generaldirektor nicht nur von Walt Disney, sondern auch von den Pixar Animationsstudios wurde.

Catmull hat mit seiner Arbeit eine ganze Branche revolutioniert. Er spielte eine zentrale Rolle bei der Entwicklung der Animationstechnologie im Allgemeinen und auch solcher Hollywood-Perlen wie *Toy Story*, *Findet Nemo*, *Frozen* und *Alles steht Kopf*.

Bei Unternehmern ist Ed Catmull wohl am besten für sein Managementbuch *Creativity, Inc.* aus dem Jahr 2014 bekannt. Seinen Theorien zufolge sollte man für die MitarbeiterInnen ein sicheres Arbeitsumfeld schaffen. Die Kreativität der Angestellten zu erhöhen, sei zwecklos, stattdessen solle man sich darauf konzentrieren, innerhalb des Unternehmens Strukturen aufzubrechen, die die Kreativität behindern.

Bei einem Besuch in Helsinki im Oktober 2016 berichtete Catmull, dass er 30 Prozent seiner Arbeitszeit darauf verwendete, um herauszufinden, welche Strukturen schöpferische Prozesse behindern. Talentierte MitarbeiterInnen bräuchten für ihre Arbeit Ruhe, und diese gelte es zu gewährleisten, denn das Endprodukt stelle nur einen Hauch der ursprünglichen Idee dar. »Man schält eine Zwiebel, und im Inneren findet man eine Banane. Man schält eine Banane, und im Inneren ist eine Orange«, erklärte er.

Pixars Führungsprinzipien lenkten auch die Führungskultur bei Disney in etwas weichere Bahnen, zumindest was die kreativen Mitarbeiter anging.

Unter Igers Leitung wurden die Unternehmenskäufe fortgesetzt. 2009 kaufte Disney den für seine Superhelden bekannten Verlag Marvel für vier Milliarden Dollar auf. 2012 war die Produktionsfirma Lucasfilm an der Reihe, die für die *Star-Wars* Filme und deren Nebenprodukte bekannt ist. Für Letztgenannte kaufte Disney George Lucas die Franchiserechte für 4,05 Milliarden Dollar ab. Die Preise galten damals als stattlich, doch später änderte sich diese Ansicht. 2019 spielte Disneys Marvel-Produktion *Avengers: Endgame* drei Milliarden Dollar mit Ticketverkäufen ein.

Im Nachhinein lässt sich feststellen, dass es sich beim Kauf von Century Fox keineswegs um einen gewöhnlichen wachstumsorientierten Erwerb von Konzerninhalten handelte. Disney tätigte den gewaltigen Unternehmenskauf aus der Not heraus, als die tektonischen Platten der Wirtschaft bereits in Bewegung geraten waren. Der Geldfluss aus der Unterhaltungsindustrie hatte sich bereits im ersten Jahrzehnt des 21. Jahrhunderts wesentlich gewandelt. Die Macht verlagerte sich auf Unternehmen wie Netflix, die für ihre Inhalte und Streamingangebote monatliche Beiträge direkt von den Verbrauchern kassierten.

Nach den Spielregeln der neuen Unterhaltungsindustrie war nicht mehr ausschlaggebend, wer die Inhalte macht, sondern, wem der Kunde gehört. Obwohl sich ein Großteil der Macht von großen Produktionsfirmen direkt zu den Verbrauchern und den kreativen Machern verlagert hat, ist die größte bleibende Veränderung, wer über den Vertrieb herrscht.

Dem Geschäftsführer Bob Iger war es in diesem Chaos gelungen, die großen Anteilseigner davon zu überzeugen, dass

Disney aufhören musste, Inhalte, die leicht verdientes Geld in Milliardenhöhe einbrachten, an andere zu verkaufen, und dass es stattdessen seine eigenen Produkte selbst vertreiben müsse, wenn es die Nase vorn haben und sich Wachstumschancen sichern wollte. Das Unternehmen würde seinen eigenen Service Disney+ gründen, der die Inhalte gegen monatliche Beiträge verkaufte.

Zwar würde der Konzern in den nächsten fünf Jahren wahrscheinlich über eine Milliarde Dollar an Lizenzeinnahmen einbüßen, und Disneys gebührenpflichtige Kanäle und Disney+ hätten anfangs mit hohen Einbußen zu rechnen, doch ihnen stünde eine bessere Zukunft bevor, wenn Disney mit seinem eigenen Streamingdienst seine Inhalte direkt an die Verbraucher verkaufen könne. Vereinfacht ausgedrückt: Warum die Brote im Dutzend billiger an einen Händler verkaufen, wenn das Internet sie den Verbrauchern ofenfrisch und quasi kostenlos auf elektronischem Wege nach Hause liefert.

Die Veränderung bedeutete, dass die traditionelle Organisation des Vertriebs auf den Kopf gestellt werden musste. Gleichzeitig wurden auch bei Century Fox Strukturen grundlegend erneuert. Im mittleren Management wurden zahlreiche Mitarbeiter entlassen, oft mit großzügigen Abfindungen, und die deutlich schlankere Organisation nahmen die Hoffnungsträger der Zukunft, die bezeichnenderweise in ihren Dreißigern oder Vierzigern waren, in die Hand.

Die Walt Disney Company nannte eine Reihe von Gründen, warum das Unternehmen seine höchsten Wachstumserwartungen auf das Livestreaming setzte, das sich direkt an die Zuschauer richtete. Disneys Erklärung zufolge war die Zeit, die die Verbraucher bei kostenlosen Streaminganbietern verbrachten, von 2010 bis 2020 um 50 Prozent angestiegen, und der entsprechende jährliche Zuwachs (Compound Annual

Growth Rate, CAGR) bei kostenpflichtigen Streaminganbietern lag bei 37 Prozent. Wenn man konkurrierenden Anbietern die Nutzung von Disneys Inhalten verbieten würde, könnte der Kanal Disney+ eine interessante Option vor allem für Familien mit Kindern sein, so die Einschätzung des Unternehmens.

Disney verfügte in den USA auch über den kostenpflichtigen Sportkanal ESPN+ und 30 Millionen Kunden des Streamingkanals Hulu. Mit diesen drei Kanälen konnte das Unternehmen Angebotspakete für unterschiedliche Zielgruppen in verschiedenen Preiskategorien zusammenstellen, entweder finanziert durch Werbung oder werbefrei.

Große Erwartungen hatte man auch an die indische Plattform Hotstar, die laut Media Partners Asia in Indien über 20 Prozent der Anteile an digitaler und TV-Werbung verfügte: Sie hatte mehr als 300 Millionen aktive Nutzer. Nicht weniger verlockend waren auch die Wachstumsaussichten. Mit mehr als 1,3 Milliarden Einwohnern macht Indien knapp ein Fünftel der Weltbevölkerung aus, und das Bevölkerungswachstum ist rasant. Einer Analyse der Forschungsgesellschaft MoffettNathanson zufolge würde ab 2024 bereits fast die Hälfte aller Verkaufseinnahmen aus den Streamingdiensten des Unternehmens kommen.

Die Veränderung war bereits in vollem Gang und wurde dadurch beschleunigt, dass die Verbraucher von Kabel-TV-Abonnenten zu Kunden der Streaminganbieter wurden.

Bob Iger berichtete in einem Beitrag des Nachrichtensenders Bloomberg, dass ihm die starke Position der Streaminganbieter im August 2015 bewusst geworden sei, als sich der Rückgang der Kabel-TV-Abonnements in Disneys Bilanz bemerkbar zu machen begann.

Wahrscheinlich ist bei den Streamingdiensten ein K.-o.-

Spiel zu erwarten, bei dem nur die stärksten überleben werden. Allein in den USA liefern sich Netflix, Amazon, Apple, AT&T, HBO Max und Comcasts Peacock einen Kampf um die Dollars der Konsumenten. Laut *Financial Times* gab es in den USA im November 2019 bereits mehr als 20 Streamingdienste. Für den explosionsartigen Anstieg des Angebots gab es einen Grund – auch die anderen Unternehmen hielten den Griff ins Portemonnaie der Zuschauer für einen Versuch wert. Gleichzeitig stiegen die Investitionen diverser Firmen in Streaminginhalte gewaltig an.

Das Fernsehverhalten der Verbraucher hat sich drastisch verändert. Serien bei Netflix, HBO und Amazon Prime zu sehen, ist zur normalen Abendgestaltung geworden. Teure Produktionen gehören bei diesen Sendern zum Alltag. Disney gibt an, mehr als 100 Millionen Dollar in die *Star Wars* Spin-off-Serie *The Mandalorian* investiert zu haben. Die ersten beiden Staffeln der Netflix-Serie *The Crown* über das Leben von Queen Elisabeth sollen rund 130 Millionen Dollar gekostet haben.

Die Investitionen vieler Medienmogule in Unterhaltungsinhalte sind steil angestiegen. Laut einer in der *Financial Times* veröffentlichten Schätzung der UBS-Bank im Jahr 2019 steckten Netflix, Comcast und Disney jährlich jeweils zehn Milliarden Dollar in Inhalte, bei Warner und Amazon waren es mehr als sieben Milliarden Dollar. Die Forschungsgesellschaft MoffettNathanson schätzt, dass Disney 2019 18,7 Milliarden Dollar in Inhalte (ausgenommen Sport) investiert hat, Netflix lag bei 9,2 Milliarden Dollar.

Die Investitionen in Inhalte haben in den vergangenen Jahren stark zugenommen. Das US-amerikanische Finanzunternehmen Wells Fargo schätzt, dass Disney mehr als 30 Milliarden Dollar in Inhalte für den Streamingkanal investiert habe, während die Investitionen von Netflix, NBCU und Warner Bros jeweils bei der Hälfte gelegen haben sollen.

Disneys Vorpreschen auf den Streamingmarkt war erfolgreich. Das Unternehmen gab am 4. Februar 2020 bekannt, dass es in den USA binnen weniger als drei Monaten 28,6 Millionen Disney+-Abonnenten gewonnen hatte. Ende des Jahres waren weltweit mehr als 50 Millionen weitere neue Abonnenten dazugekommen. Netflix hatte zu dem Zeitpunkt weltweit 167 Millionen und Amazon Prime 150 Millionen Abonnenten. Im Frühjahr 2021 erreichte Disney die 100 Millionen-Marke.

In Disneys Zwischenbericht im Oktober 2021 war die Rede von bereits mehr als 116 Millionen zahlender Disney+-Abonnenten weltweit. Ende Juni 2022 überschritt die weltweite Anzahl der Disney+-Abonnenten die 152-Millionen-Grenze. Als während der Coronapandemie die Kinos, Theater und Vergnügungsstätten geschlossen blieben, wurde Disney+ zum bedeutenden wirtschaftlichen Standbein des Unternehmens.

Allein die Onlineeinkünfte der Marvel-Verfilmung *Black Widow* lagen bei 125 Millionen Dollar. Gegen eine Sondergebühr wurde der Film Disney+-Abonnenten noch am Tag der Kinopremiere bereitgestellt. Die Sache wurde durch ein Gerichtsverfahren publik, bei dem die Hauptdarstellerin Scarlett Johansson neben ihrem Honorar in Höhe von 20 Millionen Dollar und anderen Kompensationen Geld aus den Einnahmen des Onlinestreamings verlangte.

Disneys Erfolg wurde vor allem 2019 häufig als Bob Igers alleiniges Verdienst ausgelegt, doch seine Vorgänger hatten ihm bereits die Weichen gestellt. Mit den Lorbeeren für den Erbauer des globalen Großkonzerns kann man auch Igers Vorgänger Michael Eisner schmücken, der das Unternehmen von September 1994 bis September 2005 leitete.

Eisner war von Paramount Pictures zu Disneys Geschäftsführung gewechselt und entwickelte zu Beginn der Neunzigerjahre mit seinem Team den Plan, den Konzern in verschiedene Bereiche der Produktion von Inhalten zu expandieren, neuen Animationsfilmen zu nie da gewesenem Glanz zu verhelfen, neue Freizeitparks in verschiedenen Teilen der Welt zu bauen und Geld mit Disney-Verkäufen und verschiedenen Markenprodukten zu schürfen.

Zu Eisners Zeit kaufte Disney zum Beispiel auch 1993 Harvey und Bob Weinsteins Filmproduktionsgesellschaft Miramax Films, die Arthouse-Filme für das erwachsene Publikum machte. 2010 verkaufte Disney Miramax weiter.

Der größte Umbruch fand statt, als Disney 1995 unter anderem die in den USA lukrativste TV-Gesellschaft ABC und den Sportkanal ESPN beim 19 Milliarden schweren Capital-Cities/ABC-Inc.- Deal erwarb. Dies war der zweitgrößte Unternehmenskauf der damaligen Zeit. Besonders ESPN stellte sich später als echte Goldgrube heraus, die einen beachtlichen Teil von Disneys Marktwert ausmacht.

Die Neunzigerjahre waren eine Blütezeit der Animationsfilme und werden deshalb auch als Disney-Jahrzehnt (Disney Decade) bezeichnet. Der Erfolg setzte 1988 mit *Falsches Spiel mit Roger Rabbit* oder 1989 mit *Arielle, die Meerjungfrau* ein. Dann zog das Tempo weiter an. *Der König der Löwen* (1994) brach die Zuschauerrekorde, und ein erfolgreicher Animationsfilm folgte dem nächsten: *Pocahontas* 1995, *Der Glöckner von Notre Dame* 1996, *Hercules* 1997 und *Tarzan* 1999. Gleichzeitig sorgte Disney für den Vertrieb von Pixars *Toy Story* 1995. Die Computeranimation *Das große Krabbeln* produzierte Pixar 1998 dann schon direkt für Walt Disney.

Aber Disney ist gewiss nicht Eisners Werk. Auf der Suche nach den wahren Königen der Wertschöpfung Disneys muss man an den Anfang der Unternehmensgeschichte gehen, in die Ära von Walt Disney und seinem Bruder Roy O. Disney.

Die beiden Brüder und besonders Walt Disney vereinen in sich viele zeitlose Geschichten, die die Grundpfeiler des amerikanischen Traums bilden.

Walt Disney war Erzählungen zufolge zugleich ein kreatives Genie, ein reizbarer Mikromanager und ein Stehaufmännchen, das mithilfe von talentierten Zeichnern seine eigenen Visionen realisierte. Ein Mensch, der seinen Künstlern gegenüber als Geschäftsführer und seinen Financiers gegenüber als Künstler auftrat – und bei beiden scheiterte. Er war ein ehrgeiziger Modelleisenbahnbauer, dem der Tod seiner Mutter das Herz gebrochen hatte, und ein größenwahnsinniger Unternehmer, der auf einer Bank in einer ruhigen, vor Blicken geschützten Ecke seines eigenen Freizeitparks sitzen und dabei zusehen wollte, wie andere sich an seinen Errungenschaften erfreuten.

Walt Disney war auch in vielerlei Hinsicht der mickymaushafte gewiefte Archetyp des kreativen Erfolgs, ein Visionär wie Steve Jobs oder Bill Gates, der den Sprung aus der Garage geschafft hatte und sich meist mehr für den nächsten technologischen Entwicklungsschritt begeisterte als für ein kurzfristiges Konzernergebnis. Er investierte das Geld, das ihm der Erfolg einbrachte, oft zurück in sein Unternehmen und war deshalb häufig in wirtschaftlichen Schwierigkeiten, aus denen ihm sein Bruder Roy O. Disney heraushalf. Roy O. Disney fungierte als Vorstandsvorsitzender oder in einer anderen entsprechenden Führungsposition der Walt Disney Company seit ihrer Gründung 1929 bis ins Jahr 1971.

Einige wesentliche Fakten sollten über Walt Disneys Kreativrausch nicht vorenthalten werden.

Neil Gabler erzählt in seinem Buch *Walt Disney: The Biography* davon, wie Walt Disney vorging, nachdem er (wahrscheinlich schon im Jahr 1930) die Fähigkeit einbüßte, zeichnerisch darzustellen, wie seine Zeichentrickfiguren aussehen sollten.

Laut Gabler begann Disney seine selbst gezeichneten Figuren den Animatoren vorzuspielen, indem er sich selbst in verschiedene Figuren verwandelte, mit signifikant angehobenen Augenbrauen.

Die Disney-Zeichner berichten in dem Buch auch davon, wie Walt Disney sie drei Jahre vor der Fertigstellung (1937) des Meisterwerks *Schneewittchen und die sieben Zwerge* nach dem Abendessen ins Studio einlud. Als die 50 Animatoren gegen halb acht dort eintrafen, setzten sie sich auf die Stühle, die sich hinten im Studio befanden. Walt Disney trat im Scheinwerferlicht in den vorderen Teil des ansonsten dunklen Studios und erzählte, dass er vorhabe, einen Animationsfilm über Schneewittchen und die sieben Zwerge zu produzieren.

Und was macht Disney nun zu einem besonders gefährlichen Unternehmen? Seine Größe, die Unterhaltungsinhalte oder etwas anderes?

Philosophen, Künstler, Psychoanalytiker und Soziologen haben jeweils analysiert, wie sich unsere Träume und Leidenschaften in Disneys »kindersicherer« und glatt geschliffener Welt verhalten. Eine zentrale Beobachtung hängt damit zusammen, dass man in der »geschützten« Disney-Welt große Gefühle kontrolliert erleben kann in dem Wissen, dass es sich um ein Märchen handelt.

Kehren wir zurück zum *König der Löwen* und zur eingangs beschriebenen Szene, in der Vater Mufasa und der kleine Simba auf dem Königsfelsen über ihr Reich sprechen. Die Szene gibt nicht nur Aufschluss über das hier gelieferte Weltbild, sondern beschreibt auch treffsicher Disneys Position an der Spitze der Nahrungskette der Unterhaltungsindustrie.

Mufasa: »*Alles, was du siehst, lebt in einem empfindlichen Gleichgewicht zusammen. Als König musst du ein Gespür dafür haben und alle Geschöpfe respektieren, von der winzigen Ameise bis hin zur graziösen Antilope.*«
Simba: «*Aber wir fressen die Antilopen doch?*«
Mufasa: »*Sicher, Simba, aber lass mich erklären. Wenn wir sterben, werden unsere Körper zu Gras und die Antilopen fressen das Gras. Und somit sind wir alle eins im ewigen Kreis des Lebens.*«

Disney-Kritikern zufolge ist dieser Ausschnitt eines von vielen Beispielen für einen Disney-Faschismus, also ein Weltbild, in dem der Stärkste regiert und seine Untertanen sich mit ihrer Stellung zufriedengeben sollen. Aber wir sollten dieser Kritik an den vorherrschenden Machtpositionen nicht zu viel Beachtung schenken und tiefer schauen.

Im Grunde ist *Der König der Löwen* ein traditionelles Shakespeare-Drama über einen Machtkampf und einen hinterhältigen Brudermörder. Hier werden große Gefühle behandelt: Freundschaft, Liebe, Verpflichtung, Schuld und Scham sowie Respekt vor den Eltern. Die barbarischen, fremdartigen Hyänen unterwerfen die Weibchen des Rudels, indem sie sie zwingen, mit ihnen zusammenzuarbeiten. Auch Simbas Tod steht nahezu unausweichlich bevor, aber als der abscheuliche Verrat herauskommt, schöpft er im letzten Moment aus diesem Wissen neue Kraft und unterwirft seinen bösen Onkel, der schließlich von seinen enttäuschten Verbündeten getötet wird. Die erbliche Thronfolge und der Frieden kehren zurück ins Reich der Löwen. Simba und seine Gefährtin Nala herrschen über ihr Reich. In den letzten Sekunden des Films sehen wir, dass auch sie ein Junges bekommen.

Diese Geschichte berührt viele so tief, zum Teil unterbewusst, dass sie jedes Jahr aufs Neue verkauft wird, ob nun als Musical oder als Neuinszenierung mit echten Tieren. Es ist auch ein Paradebeispiel dafür, wie es Disney gelingt, zeitlose Basiserzählungen zu erneuern und zu Produkten zu machen.

Die Art und Weise, wie Disney die Welt umgestaltet, ist in der Populärkultur ein so alter Hut, dass es dafür sogar ein eigenes Wort gibt: *Disneyfikation*. Das Merriam-Webster-Wörterbuch erklärt diesen Begriff als »die Transformation von etwas Realem oder Beunruhigendem in vorsichtig kontrollierte und sichere Unterhaltung oder eine Umgebung mit ähnlichen Eigenschaften«.

Im Grunde ist Disneys Macht nichts anderes als die Macht über unser Bewusstsein. Die Kommunikation konzentriert sich auf immer weniger Akteure. Diesen Umstand beschreibt vielleicht am besten die Tatsache, dass laut Statista 2019 Disney-Filme in den USA bereits 38 Prozent der Einnahmen aus allen Kinokartenverkäufen ausmachten, wenn man die 4,9 Prozent von 20th Century Fox mit einrechnet, die Disney im März 2019 in dem Megadeal erworben hatte.

Dieselbe Konzentration von Kommunikation, sozialen Medien und Steuerung lässt sich überall auf der Welt beobachten, teilweise lokal, doch häufig auch in den Händen stetig wachsender Superkonzerne.

Und wer über die Informationsvermittlung verfügt, besitzt gleichzeitig auch einen großen Teil des Bewusstseins der Menschen. Oder zumindest kann man die Agenda in den Köpfen der Menschen vorgeben. Wer im Besitz der Träume, der Fantasien und Bausteine des Unterbewusstseins ist, kann etwas noch viel Kostbareres besitzen. Wie wertvoll ist es dann, die Geschichten zu besitzen, von denen wir glaubten, sie wären Gemeingut, von *Dornröschen* über *König der Löwen* bis hin zu *Pulp Fiction*?

Über Disney ist viel geschrieben worden, über die Sehnsucht nach Sicherheit, die Fantasy-Erzählungen ebenso wie auf alten Pfaden wandernde uns bekannte Geschichten in uns hervorrufen. Und über die Sehnsucht nach »gemeinsamen« Erinnerungen, die wir als Herdentiere gerne mit beispielsweise Marvels Superheldenfiguren stillen.

Disneys Wert leuchtet vielleicht ein, wenn man sich die Frage stellt, ob es eine Parallele zu der Situation gibt, als die Menschen zur Zeit des Coronavirus losstürmten, um Toilettenpapier zu kaufen – nicht, weil sie fürchteten, dass es knapp werden würde, sondern, *weil sie gehört hatten, dass viele andere glaubten*, dass man jetzt Toilettenpapier hamstern müsse.

Auf dieselbe Weise ist das Disney-Bedürfnis also nicht immer das eigene Bedürfnis, vielmehr hängt der Konsum mit einer weiter gefassten Realität zusammen, in der unsere Träume und unser Streben nach Sicherheit aufeinandertreffen.

In der Sprache der Philosophen haben wir es hier mit *Identität* und *Imagination* zu tun. Aus dem Zusammenprall dieser beiden Elemente haben Denker wie der Psychoanalytiker Jacques Lacan und der Philosoph Slavoj Žižek in ihren Schriften geschöpft, doch ihre Theorien beruhen vermutlich auf Karl Marx' Theorie von der »imaginären Bildung politischer Identitäten«.

Marx behandelte dieses Thema in seinem sogenannten Bonapartismus-Essay aus den Jahren 1851/52. Ihm zufolge konnten im Frankreich der Vierzigerjahre des 19. Jahrhunderts Grundbesitzer, Industrieunternehmer und Kreditnehmer nicht mehr ihre gemeinsamen gesellschaftlichen Beziehungen erkennen, was dazu führte, dass sie untereinander einen politischen Streit anfingen. Ebenso erkannten auch die Landarbeiter und die Handwerker nicht die Gemeinsamkeiten ihres Standes. Es entstand ein politisches Vakuum.

Marx' Analyse bezog sich auf das damalige Frankreich, doch sie behält ihre Gültigkeit: Anstatt dass die Menschen und Menschengruppen ihre tatsächliche Beziehung zueinander begreifen, schließen sie sich zusammen und grenzen sich voneinander ab, indem sie imaginäre und fiktive Kategorien schaffen.

Auf dieselbe Weise bildet sich der moderne Mensch ein, ein Experte des Star-Wars-Kults, ein Kapitalist oder ein Leiharbeiter zu sein, ohne dabei das große Ganze zu sehen.

Unterhaltung und Medien führen in die Irre. Wir sind Herdentiere und schließen uns der Herde an, die uns zu sich lockt und der sich auch viele andere anschließen. Marx zufolge nutzen totalitäre Systeme sowohl die Fiktivität als auch die Erfolgsbetonung politischer Identitäten aus. Er beschreibt diesen Prozess als »theatralische Totenbeschwörung« (spectral necromancy).

Im Zeitalter des Internets werden den Menschen immer mehr Möglichkeiten geboten, mit verschiedenen Identitäten zu spielen. Und an diesen fiktiven Identitäten ist natürlich an sich nichts »schlimm«. Aber gleichzeitig bereiten sie geschickten Machtstrebern den Boden, auf dem Identitäten zerschmettert werden können und vorgegeben wird, worüber wir diskutieren. Durch das Vorantreiben der Identitätsdebatte kann aber die Aufmerksamkeit des Volkes von den wirklich wichtigen Fragen abgelenkt werden. Während wir unsere unterschiedlichen fiktiven Identitäten (sexuelle, ethnische, berufliche, soziale) verteidigen, führen die Spieler ihre Schachzüge aus, mit denen sie ihrem Ziel der Machterweiterung näher kommen.

In Bezug auf Disney mag die oben beschriebene Bedrohung wie eine übertriebene Sorge klingen. Die verschiedenen Alleinherrscher sind in den vergangenen Jahrzehnten mit sehr viel konventionelleren Kommunikationstricks und Täuschungsmanövern an die Macht gekommen. Aber möglicherweise ist das Schema gleich. Ob es nun um nationalistischen Populismus, den Zustimmungseifer der durch das Coronavirus hervorgerufenen Einschränkungen oder Disneys Erfolg geht, die Basis ist hauptsächlich eine Identitätskonstruktion, die zum einen fiktiv und zum anderen vergangenheitsorientiert ist.

Disneys unschlagbarer Vorteil ist die zugrunde liegende Märchenerzählung, die, ausgehend von den Geschichten der Gebrüder Grimm, unbewusst in tiefere Ebenen vordringt, in Identitäten wie Mutter, Vater, Kind, Bruder, Schwester, Nachbar und Nachbarin, Gast, Fremde und Fremder, König, Königin, Hexe, Zauberer und Geist.

Es ist kein Zufall, dass verschiedene Fantasy-Geschichten von *Harry Potter* bis *Der Herr der Ringe* und *Game of Thrones* so großen Erfolg haben. Sie bedienen Muster, die in unserer Fantasie und unserem Unterbewusstsein bereits vorhanden sind. Ein Vorteil dieser Heldenfiguren besteht auch darin, dass sie keine Berühmtheiten im Sinne unserer virtuellen Gegenwart darstellen. Die heutige virtuelle Realität macht sich diese fiktiven Charaktere mit ihren Kräften zunutze. Das Salz in der Suppe ist die Verwendung neuester Technik, die die Zuschauer immer wieder aufs Neue fasziniert.

Um einen tieferen Einblick in Disneys Macht zu gewinnen, müssen wir noch ein zweites Mal abtauchen, diesmal in das Wesen des modernen Menschen.

Dabei ist uns die Publizistin und Philosophin Hannah Arendt behilflich. Sie hat in ihrem Werk *Vita Activa oder Vom tätigen Leben* dargelegt, dass das Denken des modernen Menschen auf der Idee der »seriellen Unendlichkeit« beruht. Unter anderem ist diese zu unterscheiden von der erlebten Unendlichkeit, der Bodenlosigkeit oder Grenzenlosigkeit, die wir in der Natur zum Beispiel in den Bergen oder am Meer erleben oder manchmal, wenn wir einem anderen Menschen in die Augen schauen.

Arendt zufolge wird in der Modernität die erlebte Unendlichkeit durch die berechenbare serielle Unendlichkeit ersetzt, die die Zeit in eine unendliche Aneinanderreihung sich immer wiederholender Schritte unterteilt. Dies könnte man zum Beispiel als die Unersättlichkeit des modernen Menschen bezeichnen: Wir wollen zum Mars reisen und den Weltraum erforschen, so viel Geld, Kapital und Zinseszinsen an uns raffen wie möglich und immer nur mehr von allem.

Ob es nun also um smarte Geräte an unserem Handgelenk geht, die uns helfen, unsere Kondition zu verbessern, oder um Kapital oder das Hamstern von Toilettenpapier – der moderne Mensch will immer nur mehr von allem. Es handelt sich dabei um eine Art Anbetung eines Traumbilds des modernen Menschen: dasselbe und immer nur mehr von demselben, bis in die Ewigkeit.

Im Fall von Disney geht es also darum, aus den Produkten serielle Produkte zu machen. Von Superheldenfilmen wird eine Fortsetzung nach der nächsten gemacht, und der Kinobesuch wird zu einem Erlebnis, das einem Besuch im Freizeitpark gleichkommt. Gleichzeitig bemüht Disney sich, die Attraktionen und Hotels in seinen Themenparks noch »erlebbarer« zu machen und die Zuschauer mit verschiedenen immersiven Erlebnissen, bei denen man also in die Geschichte eintaucht, zu verzaubern. Zum Beispiel so, dass die Leute das Gefühl haben, sie würden in dem Raumschiff des Star-Wars-Films durch das Weltall reisen.

Disney kann auch deshalb punkten, weil der Konzern die Anziehungskraft technologischer Neuheiten versteht. Und es kann sein, dass der Charme neuer Technologien niemals verblasst. Der englische Science-Fiction-Autor Aldous Huxley schrieb 1931 Folgendes über die neue Droge namens Geschwindigkeit: »Der moderne Mensch hat ein neues Laster gefunden: die Geschwindigkeit«, nachdem er in einem Auto gesessen hatte, das eine für die damalige Zeit rasende Geschwindigkeit von 80 Meilen, also 130 Stundenkilometern, erreichte.

Genauso verhält es sich mit vielen Menschen, die einen immer schnelleren Computer oder ein schnelleres Smartphone wollen und die neuesten Special Effects sehen möchten. Von Geschwindigkeit kann man nie genug bekommen.

Bob Iger, der seinen Renteneinstieg schon mehrere Male verschoben hatte, gab am 25. Februar 2020 überraschend bekannt, sein Amt als Geschäftsführer niederzulegen. Zum neuen Geschäftsführer wurde Bob Chapek ernannt, der seit 1993 für Disney tätig und zuvor Vorsitzender von Disney Parks, Experiences and Products war, einer Geschäftseinheit, die für die Unterhaltung der Freizeitparks von Disney zuständig ist.

Seine Macht gab Iger jedoch nicht auf. Er erklärte, vertragsgemäß als Vorstandsvorsitzender bei gleichbleibender Bezahlung bis Ende 2021 in Disneys Vorstand zu verbleiben.

Neben dem Kauf von Century Fox hatte das Unternehmen eine neue Wachstumsstrategie in Angriff genommen, die den Verbrauchern direkt ans Portemonnaie ging, und die Disney-Filme hatten schwindelerregende Erfolge eingefahren: Als auch der jüngste Film *Star Wars: The Rise of Skywalker* weltweit über eine Milliarde Dollar aus Ticketverkäufen einspielte, war dies für Disney bereits der siebte Film aus dem Jahr 2019, der die Eine-Milliarde-Dollar-Grenze überstieg, berichtete *Variety*.

Die in Florida und Kalifornien eröffneten Themenparks *Star Wars: Galaxy's Edge* waren die größten Investitionen in Freizeitparks in der Geschichte des Unternehmens, und auf diese zählte man bei Disney auch in Zukunft.

Die wichtigste Erinnerung, die die Anteilseigner an die Iger-Ära haben, ist wohl die Tatsache, dass Disneys Marktwert in dieser Zeit um 175 Milliarden Dollar stieg.

Disney hat jedoch zwei Schwachstellen: Das Coronavirus kann dazu führen, dass die Menschen aus Angst vor Ansteckungsgefahr Menschenmassen wie die in Freizeitparks meiden. Dann würde das Standbein wegbrechen, das bisher als starke Cashflow-Maschine galt, und Disney könnte zum Übernahmeobjekt für einen digitalen Riesen wie Amazon werden.

Disneys zweite Herausforderung ist fundamentaler. Das Geschäftsmodell beruht, um es mit Hannah Arendts Worten zu sagen, auf der Wiederholung der immer gleichen Schritte. Es ist gut möglich, dass unsere Zukunft eine Art Dystopie der Popkultur ist, in der wir alle mit Virtual-Reality-Brillen die neueste Folge von *The Avengers* schauen, damit wir für einen kurzen Augenblick unsere Lieblingsschauspieler und die neuesten Perlen der Effekttechnologie zu sehen bekommen, vor allem aber deshalb, weil wir wissen, dass auch die anderen dieses Produkt konsumieren.

Der Erfolg von Superheldenfilmen und ihren diversen Fortsetzungen, die die Filmindustrie vor der Pandemie dominierten, hängt damit zusammen, dass der Kinobesuch als solcher für immer mehr Leute zu einem freizeitparkartigen Erlebnis wird.

Der moderne Mensch kann einer Sache aber auch durchaus überdrüssig werden und möchte, im angemessenen Rahmen, immer überrascht werden. Doch selbst dahingehend verfügt Disney über etwas von unschätzbarem Wert. Disney beherrscht gekonnt die mythischen Basiserzählungen, die sich in verschiedenen Kulturen im Prinzip ähnlich wiederholen. Sie spiegeln die fundamentale Sehnsucht des Menschen nach Verbindung zum tieferen Selbst und zu einer Art kollektiver Einheit wider. Diese ungestillte Sehnsucht ist eine starke Kraft.

Die Frage, inwiefern Disney wirklich Zugang zu unserem kollektiven Unterbewusstsein hat, kann hier nicht beantwortet werden. Die Beantwortung dieser Frage sollte man besser Psycho- als Börsenanalytikern überlassen.

22. HSBC: Die Bank für Terroristen und Drogenhändler
Eine Klasse für sich

Die größten internationalen Banken wurden in den vergangenen Jahren für irgendwelche Dummheiten, Gesetzesverstöße und ganz klare Verbrechen zur Rechenschaft gezogen. Doch sogar in dieser Gruppe ist die HSBC-Bank eine Klasse für sich.

Die HSBC ist die achtgrößte Bank der Welt (S&P, April 2021). Die Jahresendbilanz lag 2020 bei 2984 Milliarden Dollar.

Die HSBC wurde 1865 von dem in Hongkong tätigen Schotten Thomas Sutherland unter dem Namen The Hongkong and Shanghai Banking Corporation Limited gegründet. Das erste Büro wurde in Hongkong eröffnet, das zweite in Shanghai. Von Anfang an war Sutherlands Idee, den internationalen Handel zu finanzieren. Das ist auch heute noch der Stützpfeiler der Bank – und zugleich ihr größtes Problem.

Durch die Finanzierung des internationalen Handels hat die HSBC mit diversen Kunden Geschäfte gemacht, doch gleichzeitig begann bei der Bank eine Kultur zu florieren, in der krumme Dinger geradegebogen wurden.

Ein bezeichnendes Beispiel ist eine E-Mail, die Alan Ketley, ein interner Ermittler der US-amerikanischen Tochtergesellschaft der Bank, im März 2005 an Paul Plessner, den Chef der Abteilung für Währungshandel, schickte: »Es sieht so aus, als würdest du weiterhin ganz bequem Deals mit Al Rajhi machen. Hoffentlich verdienst du damit eine Menge Geld!« Das könnte eine ganz alltägliche Nachricht unter Bankiers sein – wenn es da nicht zwei Knackpunkte gäbe.

Laut dem Komitee des US-Senats, das die E-Mail veröffentlicht hatte, war besagter Al Rajhi, der mit vollem Namen Sulaiman bin Abd al-Aziz ar-Rajhi heißt, bei den US-Behörden seit März 2002 bekannt. Damals wurden im Büro einer in Sarajevo tätigen Saudi-Organisation Disketten und Festplatten gefunden, die sich als wertvoll herausstellten. Eine der Dateien, die die US-Amerikaner wiederhergestellt hatten, enthielt das Foto einer handschriftlichen Liste, auf der 20 Namen standen: die Hauptfinanzierer der Terrororganisation al-Qaida. Osama bin Laden soll der Gruppe der finanziellen Unterstützer den Namen »Goldene Kette« gegeben haben. Ihre Mitglieder finanzierten die al-Qaida, nachdem die Terrorgruppe aus dem Sudan geflohen war und ein neues Hauptquartier in Afghanistan aufgebaut hatte.

Eines der Mitglieder der »Goldenen Kette« war Sulaiman bin Abd al-Aziz ar-Rajhi. Er gehörte zu den Gründern und wichtigsten Führungspersonen der Al Rajhi Bank Saudi Arabia, einem Geschäftspartner der HSBC.

Das zweite Dilemma bestand darin, dass die US-amerikanische Zentralbank nur zwei Jahre zuvor die HSBC angewiesen hatte, Terroristen und Verbrecher aus ihrem Kundenstamm zu entfernen. Nun stellte sich heraus, dass die Bank ungeachtet der behördlichen Anweisungen ihre Geschäfte wie gewohnt fortgeführt hatte.

Al Rajhi war für die HSBC ein Kunde von beachtlicher Größenordnung. Nach 2005 gab die HSBC innerhalb einiger Jahre Dollarnoten im Wert von einer Milliarde Dollar an die saudische Bank aus.

Nachdem der US-Senat die Geschäfte der HSBC geprüft hatte, stellte er auch fest, dass die Bank trotz wirtschaftlicher Sanktionen im Iran Geschäfte machte. Im Januar 2003 hatte Nigel Weir, der zur Leitung der Nahost-Abteilung der HSBC gehörte, eine Notiz erstellt, der zufolge es im Iran »hervorragende Geschäftsmöglichkeiten« gab. Die Bank schob Geld zwischen den USA und dem Iran hin und her, indem sie schlicht alle Einträge, die mit dem Iran in Verbindung standen, von den Überweisungen löschte, sodass die Überweisungen keine Warnung bei den US-Überwachungssystemen auslösen konnte.

Die HSBC beauftragte 2010 das Wirtschaftsprüfungsunternehmen Deloitte mit der Untersuchung des Zahlungsverkehrs mit dem Iran. Dabei wurden knapp 25.000 Überweisungen in US-Dollar gefunden, deren Gesamtsumme bei 19,4 Milliarden Dollar lag. Bei 90 Prozent der Überweisungen war die Verbindung zum Iran komplett gelöscht worden.

Die Bank war auch andernorts in zwielichtige Geschäfte verwickelt. Einer der lateinamerikanischen Kunden der HSBC war das von Joaquín »El Chapo« Guzmán angeführte mexikanische Drogenkartell Sinaloa, das als das gefährlichste Kartell der Welt gilt. In Kolumbien fand die Bank im »Norte-del-Valle«-Kartell einen Kunden.

Die mexikanische Tochtergesellschaft der HSBC betrieb eine eigene Bank auf den Kaimaninseln. Diese hatte zu ihren besten Zeiten fast 50.000 Kunden und ein Vermögen (Aktiva) in Höhe von 2,1 Milliarden Dollar, aber überhaupt keine eigenen Angestellten, von einem Büro ganz zu schweigen. Die

Kunden konnten bei der Bank Dollarkonten eröffnen, und dem Bericht des Senats zufolge hatte ein Teil der Kunden der Kaimaninseln Beziehungen zu Drogenkartellen.

Laut Informationen der Behörden lieferte die mexikanische Tochterbank der HSBC allein in den Jahren 2007 und 2008 Dollarscheine im Wert von sieben Milliarden Dollar von Mexiko in die USA. Die Drogenkartelle konnten ihr Geld aus dem Drogenhandel nicht in den USA zur Bank bringen, da die dortigen Banken stutzig geworden wären und nach dem Ursprung des Geldes gefragt hätten. Das Geld mithilfe der HSBC hin und her zu karren war reibungsloser.

Auch zu Russland unterhielt die HSBC eigenwillige Geschäftsbeziehungen. Die Bank bearbeitete massenhaft Reiseschecks für die japanische Hokuriku Bank. An Spitzentagen wurden Schecks im Wert von einer halben Million Dollar eingelöst.

Die US-Behörden wiesen die HSBC an zu untersuchen, was es damit auf sich hatte. Es stellte sich heraus, dass russische Gebrauchtwagenhändler bei einer russischen Bank Reiseschecks gekauft hatten. Bei der japanischen Bank hatte man sich nicht über die Kunden gewundert, die tagtäglich stapelweise Reiseschecks über 500 bis 1000 Dollar bei der Bank deponierten – auf denen die Unterschriften zudem unleserlich waren.

Ende 2012 kam das US-Justizministerium nach langer Untersuchung der Geschäfte der HSBC zu einer Entscheidung: Es verhängte der HSBC eine Strafe in Höhe von 1,9 Milliarden Dollar und verzichtete im Gegenzug auf eine Anklage.

Warum kam aber die HSBC ohne Gerichtsverfahren davon, obwohl man die Bank mehrerer Gesetzesverstöße überführt hatte? Der stellvertretende Generalstaatsanwalt Lanny Breuer erklärte auf einer Pressekonferenz, dass die Geldstrafe die bessere Alternative gewesen sei als die »Kollateralschäden«, die ein Gerichtsverfahren verursacht hätte.

Das Ministerium folgte einer pragmatischen Logik: Wäre es zu einer Anklage gegen die HSBC gekommen, hätte die Bank höchstwahrscheinlich ihre Zulassung in den USA verloren. Das hätte die Zukunft der Bank aufs Spiel gesetzt, und der Absturz einer so großen Bank hätte das weltweite Bankensystem aus den Angeln heben können.

Die Stellungnahme des Justizministeriums wurde knapp vier Jahre später ein wenig klarer, als die Republikaner des Finanzdienstleistungsausschusses des US-amerikanischen Unterhauses ihre Erklärung »Too Big to Jail« (2016) veröffentlichten. Der Bericht enthüllte, dass die US-Behörden durchaus bereit gewesen waren, Anklage gegen die HSBC zu erheben, Großbritannien jedoch Druck auf die USA ausgeübt hatte.

Die republikanischen Ermittler hatten einen Brief entdeckt, den der britische Finanzminister George Osborne im Herbst 2012 an Ben Bernanke, den Präsidenten der US-Zentralbank, geschickt hatte. Osborne zufolge sei es nicht fair, britische Banken härter zu bestrafen als US-Banken. Osborne warnte davor, dass ein Prozess gegen eine systemrelevante Bank wie die HSBC »sehr schwere Folgen für das Finanzsystem und die wirtschaftliche Stabilität insbesondere in Europa und Asien« nach sich ziehen würde. Auch die britische Finanzmarktaufsichtsbehörde FSA hatte Washington gewarnt, dass die bloße Androhung, der HSBC die Bankenlizenz zu entziehen, zu einer weltweiten Katastrophe führen könnte.

Milind Sathye, Professor für Finanzwissenschaft an der University of Canberra, schrieb 2018 auf der Webseite der Australian Broadcasting Corporation (ABC), dass die Banken die Ängste der Entscheidungsgeber ausnutzen können, wenn diese sich vor den Konsequenzen fürchten, die strenge Maßnahmen gegen die Großbanken nach sich ziehen könnten: »Sollten George Osborne und seine Partei zur Rechenschaft gezogen werden? Sollte man so auch mit Timothy Geithner [dem US-Finanzminister] und Ben Bernanke [dem US-Notenbankchef] verfahren? Diese Politiker und Beamten haben nicht nur ethisch versagt, sondern auch bewusst ihre Verantwortung in Bezug auf das Anti-Geldwäsche- und Anti-Terrorismus-Finanzierungsgesetz abgegeben.«

Im Dezember 2012 einigte sich die HSBC mit den US-Behörden darauf, dass die Bank für Geldwäsche und andere Gesetzesverstöße eine Geldstrafe in Höhe von 1,9 Milliarden Dollar zahlen würde. Die Summe entsprach in etwa dem Gewinn, den die Bank innerhalb eines Kalendermonats machte. »Wir übernehmen die Verantwortung für unsere Fehler in der Vergangenheit. Wir haben unser tiefstes Bedauern darüber ausgedrückt und tun dies erneut. Die HBSC heute unterscheidet sich maßgeblich von der Organisation, die diese Fehler begangen hat«, sagte der HSBC-Vorstandsvorsitzende Stuart Gulliver.

2018 wurde bekannt, dass die HSBC über Jahre hinweg dem chinesischen Telekommunikationsriesen Huawei geholfen hatte, entgegen den internationalen Sanktionen Geld in den Iran zu überweisen. Die Vereinigten Staaten hatten bereits seit Langem den Verdacht, dass Huawei China dabei half, den Westen auszuspionieren. Die Überprüfung der Spionagevorwürfe ist allerdings schwierig, und dabei werden leicht Ermittlungsgeheimnisse aufgedeckt. Deshalb entschieden die Behörden, Huawei auf anderem Weg zur Verantwortung zu ziehen. *The New York Times* verglich die Situation mit der Al-Capone-Strategie: Die Staatsanwälte haben den gewalttätigen Gangsterboss nicht wegen körperlicher Gewalt hinter Gitter gebracht, sondern wegen Steuerhinterziehung und Geldwäsche.

Huawei machte im Iran über die Tochtergesellschaft Skycom Geschäfte und tätigte seine Überweisungen an den Iran über die HSBC. Als die HSBC bei Huawei Nachfragen anstellte, stritt der Konzern seine Verbindungen zu Skycom ab. Die *South China Morning Post* berichtete Anfang 2020, dass die HSBC allerdings schon 2010 von den Geschäftsbeziehungen zwischen Huawei und Skycom wusste.

Der Druck erhöhte sich. Huawei beschuldigte die US-Behörden, die Augen vor dem Fehlverhalten der HSBC zu verschließen, da die Bank ihnen im Gegenzug bei den Ermittlungen gegen Huawei behilflich war. Im Dezember 2018 wurde Meng Wanzhou, Mitglied des Finanzvorstands bei Huawei und Tochter des Firmengründers, am Flughafen von Vancouver wegen des Verdachts der Täuschung der HSBC festgenommen. Die von den USA zur Fahndung ausgeschriebene Meng Wanzhou wurde in Vancouver unter Hausarrest gestellt, ging dort jedoch gegen ihre Auslieferung vor. Im September 2021 wurde sie aus Kanada zurück nach China entlassen.

Trotz der zahlreichen Skandale und obwohl die HBSC ihrer zweifelhaften Geschäftspraktiken überführt wurde, ist die Geschäftskultur der HBSC auch heute noch nicht ganz »sauber«.

Im August 2019 zahlte die Schweizer Finanzabteilung der Bank knapp 300 Millionen Euro Entschädigung, um in Belgien einer Anklage wegen Geldwäsche und Betrug zu entgehen. Der Nachrichtenagentur Reuters zufolge hatte die HSBC Diamantenhändlern und anderen vermögenden Privatpersonen dabei geholfen, Geld zu verstecken und Steuerzahlungen zu umgehen. Im Dezember 2019 gab das US-Justizministerium bekannt, dass besagte Finanzabteilung der Zahlung einer Geldstrafe in Höhe von 192 Millionen Dollar zugestimmt hatte. Die Schweizer Abteilung hatte von 2000 bis 2010 reichen US-Bürgern dabei geholfen, ihr Vermögen vor den steuereintreibenden Behörden zu verstecken.

Neben diesen Skandalen wurde die HSBC des Verkaufs von übermäßigen Käuferschutzversicherungen in Großbritannien sowie der Manipulation des Libor-Zinssatzes, der Manipulation der Währungsmärkte und der Vermarktung riskanter hypothekenbesicherter Wertpapiere überführt.

Ende 2019 teilte die britische Zentralbank der HSBC mit, bei Routineuntersuchungen darauf aufmerksam geworden zu sein, dass die Bank weiterhin Probleme beim Risikomanagement habe – ungeachtet der Tatsache, dass die Bank Hunderte Millionen Pfund in verschärfende Maßnahmen zur Einhaltung der Vorschriften investiert hatte.

HSBC war über die »Aufmerksamkeit« vonseiten der Behörden so verärgert, dass sie mehrmals drohte, ihren Hauptsitz von London nach Hongkong zu verlegen, wenn sich die Einstellung in Großbritannien nicht änderte.

Der Umzug nach Hongkong wäre für die HSBC kein großer Schritt. Obwohl der Hauptsitz der HSBC offiziell in London ist, arbeitet die Geschäftsführung hauptsächlich von Hongkong aus. Die Bank verdient den Löwenanteil ihrer Gewinne in Asien und ist in Hongkong der größte Kreditgeber. Im Jahr 2020 gab die Bank bekannt, ihre Geschäfte im Westen bereits herunterzufahren und sich verstärkt auf den asiatischen, insbesondere den chinesischen Markt zu konzentrieren.

Der im Westen aufkeimende Protektionismus ist keine erfreuliche Aussicht für die HSBC. Die Bank ist der weltweit größte Finanzierer des internationalen Handels, und ein Rückgang des Geschäftsvolumens wäre ein herber Schlag für ihr Kerngeschäft.

Eine noch ernstere Bedrohung stellen aber wohl die Ermittlungen gegen Huawei dar: Wenn China wirklich Anstoß an der Rolle der HSBC bei den Ermittlungen gegen Huawei nimmt, besteht die Gefahr, dass Pekings Beziehung zu der Bank abkühlt. China hat bereits 2019 die HSBC aus der Gruppe der Banken ausgeschlossen, die den neuen Referenzins für den Markt festlegen. Xi Junyang, Professor für Finanzwesen an der Universität Shanghai, sagte der *Global Times*, einer chinesischen Tageszeitung, die mit der Kommunistischen Partei Chinas sympathisiert, dass ein Grund dafür wahrscheinlich der »wackelige Ruf« der HSBC gewesen sei.

21. Softbank: Start-up-Rausch im großen Stil
Setzt mit Risiko auf Wachstum

Wenn Sie einmal 1000 Dollar in eine neue Idee investiert hätten und der Wert dann auf fünf Millionen gestiegen wäre, würde das Ihre Art zu investieren ändern? Würden Sie glauben, dass Sie einfach etwas besser als die anderen in die Zukunft schauen können? Oder würden Sie denken, dass die Welt nicht mehr so ist, wie sie mal war, und nur sehr wenige Auserwählte wie Sie diese Veränderung sehen?

Diese Frage sollte man Masayoshi Son, dem koreanisch-japanischen Gründer von Softbank stellen. Er verdiente seine ersten Millionen bereits zu seiner Studentenzeit in Kalifornien, nachdem er dem japanischen Unternehmen Sharp das Patent für eine Übersetzungssoftware verkauft hatte.

Als er nach Japan zurückkehrte, gründete er ein Software-Unternehmen, das heute unter dem Namen Softbank bekannt ist. Dann ging Son schnell dazu über, IT-Zeitschriften für den professionellen Bereich zu verlegen. Er erlangte später internationalen Rang, indem er in den USA den IT-Verlag Ziff Davis kaufte, der in Bezug auf Computer und Mobilgeräte am Puls der Zeit lag.

In Japan investierte Son in Breitbandunternehmen sowie in verschiedene Internetprojekte und Start-up-Unternehmen. Zur selben Zeit war in den USA das Portal Yahoo! an den Start gegangen, wovon Son so beeindruckt war, dass er mehr als 100 Millionen Dollar in das Unternehmen investierte. Dafür erhielt er einen Anteil von 41 Prozent. Dies stellte sich, ebenso wie das in Japan gegründete Joint Venture Yahoo! Japan, als große Erfolgsgeschichte heraus.

Die erfolgreichen Übernahmen in der Telekommunikationsbranche in den Anfangszeiten des Internetrauschs folgten in einem derartigen Tempo aufeinander, dass Masayoshi Son Presseberichten zufolge im Jahr 2000 für einige Tage zum reichsten Menschen der Welt avancierte.

Anderen Quellen zufolge stand er zumindest in Konkurrenz um den Titel des reichsten Menschen der Welt, und zwar mit dem Oracle-Gründer Larry Ellison und dem Microsoft-Gründer Bill Gates. Dann kam es zum Börsencrash der sogenannten Dotcom-Blase – und Son verlor 90 Prozent seines Vermögens. Sons Glaube an die Technologie und den Wandel der Welt wurde aber dadurch nicht erschüttert.

Auf der Webseite der Softbank Holdings gibt es ein wichtiges Bild aus jener schwierigen Zeit. Dort reichen sich Masayoshi Son und Jack Ma, der Gründer des chinesischen Start-up-Unternehmens Alibaba, im Sommer 2000 am Verhandlungstisch die Hand. Softbank hatte damals, inmitten all der Turbulenzen, zugestimmt, 20 Millionen Dollar in das Onlinegeschäft Alibaba zu investieren. Im Sommer 2021 betrug der Wert des 25-prozentigen Anteils von Softbank an Alibaba 144 Milliarden Dollar. Alibaba wurde innerhalb von 20 Jahren zu einem der teuersten Unternehmen der Welt. Die Investition in Alibaba förderte bei vielen die Vorstellung von Son als IT-Visionär.

Son selbst zieht Alibaba gern als Beispiel für seine Ausdauer als Investor heran. Nach den schwierigen Jahren 2019 und 2020 gab es besonders viel Erklärungsbedarf.

Beispielsweise lud Son Anfang März 2020 20 der größten Investmentunternehmer der Welt nach Manhattan ein, nachdem Softbank in wirtschaftliche Schwierigkeiten geraten und der Kurs stark gesunken war. Der Grund bestand vor allem in den Risikoinvestitionen, die Softbank in den vorangegangenen vier Jahren mit dem eigens gegründeten Vision Fund getätigt hatte. Der Fonds hatte in großem Stil in Unternehmen der Sharing Economy investiert, unter anderem in WeWork, ein Unternehmen, das »Coworking Spaces«, also Arbeitsplätze und Infrastruktur, befristet zur Verfügung stellt, vermietete, sowie in den Beförderungsvermittlungsdienst Uber. Der Wert vieler Start-ups war schon vor der Coronapandemie stark ins Wanken geraten, und die durch das Virus verursachte Isolation der Menschen machte viele Investitionen nahezu wertlos.

Bei diesem Treffen erinnerte Son die Investoren daran, dass auch Alibaba in den ersten zehn Geschäftsjahren keinen nennenswerten Umsatz zu verzeichnen hatte. Doch als es dann losging, beeindruckte das Wachstumstempo des Unternehmens die ganze Welt. In einem Interview im Zusammenhang mit diesem Treffen berichtete Son *Forbes* gegenüber, dass er im Jahr 2000 an den Erfolg von Alibaba geglaubt habe, mehr noch als dessen eigene Geschäftsleitung: »Ich glaube, dass sich dasselbe noch mal wiederholt«, prophezeite er.

Die darauffolgenden unruhigen Wochen zwangen Son dazu, sich stärker auf Risikomanagement und die Umstrukturierung des Konzerns zu fokussieren. Die Verluste von Vision Fund waren nicht zu leugnen. Geduld konnte man sich nicht mehr leisten.

Softbank hatte im Jahr 2016 die Investmentbranche in Aufruhr versetzt, als das Unternehmen seinen gewaltigen, 100 Milliarden Dollar schweren Risikokapitalfonds Vision Fund bekanntgab. Dieser war ein Anlageinstrument der Softbank, dessen Zweck darin bestand, in moderne Technologiekonzerne zu investieren: in künstliche Intelligenz, Robotik, das Internet und in Unternehmen, deren Geschäfte den Immobilien-, Transport- und Einzelhandel revolutionieren würden.

Um Softbanks und Sons zunehmende Gier nach Unternehmen des modernen Technologiemarkts verstehen zu können, lohnt es sich, Softbanks Geschichte und Strategie genauer ins Blickfeld zu nehmen.

Zunächst einmal sollte man wissen, dass Softbank ihre Richtung mehrmals gewechselt hat – vom Software-Lizenzierer zum Verleger über den Zeitschriftenverlag, dann zum Internet- und Breitbandanbieter. In Japan stieg Softbank zum Telekommunikationsriesen auf, nachdem der Konzern nach mehreren Verhandlungsphasen die Telekommunikationsbetriebe von Vodafone Japan erworben hatte.

Dann wandelte Softbank sich zu einem Investitionskonzern, der Technologiekonzerne auf der ganzen Welt kaufte und dem nichts zu groß erschien. Eine wahre Machtdemonstration war der Kauf des britischen Halbleiter-Konzerns ARM Limited für 32 Milliarden Dollar, dessen Prozessortechnik in fast allen Smartphones verwendet wird. Das Unternehmen ARM ist auch dafür bekannt, dass es in erster Linie Lizenzen für die von ihm entwickelte Technologie verkauft und nicht so sehr fertige Komponenten.

In den USA kaufte Softbank mehr als 80 Prozent von Sprint, dem damals viertgrößten Mobilfunkbetreiber des Landes.

Sprint wurde saniert und nach mehreren Verhandlungsphasen an den Drittplatzierten am Markt, T-Mobile, verkauft, sodass Softbank nach der Fusion als Großinvestor mit 24 Prozent an T-Mobile beteiligt war.

Hinter all diesen Wendungen steckte Masayoshi Sons feste Überzeugung, dass die Technologie unser Leben in den nächsten Jahrzehnten stärker verändern wird, als wir uns vorstellen können: »Ich möchte, dass man sich an mich erinnert als den verrückten Kollegen, der Wetten über die Zukunft abgeschlossen hat«, teilt Son auf der Webseite von Softbank mit.

Die Welt ist voller Menschen, die in feierlichen Reden sagen, dass der technologische Durchbruch auf kurze Sicht geringfügiger ausfallen wird als man sagt, dass die Auswirkungen langfristig aber größer sein werden, als wir uns vorstellen können. Doch kaum ein Mensch tätigt so hohe Einsätze in langfristige Visionen wie Son, der immer noch ein Viertel von Softbank besitzt und in der Praxis darüber entscheidet, was im Konzern passiert.

Softbank berichtet, dass es die Vision des Unternehmens sei, dem Glück der Menschen in Zeiten der Informationsrevolution zum Wachstum zu verhelfen. Das Ziel sei, zu einem Konsortium zu werden, das die Menschen an verschiedenen Orten der Welt am meisten brauchen.

Viele Konzerne verfolgen eine Wachstumsstrategie, doch bei Softbank ist diese besonders langfristig angelegt. Schon in den nächsten 30 Jahren will der Konzern eigenen Angaben zufolge über 5000 Unternehmen verfügen. Um dieses Ziel zu erreichen, wendet Softbank zwei Strategien an: Zum einen erwirbt der Konzern verschiedene führende Unternehmen seiner Branche, die den Erfolg des gesamten Konsortiums stützen. Zum anderen versucht Softbank als weiser Hauptanteilseigner zu fungieren, der mit seinen Kompetenzen unterschiedlich großen Unternehmen, an denen er Anteile besitzt, uneingeschränkt hilft. Dabei strebt Softbank nicht an, die Anteilsmehrheit an den Unternehmen zu erwerben, da »es wichtiger sei, die Originalität und unabhängige Entscheidungsgewalt der Unternehmen zu bewahren«.

Oft geht der Konzern bei den Kaufobjekten so vor, dass die Idee wie eine typische Wachstumsinvestition aussieht. Er übernimmt interessante Unternehmen in ihrer Wachstumsperiode und stößt sie ein paar Jahre später wieder ab, nachdem die Gründer und Investoren überzeugt worden sind, dass der Zweck der Investition nur darin bestand, dem Unternehmen zu noch größerem Wachstum zu verhelfen.

So ist es beispielsweise dem 2010 gegründeten finnischen Mobilspieleentwickler Supercell ergangen. Softbank kaufte 2013 gemeinsam mit dem Spieleentwickler GungHo 51 Prozent des Unternehmens für eine Milliarde Dollar. Das ist – soweit bekannt – der höchste Preis, der jemals für ein in Finnland gelistetes Unternehmen bezahlt worden ist, aber gemessen am Kurs-Gewinn-Verhältnis war der Wert noch moderat – wenn man daran glaubte, dass Supercells Spiele auch in Zukunft erfolgreich sein würden. Im Fall von Supercell erfüllten sich die Wachstumsaussichten. Im Juni 2016 verkaufte Softbank ihren auf 72,2 Prozent angestiegenen Anteil an das chinesische Internetunternehmen Tencent. Der Marktwert des Unternehmens hatte sich innerhalb von drei Jahren vervielfacht. Bei dem Handel wurde der aktuelle Wert von Supercell auf 10,2 Milliarden Dollar festgelegt.

In Dollars gemessen war Softbank der größte Nutznießer der Wertsteigerung von Supercell, aber die Operation lief stilvoll ab. Ilkka Paananen, CEO und Mitbegründer von Supercell, berichtete, dass Masayoshi Son beim Verkauf betont habe, dass er für den finnischen Spieleentwickler den bestmöglichen

Eigentümer finden möchte – einen Marktführer in der Spielebranche, der die Unabhängigkeit und den Führungsstil von Supercell respektiere.

Paananen berichtete anlässlich des zehnjährigen Firmenjubiläums, dass von Supercells fünf Erfolgsspielen (Hay Day, Clash of Clans, Boom Beach, Clash Royal und Brawl Stars) vier dem Konzern bereits über eine Milliarde Dollar Umsatz beschert hätten. Zwei Spiele allein (Clash of Clans und Clash Royal) hatten mehr als zehn Milliarden Dollar Umsatz eingebracht. Die Summe liegt in der Größenordnung der Einnahmen aus allen Kinokartenverkäufen von neun *Star-Wars*-Filmen zusammengerechnet. Supercell hat einen ähnlich explosionsartigen Wertanstieg erlebt wie Alibaba.

Softbank berichtet in der eigenen Firmenchronik, dass sich der Fokus des Konzerns 2014 gewandelt habe: Er wurde zu einer »strategischen Holdinggesellschaft, die in künstliche Intelligenz und andere transformative Technologien zum Wohl der Menschheit investiert«.

In einem Interview mit *Forbes* berichtet Son, dass Softbank rund vier Milliarden Dollar im Jahr in Start-up-Unternehmen investiert. 2017 war es jedoch seiner Meinung nach wieder an der Zeit für einen großen Schritt, nämlich die Gründung von Vision Fund: »In den vergangenen 20 Jahren hat das Internet die Werbung und den Einzelhandel erneuert. Durch das Ausreifen der künstlichen Intelligenz werden auch andere Branchen Ähnliches erleben.«

Die Geschäftsidee von Vision Fund war in all ihrer Schlichtheit revolutionär. Dort haben sich der von der Slush-Start-up-Versammlung bekannte Technologierausch und das »Winner-takes-all«-Prinzip vereint, also die Auffassung, dass unter den verschiedenen Unternehmen und Plattformwirtschaften der

Technologiebranche ein paar wenige Betreiber wie Amazon, Facebook oder Airbnb den ganzen Kuchen unter sich aufteilen, während für die anderen nur ein paar Krümel übrig bleiben.

Während im Silicon Valley, dem Epizentrum der Start-up-Welt, der größte Wagniskapital-Fonds weniger als zehn Milliarden Dollar umfasste, befanden sich im ersten Fonds von Vision Fund 100 Milliarden. Doch abgesehen von der Größenordnung bestand die noch größere Veränderung in der Geldverteilung: Wenn ein für gut befundenes Start-up um zehn Millionen Dollar für die Wachstumsfinanzierung bat, unterstützte Vision Fund die Unternehmer oft mit einer noch größeren Summe.

Warum mit einer guten Geschäftsidee geizen, wenn man durch schnelles Agieren die ganze Welt erobern und zum Marktführer werden kann? Das hat Son damals Jack Ma gefragt, als er ihn dazu ermutigte, größer zu denken. Diese Einstellung hat sich viele Male ausgezahlt, da in der digitalen Welt der Handel keine geografischen Grenzen und Restriktionen mehr einhalten musste.

Der größte Finanzierer des ursprünglich 93 Milliarden Dollar umfassenden Vision Fund war der saudi-arabische Staatsfonds PIF mit einer Einlage von 45 Milliarden Dollar. Softbank investierte 28 Milliarden in den Fonds. Die Mubadala, der Staatsfonds von Abu Dhabi, tätigte eine Investition in Höhe von 15 Milliarden Dollar. Später stiegen weitere Investoren ein, sodass das Vermögen von Vision Fund schließlich stolze 100 Milliarden Dollar erreichte.

Die liquiden Mittel für Investitionen betrugen allerdings »nur« rund 70 Milliarden Dollar. Das lag daran, dass den Investoren eine jährliche Gewinnausschüttung von sieben Prozent versprochen wurde, die aus dem Fonds bezahlt wurden, noch bevor sie von der Wertsteigerung der Investitionen profitierten. Deshalb mussten sich im Fonds für die Auszahlung dieser »Zinsen« Barreserven oder Verbindlichkeiten befinden.

Im Jahr 2019 gab Son die Gründung des zweiten, diesmal 108 Milliarden schweren Vision Fund II bekannt. Nach der Coronakrise waren die versprochenen Mittel für den Fonds allerdings auf die Hälfte geschrumpft.

Von außen betrachtet wirkte Vision Fund wie eine wahre Wundertüte der Technologieinvestoren. Sie war voller Leckereien, vom chinesischen Taxiservice Didi bis hin zum bei Teenagern beliebten Videoportal TikTok, vom Instant-Messaging-Dienst Slack bis hin zur Hundesitter-Plattform Wag.

Das Problem bei diesen Wertsteigerungen war allerdings, dass das Bewertungsniveau der Unternehmen vor dem Börsengang nur unter den Kapitalanlegern, die in diese Unternehmen investierten, festgelegt wurde. So können die Investitionsgewinne stattlich aussehen, selbst wenn der Konzern eine reine Geldverbrennungsanlage ist.

2019 war für Softbank und Vision Fund kein leichtes Jahr. Der geplante Börsengang musste abgesagt werden, der Geschäftsführer und Gründer musste zurücktreten, und Softbank musste weitere Milliarden in die Rettung des Unternehmens investieren. Obwohl es zur Geschäftsidee der Wagniskapitalanlagen gehört, dass 15 Prozent der Investitionen zu Verlusten führen dürfen, wenn die besten 15 Prozent gute Gewinne abwerfen, sorgten die Milliardenverluste verschiedener Projekte für Schlagzeilen und stigmatisierten Softbanks gesamte Geschäftstätigkeit.

Der Leiter der Finanzabteilung von Softbank bedauerte, dass die Milliardenverluste von beispielsweise WeWork die Anleger in Alarmbereitschaft versetzt hatten, wobei gleichzeitig die Wertsteigerung von Softbanks Beteiligung an Alibaba bei Kursanstieg innerhalb einer Woche größer ausfallen konnte.

Dann kam das Coronavirus. Die Zukunftsaussichten von Vision Funds Anteilen an WeWork wurden weiter geschwächt und verschiedene Taxi-Dienstleister (DiDi, Grab, Ola, Uber) waren alarmiert.

Softbank gab bekannt, aus dem Drei-Milliarden-Dollar-Deal mit WeWork auszusteigen. Mit der Investition hatte Softbank versprochen, die Aktien der frühen Anleger und Arbeitnehmer des Konzerns zu kaufen. Softbank entließ auch den Satellitenkonzern OneWeb in den Konkurs, nachdem die Bank zwei Milliarden Dollar in den Konzern investiert hatte.

In den Augen der Investoren stellten Softbanks Anteil an Vision Fund, der bei weniger als einem Drittel lag, sowie verschiedene Cross-Ownerships ein so großes Risiko bei der Wertbestimmung von Softbank dar, dass allein schon der Wert der Alibaba-Anteile Softbanks eigenen Marktwert überstieg. Ganz zu schweigen davon, dass der Konzern neben Alibaba weitere Beteiligungen in Höhe von rund 100 Milliarden Dollar hatte (Softbank Corp., Sprint/T-Mobile, Arm).

Dieser Widerspruch zwischen Softbanks Marktwert und dem Wert ihrer Konzernbeteiligungen weckte auch das Interesse aktiver Investoren. Im Februar 2020 kaufte Elliott Management Softbank-Aktien für 2,5 Milliarden Dollar und verlangte vom Konzern mehr Transparenz insbesondere in Bezug auf den Vision Fund.

Im März 2020 gab Softbank bekannt, ihre Beteiligungen im Wert von 41 Milliarden Dollar zu verkaufen, ihre Schulden zu bezahlen und eine große Menge der eigenen Aktien zurückzukaufen. So stieg der relative Anteil jeder übrig gebliebenen Aktie.

Dies war in vielerlei Hinsicht ein für Masayoshi Son typischer und überraschender, aber wirkungsvoller Schachzug. Der *Financial Times* zufolge war der Marktwert von Softbank vor diesen Korrekturmaßnahmen auf 51 Milliarden Dollar gesunken, das hieß, dass der geschätzte Wert der Beteiligungen bereits um 70 Prozent gesunken war. Mit diesem Streich hatte Son die Anteilseigner zumindest vorübergehend zufriedenstellen können.

Im Mai 2020 berichtete Softbank in ihrem Quartalsbericht, im ersten Quartal einen Rekordverlust von 13,3 Milliarden Dollar gemacht zu haben. Der Grund war der Wertverlust der Investitionen in den Vision Fund, als der Wert der Investitionen in Immobilien und Taxiservices der Sharing Economy abgestürzt war. Die Bewertung von WeWorks beispielsweise lag vor dem geplanten Börsengang bereits bei 47 Milliarden Dollar. Jetzt lag der Wert nur noch bei 2,9 Milliarden Dollar. »Die Einhörner sind dabei, ins Coronatal zu stürzen«, sagte Son und verwies damit auf die angesehenen Technologie-Start-ups.

Ein Jahr später hatte sich das Blatt gewendet. Softbank veröffentlichte im Mai 2021 im Abschlussbericht einen Gewinn von 46 Milliarden Dollar. Laut dem Wirtschaftsnachrichtenmagazin *Nikkei Asia* war dies der größte Jahresnettogewinn, der jemals von einem japanischen Konzern vermeldet worden war.

Softbank hatte angefangen, Gewinne mit ihren Investitionen zu erzielen, wie zum Beispiel in den südkoreanischen Onlineversandriesen Coupang, der im März 2021 mit einer Bewertung von mehr als 56 Milliarden Dollar an der Börse gelistet wurde.

Während der Corona-Zeit ist der Wert vieler Technologiekonzerne aus Softbanks Portfolio in den Himmel geschossen. Bei einer Pressekonferenz berichtete Masayoshi Son, auch in Zukunft Unternehmen fördern zu wollen, die mithilfe künstlicher Intelligenz verschiedene Branchen revolutionieren, und bezeichnete seinen Job als »eine Fabrik, die goldene Eier legt«.

Später kam es erneut zu Schwierigkeiten, vor allem, nachdem die chinesische Regierung die Schlinge um die Technologiekonzerne enger gezogen hatte. Der Glaube an die Zukunft hat jedoch nicht nachgelassen. CB Insights schätzte im Softbank-Bericht Ende August 2021, dass sich die Investitionen des Konzerns in Technologiekonzerne seit dem letzten Rekord des Unternehmens 2019 bis 2021 auf 197 Investitionen fast verdreifacht hatten.

2022 war für Softbank allerdings kein gutes Jahr. Der mit dem US-amerikanischen Nvidia geplante Kauf des Halbleiterunternehmens Arm scheiterte am Einspruch der Behörden. Im Herbst 2022 hatte Softbank Arm als unabhängiges Unternehmen an der Börse listen lassen wollen. Softbank berichtete im August, dass der Nettoverlust im zweiten Quartal mehr als 3000 Milliarden Yen erreicht habe, also 23,4 Milliarden Dollar. Im vorangegangenen Quartal hatte der Verlust rund 2000 Milliarden Yen betragen.

Die Konzerninvestitionen in chinesische Technologiekonzerne und der Glaube an die Wertsteigerung der »Einhörner« des Vision Fund wirkten durch den Zinsanstieg, das nachlassende Wirtschaftswachstum und die Zunahme internationaler Spannungen so armselig, dass die Investmentmanagementgesellschaft Elliott den Großteil ihrer Softbank-Anteile verkaufte. Der Hedgefonds gab an, nicht mehr zu glauben, dass der Konzerngründer Masayoshi Son den Konzern zu einem erneuten Aufschwung führen könnte.

In der Wirtschaftspresse gilt Masayoshi Son als ein Glücksspieler, der einfach nicht aufhören kann, überall seine Finger im Spiel haben will und oft auch am meisten erreicht. Selbst wenn das manchmal im Chaos endet.

Sons letzter Trumpf scheint derselbe zu sein, den Steve Jobs damals ausgespielt hat, als er John Sculley von Pepsi zu Apple gelockt hat. »Möchtest du für den Rest deines Lebens Zuckerwasser verkaufen, oder willst du dich meinem Team anschließen und die Welt verändern?«, hatte Jobs gefragt.

Die Antwort ist bekannt.

20. Boeing: Weit entfernt von der Marktwirtschaft
Stümperei bei der Sicherheit neuer Flugzeugmodelle

»America is a nation at war.« Dies verkündete im Mai 2005 ein Plakat, das neben der Eingangstür des Boeing-Gebäudes Nr. 49 in Huntington Beach, Kalifornien, aufgehängt worden war.

Für die Gruppe europäischer Luftfahrt- und Wirtschaftsjournalisten, die zur Versammlung in diesem Gebäude eingeladen worden waren, war diese Mahnung am rechten Platz angebracht; in der friedlichen Küstenstadt nahe Los Angeles fühlte sich der Krieg der Vereinigten Staaten mit dem Irak damals nicht mehr so brandaktuell an. Die Journalisten hatten nicht vergessen, dass die USA zwei Jahre und zwei Monate zuvor mit ihren internationalen Verbündeten in den Irak einmarschiert waren und den Diktator Saddam Hussein gestürzt hatten. Grund für den Einmarsch war die Behauptung der USA gewesen, dass der Irak durch Entwicklung und Besitz von Massenvernichtungswaffen gegen die über ihn verhängten UN-Resolutionen verstoße und dass Saddam Hussein terroristische Organisationen wie al-Qaida unterstütze. Später stellte sich allerdings heraus, dass die Behauptung über die Massenvernichtungswaffen unbegründet war.

Noch im Jahr 2004 machte der Verkauf von Abwehrsystemen 60 Prozent des Umsatzes von Boeing aus. Boeing hatte nach der Luftfahrtrezession nach dem 11. September 2001 in Seattle innerhalb von knapp zwei Jahren 40.000 Mitarbeiter entlassen, da die Flugzeuge nicht verkauft wurden. Laut der *Seattle Times* wurden die ersten 30.000 Mitarbeiter gleich in der Woche nach dem Terroranschlag entlassen. Von 100.000 Mitarbeitern blieben schließlich noch 60.000 übrig.

Die heftige Kündigungswelle in den USA zeigte Wirkung, und Boeing kehrte an die Spitze zurück. Zuvor hatte das Unternehmen aber von seinem europäischen Konkurrenten Airbus eine ordentliche Abreibung bekommen.

Airbus war innerhalb von zehn Jahren von einem kleinen Herausforderer zum Marktführer der Flugzeugindustrie aufgestiegen. Der Trumpf des Konzerns bestand vor allem darin, dass verschiedene Flugzeuge mit demselben Cockpittyp und derselben Besatzung geflogen werden konnten.

Airbus gewann auch den Kampf um das Image, als das Unternehmen bekannt gab, die Herrschaft über die zivile Luftfahrt mit dem gigantischen A380-Flugzeug zu übernehmen. Bei Boeing war die Entwicklung entsprechender Riesenmaschinen aufgrund fehlender finanzieller Mittel auf dem Zeichentisch liegen geblieben.

Boeing holte mit der zweimotorigen 787 Dreamliner zum Gegenschlag aus. Die Maschine war ein wahrer Geizhals in Sachen Brennstoff und konnte längere Strecken als zuvor ohne Zwischenlandung zurücklegen. Wichtig war auch, dass die neue Version der Boeing 737 die favorisierte Maschine der Billigfluggesellschaften blieb. Die Boeing 737 ist das beliebteste zivile Passagierflugzeug aller Zeiten.

Damals sah die Zukunft noch rosig aus. Dem Flugverkehr wurde rasantes Wachstum prognostiziert. Die zivile Luftfahrt hatte seit Langem um durchschnittlich fünf Prozent im Jahr zugelegt, gemessen in zurückgelegten Kilometern pro Passagier, und vor der Coronapandemie schien das Tempo sogar noch anzuziehen.

In dem Bericht über die Zukunft der zivilen Luftfahrt unter dem Titel »Boeing Commercial Market Outlook 2019–2038« stellte der Konzern fest, dass das Wachstum der vorangegangenen fünf Jahre im Durchschnitt 6,7 Prozent im Jahr betrug. Die Anzahl der Passagiere stieg von 100 Millionen im Jahr 1960 auf gut eine Milliarde im Jahr 1987 an. Danach dauerte es 18 Jahre bis zur zweiten Milliarde, sieben Jahre bis zur dritten und nur vier Jahre bis zur vierten Milliarde.

Diverse Öl- und Wirtschaftskrisen sowie Pandemieängste haben zwar das Wachstum zwischenzeitlich gedrosselt, doch auf dem Zeitstrahl des Wachstums sind diese Hindernisse lediglich als kleine Plateaus zu erkennen.

Sowohl Boeing als auch Airbus gaben die Prognose ab, dass das kräftige Wachstum sich fortsetzen werde, insbesondere durch das Wirtschaftswachstum in Asien, die Urbanisierung und den zunehmenden Wohlstand der Mittelklasse.

Boeings Bericht zufolge machte in den Jahren 2008 bis 2018 der Flugverkehr der Entwicklungsländer (der inländische Verkehr oder mit Destination in einem Entwicklungsland) drei Viertel des Wachstums aus.

Das Wachstumstempo der zivilen Luftfahrt war den Prognosen zufolge schneller als das Wachstum des Bruttosozialprodukts. Flughäfen wurden ausgebessert, Liniennetze wurden ausgebaut, die Anzahl der Fluggesellschaften stieg, Billigfluggesellschaften erhöhten das Verkehrsaufkommen, und der Tourismus nahm zu.

Das Coronavirus zerstörte jedoch diese Prognose. Der Passagierflugverkehr nahm 2020 um rund 62 Prozent ab, berichtete ACI World, die Weltorganisation der Flughäfen, im Juli 2021. Ihr zufolge würde der inländische Reiseverkehr bis 2023 wieder das Niveau von 2019 erreichen, der internationale Passagierverkehr erst 2024.

Der Druck auf die Fluggesellschaften wächst auch aufgrund der Klimaerwärmung. Der Anteil der Luftfahrt an von Menschen verursachten CO_2-Emissionen liegt dem Expertenbündnis der Luftfahrtindustrie Air Transport Action Group (ATAG) zufolge bei zwei Prozent. Dieser Anteil wird vermutlich beachtlich steigen, wenn sich die Prognosen über den zunehmenden Flugverkehr bewahrheiten.

Nach Schätzungen der Internationalen Zivilluftfahrtorganisation (ICAO) der Vereinten Nationen werden 2050 bereits ein Viertel aller Emissionen in Europa durch den Flugverkehr verursacht, wenn die CO_2-Emissionen des Flugverkehrs nicht erfolgreich reduziert werden. Die Prognose basiert darauf, dass die anderen Branchen ihre Ziele der Emissionsreduzierung erreichen, während die Emissionen des Flugverkehrs weiterhin steigen.

Nach Angaben der Flugbranche werden jedoch die Emissionen der Luftfahrt nie so hoch ansteigen, weil 70 Prozent des weltweiten Flugverkehrs dem sogenannten CORSIA-Vertrag (Carbon Offsetting and Reduction Scheme for International Aviation) der ICAO unterliegen, demzufolge das Wachstum der Luftfahrt nach Auffassung der Organisation ab 2020 CO_2-neutral sein soll. Dies wird erreicht, indem die Emissionen, die durch den zunehmenden Flugverkehr verursacht werden, so kompensiert werden, dass die Fluggesellschaften für die verursachten Emissionen der Branche entweder Emissionsrechte erwerben oder zum Beispiel in Umweltprojekte investieren, um die Emissionen auszugleichen.

In den nächsten zehn Jahren rechnet man auch damit, dass Geschäftsreisen unter 500 Kilometern mit Elektroflugzeugen durchgeführt werden können – teils aus Gründen des Klimaschutzes und teils aus Gründen der Kosteneffizienz.

Airbus veröffentlichte im September 2020 drei verschiedene

Konzepte für die Flugzeuge der Zukunft. Diesen zufolge soll der Hauptanteil der Flugkraft mithilfe von Wasserstoff produziert werden, dadurch würden die Emissionen um die Hälfte reduziert werden. Die Wasserstoffflugzeuge will Airbus als erster Flugzeughersteller weltweit bis zum Jahr 2035 für den Passagierflugverkehr in Betrieb nehmen, so der Konzern.

Die Emissionen pro Sitzplatzkilometer können durch die Entwicklung von brennstoffeffizienteren Motoren und die neue Energienutzung verbessert werden. Doch obwohl im Vergleich zum Auto nicht viele Emissionen pro Kilometer anfallen, sind die Emissionswerte höher, weil mit dem Flugzeug in kurzer Zeit lange Strecken zurückgelegt werden.

Das Fliegen ist zu einem Symbol für die Klimaerwärmung geworden und daran wird sich die gesamte Luftfahrtbranche anpassen müssen. Maschinen zu entwickeln, die weniger Treibstoff verbrauchen, ist auch für die Branche von Vorteil. Laut dem Statistik-Dienstleister Statista machten 2010 bis 2020 die Brennstoffkosten etwa ein Viertel der Kosten der Fluggesellschaften aus.

In den vergangenen Jahren waren die Probleme, mit denen Boeing konfrontiert war, größtenteils hausgemacht. Für die neuen 737 MAX-Maschinen des Konzerns wurde als Folge von zwei Flugzeugunglücken ein Flugverbot verhängt, und ein Problem jagte das nächste.

Ende April 2020 erklärte CEO David Calhoun seiner Belegschaft, dass Boeing seine Mitarbeiterzahl um zehn Prozent reduzieren werde. Der Grund war die stark sinkende Nachfrage im Reiseverkehr, die durch das Coronavirus verursacht wurde. Mehr als 15 Prozent der im zivilen Luftverkehr Beschäftigten wurden entlassen.

Damals hatte Boeing weltweit 160.000 Angestellte. Boeing galt an der Wall Street von März 2016 bis März 2019 als wahre

Börsenrakete. In diesem Zeitraum stieg der Wert des Unternehmens um das 3,6-Fache und im Jahr 2018 galt die Boeing-Aktie in den USA als die Industrieaktie mit der besten Entwicklung.

Ein Grund für den konstanten Kursanstieg und den Enthusiasmus der Anleger lag darin, dass der Konzern fast alle Überschüsse, die das Geschäft abwarf, entweder in den Rückkauf der eigenen Aktien investierte oder die Gewinne in Form von Dividenden an seine Anteilseigner ausschüttete. Durch den Rückkauf der eigenen Aktien reduziert sich nämlich die Anzahl der im Umlauf befindlichen Aktien, sodass der relative Wert der übrigen Aktien steigt.

Ein Wendepunkt in der Geschichte und der Kursentwicklung von Boeing war der 10. März 2019, als eine Boeing 737 MAX der Ethiopian Airlines auf dem Flug von Addis Abeba nach Nairobi abstürzte und 157 Menschen ums Leben kamen. Knapp fünf Monate zuvor, am 29. Oktober 2018, war eine Boeing 737 MAX 8 der indonesischen Lion Air auf dem Flug von Jakarta nach Pangkal Pinang kurz nach dem Start über der Javasee abgestürzt. Bei dem Unglück waren alle 189 Menschen gestorben, die sich an Bord befanden.

Am 4. April 2019 veröffentlichte das äthiopische Verkehrsministerium einen einleitenden Bericht über die Unfallermittlung. Demzufolge hatte das Flugpersonal die von Boeing vorgegebenen Vorschriften befolgt. Laut den Ermittlern war für den Unfall offensichtlich das automatische System zur Strömungsabrissvermeidung verantwortlich und nicht menschliches Versagen. Die Ermittler von Lion Air kamen zu demselben Ergebnis.

Boeing hatte das Trimmsystem Maneuvering Characteristics Augmentation System (MCAS) wegen der neuen, verbrauchseffizienteren Triebwerke eingeführt, die aufgrund ihres erhöhten Gewichts die Aerodynamik und den Schwerpunkt des Flugzeugs verändern. Das System verließ sich damals auf die Informationen eines einzelnen Anstellwinkelsensors, um den Winkel des Flugzeugs zu überwachen. Bei beiden Unfällen hatte dieser eine Sensor versagt und fälschlicherweise einen zu hohen Anstellwinkel gemeldet.

Boeings Fehler ließ sich darauf zurückführen, dass Boeing und Airbus sich in der Flugzeugentwicklung ein Wettrennen geliefert hatten. Airbus hatte mit seinem 1987 entwickelten Kurz- und Mittelstreckenflieger A320 und dessen Aktualisierungen den Markt beherrscht. Seit 2010 konnte ein Käufer der A320 neo seinen Wunschmotor auswählen. Neo war die Abkürzung für »new engine option«.

Boeing beging 2011 einen verhängnisvollen Fehler, als der Konzern entschied, sein neues MAX-Modell in die Karosse der alten 737 zu bauen, die Basis für die 737-Modelle, die seit 1968 im Passagierverkehr im Einsatz war. Die Motoren der flachen MAX-Version waren knapp 400 Kilo schwerer als ihre Vorgänger und passten nicht unter die Flügel des neuen 737-Modells. Deshalb mussten sie näher an den vorderen Rand der Flügel verschoben werden als üblich, was das Flugverhalten der Maschine in der Luft veränderte. Daher brauchte man für die Steuerung das Computerprogramm und das Automationssystem MCAS.

Im Automationssystem waren während der Entwicklung Mängel festgestellt worden, die Boeing aber verschwiegen hatte. Dennis Muilenburg, damaliger CEO bei Boeing, gab am Veröffentlichungstag des Berichts aus Äthiopien zum ersten Mal zu, dass das Computerprogramm bei dem Unfall eine Rolle gespielt hatte, und wiederholte: »Wir bei Boeing bedauern den Verlust der Menschenleben bei den jüngsten 737-Unfällen.« Gleichzeitig stellte sich heraus, dass das Update für die

Software, mit deren Hilfe die Flugsicherheit gewährleistet werden sollte, damals bereits überfällig gewesen war, da in der Software neue Mängel aufgetreten waren.

Der Flugzeugabsturz in Äthiopien führte schnell dazu, dass über die Maschinen des Typs Boeing 737 MAX an verschiedenen Orten der Welt ein Flugverbot verhängt wurde, auch in den USA.

Nachdem Muilenburg den Fehler zugegeben hatte, kam eine Reihe von Schadensersatzklagen auf dem Rechtsweg in Gang. Schadensersatz wurde sowohl in Sammelklagen von den Angehörigen der bei dem Flugzeugunglück Verstorbenen eingefordert als auch beispielsweise von Reiseveranstaltern, die ihre Reisen aufgrund des Flugverbots der 737-MAX-Modelle absagen mussten.

Im Mai 2019 enthüllte *The Wall Street Journal*, dass man bei Boeing von dem Fehler in der Steuerungssoftware der 737 MAX wusste, der die einwandfreie Funktion des Sicherheitswarnsystems verhinderte. Dem Unternehmen war dieser Fehler bereits etwa ein Jahr vor dem Flugunglück in Indonesien im Oktober 2018 bekannt gewesen, das Problem wurde aber nicht öffentlich kommuniziert. Die Ingenieure bei Boeing hatten den Fehler bereits 2017 gemeldet, aber entschieden, dass dieser kein Sicherheitsrisiko darstellte. Die oberste Führungsetage bei Boeing erfuhr den Nachrichten zufolge erst nach dem Lion-Air-Unglück davon. Danach wurden an gewisse Fluggesellschaften nur partielle oder lückenhafte Informationen über die Angelegenheit weitergegeben, berichteten die aus der Luftfahrt und Behördenkreisen stammenden Quellen des *Wall Street Journal*.

Anschließend wartete man bei Boeing fünf Monate – bis zum Absturz der Maschine der Ethiopian Airlines –, ehe weitere Boeing bereits bekannte Informationen preisgegeben wurden. Es vergingen sechs Wochen, bis die Leitung der US-amerikanischen Luftfahrtbehörde und die breite Öffentlichkeit von der Sache erfuhren.

Muilenburg wurde im Dezember 2019 entlassen. Nach einer Dienstzeit von 34 Jahren bei Boeing wurde Muilenburg die Auszahlung einer Provision für das Jahr 2019 verweigert, doch nach Berechnungen des Nachrichtensenders Bloomberg erhielt der Geschäftsführer mit Aktienanreizen, Renteneinkommen und der Einlösung rückständiger Honorare Kompensationen in Höhe von insgesamt 80 Millionen Dollar.

Zum neuen CEO wurde David Calhoun ernannt, der bereits seit zehn Jahren Mitglied des Board of Directors bei Boeing war und seine Karriere bei General Electric begonnen hatte.

Im Januar 2020 entschied der Konzern, selbst interne Mitteilungen seiner Mitarbeiter zu veröffentlichen, in denen diese sich über die US-amerikanische Bundesluftfahrtbehörde FAA lustig machten und das MAX-Modell als »von Clowns entwickelt, die von Affen überwacht werden«, verspotteten.

Dass Boeing in Schwierigkeiten steckte, war für Airbus eine gute Nachricht. Der Konzern gab im Januar 2020 bekannt, im Vorjahr 869 neue Flugzeuge an seine Kunden veräußert und so den Rang des größten Flugzeugherstellers der Welt zurückerobert zu haben – zum ersten Mal seit 2011. Verkauft wurde nämlich der direkte Konkurrent des MAX-Modells, der Maschinentyp A320, insbesondere die gestreckte Version A321.

Boeing gab am 18. November 2020 bekannt, dass die US-amerikanische Luftfahrtbehörde FAA die Erlaubnis erteilt hatte, die 737 MAX wieder für den Flugverkehr zuzulassen. Der Behörde zufolge waren die Mängel, die 2018 und 2019 zu den Unfällen geführt hatten, durch Veränderungen des Designs, der Software und der Schulung der Crew behoben worden. Im April 2021 forderte Boeing jedoch viele Fluggesellschaften auf, die Flüge mit der MAX vorübergehend einzustellen, da die Maschinen möglicherweise Probleme mit dem Stromversorgungssystem aufwiesen. Im darauffolgenden Monat teilte Boeing mit, dass die FAA den Plänen des Unternehmens zur Beseitigung der jüngst entdeckten Fehler zugestimmt hatte.

Boeings Geschichte ist ein großes Kapitel in der Geschichte der zivilen Luftfahrt. Seine Konzerngeschichte beginnt damit, dass William E. Boeing im Januar 1910 am ersten internationalen Luftfahrttreffen, dem International Air Meet in Los Angeles, teilnahm und sich für das Thema begeisterte. Der Geschäftsmann, der sein Geld mit Holzhandel verdient hatte, wurde zum Gründer der Boeing Airplane Company. Das Unternehmen entstand 1916, nachdem Boeing den Konzern Pacific Aero Products aufgekauft hatte. Seitdem sind vor allem die Boeing 7X7-Modelle (X ist immer irgendeine Zahl) jedem ein Begriff.

Boeing ist auch für seine Militärflugzeuge bekannt. Der Konzern stellte zum Beispiel für die Alliierten im Zweiten Weltkrieg mehr als 15.000 einmotorige und einsitzige Jagdflugzeuge vom Typ P-51 Mustang, die Interkontinentalrakete LGM-30 Minuteman der Atomstreitkräfte der Vereinigten Staaten sowie die berüchtigten B-52-Langstreckenbomber her.

Boeing ist das weltweit zweitgrößte Unternehmen der Verteidigungsindustrie, das größte ist Lockheed Martin. Zu Beginn von Donald Trumps Amtsperiode stiegen die Rüstungsausgaben der Vereinigten Staaten, doch Boeings Wachstumstempo lag anfangs unter dem der Konkurrenten. Dann änderte sich der Takt. Im Jahr 2018 kamen 34 Prozent des Umsatzes von 101 Milliarden Dollar aus den »Defense, Space & Security (BDS)«-Geschäften des Konzerns. Das Wachstum der Einnahmen der BDS-Division betrug laut *Defence News* 66 Prozent im Jahr.

Doch die Freude währte nicht lang. *The Economist* schätzte 2020, dass auch BDS auf Schwierigkeiten zusteuerte. Während der Umsatz bei Lockheed Martin, Northrop Grumman und Raytheo 2019 um durchschnittlich mehr als zehn Prozent stieg, sank der Umsatz bei BDS um einen Prozentpunkt.

Die Gründe für Boeings Schwierigkeiten waren vielfältig, von endenden Transportmittelbestellungen bis zum misslungenen Starliner-Weltraumprojekt. Dem *Economist* zufolge hatte Boeings Abschwung große strukturelle Ursachen. Der Konzern hatte sich aus allen großen Entwicklungsprojekten der US-Army zurückziehen müssen, die für das Unternehmen zu groß geworden waren. Außerdem hatte Boeings eigene Projektleitung oft bei den Angebotswettkämpfen, die Boeing gewonnen hatte, betrogen.

Da die MAX-Krise im Bereich der zivilen Luftfahrt den Konzern sehr teuer zu stehen gekommen war, musste Boeing sich unter anderem aus dem kostenintensiven Angebotswettbewerb der Minuteman-Nachfolgerrakete zurückziehen. Laut Schätzungen von *The Economist* wäre der mindestens 62 Milliarden Dollar schwere Angebotswettbewerb für Boeing ursprünglich ein Routineauftrag gewesen, doch nun fehlten dem Konzern, ungeachtet der Wünsche des Verteidigungsministeriums, die nötigen Kapazitäten, daran teilzunehmen.

Es ist jedoch erstaunlich, dass Boeings Macht bei Verhandlungen trotz seines Status-Rückgangs zunimmt. Sein Sonderstatus in den USA wurde vor allem im Frühjahr 2020 deutlich, als die Nachfrage in der Luftfahrt aufgrund des Coronavirus kollabierte. Boeing benötigte ein Hilfspaket in Höhe von 60 Milliarden Dollar, lehnte aber eine Subvention vom Staat ab, wofür der Staat im Gegenzug zum Anteilseigner des Konzerns geworden wäre. Stattdessen schlug Boeing – mit Erfolg – ein privates Finanzierungsmodell vor, bei dem der Staat für die Schulden bürgt, aber potenzielle Gewinne an die privaten Anleger ausgeschüttet werden.

Boeings Aktienkurs spielte damals verrückt. Als CEO Calhoun im März 2020 bekannt gegeben hatte, dass Boeing das staatliche Hilfspaket ablehnte, stieg der Kurs binnen einer Woche um 70 Prozent. Damals wurde vielen Anlegern klar, dass Boeing in den USA eine Stellung hatte, die dem Konzern erlaubte, anstelle der US-Regierung die Spielregeln vorzugeben. Das lässt sich mit einer alten Schuldnerweisheit vergleichen: Wenn du der Bank eine Million schuldest, schläfst du nachts schlecht. Aber wenn du der Bank eine Milliarde schuldest, schläft der Bankmanager schlecht.

Boeings Machtposition wird von vielen Säulen gestützt. Die US-Regierung kann Boeing aus verschiedenen Gründen nicht untergehen lassen:

Erstens ist der Konzern ein riesiger Arbeitgeber, und der Zusammensturz seiner Kette aus Subunternehmern würde über eine Million amerikanische Arbeitsplätze gefährden.

Zweitens ist die Bedeutung des Konzerns in der Außen- und Sicherheitspolitik sowie als strategischer Partner der Verteidigungskräfte so groß, dass der Konzern unterstützt werden muss, entweder indem der Staat für seine Kredite bürgt oder durch Einkäufe der Rüstungsindustrie, um dem Konzern wieder auf die Beine zu helfen.

Drittens hat Boeing eine immense Bedeutung in der Handelspolitik der USA. Die USA wollen ihren Status als Supermacht der Luftfahrt bewahren und mit dem europäischen Konzern Airbus um die Position des Marktführers kämpfen – damit die Chinesen nicht im Laufe der Zeit auch diesen Markt erobern. Die USA und die EU haben sich gegenseitig 17 Jahre lang die Subventionierung der Flugzeughersteller vorgeworfen. Im Sommer 2012 haben sie beschlossen, sich in diesem

Streit eine Auszeit von fünf Jahren zu nehmen und ein Modell zu entwickeln, bei dem Boeing und Airbus nach fairen Spielregeln gegeneinander in den Wettbewerb ziehen können.

Die Flugzeugindustrie, Satelliten und Weltraumtechnologie sind ein wichtiger Bestandteil der technologischen Entwicklung, als deren Nebenprodukte anderweitig nutzbare Technologien entstehen. In vielen Ländern haben zum Teil auch Rüstungsprojekte einen Einfluss auf den Flugzeughandel der zivilen Luftfahrt.

Boeing ist ein Konzern, der sich viele Fehler erlaubt und dessen Unternehmenskultur fragwürdig ist, und der dennoch häufig stärker ist als der US-amerikanische Staat. Boeings Geschäfte haben wenig mit normaler Geschäftspraxis zu tun, und das ist dem Konzern bewusst. Das macht Boeing zu einem starken und zugleich gefährlichen Unternehmen, auch in der Zukunft.

19. Walmart: Hier lohnt es sich einzukaufen
Schlechte Arbeitsbedingungen und erpresserischer Umgang mit Subunternehmern

Das US-amerikanische Unternehmen Walmart ist der weltweit größte Einzelhändler außerhalb Chinas. Gemessen am Umsatz ist es ebenfalls das größte Unternehmen der Welt. (Im Sommer 2021 meldete die *New York Times* allerdings, dass der Jahresverkaufsumsatz von Amazon erstmals den von Walmart überholt hatte.)

Auf der Liste Fortune Global 500 belegte Walmart im Jahr 2021 Platz eins der umsatzstärksten Unternehmen der Welt. Der Vorsprung zum zweitplatzierten Unternehmen, dem chinesischen Konzern Sinopec, betrug gut 100 Milliarden Dollar.

Walmarts Geheimnis ist simpel. Walmart macht alles immer billig. »*Always Low Prices*« war 19 Jahre lang der Werbeslogan des Unternehmens. 2008 wurde das neue Motto »Save Money. Live Better«, also Geld sparen und besser leben, eingeführt.

Die Walmart-Geschichte, die auf der Webseite des Unternehmens zu lesen ist, spiegelt den amerikanischen Traum wider. Mit dem Ende des Zweiten Weltkriegs endete Sam Waltons Dienst bei der US-Army. Er absolvierte daraufhin ein Praktikum im Einzelhandel und gründete seinen eigenen Discounter 5&10 in der kleinen Stadt Bentonville in Arkansas. 1962 eröffnete er die erste Walmart-Filiale.

Walmart hat unter Dutzenden verschiedener Markennamen mehr als 10.000 Filialen in gut 20 Ländern. Das Unternehmen hat 2,3 Millionen Mitarbeiter, darunter 1,6 Millionen allein in den USA.

Die US-amerikanische Wirtschaftswebseite *Investopedia* schätzt die Waltons als reichste Familie der USA mit einem Vermögen von rund 190 Milliarden Dollar. Sie könnten auch die wohlhabendste Familie der Welt sein. Ihnen gehören etwas weniger als 50 Prozent von Walmart.

Walmart ist vor allem für die kastenartigen Hypermärkte (Selbstbedienungswarenhäuser) in den Vorstädten bekannt, aber natürlich auch dafür, dass der Konzern billig einkauft und billig verkauft.

Das Unternehmen hat allerdings einen unauslöschlichen Makel. Es sticht immer wieder damit hervor, dass es die Arbeitsbedingungen seiner Mitarbeiter mit Füßen tritt.

Zur Zeit der Coronapandemie klagten Walmart-Mitarbeiter zum Beispiel darüber, dass die Zahl der bezahlten Krankheitstage so niedrig sei, dass sie gezwungen waren, auch krank zur Arbeit zu erscheinen. Nachdem diese Nachricht einen Skandal ausgelöst hatte, erklärte Walmart, die Lohnbedingungen der Krankheitstage wegen des Coronavirus für einen befristeten Zeitraum zu verbessern – zunächst bis Ende April 2020, dann bis Ende Januar 2021. Nach der »Verbesserung« durften an Corona Erkrankte mit einem positiven Testergebnis zwei Wochen bei voller Lohnfortzahlung zu Hause bleiben, doch danach wurde der Lohn halbiert.

Walmart hat sich allerdings in Bezug auf die Krankentage an die Vorgaben der US-Regierung gehalten. Die Regierung hatte nach Ausbruch der Coronakrise Großkonzerne wie Walmart, McDonald's und Amazon von der bundesweit verordneten Verpflichtung zur Krankschreibung bei Coronafällen befreit.

Der schwache Gesundheitsschutz der Walmart-Angestellten sorgte für Frustration. Eine Mitarbeiterin, die vier Jahre lang in Teilzeit bei Walmart beschäftigt war, fasste den Ärger der MitarbeiterInnen in *The New York Times* zusammen und fragte, warum Walmart, ein Unternehmen, das 2019 seinen Anteilseignern zwölf Milliarden Dollar in Dividenden und Aktienrückkäufen ausschütten konnte, es sich nicht leisten konnte, seinen Angestellten einen angemessenen Lohn an Krankentagen und eine Krankenversicherung zu zahlen.

Die Antwort ist simpel. Wenn man am Lohn der Mitarbeiter knausert, bleibt mehr für einen selbst übrig.

Der zweite Umstand, für den Walmart in der Kritik steht, hat mit der »Austrocknung« der Kleinstädte zu tun. Walmart war der Vorreiter der globalen Entwicklung, in der Hypermärkte in den Außenbereichen von Kleinstädten den örtlichen Einzelhandel zerstören und möglicherweise die wirtschaftliche Aktivität der Region und die Bildung von Rücklagen für die nächsten 20 Jahre hemmen.

Amerikanischen Studien zufolge birgt ein neuer Walmart für die lokale Wirtschaft häufig mehr Schwierigkeiten als ein örtlicher Supermarkt, da Walmarts Lieferketten so global sind. Die günstigen Preise, die an die Verbraucher weitergegeben werden, wirken sich somit auf die ortsansässigen Geschäfte aus. Zudem kommt es in der Region zu einer Einschränkung der Lebensqualität, da Walmart seinen Angestellten niedrigere Löhne zahlt als andere Geschäfte.

Das Leid nimmt zu, wenn Walmart wegen der sinkenden Kaufkraft der Region seine Filiale schließt. In amerikanischen Kleinstädten bleiben danach nicht einmal mehr ein Lebensmittelgeschäft oder eine Apotheke zurück, und die Städte sind derart »ausgedorrt«, dass es sich nicht mehr lohnt, dort neue Geschäfte zu eröffnen.

Für diesen Megatrend, der die Provinz leert und die Bevölkerung in die Ballungszentren drängt, kann man nicht Walmart allein verantwortlich machen. Walmart steht jedoch als Symbol für diese Veränderung und ist Beschleuniger dieses Phänomens. Es ist schwer zu sagen, ob es sich um einen durch die Effizienz und die Gesetze der Wirtschaft verursachten unaufhaltsamen Strukturwandel handelt, der sich durch das Wachstum des Onlinehandels noch beschleunigen wird.

Walmart wird andererseits dafür gelobt, mit seiner Effizienz die Arbeitsproduktivität erfolgreich angekurbelt und volkswirtschaftlichen Wohlstand geschaffen zu haben. Der Gründer Sam Walton sagte, er habe den Menschen zum Wohlstand verholfen, gerade indem er ihnen in seinen Geschäften die benötigten Produkte billig zum Verkauf angeboten hat, sodass die Menschen Geld sparen konnten.

Nach Sam Waltons Tod versuchte seine Familie, Walmarts Image zu verbessern. Das Unternehmen gibt auf der Webseite seiner Stiftung bekannt, heutzutage durch die Organisation Walmart.org rund eine Milliarde Dollar im Jahr für wohltätige Zwecke zu spenden.

In den USA wird die Stellung von Walmart-Angestellten in Zusammenhang mit der Debatte darüber erörtert, unter welchen Bedingungen es möglich ist, Menschen im Niedriglohnsektor zu beschäftigen und wie ihre Mindestsicherung und ihre Krankenversicherung aussehen.

Walmart ist auch ein gefundenes Fressen für traditionelle Kapitalismuskritiker, weil die Diskrepanz zwischen dem Vermögen der Eigentümerfamilie und den Angestellten derart groß ist.

Über die billigen Produkte bei Walmart, Ikea und Lidl freuen sich natürlich viele. Sie verbessern den Lebensstandard ihrer Kunden und zwingen die Konkurrenz, ihr Gebäck etwas günstiger zu verkaufen. Die Regulierung der Verpflichtungen und Arbeitsbedingungen der Konzerne liegt letzten Endes jedoch in der Verantwortung der Gesellschaft.

Als größtes Unternehmen der Welt ist Walmart ein bedeutender Global Player. Das Unternehmen erzielt rund ein Drittel seines Umsatzes außerhalb der USA, und gerade in diesem globalen Business ist mit einem hohen Wachstum zu rechnen. Die meisten Filialen gibt es in Großbritannien, wo die Tochterfirma Asda ihren Namen behalten hat, nachdem sie von Walmart aufgekauft wurde.

Die Eroberung des Auslands war für Walmart bisher ein steiniger Weg. In Deutschland konnte sich das Unternehmen trotz seiner Bemühungen nicht wirklich einen Platz am Markt sichern, und in verschiedenen Ländern musste es seine Verkaufsstrategien an die Wünsche der Verbraucher anpassen.

Das schnelle globale Wachstum wurde von diversen Bestechungsvorwürfen überschattet. Die *New York Times* veröffentlichte 2012 einen Bericht darüber, dass der Konzern in Mexiko wegen Bestechung unter Verdacht stand. Dies setzte eine Ermittlungskette in Gang, die sich bis nach Brasilien, China und

Indien zog und Walmart Anwalts- und Untersuchungskosten in Höhe von 900 Millionen Dollar bescherte.

Nach sieben Ermittlungsjahren erkannte Walmart 2019 die Vorwürfe an und stimmte einer Geldstrafe in Höhe von 282 Millionen Dollar zu. Gegen Ende der Amtsperiode des früheren Präsidenten Barack Obama hatte die Staatsanwaltschaft mit Walmart über eine Geldstrafe in Höhe von 600 Millionen Dollar verhandelt, doch während der Verhandlungen mit der Administration Trump verringerte sich die Summe der Geldstrafe.

Walmarts Einzug in den Onlinehandel war ebenfalls nicht einfach gewesen. Der Onlineshop des Unternehmens machte laut Schätzungen der Investmentbank Morgan Stanley allein in den USA 2019 einen Verlust von 1,7 Milliarden Dollar, 2018 soll der Verlust 1,4 Milliarden Dollar betragen haben. Walmart hat diese Angaben nicht bestätigt.

In letzter Zeit setzt der Konzern bei seiner Expansionsstrategie auf Unternehmenskäufe und Partnerschaften. In Indien hat Walmart den Sieg über Amazon davongetragen und mit 77 Prozent die Mehrheit des größten indischen Onlinehandelsunternehmens Flipkart erworben.

In China ist Walmart der drittgrößte Anteilseigner des Onlinehandelsriesen JD.com, nach dem Gründungsunternehmen Tencent und dem Gründer Liu Qiangdong. JD.com ist der größte Konkurrent des Onlineversandhauses Tmall, das von dem anderen chinesischen Onlinehandelsriesen Alibaba betrieben wird.

Walmart verkaufte sein eigenes chinesisches Onlinegeschäft Yihaodian im Juni 2016 an JD.com und erhielt dafür 5,9 Prozent Anteile an JD.com. Seitdem hat sich die strategische Partnerschaft gefestigt, und mittlerweile besitzt Walmart bereits gut zwölf Prozent von JD.com.

Was den Onlinehandel angeht, ist Walmart im Vergleich zu Amazon ein Anfänger, denn Amazon beherrscht die Hälfte des Onlinehandels in den USA und breitet sich mit neuen Geschäftsideen rasch auf der ganzen Welt aus. Amazons Achillesferse sind jedoch die Lieferkosten – insbesondere, wenn die Anzahl der Warenrücksendungen steigt. Walmart-Filialen sind hingegen in den USA so dicht gesät, dass 90 Prozent der Einwohner in einer Entfernung von 15 Kilometern zur nächsten Walmart-Filiale wohnen. Zudem verfügt Walmart über 150 Vertriebszentren in verschiedenen Teilen der Welt. Die Lieferung online bestellter Artikel in die Filialen und von dort aus an die Kunden kann für Walmart in der Zukunft ein Pluspunkt sein. Das Unternehmen verfügt bereits über eine effiziente Logistikkette und die meisten Einkäufe der Welt.

In den USA stand Walmart auch dafür in der Kritik, dass das Unternehmen die inländische Produktion zerstört, indem es 75 bis 80 Prozent der Ware aus dem Ausland importiert. Auf der anderen Seite wird Walmart im Ausland vorgeworfen, dass der Konzernriese Subunternehmer in ärmeren Ländern erpresst und existenzgefährdenden Wettbewerb betreibt.

Gegen diese Vorwürfe schützt Walmart sich gekonnt. Das Unternehmen nennt beispielsweise seine Angestellten »associates«, was nicht nur Teilhaberschaft und gleichberechtigte Partnerschaft bedeutet, sondern auch den Kameradschaftsgeist der Gemeinschaft betont. Auf seiner Webseite in der Rubrik »Company Facts« wird gleich nach der Zahl der Mitarbeiter angegeben, dass ein großer Teil der Filialleiter sich von ganz unten hochgearbeitet hat und in dieser Position jährlich 50.000 bis 175.000 Dollar verdient – »so viel wie Feuerwehrleute, BuchhalterInnen und sogar ÄrztInnen«.

Walmart hat sich seit jeher offen gegen Gewerkschaften positioniert. Als zum Beispiel die Mitarbeiter der Fleischereiabteilung in Texas im Jahr 2000 als einzige Arbeitnehmergruppe beschlossen, der Gewerkschaft beizutreten, gab Walmart zwei Wochen später bekannt, in der betroffenen Filiale sowie in 179 weiteren Filialen auf abgepacktes Fleisch umzusteigen.

In internem PowerPoint-Schulungsmaterial der Filialleiter, das von der »Occupy-Wall-Street«-Bewegung geleakt wurde, wurden Gewerkschaften als Unternehmen bezeichnet, deren Absicht es nicht sei, die Rechte der Arbeitnehmer zu verbessern, sondern ihnen das Geld aus der Tasche zu ziehen.

Anfang 2021 verkündete Walmart, die Löhne einiger Geringverdiener anheben zu wollen. Die Investoren wurden nervös, und der Aktienkurs des Unternehmens fiel sofort um sechs Prozentpunkte. Trotz der Lohnerhöhung verdiente die Hälfte der 730.000 Stundenlöhner des Unternehmens immer noch weniger als 15 Dollar in der Stunde.

Walmart entwickelt sich also in schnellem Tempo zu einem globalen Geschäftsriesen und kann für seinen Teil vorgeben, unter welchen Bedingungen Handel betrieben und wie mit Angestellten umgegangen wird. Das Unternehmen steht in gewisser Weise als Symbol für die Ungleichheit. Während die Mitarbeiter krank zur Arbeit erscheinen müssen, um ihren Mindestlebensunterhalt zu sichern, schwimmt die Eigentümerfamilie in jährlichen Milliardengewinnen. Andererseits ist Walmart eine bewundernswert effizienzorientierte Verkaufsmaschine und ein mächtiger Arbeitgeber.

Ist Walmart also ein Wohltäter oder ein gefährliches Unternehmen? Auf welcher Seite neigt sich die Waagschale? Die Gefährlichkeit lässt sich aus der Perspektive von zwei Forschern erörtern.

Branko Milanović, der bekannteste Ungleichheitsforscher der Welt, erklärt in seinem Buch *Kapitalismus global: Über die*

Zukunft des Systems, das die Welt beherrscht, wie der Kapitalismus zum einzigen Wirtschaftssystem der Welt aufgestiegen ist. Er lässt sich aufteilen in den meritokratischen und liberalen Kapitalismus des Westens und den staatsgeleiteten Kapitalismus Chinas, Vietnams und Russlands.

Da der Kapitalismus zum ersten Mal in der Geschichte der Menschheit zum einzigen wirtschaftlichen System der Welt geworden ist, stellt sich die Frage, wie man das System verbessern und fairer gestalten kann.

Milanović geht davon aus, dass der Kapitalismus deshalb gewonnen hat, weil er Wohlstand schafft und das Selbstbestimmungsrecht der Menschen in Bezug auf ihre Bedürfnisse hochhält. Doch die Logik des Kapitalismus basiert einzig und allein auf dem Streben nach Gewinnmaximierung und bietet an sich keine Konstanz. Dem Ökonomen zufolge setzt der Kapitalismus selbstverständlich und unbedingt Ungleichheit voraus. Aber viele denken, dass Ungleichheit ein Entweder-Oder ist und dass es keine Alternativen dazu gibt. Die Realität ist allerdings viel komplexer. Milanovićs Ansicht nach sollte Ungleichheit als ständige Variable betrachtet werden, so wie Temperaturschwankungen, und so reguliert werden, dass sie die besten Bedingungen für die Wirtschaft und das Wachstum schafft. Wenn man von Ungleichheit spricht, müsste die eigentliche Frage lauten, ob sie das Wachstum schwächt, ob sie ein soziales Ungleichgewicht schafft oder ob sie die Gleichheit zwischen den Generationen schwächt – kurzum, man sollte nach der *Chancen*gleichheit fragen. Milanović fordert also für das kapitalistische System mehr Effizienz und Feinjustierung ein, sodass das System »Gutes« hervorbringen und zugleich nachhaltig gestalten kann.

Er hat auch seine Sorge darüber geäußert, dass anscheinend die Kinder der Reichen immer häufiger die Kinder anderer

Reichen heiraten. Noch in den Siebzigerjahren heirateten in den USA gut verdienende junge Männer mit ebenso hoher Wahrscheinlichkeit gut verdienende junge Frauen wie schlecht verdienende junge Frauen. Heute fällt die Wahl mit einer Wahrscheinlichkeit von 3 zu 1 auf eine gut verdienende Frau.

Eine weitere Beobachtung Milanovićs ist, dass wir zumindest seit Beginn des 20. Jahrhunderts zum ersten Mal in einer Zeit leben, in der die Einkommensunterschiede zwischen den Ländern abnehmen, während sie innerhalb eines Staates wachsen können.

Binyamin Appelbaum, Leitartikeljournalist bei der *New York Times*, erklärt in seinem auf Deutsch 2020 erschienenen Buch *Die Stunde der Ökonomen: Falsche Propheten, freie Märkte und die Spaltung der Gesellschaft*, wie die Ungleichheit in den USA vorangeschritten ist.

Laut Appelbaum bilden Wirtschaftswissenschaftler von 1969 bis 2008 die Avantgarde mit ihren Forderungen nach Senkung der Vermögenssteuer und Deregulierung. Großkonzerne wurden wie Helden gefeiert, während gleichzeitig öffentliche Investitionen reduziert wurden. Der Gleichheit wurde kein besonderer Wert beigemessen, obwohl man beispielsweise in Kindergärten sieht, wie gut es allen tut, wenn Menschen dieselben Voraussetzungen haben, erklärt Appelbaum.

Wirtschaftswissenschaftler verteidigten die Gewinnmaximierung, und die Chancengleichheit blieb außen vor. Solange alle gewannen, spielte es keine Rolle, dass einige mehr profitierten als andere, behaupteten sie. Diese Botschaft erfreute die Angehörigen der Elite, denn ihnen gefiel es zu hören, dass sie, indem sie so viel Geld wie möglich scheffelten, zum Wohl der Gesellschaft handelten.

Laut Appelbaum zeigte sich der Wandel wohl am grellsten

in der Lebenserwartung der US-Amerikaner. Von 1980 bis 2010 stieg die Lebenserwartung der reichsten um 20 Prozent, während im selben Zeitraum die Lebenserwartung der ärmsten 20 Prozent sank. Der Unterschied der Lebenserwartung zwischen armen und reichen Frauen wuchs von 3,9 Jahren auf 13,6 Jahre. Dies hatte Appelbaums Ansicht nach mit dem nahezu dogmatischen Glauben an die Kraft der freien Märkte zu tun. Die wachsende Ungleichheit lieferte sowohl dem Rechts- als auch dem Linkspopulismus in den USA Zündstoff und trug zur Entstehung unseres heutigen zwiegespaltenen politischen Klimas bei.

18. China National Tobacco Corporation: Das Raucherzimmer der Welt
Übertrifft sogar Philip Morris

Als größter Tabakkonzern der Welt wird häufig der US-Konzern Philip Morris International genannt. Das Unternehmen, unter anderem für die Zigarettenmarke Marlboro bekannt, ist in 180 Ländern tätig, ist aber nicht der größte Zigarettenhersteller der Welt.

Der größte Tabakkonzern der Welt ist Zhōngguó Yāncǎo Zǒnggōngsī, Chinas staatlicher Tabakkonzern, im Westen allgemein bekannt als China National Tobacco Corporation (CNTC). Das Unternehmen stellt jährlich 2500 Milliarden Zigaretten her, während Philip Morris seine Produktion auf »mehr als 800 Milliarden« Zigaretten beziffert. Da es rund 7,9 Milliarden Menschen auf der Welt gibt, würden allein CNTCs Zigaretten es auf jährlich 320 Stück pro Kopf bringen.

Chinas Anteil am Zigarettenmarkt weltweit lag 2018 bei 44,6 Prozent. Auf Platz zwei lag Indonesien mit 6,5 Prozent, gefolgt von Russland mit 4,8 Prozent. In China hat CNTC praktisch das Tabakmonopol mit einem dortigen Marktanteil von 98 Prozent.

In einer Studie des Marktforschungsinstituts IBISWorld lagen die Anteile der Tabakriesen am Weltmarkt 2018 bei folgenden Prozentpunkten:

CNTC	45,3
Philip Morris	21,7
Imperial Brands	5,8
British American Tobacco	5,6
Japan Tobacco International	3,5

(Quelle: Tobacco in Australia, 2019)

Am Umsatz gemessen ist CNTC der viertgrößte Konzern Chinas und beschäftigt 510.000 Mitarbeiter.

Der Konzern erklärte, einen Bruttogewinn von 1100 Milliarden Yuan, also etwa 140 Milliarden Euro zu machen. In seinem Heimatland hat CNTC viel Macht; verschiedenen Quellen zufolge wird geschätzt, dass der Konzern 6 bis 10 Prozent der chinesischen Staatseinnahmen generiert.

Genau genommen ist CNTC nicht einmal ein Unternehmen. Das Unternehmen arbeitet mit Chinas staatlicher Tabakmonopolverwaltung zusammen und ist dem Ministerium für Industrie- und Informationstechnik unterstellt. Der Konzern CNTC entstand 1981 aus dem Zusammenschluss von 28 kleineren Tabakherstellern, die zuvor dezentral über China verteilt tätig gewesen waren. Als Monopol ist CNTC alleiniger Nutznießer des gewaltigen und wachsenden chinesischen Marktes. Nach Schätzung des Unternehmens rauchen 306 Millionen Chinesinnen und Chinesen: 53 Prozent der Männer und zwei Prozent der Frauen.

Wenngleich die Tabakindustrie ein lukratives Geschäft ist, ist ihr Endprodukt lebensgefährlich, denn bei Tabak gibt es keine Grenze, unterhalb derer der Konsum unbedenklich wäre. Mehr als acht Millionen Raucher sterben jährlich an den Folgen des Tabakkonsums, und sogar die Hälfte aller Raucher stirbt an allein durch das Rauchen verursachten Krankheiten (WHO, 2020).

Um das lukrative Geschäft aufrechtzuerhalten, müssen die Konzerne sich bemühen, neue Raucherinnen und Raucher zu finden. Konzernen, die ihre Werbung an junge Zielgruppen ausrichten, haben in der Regel neue Kundschaft angeworben. Was die Vermarktung erleichtert, ist die Tatsache, dass Nikotin ein stark abhängig machender Stoff ist – der Suchtfaktor ist höher als beispielsweise der von Kokain oder Heroin. Wegen der noch nicht abgeschlossenen Entwicklung der chemischen Prozesse im Gehirn werden junge Menschen leichter abhängig als Erwachsene, und tatsächlich haben 90 Prozent der Raucherinnen und Raucher ihre erste Zigarette noch vor dem 19. Lebensjahr geraucht.

Im Zuge der gesundheitlichen Aufklärung ist der Tabakkonsum in reichen Ländern zurückgegangen. Die Tabakriesen des Westens richten zunehmend ihren Blick auf ärmere Länder; von den weltweit rund 1,3 Milliarden Tabakkonsumenten leben 80 Prozent in armen Ländern oder Ländern mit mittlerem Einkommen.

Naturgemäß bietet für CNTC der chinesische Markt die besten Wachstumsperspektiven, schließlich sind 98 Prozent der Chinesinnen immer noch Nichtraucherinnen. Der Konzern hat außerdem angefangen, den internationalen Markt zu sondieren.

Den ersten großen Schritt konnte man im Sommer 2019 beobachten, als CNTC sein internationales Segment China

Tobacco International (CTI) an der Börse in Hongkong listete. Die Investoren empfingen CTI mit Begeisterung und am Ende des ersten Börsentags lag der Aktienkurs zehn Prozent über dem Listenkurs.

CTI bringt Tabakblätter unter anderem aus Brasilien und Kanada in die Fabriken und kontrolliert den chinesischen Tabakexport, der vor allem in Duty-Free-Shops an chinesische Reisende geht. Dem Börsenzulassungsprospekt zufolge erwartet das Unternehmen, dass das Duty-Free-Geschäft von rund 800 Millionen Dollar im Jahr 2018 bis 2023 auf mehr als eine Milliarde wächst.

Die globale Tabakindustrie ist stark konzentriert. Im Jahr 2001 produzierten die fünf größten Konzerne 43 Prozent aller Zigaretten, 2018 lag der Anteil der fünf größten Konzerne schon bei 82 Prozent.

Jennifer Fang, die Chinas nationalen Tabakkonzern analysiert, erzählte der *Financial Times*, dass das Ziel des Konzerns sei, zu einem internationalen Tabakriesen zu werden und mit seinen eigenen Marken mit Konkurrenten wie Philip Morris und British American Tobacco in Wettbewerb zu treten. Zu den Marken des chinesischen Konzerns gehören unter anderem Hongtashan und Baisha. Fangs Ansicht nach richtet sich das Interesse des chinesischen Konzerns neben Asien vor allem auf die Märkte in Lateinamerika, Osteuropa und im Nahen Osten: »Wenn CNTCs Ziele, den Markt zu beherrschen, auch nur teilweise in die Tat umgesetzt werden, wird das Unternehmen entscheidenden Einfluss auf die Volksgesundheit haben«, schrieb sie 2016 in ihrer Analyse.

CNTCs Vorteile liegen in der gewaltigen Größe des Unternehmens, der geringen Regulierung im Heimatland und in der staatlichen Unterstützung bei der Eroberung des Exportmarkts: »Der Erfolg des Unternehmens würde zu einem verschärften Preiskampf am globalen Markt führen, zu neuen Produkten und zur Intensivierung des Marketings, und all dies führt zum Anstieg des Tabakkonsums.«

China hat die Tabakreklame in den Medien und Außenräumen eingeschränkt, diese Einschränkungen greifen jedoch nicht bei indirekter Werbung. In der indischen Zeitung *ThePrint* schrieb Jennifer Fang, dass es in China offenbar mehr als 100 Schulen gebe, die von CNTC gesponsert werden. Der nationale Tabakkonzern kann auch die Beschaffung von Büchern in Schulen fördern und hat bereits Honorarzahlungen an Lehrkräfte gewährt sowie Stipendien an SchülerInnen. »Für jemanden, der die Tabakaufsicht erforscht, ist dies schlicht eine Schauergeschichte«, schrieb Jennifer Fang, die an der kanadischen Simon-Fraser-Universität tätig ist. Einer der Schulslogans, auf die Fang gestoßen ist, lautete: »Genialität ist das Produkt harter Arbeit, Tabak hilft zu brillieren.«

17. Chevron: Bis die Hölle gefriert
Die größte Quelle von Treibhausgasemissionen der Industriegeschichte

Durch menschliches Handeln verursachte Verschmutzung wird zunehmend zu einem Problem. Vor allem die für den Klimawandel verantwortlichen Treibhausgasemissionen sind zum globalen Sorgenthema geworden.

Aber welches Unternehmen könnte an den Treibhausgasemissionen von Anfang an am meisten schuld sein? Der aus einer norwegischen Uhrmacherfamilie stammende Geograf und Klimaaktivist Richard Heede ging der Frage auf den Grund und wertete die Emissionen von Unternehmen seit der industriellen Revolution aus.

Der in die USA eingewanderte Heede vertiefte sich in die Jahresberichte von Unternehmen, Veröffentlichungen der Energiebranche, in Berichte des Nachrichtendienstes CIA und trug alle möglichen weiteren schriftlichen Quellen zusammen. Acht Jahre verwendete er auf dieses Vorhaben, und das Ergebnis war eine einzigartige Datenbank, deren erste Version 2013 und eine aktualisierte 2019 veröffentlicht wurde.

Auf der Welt werden erstaunliche Mengen fossiler Brennstoffe für das Beheizen von Gebäuden, die Stromproduktion und den Antrieb von Autos, Zügen, Schiffen und Flugzeugen verbrannt.

Rein rechnerisch werden jährlich 12,6 Kubikkilometer zu Öl verarbeiteter Brennstoffe verbraucht. Das entspricht 370 Tonnen pro Sekunde. Als Folge der Nutzung fossiler Brennstoffe gelangen Restwärme und Wasserdampf in die Atmosphäre, vor allem aber Kohlendioxid.

Durch die von Richard Heede zusammengestellte Datenbank kam zum Vorschein, dass zwei Drittel der Kohlendioxidemissionen auf 90 Unternehmen und staatlich geführte Industriezweige zurückzuführen waren.

Die Nummer eins der kumulativen Emissionen stellten bis 1960 entweder Exxon oder Shell dar. Danach belegte der US-amerikanische Öl-Konzern Chevron den ersten Platz. Der Anteil des Unternehmens an der kumulativen Belastung betrug in den Jahren 1751 bis 2017 fast 3,5 Prozent.

Seit 2013 liegt in Heedes Statistik der saudi-arabische Staatskonzern Aramco auf Platz eins. Chevron liegt in der Statistik auf Platz zwei, aber unter den Firmen in Privatbesitz belegt das Unternehmen nach wie vor den ersten Platz.

Die größte Auswirkung auf industrielle Kohlendioxidemissionen bis 2017 in Prozent:

1. Aramco (Saudi-Arabien) 3,40
2. Chevron (USA) 3,13
3. ExxonMobil (USA) 2,98
4. Gazprom (Russland) 2,47
5. BP (Großbritannien) 2,29
6. Royal Dutch Shell (Niederlande) 2,18
7. NIOC (Iran) 2,13
8. Pemex (Mexiko) 1,35
9. CIL (Indien) 1,35
10. ConocoPhillips (USA) 1,08

(Quelle: Climate Accountability)

In der Statistik ist einkalkuliert, wie viele fossile Brennstoffe die Unternehmen gefördert haben und welche Emissionen durch den Verbrauch der Brennstoffe anschließend entstanden sind.

Heedes Bericht ist dafür kritisiert worden, dass er alle Emissionen den Brennstoffproduzenten und nicht den Verbrauchern anlastet, aber er bietet dennoch eine wertvolle Ergänzung zu den Informationen über die Verantwortung der Konzerne. Unternehmen, denen zum Beispiel Wasserverschmutzung und giftige Emissionen vorgeworfen wurden, konnten bereits vor langer Zeit identifiziert werden, und so konnten die Behörden einschreiten.

Treibhausemissionen gibt es überall, wo irgendetwas verbrannt wird, und es ist nicht einfach, den »Schuldigen« zu benennen.

Al Gore, der ehemalige Vizepräsident der Vereinigten Staaten, bezeichnete Heedes Bericht als entscheidend, um Verständnis für die Entwicklung der Klimakrise zu gewinnen.

»Jahrzehntelang herrschte der Mythos, dass alle die Verantwortung tragen – und wenn alle die Verantwortung tragen, übernimmt niemand die Verantwortung. Ricks [Richard Heedes] Arbeit spezifiziert zum ersten Mal diejenigen, die verantwortlich sind«, äußerte Carroll Muffett, CEO der Forschungsabteilung beim Center for International Environmental Law, gegenüber der Zeitschrift *Science*.

»Wir haben gesehen, wie im Fall von Asbest und Tabak die Gesellschaft angefangen hat, Unternehmen wegen ihrer hinterlistigen Geschäftspraktiken für untauglich zu befinden«, sagte Peter Frumhoff, Leiter der Forschungspolitik der Organisation Union of Concerned Scientists, dem Nachrichtensender Bloomberg zufolge. »Die Menschen haben sie nicht mehr als bloße Hersteller von legalen Produkten gesehen, sondern als Akteure, die versuchten, Menschen in Bezug auf die Risiken ihrer Produkte an der Nase herumzuführen.«

Die philippinische Menschenrechtskommission teilte Ende 2019 mit, dass 47 Konzerne, die im Besitz von Aktionären sind, rechtmäßig vor dem Gerichtshof für Menschenrechte für die von ihnen verursachten Klimaschäden zur Verantwortung gezogen werden können. Dazu gehören unter anderem Chevron, Shell und Exxon.

Die Umweltschutzorganisation Greenpeace lobte den Beschluss der Kommission: »Wir haben es mit einem Industriezweig zu tun, der sich aus den größten und reichsten Unternehmen der Welt zusammensetzt.

Sie fahren Gewinne ein, während zur selben Zeit die ärmsten und verwundbarsten Gesellschaftsgruppen unter den durch den Klimawandel stärker werdenden Orkanen und Dürren leiden.«

Es ist nicht einfach, Öl-, Gas- und Kohlekonzerne für unmittelbar und mittelbar verursachte Umweltprobleme zur Verantwortung zu ziehen. Diese Erfahrung musste auch der US-amerikanische Anwalt Steven Donziger machen; er hat

Chevron zum Kampf herausgefordert, den er nach einem anfänglichen tollkühnen Sieg bitter verloren hat.

Alles begann im Jahr 1993, als Donziger anfing, Ureinwohnern und Bauern in der Region Lago Agrio in Ecuador zu helfen. Er war einer der Anwälte, die in New York eine Sammelklage gegen den Ölkonzern Texaco wegen durch Ölbohrungen verursachte Umweltschäden eingereicht hatten.

Greenpeace bezeichnet die vom Konzern verursachte Zerstörung als die »vermutlich größte Ölkatastrophe des Planeten«. Der Organisation zufolge hat die Ölbohrung in Ecuador einen 20.000 Hektar großen »Todesgürtel« dadurch hinterlassen, dass Milliarden Liter verschmutztes Wasser in Bäche und Flüsse geleitet worden sind.

The Nation schrieb, dass fünf Peer Reviews – Verfahren zur Qualitätssicherung einer wissenschaftlichen Arbeit oder eines Projektes durch unabhängige Gutachter – bestätigt haben, dass es in den verschmutzten Gebieten vermehrt zu Krebserkrankungen kam. Der Konzern Chevron finanzierte seinerseits eine Peer Review, die das erhöhte Krebsrisiko nicht bestätigte.

Als Chevron Texaco zu Beginn des Millenniums kaufte, erbte es den Streit, der aus den gemeinsamen Bohrungen des ecuadorianischen staatlichen Ölkonzerns und Texaco entstanden war. Chevron forderte, dass über den Fall nicht in New York, sondern in Ecuador entschieden würde. Der Anwalt des Unternehmens sagte, die Justiz in Ecuador sei »weder korrupt noch handle sie gesetzwidrig«.

Zu Beginn des Rechtsstreits sah es für den Ölriesen schlecht aus. Das ecuadorianische Gericht erklärte den Ölkonzern 2011 der Umweltverschmutzung für schuldig und verurteilte ihn zur Zahlung einer Entschädigung in Höhe von 9,5 Milliarden Dollar. Der oberste Gerichtshof von Ecuador bestätigte das Urteil, aber Chevron gab nicht nach: Der Konzern verkaufte sein Besitztum in Ecuador, sodass es nicht beschlagnahmt werden konnte.

Chevron verklagte Donziger in den USA. Der Richter Lewis Kaplan befand 2014, dass das Chevron-Urteil der ecuadorianischen Justiz rechtswidrig war. Gleichzeitig sprach er Donziger unter anderem der Korruption, des Betrugs und der Geldwäsche schuldig.

Chevrons Beweisführung stützte sich auf eine Zeugenaussage des ecuadorianischen Richters Alberto Guerra, der zufolge die Kläger (darunter Donziger) die Urteile des ecuadorianischen Gerichts selbst geschrieben hatten. Später gestand Guerra in einem anderen Gerichtsverfahren, im Chevron-Prozess gelogen zu haben – Kaplan gab allerdings bekannt, dass er auch ohne Guerras Zeugenaussage zu einem Urteil zu Chevrons Gunsten gekommen wäre.

Greenpeace zufolge soll Chevron Guerra ein Honorar gezahlt und ihm geholfen haben, mit seiner Familie in die USA zu ziehen.

Kaplans Urteil hat vor allem in den USA für Kritik gesorgt. Rex Weyler, einer der Gründer von Greenpeace International, hielt Kaplan für den »vermutlich korruptesten Richter seit Pontius Pilatus«.

Charles Nesson, Professor der Rechtswissenschaften an der Harvard University, äußerte sich taktvoller, aber deutlicher gegenüber der Nachrichten-Webseite *The Intercept*: »Donziger wurde effektiv aufgrund des Befunds eines einzigen Richters wegen Bestechung verurteilt, und das in einem Verfahren, in dem nicht einmal die Anklage auf Bestechung lautete. Ich unterrichte Beweisführung, also, dass Behauptungen nachgewiesen werden müssen. In diesem Fall ist die Beweislage überaus dünn.« Nesson nutzt in seinen Vorlesungen Donzigers Verurteilung als Beispiel für eine ungerechte Rechtsprechung.

2019 schrieb er in der Fakultätszeitung *Harvard Law Record*: »Es lässt sich nicht abstreiten, dass Chevron beim Versuch, am Oberlauf des Amazonas nach Öl zu bohren, Regenwald zerstört hat [...] Chevron hat Donziger nicht deshalb angegriffen, weil an den Vorwürfen etwas dran war, sondern weil dies die Methode des Ölkonzerns war, um sich der Verantwortung für die verursachten Schäden am Amazonas zu entziehen.«

Eine Woche, nachdem Chevron Donziger angeklagt hatte, hob Richter Kaplan hervor, dass Chevron, ein Konzern, der Tausende Menschen auf der ganzen Welt beschäftigte, für die Wirtschaft der USA von großer Bedeutung sei: »Ich glaube nicht, dass es in diesem Gerichtssaal auch nur einen Menschen gibt, der mit seinem Auto zum Tanken an die Tankstelle fahren möchte, um festzustellen, dass es kein Benzin mehr gibt, weil diese Leute [die Ecuadorianer] es konfisziert und nach Singapur oder sonst wohin gebracht haben.«

Laut *The Intercept* hatte Chevron Donziger mit voller Breitseite angegriffen: Der Konzern bezahlte Privatermittler, um Donziger zu verfolgen, und stellte eine Gruppe von Hunderten Rechtsanwälten aus 60 verschiedenen Anwaltskanzleien für diesen Fall zusammen. Das Ergebnis: Nach dem Gerichtsverfahren in Ecuador gewann der Konzern Prozesse, die mit dem Fall zusammenhingen, in den USA, Brasilien, Argentinien, Gibraltar und den Niederlanden. Donziger hingegen musste zwei Jahre unter Hausarrest leben, und sein Bankkonto wurde eingefroren.

Chevrons Hartnäckigkeit überraschte nicht. Bevor das ecuadorianische Gericht sein Urteil gesprochen hatte, versprach ein Konzernvertreter: »Wir werden so lange kämpfen, bis die Hölle gefriert. Und dann kämpfen wir im Eis weiter.«

16. McKinsey: »Schuldig!«
Berät Großkonzerne und Diktatoren

Das US-amerikanische Beratungsunternehmen McKinsey hat es zu einem beneidenswerten Status gebracht. Über dem Unternehmen schwebt ein nahezu mystischer Heiligenschein, der zum Beispiel aus den folgenden Zitaten hervorgeht:

»Das angesehenste – und rätselhafteste – Beratungsunternehmen der Welt.« (*Businessweek*, 8. Juli 2002)
»Das bekannteste, angesehenste und nobelste Beratungsunternehmen der Welt.« (*Financial Times*, 25. November 2011)
»Der vielleicht elitärste Arbeitgeber der Welt.« (*BBC World Service* 30. Oktober 2017)
»Der Maßstab der Beratungsunternehmen der Businessmanager.« (*Bloomberg*, 21. Oktober 2018)
»Das angesehenste Management-Beratungsunternehmen der Welt.« (*The New York Times*, 1. Februar 2019)
»Die Hohepriester der Managementberater.« (*The Economist*, 21. November 2019)
»Eines der einflussreichsten und geheimnisvollsten Unternehmen der Welt.« (*Vox*)

Trotz aller Beweihräucherung sieht die Wahrheit etwas gemischter aus. McKinsey ist ein großer Machtapparat, doch nicht einmal seine Machtausübung läuft reibungslos.

McKinsey wurde 1926 von James McKinsey gegründet. Dieser war Buchführungsprüfer und hatte 1922 *Budgetary Control*, das erste umfassende Werk über betriebswirtschaftliche Planung, veröffentlicht. Davor galt Budgetierung als Teil des öffentlichen Sektors, doch das Buch führte den Budgetierungsgedanken auch in die Geschäftswelt ein.

McKinsey und andere Berater erhielten einen bedeutenden Wachstumsimpuls durch das 1933 in den USA verabschiedete Bankengesetz (Glass-Steagall Act), das die Geschäftsbanken und das Investitionsgeschäft voneinander trennte. Um Spekulationen im Zaum zu halten, setzte das Gesetz auch voraus, dass Investitionsbanken unabhängige Gutachten über ihre bevorstehenden Deals einholen – so eröffnete sich für Beratungsagenturen schlagartig ein riesiger Markt.

McKinsey wuchs rasant. Der britische Radiosender BBC berichtete 2017, dass das Beraterhonorar von James McKinsey Mitte der Dreißigerjahre des vergangenen Jahrhunderts bereits bei 500 Dollar pro Tag lag – das entspricht heute in etwa 25.000 Dollar.

Die gute Marktlage erlaubte James McKinsey, weitere Berater zur Unterstützung anzustellen. Wenn er mit einem Bericht seines Beraters nicht zufrieden war, warf er die Papiere direkt in den Papierkorb. »Ich muss unseren Kunden gegenüber diplomatisch sein«, soll McKinsey zu seinen Angestellten gesagt haben (Hal Higdon: *The Business Healers*). »Aber mit euch Arschlöchern muss ich nicht diplomatisch sein!«

James McKinsey starb 1937 im Alter von 48 Jahren an einer Lungenentzündung. Sein Nachfolger war Marvin Bower, der aus dem Buchhalterhaus eine florierende Konsultationsfirma machte. Bower verlangte, dass die Angestellten des Unternehmens schwarze Anzüge, gestärkte weiße Hemden, Kniestrümpfe und Hüte trugen. Der kanadisch-amerikanische Wirtschaftsjournalist Duff McDonald hat die Geschichte von McKinsey recherchiert und berichtet, dass Bower auch bei der Einstellung neuer Mitarbeiter Wert auf ein repräsentatives Erscheinungsbild der Bewerber legte.

Bowers Dresscode und Bewerbungscode geben auf ihre eigene Weise Aufschluss darüber, worum es bei der Beratungstätigkeit geht: Da die Probleme der Unternehmen oft unüberwindbar scheinen können, fällt es der Geschäftsleitung leichter, Beratern zu vertrauen, die eloquent und überzeugend auftreten und einfache Lösungen präsentieren, als Sachverständigen, die die Vielschichtigkeit der Angelegenheiten erkennen und alternative Lösungen für die Probleme anbieten. Die Hutpflicht wurde bei McKinsey erst in den Sechzigerjahren abgeschafft – Bower erschien eines Tages ohne Hut zur Arbeit und die anderen folgten bald seinem Beispiel.

McKinsey hat Kunden auf der ganzen Welt. Das Unternehmen gibt an, dass von den 100 größten Unternehmen der Welt 90 zu seinen Kunden gehören. Die Beratungsfirma beschäftigt derzeit circa 38.000 Mitarbeiter weltweit.

Duff McDonald hat McKinsey vier Jahre lang erforscht. Er fand den Fingerabdruck des Konzerns überall in der US-amerikanischen Geschäftswelt. »Ein derartiges Maß an Einfluss ist schon an sich potenziell gefährlich«, sagte er in einem Interview mit *MarketWatch*.

In den vergangenen 20 Jahren stand McKinsey immer wieder im Mittelpunkt verschiedener Skandale.

Der Konkurs des US-amerikanischen Energiekonzerns Enron sorgte 2001 für großen Aufruhr. Auch McKinsey wurde an den Pranger gestellt; der Konzern hatte Enron seit Ende der Achtzigerjahre bei seiner Unternehmensstrategie beraten. Jeffrey Skilling war einer der vielen Berater bei McKinsey, die Enron begleitet hatten. Skilling galt als so kompetent, dass Enron ihn einstellte und ihn schließlich zum Vorstandsvorsitzenden der Firma beförderte.

Nach Skillings Wechsel zu Enron warb der Energiekonzern McKinsey immer mehr Berater ab. »Mit Jeffs Hilfe infiltrierten sie Enron; er war nur die Spitze des Eisbergs«, sagte ein McKinsey-Berater der *Businessweek*. »Im Laufe der Jahre gingen alle möglichen Leute von McKinsey dahin. Sie waren so zufrieden, Enron als Kunden gewonnen zu haben«, sagt ein Berater, der selbst für Enron gearbeitet hat.

Unter Skillings Leitung wurde Enron vom Gasnetzbetreiber zum Erdgashändler. Der Handel mit Derivaten lief wie am Schnürchen, und bald begann Enron auch mit Strom-, Kohle-, Papier- und Stahlderivaten zu handeln. Enron wurde unter der Führung von McKinsey zum Liebling der Wall Street.

Im Börsenrausch und vor allem mit dessen Ende praktizierte Enron eine kreative Buchführung und versteckte Verluste. Als das Kartenhaus zusammenbrach, wurde Skilling unter anderem wegen Betrugs und Missbrauchs von Insiderwissen zu 24 Jahren Haft verurteilt. 2019 wurde er freigelassen.

McKinsey war der Chefarchitekt für Enrons Strategiewechsel, aber die Berater des Konzerns wurden nach Enrons Absturz nicht offiziell zur Rechenschaft gezogen. McKinsey verlor allerdings mit Enrons Konkurs seinen profitabelsten Kunden – Enron hatte der Beraterfirma jährlich bis zu zehn Millionen Dollar Beraterhonorare gezahlt.

Enron ist allerdings nicht der einzige Kunde von McKinsey, der in Schwierigkeiten geriet.

Der Schweizer Konzern Swissair änderte auf Vorschlag der Berater seine Strategie und begann, Anteile an anderen europäischen Fluggesellschaften zu erwerben. Die neue Strategie fuhr herbe Verluste ein, und der Konzern ging in Konkurs. Ebenfalls in Konkurs ging das Telekommunikationsunternehmen Global Crossing, das sich allerdings nur projektbezogene Beratungshilfe bei McKinsey geholt hatte. Die Handelskette Kmart versuchte, durch McKinseys Hilfe mit Walmart Schritt zu halten, musste jedoch feststellen, dass Walmarts Wachstum sich nicht aufhalten ließ und Walmart seinen Vorsprung weiter ausbaute.

Als British Rail in den Neunzigerjahren privatisiert wurde, begann McKinsey, den Schienennetzbetreiber Railtrack zu beraten. Die Berater ermutigten Railtrack, Investitionen in das Schienennetz zurückzufahren. Wiederholte Unfälle und überraschende Ausgaben nach der Privatisierung machten Railtrack zum Symbol dafür, wie komplex und unvorhersehbar die Privatisierung des öffentlichen Sektors sein kann.

Einer von McKinseys bekanntesten Kunden ist das US-amerikanische Unternehmen pets.com, ein Onlineversandhaus für Tiernahrung. Das Unternehmen machte Ende 2000 nach nur zwei Jahren Geschäftstätigkeit eine Bauchlandung und wurde für viele ein Sinnbild für den Internetrausch.

Während seiner Zeit als Kunde von McKinsey sah das Unternehmen pets.com seinen Börsenkurs von 190 Dollar auf 15 Cent schmelzen. McKinseys Erinnerungen an pets.com klingen nicht gerade warmherzig: »Der Grund dafür, warum die Menschen sich immer noch an Sachen wie pets.com erinnern und darüber sprechen, ist, dass das ganze Geschäftsmodell an sich unsinnig war, und es gab keinen Weg, daraus irgendetwas Sinnvolles zu machen«, sagte Kara Sprague, Partnerin von McKinsey in einer Konzernmitteilung 2016.

An Rajat Gupta erinnern wir uns nicht deshalb, weil McKinsey während seiner Zeit als Geschäftsführer (1994–2003) stark expandierte, sondern wegen eines dunklen Kapitels: Gupta gehört zu der kleinen Gruppe von Geschäftsführern, die wegen des Missbrauchs von Insiderinformationen ins Gefängnis kamen.

Der aus Sri Lanka stammende Milliardär Raj Rajaratnam hatte die Hedgefondsgesellschaft Galleon Group gegründet. Gupta wurde zu seinem Partner.

Gupta verließ McKinsey im Jahr 2007, nachdem er noch vier Jahre als Senior Partner tätig gewesen war – wobei er auch danach noch als »senior partner emeritus« fungierte. Im Juli 2008 deutete Gupta Rajaratnam gegenüber an, dass bald eine große Neuigkeit über Goldman Sachs enthüllt werde. Gupta hatte guten Zugang zu den Angelegenheiten der Investmentbank: Er war Mitglied des Vorstands bei Goldman Sachs. Laut *Financial Times* rief Gupta Rajaratnam 23 Sekunden, nachdem die Telefonkonferenz mit den Vorstandsmitgliedern von Goldman beendet war, an.

Rajaratnam seinerseits rief seinen Aktiendealer an und sagte, dass »bei Goldman Sachs etwas Gutes« passieren könnte. Wenige Minuten nach dem Telefonat gab Goldman Sachs bekannt, dass Warren Buffetts Berkshire Hathaway fünf Milliarden Dollar in die Investmentbank investiert habe.

Obwohl Gupta nur noch »emeritierter Senior Partner« war, befleckte der Skandal auch die Beratungsfirma. Andrew Hill, einem der Starjournalisten der *Financial Times*, zufolge galt Gupta als ehemaliger Geschäftsführer immer noch als »McKinseys Fackelträger«.

Gupta selbst sagte später, dass die US-amerikanische Justiz ihn zum Bauernopfer der Finanzkrise gemacht habe: Die Manager der Großbanken zur Rechenschaft zu ziehen, war zu mühsam, und der Zweck hinter Guptas Verurteilung war, die aufgebrachten Bürger zu beschwichtigen. Gupta kam 2016 frei, nachdem er 19 Monate in Haft gesessen hatte. Der zu elf Jahren verurteilte Rajaratnam wurde 2019 fast zwei Jahre vorzeitig entlassen.

Die Aufgabe der Berater besteht darin, mehr zu wissen als die anderen. Das gelingt jedoch nicht immer. Eine der gröbsten Fehleinschätzungen McKinseys betraf die Handys. Der US-amerikanische Telemobilgigant AT&T bat McKinsey 1980 um eine Einschätzung, wie viele Handys um die Jahrtausendwende in den USA in Gebrauch sein würden. Die Berater glaubten nicht, dass die Menschen sich für Handys interessieren würden, und kamen zu der abschließenden Einschätzung, dass es etwa 900.000 Handy-Nutzer geben würde. In der Realität lag die Zahl bei 109 Millionen.

McKinseys zurückhaltende Bewertung hatte höchstwahrscheinlich Einfluss darauf, dass der Telekommunikationskonzern AT&T Handys lange Zeit nur für Spielzeuge hielt. Was die Fehleinschätzung noch außergewöhnlicher machte, war die Tatsache, dass Bell Labs, die Forschungsabteilung von AT&T, einer der wichtigsten Entwickler der Handytechnologie war.

Ein weiterer unglücklicher Kunde von McKinsey war der US-amerikanische Industriegigant General Electric (GE). Unmittelbar vor der Finanzkrise 2007 bat GE die Berater um eine Einschätzung der Finanzrisiken. Nachdem McKinsey die Lage zwei Monate lang untersucht hatte, beruhigte die Beratungsfirma ihren Kunden und sagte, dass Länder mit Handelsbilanzüberschüssen wie China, staatliche Fonds und andere Anleger für ausreichend Liquidität sorgten und dass keine Krise in Sicht sei. Wegen der Beratung war GE noch anfälliger für die Krise, die im August 2007 ausbrach und beinahe das gesamte Finanzsystem der westlichen Welt zum Kentern brachte.

Zu McKinseys umstrittensten Beratungsaufträgen der vergangenen Jahre gehörte die Tätigkeit für die US-amerikanische Einreise- und Zollbehörde Immigration and Customs Enforcement (ICE). Die Aufgabe der Beratungsfirma bestand darin, Einsparmaßnahmen für die ICE zu finden. Laut der investigativen Journalismusorganisation *ProPublica* schlugen die Berater vor, illegalen Einwanderern weniger Essen und Gesundheitsvorsorge anzubieten. Die *New York Times* berichtete, dass

McKinsey für seine Beratertätigkeit der ICE mehr als 20 Millionen Dollar in Rechnung stellte.

Das vom Bund ernannte Organ zur Verwaltung der Finanzen des stark verschuldeten Puerto Rico heuerte McKinsey als »strategischen Berater« der autonomen Region an. McKinsey schlug Puerto Rico radikale Kürzungen und Kündigungen im öffentlichen Dienstleistungssektor vor. Gleichzeitig stellte die Beratungsfirma für ihre Dienste zig Millionen Dollar in Rechnung.

In Südafrika bat McKinsey demutsvoll öffentlich um Entschuldigung. Der Konzern räumte ein, der staatlichen Stromgesellschaft Eskom überhöhte Honorare in Rechnung gestellt zu haben und zahlte 74 Millionen Dollar zurück. 2015 hatte McKinsey Eskom 85 Millionen Dollar in Rechnung gestellt. McKinsey wurde beschuldigt, den Verbündeten des ehemaligen Präsidenten Jacob Zuman zu helfen, Staatsvermögen zu rauben.

In Angola wurde McKinsey als eines der westlichen Unternehmen enthüllt, die Isabel dos Santos dabei halfen, das nationale Eigentum des Landes zu stehlen. Sie ist die Tochter von Angolas Ex-Präsident José Eduardo dos Santos. Im von Korruption besessenen Angola gibt es große Öl- und Diamantvorkommen, die jedoch dem Volk bisher nicht allzu viel genutzt haben.

Das internationale Netzwerk investigativer Journalisten International Consortium of Investigative Journalists (ICIJ) enthüllte, dass unter anderen McKinsey und Boston Consulting Group Isabel dos Santos geholfen haben, Vermögen beiseitezuschaffen und einen Großteil davon außer Landes zu bringen.

Isabel dos Santos und ihr Ehemann Sindika Dokolo hatten eine Kette von mehr als 400 Konzernen und Tochtergesellschaften gegründet, die sich über den gesamten Globus erstreckte. Die Projekte machten sie zur reichsten Frau Afrikas. Angola und Portugal haben infolge der Ermittlungen ihre Konten eingefroren. Laut dos Santos selbst wurde ihr Eigentum unter Vorlage eines gefälschten Passes konfisziert, auf dem sich die Unterschrift des Kampfkünstlers und Schauspielers Bruce Lee fand.

In den USA wurde McKinsey der Beteiligung an einem noch größeren Skandal überführt, der mit dem Pharmakonzern Purdue Pharma in Zusammenhang steht. Purdue Pharma ist der Hersteller des berüchtigten schmerzstillenden Opioidpräparats Oxycontin. Der Konzern vermarktete das Medikament als unbedenklich und behauptete, dass es nicht abhängig machen würde. Im Zusammenhang mit dem Oxycontin-Missbrauch starben in den USA jährlich zigtausend Menschen an Opioidüberdosen.

Laut der in Massachusetts eingereichten Klage hatte McKinsey dem Pharmakonzern eine Strategie präsentiert, die den Jahresverkauf von Oxycontin um bis zu 400 Millionen Dollar steigern sollte. McKinseys Idee war, Ärzte zu überzeugen, dass Opioide den Patienten »Freiheit« und »geistigen Frieden« bieten und sie optimistischer und weniger einsam machen würden. Den Anschuldigungen zufolge dachte McKinsey auch darüber nach, wie man Patienten über einen längeren Zeitraum zu Opioidkonsumenten machen könnte. Außerdem ermutigte McKinsey Purdue dazu, einen postalischen Verkauf aufzubauen: Der Konzern könnte die Dosierung der Patienten erhöhen, wenn man die Apotheken aus den Verkaufsketten kicken könnte.

Neben Purdue Pharma hat McKinsey mindestens noch den Pharmakonzern Johnson & Johnson zum Ausbau des Opioidverkaufs beraten. Im Mai 2019 gab McKinsey bekannt, die

Beratungsaufträge, die mit Opioiden in Zusammenhang stehen, abgeschlossen zu haben.

2021 berichtete McKinsey, sich mit den Behörden auf Entschädigungszahlungen in Höhe von rund 600 Millionen Dollar geeinigt zu haben, dafür dass das Beratungsunternehmen die Vermarktung von Opioiden von Purdue und anderen Pharmakonzernen gefördert hatte. Im darauffolgenden Jahr wurde bekannt, dass Jeff Smith, der McKinsey-Partner, der Purdue Pharma beraten hatte, zur selben Zeit in der Food and Drug Administration (FDA), der Lebensmittelüberwachungs- und Arzneimittelbehörde der USA, bei der Umstrukturierung der für die Zulassung neuer Medikamente zuständigen Abteilung der Behörde mitgewirkt hatte. Behördlichen Untersuchungen zufolge war Smith nur einer der Vertreter McKinseys, die in Sachen Regulierung an beiden Enden des Tisches gesessen haben.

Inzwischen ist bekannt geworden, dass McKinsey auch den Konzern Juul beraten hatte, dessen E-Zigaretten mehr Nikotin enthalten als die Produkte der Konkurrenten.

In Polen erforschte McKinsey Mittel und Wege, um die Produktivität und den Verkauf der Kohlebergwerke zu steigern. Im 96 Seiten umfassenden Bericht des Konzerns wird Luftverschmutzung nur ein einziges Mal erwähnt: Für die Verwendung von Kohle sollten nach Meinung der Beraterfirma Technologien entwickelt werden, die eine geringere Luftverschmutzung verursachen. Der Bericht erstaunte die Umweltorganisationen, deren Ansicht nach Polen vor allem versuchen müsse, sich von der Kohleabhängigkeit zu befreien. Das Unternehmen IQAir, das die Luftqualität auf der ganzen Welt untersucht, schätzt, dass sich von den 100 am stärksten verschmutzten Städten Europas 29 in Polen befinden.

McKinseys größter Kunde ist wohl Saudi-Arabien. Kronprinz Mohammed bin Salman, der das Land autokratisch regiert, hat McKinsey seit 2015 für seinen großen Plan der partiellen Privatisierung des Ölgiganten Aramco eingesetzt.

McKinseys vielleicht schärfster Kritiker ist der US-Amerikaner Jay Alix, der mit Konzernsanierungen reich geworden ist. Er hat jahrelang einen Rechtsstreit gegen McKinsey geführt; seiner Ansicht nach hat die Beratungsfirma in Konkursfällen nicht richtig gehandelt. McKinsey wiederum behauptet, dass Alix mit Unternehmenssanierungen nur den Wettbewerb mindern wolle. Alix' Meinung zufolge ist McKinsey ein »kriminelles Unternehmen«, weil es unrechtmäßig Profit in Höhe von mindestens 101 Millionen Dollar auf Kosten seiner Firma AlixPartners gemacht habe.

Alix hat sein Anlageunternehmen Mar-Bow Value genannt – eine raffinierte Anspielung auf den 2003 verstorbenen Marvin Bower, den angesehensten Chef in der Geschichte von McKinsey. Alix' Firma hat in Schuldpapiere von insolventen Unternehmen investiert, um sich über McKinseys Konkursabteilung, also McKinsey RTS, beschweren zu können.

Alix hat seine Aufmerksamkeit auch einem Investmentfonds mit dem Namen McKinsey Investment Office gewidmet, über den in der Öffentlichkeit wenig gesprochen wurde. Das Unternehmen gründete MIO in den Achtzigerjahren, um die Rentenfonds des Kerngeschäfts des Unternehmens zu verwalten, die den Nachrichtenagenturen zufolge mehr als 20 Milliarden Dollar betragen.

Laut Alix ist MIO ein zentraler Teil von McKinseys Geschäftsmodell, berichtete das *New York Magazine*. Seiner Meinung nach hat MIO als Anleger unrechtmäßig davon profitiert, dass es zu einem Beratungsunternehmen gehört, das auch Konkursberatung betreibt.

McKinsey selbst sagt, dass der Rentenfonds und das Beratungsunternehmen verschiedene Belegschaften haben und die Mitarbeiter von MIO keine geheimen Informationen über die Beratungen der Konsultationsfirma haben. Die *New York Times* berichtete jedoch 2019, dass elf Mitglieder des MIO-Vorstands damals oder in der Vergangenheit als Berater bei McKinsey tätig gewesen seien.

McKinsey geriet in die Fänge der US-amerikanischen Justiz dafür, dass der Konzern in den Nachprüfungen verschiedener Insolvenzmassen seine Verbindung zu den an der Insolvenzmasse beteiligten Firmen verschwiegen hatte. Anfang 2019 erzielte der Konzern eine Einigung mit dem Justizministerium und erklärte sich bereit, den am Rechtsstreit beteiligten Parteien Entschädigungen in Höhe von 15 Millionen Dollar zu zahlen. Wie immer bei derartigen Einigungen gab McKinsey an, sich nichts zuschulden haben kommen lassen.

McKinseys zahlreiche Skandale rüttelten die mehr als 600 Seniorpartner des Konzerns spätestens im Frühjahr 2021 wach. Kevin Sneaders, der den Konzern seit 2018 geleitet hatte, war der erste Chef seit Jahrzehnten, der von den Partnern nicht wiedergewählt wurde. An seiner statt wurde Bob Sternfels zum Geschäftsführer gewählt.

McKinsey rekrutiert die talentiertesten Studenten der US-amerikanischen Eliteuniversitäten. Ein paar Jahre bei McKinsey haben schon Tausenden Beratern verholfen, Führungspositionen in der Geschäftswelt zu beziehen.

McKinsey hat die Rekrutierung neuer Berater auch genutzt, um das eigene Image aufzupolieren. Mitte der Sechzigerjahre hatte das Unternehmen Stellenausschreibungen in der *New York Times* und der *Time* geschaltet, um möglichst viele Bewerbungen zu erhalten und dann möglichst viele Absagen erteilen zu können.

Die *Financial Times* errechnete im Dezember 2019, dass

34.000 Personen, die bei McKinsey ihre Ausbildung erhalten hatten, in 15.000 verschiedenen Organisationen weltweit beschäftigt sind.

Zu den Geschäftsleitern, die sich bei McKinsey die Sporen verdient haben, gehören unter anderen Sheryl Sandberg (Facebook), Lou Gerstner (IBM, Carlyle), James Gorman (Morgan Stanley), Vittorio Colao (Vodafone) und Sundar Pichai (Alphabet).

Im öffentlichen Sektor finden sich aus der McKinsey-Familie zum Beispiel William Hague (ehemaliger Parteivorsitzender der britischen Konservativen Partei und Ex-Außenminister Großbritanniens), Adair Turner (ehemaliger Vorsitzender der britischen Finanzmarktaufsichtsbehörde FSA), Corrado Passera (Italiens ehemaliger Entwicklungsminister) und Susan Rice (ehemalige nationale Sicherheitsberaterin der USA).

McKinseys indirekter gesellschaftlicher Einfluss ist breiter als der direkte Einfluss. Der Konzern hat unter anderem stark auf die Debatte über Einkommensunterschiede eingewirkt.

Der Autohersteller General Motors engagierte 1951 den McKinsey-Berater Arch Patton, um das Gehaltsniveau der Geschäftsführer in verschiedenen Industriezweigen in den USA zu untersuchen. Patton bemerkte, dass die Stundenlöhne der Arbeitnehmer sich von 1939 bis 1950 verdoppelt hatten, während im selben Zeitraum die Gehälter der obersten Führungsetage nur um ein Drittel gestiegen waren. Dank dieser Untersuchung konnten Geschäftsführer nun zum ersten Mal ihr Gehalt mit dem ihrer Kollegen vergleichen.

Die Untersuchung führte dazu, dass Unternehmen Patton engagierten, um verschiedene Gehaltssysteme und Optionsprogramme für ihre Geschäftsführer zu entwickeln. Die Gehälter der Konzernspitze begannen rasch anzusteigen, und Pattons Gehaltsvergleich war ausschlaggebend dafür, dass die

Gehälter der Geschäftsführer im Vergleich zu denen der Angestellten so schnell in die Höhe schossen. 1950 betrugen die Gehälter der Geschäftsführer in großen US-amerikanischen Konzernen das 20-Fache der Arbeitnehmergehälter auf der ausführenden Ebene. Heute verdienen Geschäftsführer im Vergleich zu den Angestellten fast das 300-Fache.

Als Patton in den Achtzigerjahren gefragt wurde, was er von den Auswirkungen seiner Untersuchung auf das Gehaltsniveau der Führungsebene hielt, antwortete er: »Ich bin schuldig.«

Alle Organisationen scheinen ein inhärentes Bedürfnis nach Wachstum zu haben. Das gilt vor allem für die mittlere Führungsebene, die durch ihre aufgeblasene Bürokratie die Organisation ineffizient macht und die Entscheidungsträger lähmt. Die oberste Führungsetage ist von der mittleren Führungsetage abhängig und kann deshalb diese Entwicklung häufig nicht aufhalten. Dies ist die Marktlücke, innerhalb derer Beratungsfirmen florieren – ihre Kostensparprogramme geben der Konzernleitung neutral wirkende Argumente für Kündigungen an die Hand.

Die *Downsizing*-Programme der Berater werden ideologisch gestützt vom politischen Wandel, der 1970 aus Milton Friedmans Text »The Social Responsibility of Business is to Increase its Profits« (*New York Times Magazine*) entsprang.

Friedman zufolge besteht die einzige Aufgabe der Unternehmen darin, Gewinne zu erzielen, sodass die Unternehmenseigner von ihren Anlagen profitieren. Ideen, denen zufolge Unternehmen auch Beschäftigung fördern, Ungleichheit auffangen oder Verschmutzung vermeiden sollen, bezeichnet er als »reinen Sozialismus«.

Friedmans Unternehmens- und Wirtschaftsphilosophie verbreitete sich im Westen wie ein Lauffeuer, und Berater der Führungsetagen wie jene von McKinsey halfen dabei, seine Lehren in die Tat umzusetzen: *Downsizing* war nicht länger nur für Unternehmen in Schwierigkeiten eine geeignete Maßnahme, sondern überall. Konzerne sprachen nicht nur Entlassungen aus, sondern begannen auch, ihre Belegschaft zu reduzieren, indem sie möglichst viele Subunternehmer und Zeitarbeiter heranzogen.

Laut Daniel Markovits, Rechtsprofessor an der Yale Law School, ist die heutige Gig-Economy, also Auftragsarbeit, nur die neueste Umsetzung dieses Subunternehmermodells (*The Atlantic*, Februar 2020). Markovits zufolge spielte die Beratungsrevolution eine zentrale Rolle bei der Entstehung dieser gewaltigen Gehaltsunterschiede, die drohen, die USA in eine Kastengesellschaft zu verwandeln.

Ein anonymer britischer Akademiker warf den Beratern in einem Interview mit der *Financial Times* übertriebenen Marktglauben vor: »McKinsey und andere Managementberater boten der öffentlichen Verwaltung für die Verwaltungsreform neoliberale Richtlinien an. Diese Richtlinien stützen sich nicht auf Erfahrungen in der Praxis.«

Die Berater der Geschäftsführung sind geschickt, wenn es darum geht, Ängste und Sorgen zu schüren. Selbst wenn die Situation und die Zukunft eines Unternehmens gut aussehen, gelingt es ihnen, Gefahren aufzuspüren, für deren Untersuchung die Geschäftsführer die Berater engagieren müssen.

Die Berater können über die Situation und die Zukunft eines Unternehmens nicht mehr wissen als das Unternehmen selbst. Sie wissen jedoch, was sie durch ihre früheren Aufträge erfahren haben – zwar dürfen die Berater die Geheimnisse ihrer anderen Kunden nicht preisgeben, doch gepaart mit der Angstmache sind diese Geheimnisse die Ware der Berater. Kaum ein Manager kann der Versuchung widerstehen, herauszufinden, in was für einer Lage sich die Konkurrenz befindet – es ist die Information über die »Betriebsumgebung« (engl. *operational environment*), für die Konzerne bereit sind, den Beratern satte Honorare zu zahlen.

Ein ehemaliger Berater, der bei McKinsey tätig war, schrieb 2019 in dem Magazin *Current Affairs* über seine Erfahrungen: »Anstatt auf der Seite des Guten zu kämpfen, stellte ich fest, dass ich Teil der zerstörerischen Mächte war, die die Welt beeinflussen: der Wiederaufschwung des Autoritarismus und Märkte, die sich unablässig in alle Bereiche des Lebens schlichen.« Seiner Ansicht nach habe »die Betonung der Übermacht der Märkte aus Staaten Unternehmen und aus Unternehmen Vampire« gemacht: »Wir leben jetzt in einer Welt, die McKinsey geschaffen hat. Der Marktfundamentalismus ist zur Grundstatute der Konzerne und Staaten auf der ganzen Welt geworden.«

15. Koch Industries:
Sponsor eines »Netzwerks der Verleugnung«
Der Teufel auf der Schulter der US-Politik

Zwei der wichtigsten Personen der USA gingen sich in der Öffentlichkeit theatralisch an den Kragen. Der republikanische Präsident A nannte den Konzernleiter B einen »absoluten Witz in echten Republikaner-Kreisen«. B sagte über A und den anderen Präsidentschaftskandidaten: »Warum sollte ich überhaupt einen der beiden wählen, wenn ich die Wahl zwischen Krebs und einem Herzinfarkt habe?«

A war natürlich Donald Trump, der bei den Wahlen 2016 zum Präsidenten der Vereinigten Staaten aufgestiegen ist. B war Charles Koch, einer der einflussreichsten und unbekanntesten Konzernleiter der Welt.

Trumps Meinung nach war Koch ein Globalist, der sich »starken Grenzen und starkem Handel« widersetzt. Koch wiederum hielt nichts von Trumps Wunsch, internationalen Handel und Migration einzuschränken.

Die unterschiedlichen Ansichten der starken Vertreter der US-amerikanischen Rechten schienen unüberwindbar. Wenn man genauer hinsieht, ist dies allerdings nicht der Fall – Trumps und Kochs Meinungsverschiedenheiten waren größtenteils reine Fassade.

Der steinreiche Charles Koch hat über Jahrzehnte zielstrebig und mit einer Menge Geld die Meinungen der US-Amerikaner unter anderem zur Besteuerung und zur Rolle des öffentlichen Sektors immer weiter nach rechts gezogen. Die republikanische Partei ist mit ihren Wählern im selben Tempo immer weiter an den politisch rechten Rand gerückt.

Koch Industries hat mit zig Millionen Dollar auch Organisationen finanziert, die den von Menschen verursachten Klimawandel leugnen. Der Bundesstaat Minnesota erhob im Sommer 2020 Anklage gegen das Unternehmen. Dem Bundesstaat zufolge hat Koch Industries in Bezug auf die Klimaerwärmung Menschen bewusst in die Irre geführt, obwohl dem Konzern die Bedrohung bereits seit den Fünfzigerjahren bekannt gewesen war.

Kochs wichtigstes Praxisziel betrifft die Besteuerung. Er will die Besteuerung abschaffen und den überwiegenden Teil des öffentlichen Sektors privatisieren. Seine Bestrebungen haben keinerlei Nutzen für die Armen und den Mittelstand, und es sah schon danach aus, als würden seine Pläne niemals in die Tat umgesetzt werden. Dann startete Trump seinen kometenhaften Aufstieg an die Spitze der US-amerikanischen Politik. Trumps Hintermänner konnten den von Koch geplanten Wandel ausnutzen, indem sie Trumps Rhetorik um populistische

Einwürfe, vor allem über Migration, ergänzten. So erhielt Trump beinahe aus Versehen den starken Rückhalt seiner Wähler, auch für sein Steuersenkungsprogramm, das einem Großteil seiner Wählerschaft sogar schaden konnte.

In seiner Wahlkampagne versprach Trump allen US-Amerikanern eine Steuerentlastung. Der Faktenprüfungsdienst *PolitiFact* klärte auf, wie Trumps Programm von Steuererleichterungen in Höhe von 1500 Milliarden Dollar über zehn Jahre sich auf die verschiedenen Einkommensklassen auswirkte. Das Ergebnis der Untersuchung lautete, dass nicht alle steuerlich entlastet würden. Arme, kinderreiche Familien waren keine Profiteure der Steuersenkung.

Zudem werde ein Teil der Entlastungen ab 2025 schrittweise aufgehoben, und wenn das Programm nicht fortgesetzt werde, würde in vielen Fällen die Besteuerung wieder anzuziehen beginnen. Trump erwartete, dass die Senkung der Unternehmenssteuer dazu führen würde, dass die Unternehmen verstärkt Investitionen tätigten, aber in der Praxis nutzte die steuerliche Entlastung in erster Linie den Eigentümern, da die Konzerne ihren Anteilseignern größere Dividenden auszahlten und den Wert der Aktien in die Höhe trieben, indem sie ihre eigenen Aktien zurückkauften.

The American Prospect errechnete im Sommer 2018, dass Koch Industries 40 Millionen Dollar aufgebracht hatte, um das Meinungsklima zu den Steuersenkungen zu beeinflussen.

Americans for Tax Fairness (ATF) schätzte, dass Trumps Steuerpaket der Koch-Familie und ihrem in Familienbesitz stehenden Konzern Koch Industries Steuereinsparungen in Höhe von 1 bis 1,4 Milliarden Dollar im Jahr bescherte. ATF ist ein Projekt der gemeinnützigen Organisation New Venture Fund zur Förderung einer fairen Besteuerung.

Die Investition von 40 Millionen Dollar spielte dem Unternehmen einen Vorteil in Höhe von mindestens einer Milliarde Dollar ein, was bedeutet, dass die Investition bereits im ersten Steuerjahr 2400 Prozent Gewinn einbrachte.

Neben der Steuerentlastung setzte Trump während seiner Amtszeit noch viele weitere Forderungen Kochs in die Tat um: Er erleichterte die Gründung neuer Minen, löste der Industrie auferlegte Umweltschutzvorgaben auf, verhalf Konzernleitern zu Führungspositionen bei Behörden, die für die Regulierung zuständig waren, und ernannte die von Koch unterstützten konservativen Neil Gorsuch und Brett Kavanaugh zu Richtern am Obersten Gerichtshof.

Die Umgestaltung des politischen Feldes der USA verschlingt viel Geld. Einer von Kochs wichtigsten Geistesblitzen war die Idee, sich ein ganzes Netzwerk aus Konzernleitern derselben Denkweise aufzubauen. So vergrößerte sich der Einfluss seines eigenen Einsatzes. Dem konservativen TV-Kanal *FoxBusiness* zufolge zählen zu diesem Netzwerk Hunderte wohlhabende Privatpersonen.

Zu den ersten wirklich sichtbaren Erfolgen des Netzwerks gehörte der Aufstieg der sogenannten Tea-Party-Bewegung, die 2009 entstand und sich zunächst gegen die als kommunistisch betrachtete Wirtschaftspolitik Barack Obamas richtete. Die populistische Protestbewegung, die eine Verringerung der Macht der Bundesregierung und die Senkung der Steuern forderte, stellte effektiv die Weichen für Trumps Aufstieg zum Präsidenten.

Gleich im darauffolgenden Jahr entschied der oberste Gerichtshof in den USA – Kochs Bestrebungen entsprechend –, dass Unternehmen Geld an einen beliebigen Wahlkandidaten spenden konnten.

Barack Obama hatte beispielsweise davor gewarnt, dass die freie Wahlfinanzierung es ermöglichen würde, dass die Interessen von Unternehmen und kleinen Gruppen über die Wahlen entscheiden.

Donald Trumps Wahlkampagne 2016, die Wahlkampagne eines Geschäftsmannes, der nicht aus der Politik kam, war ein unorganisiertes Chaos. Das Koch-Netzwerk füllte gewissenhaft die Lücken in der Kampagne, indem es in den »Swing States« Hunderte Aktivisten bezahlte, um die Anhänger der Republikaner zum Gang an die Wahlurnen zu überreden. Auf der Zielgeraden der Kampagne finanzierte Koch TV-Werbespots, in denen Hillary Clinton, der Kandidatin der Demokraten, hart zugesetzt wurde.

Ein großer Teil der Spenden des Koch-Netzwerks wurde durch Non-Profit-Organisationen gesteuert, die ihre Spender nicht öffentlich bekannt geben müssen. US-Medien zufolge sollen Koch und sein Netzwerk mehrere hundert Millionen Dollar ausgegeben haben. Im Jahr 2018 gab Koch selbst bekannt, dass das Netzwerk bei den Zwischenwahlen des US-Kongresses die republikanischen Kandidaten sogar mit 400 Millionen Dollar unterstütze. Laut *Politico* verfügt das Netzwerk in den USA über mehr als 1000 Mitarbeiter in rund 100 Büros auf dem gesamten Bundesgebiet. Das entspricht dem Dreifachen des leitenden Parteibüros der republikanischen Partei.

Koch und sein Netzwerk unterstützen bei kommunalen ebenso wie bei bundesweiten Wahlen systematisch Kandidaten vom äußeren rechten Rand. Neben der Unterstützung von Politikern strebt das Netzwerk an, die Meinungen des Volkes und der Entscheidungsgeber mithilfe verschiedener Thinktanks zu beeinflussen. Die bekanntesten darunter sind das Cato-Institut, die Heritage-Stiftung und das Mercatus-Zentrum der George Mason University. Laut der Soziologin und Politologin Theda Skocpol, die an der Harvard University lehrt, treiben sie eine »extrem freie« Marktwirtschaft voran.

Eins von Kochs wichtigsten Instrumenten in der Politik ist der Interessenverband Americans for Prosperity (AFP). Dieser gibt an, seine Aktivitäten auf den »Kernglauben« zu gründen, dass jeder Mensch einzigartige Fähigkeiten habe, mit denen er den »amerikanischen Traum« verwirklichen könne.

Barack Obama sagte 2010, es gebe »überall im Land Gruppen, die mit Millionen von Dollar Werbekampagnen gegen die Demokraten finanzieren. Sie haben harmlos klingende Namen, wie ›Americans for Prosperity‹. Sie wollen nicht verraten, wer genau sich dahinter verbirgt. Wir können nicht wissen, ob dahinter nicht zum Beispiel ein ausländisches Unternehmen steckt. Wir wissen nicht, ob dahinter riesige Ölkonzerne oder Banken stecken. Wir wissen nicht, ob dahinter ein Versicherungsunternehmen steckt, das die Gesundheitsreform kippen möchte, weil diese die Gewinne des Unternehmens schmälert – selbst wenn dieser Umsturz zum Leidwesen der Bevölkerung wäre.«

Bei knappen Wahlen hilft AFP den Kampagnen auf die Sprünge: Die Aktivisten rufen bei ausgewählten Wählern an oder klopfen bei ihnen an die Haustür. Zum Beispiel in Nashville, Tennessee, tätigten Aktivisten 42.000 Telefonate und klopften an 6000 Türen, um die Stadtbewohner dazu zu bewegen, die von der Stadt geplanten neuen Investitionen in den öffentlichen Nahverkehr zu kippen, berichtete die *New York Times*. Nashville erstickt im Autoverkehr, aber das Ergebnis der Abstimmung war ein K.-o.-Sieg für die Erzkonservativen: 78.000 Stadtbewohner stimmten gegen die Neuerung, und nur 44.000 unterstützten sie. »Hier zeigt sich, warum Graswurzelarbeit funktioniert«, sagte Tori Venable, Leiterin der Tennessee-Abteilung bei AFP, gegenüber der Zeitung.

Wie wissen die Organisationen und Unternehmen, die Charles Kochs Agenda unterstützen, wen sie anzurufen und an wessen Tür sie zu klopfen haben? Wie finden sie die »schwingenden« Wähler, die über das Ergebnis der Wahl entscheiden? Die Antwort heißt: i360, ein Datenbasisunternehmen, das Koch gehört.

i360 gibt an, über 1800 verschiedene Datenpunkte (»data point«) von 270 Millionen US-Bürgern zu verfügen. Mithilfe dieses Service können PolitikerInnen ihre Botschaft erstaunlich genau an eine Zielgruppe richten, zum Beispiel an katholische Frauen im Alter von 55 bis 64 Jahren, die wahrscheinlich gegen die Verschärfung des Waffengesetzes sind, den Bau einer Mauer zwischen den USA und Mexiko unterstützen und gleichzeitig der gleichgeschlechtlichen Ehe zustimmen.

i360 ist in derselben Branche tätig wie das britische Unternehmen Cambridge Analytica, das in den Fokus der Öffentlichkeit rückte, da es Donald Trumps Wahlkampagne private Daten von über 50 Millionen Facebook-Nutzern geliefert hatte. In den Wirren des Skandals meldete Cambridge Analytica Insolvenz an.

Kochs Datenfirma konnte abseits der breiten Öffentlichkeit operieren, obwohl sie zum Beispiel in dem Film *The Best Democracy Money Can Buy* (2016) des investigativen Journalisten Greg Palast thematisiert wird. In dem Film sagte der Daten-Analytiker Mark Swedlund: »Sie wissen, wann du zuletzt einen Porno gestreamt hast, und auch, ob du chinesisches Essen bestellt hast, bevor du wählen gegangen bist.«

Zurück nach Tennessee. Dort gibt es noch ein weiteres Beispiel für das Zusammenspiel von Datentechnologie und Beinarbeit. Bei den Kongresswahlen 2018 erhielt die Republikanerin Marsha Blackburn aus dem Koch-Lager direkte Unterstützung in Millionenhöhe, aber noch viel wichtiger war die von i360 durchgeführte Analyse darüber, wie Blackburn unsichere Wähler auf ihre Seite brachte.

Basierend auf der Analyse von i360 konzentrierte Blackburn sich in ihrer Kampagne darauf, den WählerInnen mit der Migrantenflut Angst einzujagen und die Demokraten als zu schlaff darzustellen. Die TV-Werbekampagne wurde durch drei Millionen Telefonanrufe und unzählige Hausbesuche intensiviert. Bevor an der Tür geklingelt wurde, überprüften die Aktivisten am Computer, mit welchem Satz sie welchen Bürger dazu verleiten konnten, ausgerechnet für Blackburn zu stimmen. Bei der Wahl schlug Blackburn klar den Demokraten Phil Bredesen, der seit Monaten auf Platz eins der Umfragen gewesen war.

Kochs Netzwerk von Einflussnehmern versammelt sich zweimal im Jahr. Bei der Versammlung im Sommer 2018 lobte Charles Koch: »Wir haben in den vergangenen fünf Jahren mehr Fortschritte gemacht, als ich in den 50 Jahren davor geschafft habe.«

Laut Thomas Edsall von der Columbia University ergänzten sich Trump und Koch nicht nur, sondern sie arbeiteten regelrecht in Symbiose. Trump war ein unverzichtbarer Partner bei der Vermarktung von Kochs Visionen: Ohne ihn hätte Kochs Operation keinen Erfolg gehabt.

Als der Kandidat der Demokraten Joe Biden bei den Wahlen 2020 zum Präsidenten gewählt wurde, hielt Koch sich im Hintergrund. Americans for Prosperity hingegen legte keine Pause ein, sondern begann gleich damit, gegen Bidens umfangreiches Infrastrukturprojekt und das Wirtschaftsprogramm zur Reduzierung der Einflüsse der Coronapandemie zu protestieren.

Da die Aktien von Koch Industries nicht an der Börse gehandelt werden, sind die Geschäftstätigkeiten des Unternehmens undurchsichtig. Nicht einmal über die Größe des Unternehmens gibt es exakte Angaben. Koch Industries setzt sich aus zahlreichen verschiedenen Unternehmen zusammen, was es umso schwieriger macht, sich ein genaues Bild zu verschaffen.

In der Rubrik »Koch in Zahlen« auf der Unternehmenswebseite finden sich nur fünf Zahlen:

- $ Das Unternehmen beschäftigt 122.000 Menschen in mehr als 70 Ländern (in den USA rund 62.000).
- $ Das Unternehmen investiert rund 90 Prozent seiner Gewinne zurück in das Unternehmen.
- $ Das Unternehmen hat Investitionen in Höhe von 30 Milliarden Dollar in die Technologie gesteckt.
- $ Mehrere US-amerikanische Medien gehen davon aus, dass der Jahresumsatz von Koch bei rund 110 Milliarden Dollar liegt, womit es auf Platz zwei der Unternehmen außerhalb der Börse rangiert. Auf Platz eins liegt Glencore. Dem Nachrichtensender Bloomberg zufolge (2019) lag der Wert des Konsortiums bei 139 Milliarden Dollar.
- $ Die wichtigste Zahl des Unternehmens ist allerdings die 42. So viel Prozent des Unternehmens gehörten den Brüdern Charles und David jeweils bis zu Davids Tod im Sommer 2019. Nun gehört Davids Anteil seiner Familie.

Laut dem US-amerikanischen Wirtschaftsjournalisten Christopher Leonard, der fast zehn Jahre lang die Unternehmensgruppe Koch durchleuchtet hat, ist Koch Industries eines der größten und in seiner Komplexität undurchsichtigsten Unternehmen der Welt. Der Konzern ist der breiten Öffentlichkeit unbekannt, obwohl er einen größeren Umsatz verzeichnet als beispielsweise Facebook und Goldman Sachs zusammen.

Koch Industries stellt unter anderem Benzin, Düngemittel, Nylon, Papier und Fenster her. Der wichtigste Geschäftszweig des Unternehmens ist Öl. Hier hat das Unternehmen auch seinen Anfang gehabt.

Kochs Geschichte ist – höflich formuliert – abwechslungsreich.

Das Unternehmen wurde 1940 von Fred Koch gegründet. Er war ausgebildeter Chemieingenieur und entwickelte Verfahren, mit denen Rohöl effizienter als zuvor zu Benzin veredelt werden konnte. Er geriet in den USA in Reibereien mit den Riesenkonzernen der Ölindustrie und ging in die damalige Sowjetunion, wo er von 1929 bis 1932 den Kommunisten dabei half, 15 moderne Cracking-Einheiten für die Ölraffinerie zu bauen. Beim Cracking werden die großen Kohlenwasserstoffmoleküle in kleinere gespalten, damit aus dem Rohöl das gewünschte Endprodukt, wie Benzin, hergestellt werden kann.

Fred Koch erzählte gern von seinen Erfahrungen in der Sowjetunion und davon, dass er nach seiner Rückkehr in die USA anfing, die antikommunistische John Birch Society zu unterstützen. Was er verschwieg, war, dass Stalin nicht der einzige Diktator war, mit dem er Geschäfte machte. Erst in den vergangenen Jahren kam heraus, dass Koch auch Nazideutschland geholfen hatte. Ebenso wurde enthüllt, dass das Vermögen der Kochs ursprünglich weitgehend aus den Geschäften mit Kommunisten und Nazis stammt.

Die US-amerikanische investigative Journalistin Jane Mayer enthüllte Kochs Verbindungen zum »Dritten Reich« in ihrem 2016 erschienenen Buch *Dark Money*. Sie berichtete, dass der US-amerikanische Nazisympathisant William Rhodes Davis

Koch dafür bezahlte, beim Bau von Deutschlands drittgrößter Ölraffinerie in Hamburg zu helfen.

Als die *New York Times* über Mayers Buch berichtete, erregte die Sache in den USA großes Aufsehen. David Robertson, der Geschäftsführer von Koch Industries, schrieb sofort einen Brief an die Mitarbeiter des Unternehmens, in dem er das Buch als reine Hetzjagd gegen Koch bezeichnete. Ihm zufolge – so berichtete die *New York Times*, die den Brief gelesen hatte – belegen die Archive des Unternehmens, dass Fred Koch an dem Hamburger Raffinerieprojekt »lediglich« hinsichtlich der Cracking-Einheiten beteiligt gewesen war. »Einfach gesagt, diese Cracking-Einheit war nur ein Teil des Baus dieser einen Raffinerie«, so Robertson.

In Wirklichkeit war die Hamburger Raffinerie eines der Industrieprojekte, die von Hitler persönlich abgesegnet worden waren. William Rhodes Davis und Fred Koch hatten mit Hitler gesprochen, um eine Baugenehmigung für die Anlage zu bekommen.

Die Anlage war für die Nazis wichtig, weil sie aus Rohöl hochoktanigen Brennstoff für die Maschinen der deutschen Luftstreitkräfte herstellen konnte. Die Bedeutung der Hamburger Raffinerie wird auch deutlich, wenn man bedenkt, dass sie von 1944 bis 1945 sechsmal von den Alliierten bombardiert wurde. Laut der US-amerikanischen Zeitung *Huffington Post* transportierten die Nazis jüdische Sklavenarbeiter aus den Konzentrationslagern, um die Schäden der Bombardierungen zu reparieren.

Der Wirbel um die Unterstützung der Nazis war für die Kochs auch deshalb unangenehm, weil zwei Jahre zuvor ein Brief von Fred Koch aus dem Herbst 1938 an die Öffentlichkeit gelangt war. »Auch wenn mir niemand zustimmt, sind meiner Meinung nach die einzigen gesunden Länder auf der Welt

Deutschland, Italien und Japan, einfach deshalb, weil dort alle arbeiten – und zwar viel«, wird Koch in Daniel Schumans Buch *Sons of Wichita* zitiert.

Als Koch diesen Brief schrieb, war Hitler bereits seit vier Jahren an der Macht. Japan hatte China den Krieg erklärt, und in Italien waren seit Benito Mussolinis Machtergreifung bereits 16 Jahre vergangen.

Fred Koch und seine Frau Mary Clementine hatten vier Söhne: Frederick, Charles sowie die Zwillinge David und William. Fred erzog seine Söhne mit harter Hand und zwang sie unter anderem in unerträglicher Hitze zu landwirtschaftlichen Arbeiten.

Fred Koch starb 1967, und die Brüder gerieten in einen bitteren, 20 Jahre andauernden Streit um die Führung des Unternehmens. Charles und David verbündeten sich und ekelten Frederick und William aus dem Familienunternehmen hinaus.

William interessierte sich fürs Segeln und ist am ehesten für seinen Sieg bei der Segelmeisterschaft America's Cup 1992 bekannt. Der kunstinteressierte Frederick, der eine Sammelleidenschaft für alte Herrenhäuser hatte, starb 2020, David ein Jahr vor ihm.

Unter der Leitung von Charles Koch gewann das Familienunternehmen an Macht. Sein vielleicht wichtigstes Geschäft machte er Ende der Sechzigerjahre, als er die Mehrheitsanteile an der Ölraffinerie Pine Bend in Minnesota kaufte, die das Öl von den Ölsandfeldern im kanadischen Bundesstaat Alberta importierte. Die Produktion von Ölsand ist schädlicher für die Umwelt als die gewöhnliche Ölproduktion, aber sie sicherte Koch einen konstanten Cashflow und stattliche Gewinne.

Zu Charles Kochs größten Unternehmenskäufen gehört die Georgia-Pacific Corporation, einer der weltgrößten Hersteller und Vermarkter von Holzschliff, Tissue, Pappe, Papier, Verpackungen und zellulosebasierten Baustoffen. Mit dem Kauf erwarb er auch das Tochterunternehmen Invista, das er 2017 an den chinesischen Konzern Shandong Ruyi weiterverkaufte. Invista entwickelte Elasthan, das unter dem Namen Lycra bekannt ist und in Socken, Badebekleidung und Unterwäsche verarbeitet wird.

Koch Industries begann sich Ende der Siebzigerjahre zum politischen Einflussnehmer zu wandeln. Der Vorstandsvorsitzende und Präsident des Konzerns Charles Koch und der Geschäftsführer David Koch begannen Jahr für Jahr größere Summen in Lobbyarbeit, Denkfabriken und Wahlkandidaten zu investieren. Sie waren unter anderem darüber beunruhigt, dass der konservative US-Präsident Richard Nixon eine föderale Umweltbehörde gründete. Sie wollten nicht, dass Beamte sie in ihrer Geschäftstätigkeit einschränkten.

Die Kochs versuchten auch selbst in die Politik einzusteigen. Bei den Präsidentschaftswahlen 1980 war David Koch der Vizekandidat des Präsidentschaftskandidaten Ed Clark der Libertären Partei. Die Partei wollte die Einkommensteuer, den Mindestlohn, die föderale Kriminalpolizei FBI und den Geheimdienst CIA abschaffen sowie Bundesstraßen, Schulen und die Post privatisieren.

Die Brüder Koch wollten ins Weiße Haus, weil ihrer Meinung nach der Kandidat der Republikanischen Partei, Ronald Reagan, nicht rechts genug eingestellt war. Clark und Koch bekamen aber nur ein Prozent der Stimmen, und Reagan wurde Präsident.

Nach ihren Erfahrungen mit den Präsidentschaftswahlen zogen sich die Brüder Koch als Einflussnehmer in den politischen Hintergrund zurück.

Die politische Maschinerie der Kochs setzte sich ernsthaft in Gang, nachdem der US-Kongress 1989 das Unternehmen des Diebstahls von Rohöl aus Indianerreservaten überführt hatte. Die Brüder Koch nahmen sich vor, in Washington einen Fuß in die Tür zu bekommen, damit die Politiker die Konzerninteressen nicht länger angriffen. Als der Demokrat Barack Obama Präsident wurde, investierten sie noch mehr als zuvor in die Politik. Charles Koch gab an, dass die Politik Obamas »der größte Angriff unserer Zeit gegen die amerikanische Freiheit und den Erfolg« sei.

Charles und David Koch engagierten sich auch ein wenig für wohltätige Zwecke. »Kein Maß an Wohltätigkeit kann den Schaden ausgleichen, den die Brüder in Bezug auf die Umwelt und das Vertrauen der Amerikaner auf Experten angerichtet haben«, schrieb der *Economist* nach David Kochs Tod.

Schätzungen zufolge sollen die Brüder Koch insgesamt 120 Millionen Dollar aufgewendet haben, um den Klimawandel zu leugnen, berichtete das Wirtschaftsblatt.

Für die Kochs sind aber solche Summen nur Kleingeld. *Forbes* schätzte im Frühjahr 2020 den Vermögenswert von Charles Koch auf 38 Milliarden Dollar. Ebenso hoch war das Vermögen von David Kochs Witwe Julia Koch und ihrer Familie. Anderen Schätzungen zufolge soll der Vermögenswert der Erbengemeinschaft von Charles und David bei mehr als 100 Milliarden Dollar liegen.

Laut Nancy McLean, Professorin für Geschichte und öffentliche Ordnung an der Duke University in Durham, North Carolina, hat der Wirtschaftswissenschaftler James McGill Buchanan das Weltbild von Charles Koch stark beeinflusst. Viele Millionäre haben ihre Lehren von der Bestsellerautorin Ayn Rand bezogen, die Egoismus als größte Tugend des Menschen lobte. Buchanan zog die Linie noch strenger: Seiner Public-Choice-Theorie zufolge wird das Handeln aller Menschen immer vom eigenen Nutzen bestimmt. Das bedeutet, dass sowohl Politiker als auch Beamte handeln, um ihren eigenen Vorteil zu maximieren und nicht in Hinblick auf das Gemeinwohl. Gemäß diesem Gedankenmodell ist es erstrebenswert, alle öffentlichen Funktionen so stark wie möglich zu reduzieren und den Menschen selbst die Verantwortung für ihr eigenes Wohlbefinden und ihre Zukunft zu überlassen.

Buchanan hielt Altruismus und den Wunsch, anderen zu dienen, für bloße »romantische« Träumerei und plädierte dafür, dass die Führungselite der Privatunternehmen völlig frei von öffentlicher Verantwortung handeln könnte.

Nach MacLeans Ansicht begriff Charles Koch, dass die Ideen Buchanans nützlich sein könnten, um den Staat sukzessive mit einer Vielzahl von Angriffen, die von den Medien unbemerkt blieben, zu destabilisieren. Der Historikerin zufolge haben viele Liberale zum Beispiel die strategische Bedeutung der Privatisierung nicht verstanden. Bei einer »Reform« des Bildungssystems oder der Sozialversicherung geht es nicht nur darum, den privaten Sektor über den öffentlichen Sektor zu stellen. Vielmehr geht es um eine Strategie, Machtverhältnisse radikal zu verändern, indem man Mächte, die sich für den öffentlichen Sektor einsetzen, entkräftet und die Lobbymacht der Unternehmen sowie die Möglichkeiten stärkt, öffentliche Dienstleistungen und Machtressourcen an sich zu reißen. Dies fördert die Schwächung der Demokratie und die Rückkehr zur Oligarchie, zur Herrschaft der wenigen. Das grundlegende Ziel ist, den Reichen die Freiheit zu verschaffen, so zu handeln, wie es ihnen beliebt.

Nach Buchanans Tod 2013 entdeckte MacLean in seinem Nachlass eine mysteriöse Spur: Aus seinen Notizen, anderen Schriftstücken und seinem Briefwechsel mit Charles Koch geht hervor, dass die US-amerikanische Rechte eine Art Geheimplan zur Unterminierung der Demokratie hatte. Buchanan war überzeugt, dass »konspirative Verschwiegenheit« unumgänglich sei, um zu vertuschen, dass das Ziel darin bestand, die vermögende Elite vor dem Willen der Mehrheit des Volkes zu schützen.

Der Historikerin zufolge baute Charles Koch seine umfassende und weit vorausschauende Maschinerie der politischen Einflussnahme auf, nachdem er auf Buchanans Ideen gestoßen war. Ohne Buchanans Ideen und Kochs Geld wäre es der rechten Clique der Libertären nicht gelungen, die Republikanische Partei für ihre Maschinerie zu erobern.

Gustav von Hertzen, Industrieller und Gründer der finnischen Denkfabrik Libera, bezeichnete Buchanan als »einen der Anführer der Wirtschaftswissenschaft unserer Zeit«. Buchanan hatte 1986 den Nobelpreis für Wirtschaftswissenschaften erhalten.

Obwohl das Koch-Imperium seine Geschäfte größtenteils in ziemlich traditionellen Industriezweigen macht, hat der Vormarsch der nächsten Generation bereits angefangen, das Unternehmen zu verändern. Der Nachrichtensender Bloomberg schätzte 2019, dass der Konzern innerhalb von zwei Jahren 500 Millionen Dollar in Unternehmen in der Start-up-Phase investiert habe. Investitionen erfolgten unter anderem in Software-, KI- und Web-Engineering-Unternehmen.

Vorstandsvorsitzender des Investmentunternehmens Koch Disruptive Technologies ist Charles Kochs Sohn Chase, der auch im Vorstand von Koch Industries ist. Chase wird zum Leiter des gesamten Konsortiums aufsteigen, sobald sein Vater zum Rücktritt bereit ist.

Charles Koch hat Chase auf die Übernahme seines Erbes schon früh vorbereitet, indem er ihm bereits im Alter von sechs Jahren Hörbücher des Wirtschaftswissenschaftlers Milton Friedman abspielte, in denen dieser für ein System der freien Märkte plädierte. Der Vater hat gern damit geprahlt, dass Chase aus dem Hören der Hörbücher und den anschließenden Diskussionen viele wertvolle Informationen aufgesogen habe.

14. Microsoft: Einfach immer viel zu mächtig
Gebieter über die IT-Systeme der Unternehmen

Oktober 1992. Ich bin unterwegs zum Flughafen Helsinki-Vantaa, um ein Interview zu führen, und ich bin nervös. Mein Interviewpartner ist nur sechs Jahre älter als ich, aber er hat bereits ein Milliardenvermögen angehäuft. Ich weiß, dass man ihn für ein Supergenie hält, und habe Angst, dass ich nur dumme Fragen stellen kann.

Bill Gates, 36, überrascht jedoch positiv.

Er hört sich geduldig die Fragen an, spricht auf Interesse erweckende Weise über Datentechnik und streitet gefühlvoll ab, ein Nerd zu sein. »Das Bild, das die Öffentlichkeit von mir hat, ist teilweise unscharf. Geschichten, die sich cool anhören, wie zum Beispiel, dass dieser Kollege ein Nerd ist, entwickeln ein Eigenleben, ohne dass sie eine reale Grundlage haben. [...] Hält ein Nerd fünf Reden am Tag darüber, wie spannend Computer sind, und trifft sich mit Großkunden? Viele Menschen kommen entmutigt zu mir, und ich bringe sie dazu, sich wieder zu begeistern. Ist das etwas, das ein Nerd tut?«

Gates beruflicher Werdegang zeigt, dass er wirklich etwas anderes ist als ein Nerd. Er hat Microsoft zu einem Unternehmen aufgebaut, das sich weder von der Konkurrenz noch vom ständigen Wandel der Technik erschüttern lässt – von den Behörden der USA und der EU ganz zu schweigen.

Microsoft kann sich auch milliardenschwere Fehlschläge

leisten ohne irgendwelche negativen Konsequenzen. Der größte Fehlschlag war wohl der Kauf des Handykonzerns Nokia 2014 für 7,9 Milliarden Dollar. Zwei Jahre später verkaufte Microsoft die Handys für 350 Millionen Dollar an die taiwanesische Foxconn-Gruppe. Gemessen am Verlust war der Einstieg ins Telemobilgeschäft und der Wiederausstieg aus selbigem eines der schlechtesten Geschäfte in der Geschichte der Wirtschaft.

Die Investoren haben dem Konzern jedoch verziehen.

Als Microsoft im September 2013 den Kauf der Nokia-Handys bekannt gab, lag der Aktienkurs des Konzerns bei etwa 30 Dollar. Als der Konzern im Mai 2016 mitteilte, die Handyproduktion aufzugeben, lag der Kurs bei rund 50 Dollar.

Microsofts Börsenwert knackte im Frühjahr 2019 als drittes US-amerikanisches Unternehmen die 1000 Milliarden-Dollar-Marke; zuvor waren Apple und Amazon dem »Club der Billionäre« beigetreten. Im Sommer 2021 erreichte Microsofts Börsenwert bereits den Meilenstein von 2000 Milliarden Dollar, und der Börsenwert überschritt die 300-Dollar-Marke.

Bill Gates gründete Microsoft gemeinsam mit seinem Sandkastenfreund Paul Allen. Der Durchbruch gelang dem Unternehmen im Jahr 1980, als Microsoft mit dem damaligen Giganten der Computerwelt IBM einen Vertrag über die Entwicklung eines neuen Betriebssystems abschloss.

Obwohl Gates oft in erster Linie als Computernerd bezeichnet wird, zeigte der IBM-Vertrag, dass er vor allem ein flinker Geschäftsmann ist. Gates hat keineswegs ein neues Betriebssystem für IBM codiert; stattdessen hat er Rod Brock die Rechte für das Betriebssystem QDOS abgekauft, um darauf seine eigene Software aufzubauen. Der Kaufpreis lag bei 25.000 Dollar.

QDOS stand für Quick and Dirty Operating System. In

Gates' Besitz wurde daraus Microsoft Disk Operating System (MS-DOS).

Sechs Jahre nach dem IBM-Vertrag ging Microsoft an die Börse, und Gates wurde mit 31 Jahren der Erste, der es durch die eigene Arbeit zum Milliardär schaffte.

Anfang der Neunzigerjahre war Microsoft der wichtigste und einflussreichste IT-Konzern der Welt. Er war zum ersten Softwareentwickler geworden, dem die gesamte Branche folgte. Microsoft herrschte zunächst über die Basissoftware der Computer, also die Betriebssysteme, und begann dann auf dieser Basis seine führende Position auch in den Anwendungsprogrammen aufzubauen.

So wie der frühere Branchenführer IBM »Big Blue« genannt wurde, begann man, Microsoft »Big Green« zu nennen, als Anspielung auf den grünen Sitz des Unternehmens, die park- und waldreiche Stadt Redmond im Bundesstaat Washington.

Businessweek veröffentlichte im März 1993 einen ausführlichen Artikel über den Konzern unter der Überschrift »Ist Microsoft zu mächtig?« Das Magazin interviewte zahlreiche Chefs und Kundenvertreter von IT-Unternehmen und kam zu folgendem Ergebnis: Microsofts Handlungsweisen und seine zunehmende Kontrolle über die Computerindustrie können jedes beliebige Unternehmen absägen, das sich Microsoft in den Weg stellt.

Ein Konkurrent von Microsoft, der namentlich nicht erwähnt werden möchte, beschrieb Microsofts erbarmungslose Methoden: »Wenn du in meiner Haut stecken würdest, würdest du sie wahrscheinlich erschießen wollen. Dies ist alles andere als fairer Wettbewerb. In den Siebzigerjahren galt IBM als das opportunistischste und skrupelloseste Unternehmen – und genau das ist Microsoft heute.«

Die Konkurrenz wirft Microsoft vor, Geschäftspartner einzuschüchtern, lebenswichtige Informationen zurückzuhalten, die Wettbewerber zu verspotten und die Marktsituation zu verzerren, indem der Konzern neue Produkte herausbringt, lange bevor diese ausgereift sind. Derartige Vorgehensweisen sind in der Geschäftswelt keine Seltenheit, doch wenn es sich dabei um Unternehmen handelt, die den Markt beherrschen, können diese auf lange Sicht der Entwicklung der gesamten Branche schaden.

Zu Microsofts schärfsten Kritikern gehörte der aus Apple rausgeekelte Steve Jobs, der 1993 das Unternehmen NeXT leitete. Jobs forderte eine Konzernspaltung von Microsoft: ein Unternehmen, das Betriebssysteme machte und ein zweites, das Anwendungsprogramme entwickelte.

Die US-Behörden wurden hellhörig und begannen Microsofts Machtposition in den Neunzigerjahren zu untersuchen. Einige Computerhersteller waren nervös geworden, da Microsoft sie gezwungen hatte, eine Lizenz für das MS-DOS-Betriebssystem zu bezahlen, selbst wenn auf dem Computer ein anderes Betriebssystem installiert war. 1994 versprach Microsoft, dass Kunden künftig nicht mehr gezwungen würden, den unternehmenseigenen Browser Internet Explorer als Teil des Windows-Betriebssystems zu kaufen. 1997 beklagte das Justizministerium, dass Microsoft diese Vereinbarung gebrochen habe.

Im Jahr 2000 fällte der Richter Thomas Penfield Jackson das Urteil, demzufolge Microsoft als ausbeuterisches Monopol (»predatory monopoly«) galt, und ordnete an, den Konzern, wie von Steve Jobs vorgeschlagen, in zwei Unternehmen aufzuteilen.

Jackson versorgte die Reporter mit blumigen Kommentaren und sagte, Bill Gates habe ein »napoleonisches Selbstbild«. Er verglich die Verteidigungsreden des Konzerns mit den Einsprüchen, wie man sie von Killern aus der Unterwelt erwartete. Die nächste Rechtsinstanz befand, dass Jacksons Kommentare von Voreingenommenheit zeugten, und so wurde der Fall an einen anderen Richter übertragen. Die Regierung des neuen Präsidenten widersetzte sich jedoch der Aufteilung von Microsoft, und der Fall verlief allmählich im Sande, ohne dass das Unternehmen seine Vorgehensweise drastisch ändern musste.

Microsofts Marktposition sorgte auch in Europa für Unruhe. Dort begann die EU-Kommission, die Aktivitäten des Konzerns aus denselben Gründen zu überprüfen wie die Behörden in den USA. Die Kommission verhängte drei Geldstrafen in Höhe von insgesamt 1,68 Milliarden Euro über Microsoft.

2020 tat sich Microsoft in Europa erneut negativ hervor. Der US-Konzern Slack Technologies, der Anbieter des Messengerdienstes Slack, gab an, dass Microsoft die Wettbewerbsgesetze der Union brach, indem der Konzern das Teams-Programm mit in das Office 365 Paket aufnahm. Slack sagte, dass Microsoft seine Marktkraft ausnutze, um die Konkurrenz zu beseitigen.

In der Praxis vergibt Microsoft die Teams-Anwendung an Office-365-Nutzer kostenlos, sodass diese keinen Anreiz haben, gebührenpflichtige Chat- oder Konferenzsoftware zu erwerben.

Die Coronapandemie hat die Nutzung des Teams-Programms angekurbelt. Laut dem Statistikdienst Statista hatte das Programm im Sommer 2019 gut zehn Millionen Nutzer täglich, aber im Frühjahr 2020 stieg die Zahl auf mehr als 70 Millionen. Hingegen berichtete Slack im September 2020, »mehr als 130.000« zahlende Kunden zu haben. Microsoft nimmt praktisch fast eine Monopolstellung in Firmen-Betriebssystemen ein.

Wie auch immer der Streit mit Slack ausgeht, Microsoft

steht im Vergleich zu beispielsweise Google und Amazon aktuell in der Gunst der Behörden. Microsoft machte im September 2020 fette Beute, als das US-Verteidigungsministerium bestätigte, mit Microsoft einen IT-System-Vertrag über zehn Milliarden Dollar abgeschlossen zu haben.

Amazon galt ursprünglich als stärkster Favorit in dem Wettrennen. Nach Angaben des Konzerns hat Donald Trump Amazons Sieg verhindert. Trump war schon seit Langem schlecht auf das Amazon-Zugpferd Jeff Bezos zu sprechen gewesen. Er hatte behauptet, dass die *Washington Post*, die sich in Bezos' Besitz befand, »Fake News« verbreitete. Im Sommer 2021 war das Verteidigungsministerium des Streits überdrüssig und legte das ganze Projekt auf Eis.

Microsofts Steckenpferd ist die Office-365-Softwarefamilie, zu der viele bekannte Anwendungsprogramme wie Word, Excel, PowerPoint, Outlook und Teams gehören. Nach den Marktstatistiken von Statista werden die Office-365-Programme in mehr als einer Million Firmen weltweit verwendet. Davon befinden sich mehr als 700.000 in den USA. Seit Frühjahr 2020 trägt die Produktfamilie den Namen Microsoft 365.

Statista zufolge lag Microsofts Marktanteil an den Büro-Softwares im Jahr 2021 weltweit bei 47,5 Prozent. Der Marktanteil von Google-Anwendungen (Gmail, Drive, Hangouts) lag bei 44,6 Prozent. Noch im Vorjahr war Google der Spitzenreiter auf dem Markt gewesen.

So wie viele andere IT-Riesen hatte auch Microsoft hohe Erwartungen an die Entwicklung sogenannter Cloud-Dienste. Die Azure Cloud des Konzerns ist einer der am schnellsten gewachsenen Cloud-Dienste, bei denen Unternehmen Serverkapazität zu ihrer Nutzung mieten können.

Die Forschungsgesellschaft Gartner hat für das Jahr 2022 ein Wachstum des globalen Marktes der Cloud-Dienste auf

364 Milliarden Dollar prognostiziert. Noch im Jahr 2019 betrug die Größe des Marktes 243 Milliarden Dollar.

Das Marktforschungsinstitut Canalys schätzte im Frühjahr 2021, dass der Anteil von Microsoft Azure am Weltmarkt der Clouddienste bei 19 Prozent lag. Der Anteil des Marktführers, also Amazons AWS, lag bei 32 Prozent. Das drittgrößte Unternehmen, Google, lag mit sieben Prozent Marktanteil weit dahinter.

Microsoft ist der natürliche Cloud-Partner insbesondere für große Unternehmen, von denen viele die Windows-Software nutzen.

Die Ausweitung auf die Cloud-Dienste ist ein Beispiel für Microsofts Neupositionierung, die mit der Übernahme der Konzernleitung durch Satya Nadella 2014 begann. Das zweite Beispiel ist der Kauf des Netzwerkdienstes LinkedIn im Jahr 2016, der nach Angaben des Unternehmens mehr als 700 Millionen Nutzer auf der ganzen Welt hat.

Zu Microsofts erfolgreichsten Käufen gehört der von Mojang Studios, dem Spieleentwickler von Minecraft. Microsoft kaufte Mojang 2014 für 2,5 Milliarden Dollar.

Mojang hatte 50 Millionen Minecraft-Spiele an PC-, Xbox- und PS3-Nutzer verkauft. Im Jahr 2020 durchbrachen die Verkaufszahlen die Grenze von 200 Millionen Spielen. Laut der Zeitung *The Verge* spielen 126 Millionen Menschen mindestens einmal im Monat Minecraft. Durch die Coronapandemie ist die Anzahl der Nutzer noch weiter angestiegen.

Unter Nadella galt bei Microsoft auch Open-Source-Software nicht länger als feindlich. Steve Ballmer, der von 2000 bis 2014 CEO bei Microsoft war, hatte den Offenen Quellcode als »Krebs« des Linux-Betriebssystems bezeichnet.

Zu Nadellas Zeit ist Microsoft die »unheilige Allianz« mit dem südkoreanischen Konzern Samsung eingegangen. Die beiden Unternehmen sind keine ganz natürlichen Verbündeten, da sie zum Beispiel im Bereich der Mobilgeräte zueinander in Konkurrenz stehen. Der Grund für die Allianz von Microsoft und Samsung besteht wahrscheinlich darin, dass die beiden mehr Angst vor Google haben als voreinander. Wenn Microsoft und Samsung die Kompatibilität ihrer Produkte aufeinander abstimmen, kann dieses Bündnis auch gegen Apple effektiv sein, dessen großer Trumpf das nahtlose Zusammenspiel seiner Produkte ist.

Microsoft ist einer jener westlichen Giganten, die enge Beziehungen nach China haben. Der Konzern gründete bereits 1998 seine erste Forschungsabteilung in Peking. Der Gründer dieser Abteilung Kai-Fu Lee berichtet in seinem Buch *AI Superpowers*, dass dort mehr als 5000 KI-Forscher ausgebildet worden waren. Die Abteilung lockte talentierte Absolventen aus ganz China nach Peking.

Viele Chinesen, die in der Abteilung gearbeitet hatten, haben später einen großen Teil der chinesischen IT-Konzerne gegründet. Der *Financial Times* zufolge zählten dazu Yin Qi, der Gründer des auf Gesichtserkennung spezialisierten Unternehmens Megvii, und Min Bin, einer der Gründer des Smartphone-Herstellers Xiaomi. Lee fügt hinzu, dass viele Führungskräfte bei Alibaba, Baidu und Huawei ebenso wie bei Lenovo und Tencent aus Microsofts Forschungsabteilung in Peking stammen.

Microsoft verstand von Anfang an, dass die Geschäftstätigkeit in China Beziehungen zur obersten Führung der Kommunistischen Partei voraussetzte.

Laut der *Financial Times* ist Bill Gates einer der wenigen westlichen Geschäftsleute, die drei chinesische Präsidenten getroffen haben. Der heutige Präsident Xi Jinping war auch in der Hauptgeschäftsstelle des Konzerns in Redmond zu Gast, wo er Microsoft für die Förderung der Entwicklung der chinesischen IT-Industrie lobte.

Gates hatte auch angestrebt, in China ein Atomkraftwerk der neuen Generation zu entwickeln, aber das Projekt war wegen der US-Sanktionen gegen China auf Schwierigkeiten gestoßen.

Während Google sich aus Protest gegen die Zensur aus China zurückgezogen hat, hat Microsoft eine Version der Suchmaschine Bing lanciert, die mit Chinas Zensurvorschriften konform geht. Donald Trumps Berater Peter Navarro beschuldigte Microsoft, dass der Konzern mit Bing und Skype zum »Befähiger« der chinesischen Zensur und Überwachung würde. Im Juni 2021 kam heraus, dass Bing auch außerhalb Chinas in den Suchergebnissen für mehrere Stunden Bilder und Videos des »Tank Man« blockiert hatte, der während des Massakers am Platz des Himmlischen Friedens 1989 die Panzer an der Weiterfahrt gehindert hatte. Die Bilder des unbekannten Mannes in weißem Hemd sind im Westen zur Ikone geworden. Außerdem hatte Microsofts Forschungsabteilung unter anderem mit der Universität der chinesischen Streitkräfte zusammengearbeitet.

Bill Gates hatte bereits 2015 davor gewarnt, dass die größte Bedrohung für die Menschheit nicht ein Atomkrieg sei, sondern ein ansteckendes Virus. Gates' Rede trat fünf Jahre später erneut in den Vordergrund. Laut der *New York Times* begannen sowohl Impfgegner, QAnon-Verschwörungsgruppen als auch Volksverhetzer, also Demagogen vom äußeren rechten Rand, zu behaupten, dass die Rede der Beweis dafür sei, dass Gates geplant habe, die Pandemie auszunutzen, um die Gesundheitsvorsorge der ganzen Welt unter seine Kontrolle zu bringen und einen großen Teil der Menschheit zu töten – oder zumindest zu überwachen.

Ein Grund dafür, dass sich diese Verschwörungstheorien verbreiteten, war offenbar, dass Gates die Entwicklung von Coronatests und Impfstoffen entschieden verteidigte. Gleichzeitig verkündete Donald Trump, dass die Pandemie von selbst vorbeigehen würde, ohne Tests und Impfungen.

Die *New York Times* fand auf Facebook mehr als 16.000 Beiträge über Gates und das Virus. Bei YouTube wurden die zehn beliebtesten Videos, in denen Lügen über Gates verbreitet wurden, fast fünf Millionen Mal angesehen.

Bei meinem Interview im Oktober 1992 war Bill Gates noch Junggeselle. Er plante allerdings die Gründung einer Familie, obwohl man »solche Dinge schwer vorhersagen« kann. Ich fragte ihn, ob er schon konkrete Vorstellungen hatte.

»Nein, wobei, heiraten, hm – und Fortpflanzung.«

Gates sagte, dass er nicht vorhatte, seinen Nachkommen große Erbschaften zu hinterlassen. Er gab an, sich verstärkt wohltätigen Zwecken widmen zu wollen und dies »mit derselben Hingabe, mit der ich mich jetzt meiner Arbeit widme«.

Und genau das hat Gates auch wirklich getan. Im Jahr 2000 gründete er gemeinsam mit seiner Frau die Stiftung Bill & Melinda Gates, eine der größten privaten Wohltätigkeitsstiftungen der Welt. Die Stiftung hat unter anderem Impfkampagnen und die Verbreitung von Verhütungsmitteln sowie die Nutzung von genverändertem Getreide finanziert. Die Eheleute ließen sich 2021 scheiden, doch beide gaben an, die Aktivitäten der Stiftung wie bisher fortzusetzen.

2008 dürfte Gates, der sich aus dem Tagesgeschäft bei Microsoft zurückgezogen hatte, wohl zur Nummer eins aufgestiegen sein, wenn es eine Liste gäbe, wie sehr Milliardäre mit ihrem Geld zum Gemeinwohl beigetragen haben.

Bill Gates, Melinda Gates und der Großinvestor Warren

Buffett gründeten 1990 das Projekt »The Giving Pledge« mit dem Ziel, Milliardäre dazu zu bringen, mindestens die Hälfte ihres Vermögens für wohltätige Zwecke zu spenden.

Unter anderem gehören Mark Zuckerberg von Facebook, MacKenzie Bezos (die Ex-Frau des Amazon-Gründers Jeff Bezos), der Hedgefonds-Manager Paul Tudor Jones, Paul Sciarra (einer der Gründer von Pinterest), der Investor Ray Dalio, der Geschäftsmann Vladimir Potanin und der Serienunternehmer Elon Musk zu der Gruppe, die dieses Wohltätigkeitsversprechen abgelegt hat.

Dem US-Technikblog *Recode* zufolge haben die 209 Milliardäre, die »The Giving Pledge« unterzeichnet haben, zugesagt, mindestens 500 Milliarden Dollar für wohltätige Zwecke zu spenden. Laut *Recode* hat jeder sechste US-amerikanische Milliardär das Versprechen unterzeichnet.

In der Coronazeit ermutigte Gates andere Milliardäre noch direkter dazu, einen noch größeren Teil ihres Vermögens für wohltätige Zwecke zu spenden. Gates selbst verkündete im Frühjahr 2020, Geld für den Aufbau von sieben Corona-Impfstoff-Fabriken zu spenden.

Gates' Idee war, die Fabriken zu errichten, bevor die Impfstofftests abgeschlossen waren – und sobald zum Beispiel zwei Impfstoffe von den Behörden zugelassen würden, wären die beiden entsprechenden Fabriken sofort bereit, mit der Produktion zu beginnen.

Gates gab in einem Interview bei *The Daily Show* zu, dass der Bau von »überflüssigen« Fabriken Milliarden von Dollar verschlingt. »Die paar Milliarden in dieser Situation, in welcher der Wirtschaft Billionen von Dollar verloren gehen, sind es hingegen durchaus wert.«

13. Hon Hai Precision Industry: Das Ausbeutungsunternehmen schlechthin
Macht die westliche Elektronikindustrie platt

Hon Hai Precision Industry ist ein Unternehmen, dessen Namen viele nicht kennen. Die Produkte, die dieses Unternehmen herstellt, sind hingegen überall bekannt: das iPhone, die PlayStation, Xbox und viele mehr.

Hon Hai vereint in sich viele Widersprüchlichkeiten. Es beginnt mit dem Firmensitz des Unternehmens: Hon Hai ist ein taiwanesisches Unternehmen, beschäftigt jedoch in China mehr als eine Million Mitarbeiter.

Obwohl Taiwan sich in einer ungelösten Konfliktsituation mit dem kommunistischen China befindet, hat China alles darangesetzt, damit Hon Hai möglichst viel in das Land investiert. Das taiwanesische Unternehmen verfügt in China über zig Fabriken und ist Chinas größter privater Arbeitgeber und größtes Exportunternehmen.

Hon Hai Precision Industry wurde 1974 von dem Taiwanesen Terry Gou als Hersteller von Elektronikkomponenten gegründet. Gous Eltern waren nach dem Bürgerkrieg 1949 aus Shanx, China, auf die Insel Taiwan geflüchtet, als Taiwan seine Unabhängigkeit erklärte.

Heute ist Gous Konzern der größte Auftragshersteller der Welt, also ein Konzern, der im Auftrag seiner Kunden verschiedene Produkte herstellt wie Handys, Computer und Router. Hon Hai ist zu einem gewaltigen Konzerncluster gewachsen, am bekanntesten ist wohl sein wichtigster Zweig Foxconn Technology.

Foxconn und die ganze Elektronikwelt begannen sich zu revolutionieren, nachdem der Geschäftsführer Steve Jobs am

9. Januar 2007 auf dem Macworld-Event in San Francisco Apples erstes iPhone präsentierte.

Das Bündnis von Apple und Foxconn ist zu einem Musterbeispiel für einen großen Teil der Elektronikindustrie der Welt geworden. Die Zusammenarbeit der Unternehmen begann bereits im Jahr 2000, als Foxconn den Zuschlag für die Montage der neuen iMac-Computer erhielt, doch der Erfolg des iPhone machte sowohl Apple als auch Foxconn zu einem globalen Machtkonzern.

Foxconn ist Apples größter Warenzulieferer, und Apple ist Foxconns größter Kunde. Dank Foxconns hocheffizienter Fließbandproduktion kann Apple sich auf das konzentrieren, was das Unternehmen am besten beherrscht: Design, Marketing und Markenschutz.

Foxconn stellt die Hälfte aller iPhones der Welt in seiner riesigen Fabrik in Zhengzhou her, in der Provinz Henan, die zu den ärmsten Regionen Chinas gehört. In der Fabrik sind mehr als 300.000 Mitarbeiter beschäftigt, die Tageskapazität liegt bei 500.000 iPhones. Die Anwohner nennen Zhengzhou auch iPhone-Stadt. Genau genommen werden aber in Zhengzhou die Apple Handys nicht eigentlich *hergestellt*, sondern die Fabrik ist nur für die Montage, das Testen und Verpacken zuständig.

Die *New York Times* berichtete, dass die Behörden Foxconn mit 1,5 Milliarden Dollar für den Bau der Fabrik unterstützt haben. Diese Subventionen waren keine Seltenheit, da die chinesischen Städte sich einen harten Konkurrenzkampf um die besten Unternehmen liefern und hohe Summen aufwenden, um große Arbeitgeber in die Region zu locken. Laut dem US-amerikanischen Onlinemagazin *Business Insider* wird die Fabrik auch weiterhin mit direkten Förderungen und Steuerentlastungen unterstützt.

Die Provinz Henan soll sogar den Städten und Dörfern der näheren Umgebung eine Quote genannt haben, wie viele Angestellte sie dem Foxconn-Werk zur Verfügung stellen sollen.

Foxconns Riesenfabrik ist zu einem Symbol für die miserablen Bedingungen der chinesischen Arbeiter geworden. Die britische Zeitung *Financial Times* berichtete, dass die Berufsschulen in der Region Zhengzhou der Fabrik ihre 17- bis 19-jährigen SchülerInnen zur Verfügung stellen müssen. Ohne ein dreimonatiges Pflichtpraktikum erhalten die SchülerInnen von ihrer Schule kein Abschlusszeugnis. Laut *Financial Times* werden die SchülerInnen gezwungen, in der Fabrik routinemäßig 11-Stunden-Arbeitstage zu leisten.

Der US-amerikanische Reporter Brian Merchant schrieb 2017 ein Buch über die Geschichte des iPhone. In einem Auszug des Buches, der in der britischen Zeitung *The Guardian* veröffentlicht wurde, wurde ein Mitarbeiter aus Zhengzhou interviewt, der für die Reinigung der Handy-Bildschirme zuständig war: An einem Zwölf-Stunden-Arbeitstag lieferte ihm das Fließband im 20-Sekunden-Takt ein neues Handy. Wenn in der Fabrik ein Fehler gemacht wird oder man das vorgegebene Pensum nicht erfüllt, kann der Vorgesetzte die Mitarbeiter öffentlich tadeln. Von diesen wird erwartet, dass sie ihre Arbeit in aller Stille ausführen, und die bloße Bitte, die Toilette benutzen zu dürfen, kann zu einem Tadel durch den Vorgesetzten führen.

Ein Großteil der Arbeiter wohnt in Zhengzhou in zehn- oder zwölfgeschossigen Wohnheimen vor den Toren der Fabrik. In jedem Zimmer gibt es acht Betten. 2018 war ein Reporter von *Business Insider* vor Ort und berichtete, dass in der Stadt an jeder Straßenecke Polizisten und Wachleute positioniert waren.

Im Jahr 2010 wurde in den westlichen Nachrichten bekannt gegeben, dass 17 Foxconn-Mitarbeiter Selbstmord begangen hatten. Dabei wurde von dem strengen Arbeitstakt, den schlechten Löhnen und den langen Arbeitstagen in den Fabriken berichtet.

Laut der Hongkonger Organisation Students and Scholars Against Corporate Misbehavior (SACOM) bestand Foxconns erste Reaktion auf die Selbstmorde darin, buddhistische Mönche einzuladen, die die bösen Geister vertreiben sollten. Dann war der Konzernleiter Terry Gou in der Fabrik in Shenzhen zu Gast. Umgeben von zig Sicherheitsleuten sagte Gou der in Hongkong erscheinenden Zeitung *South China Morning Post*, dass die Häufung von Selbstmorden für eine prosperierende Gesellschaft normal sei.

SACOM zufolge handelte sich um ein tiefer greifendes Phänomen: »Gewinnmaximierung ist das grundlegende Ziel der Unternehmen, und da ist kein Platz für die Würde und das Wohlbefinden der Mitarbeiter. Foxconn trägt die Schuld nicht allein, ist aber ein Fallbeispiel für eine Fabrik, die unter dem Prinzip der Produktivitätssteigerung geführt wird, die Menschen zu Maschinen degradiert.«

SACOM hat angegeben, dass Foxconn seine ArbeitnehmerInnen aufforderte, eine Versicherung zu unterschreiben, dass sie keinen Selbstmord begingen. Gleichzeitig sicherten die ArbeitnehmerInnen zu, dass ihre Familien vom Konzern nicht mehr als die gesetzlich geregelte Entschädigung einfordern würden, falls sie dennoch Selbstmord begingen.

Für Apple war der Umgang mit den Foxconn-Angestellten eine Zerreißprobe. Um für die Apple-Produkte Spitzenpreise verlangen zu können, brauchte das Unternehmen ein makelloses Image. »Foxconn ist kein Ausbeutungsbetrieb«, versicherte Apple-Chef Steve Jobs in einem Interview mit dem *Wall*

Street Journal. »Es ist eine Fabrik – aber Grundgütiger, da gibt es Restaurants und Kinos. […] Aber es ist eine Fabrik. Es gab dort einige Selbstmorde und Selbstmordversuche – in der Fabrik gibt es 400.000 Mitarbeiter. Auch wenn [die Selbstmordrate] unter dem Wert der USA liegt, ist es dennoch beunruhigend«, sagte er beschwichtigend.

Im Zuge des Aufruhrs ließ der Konzernleiter Gou große Netze an den Außenwänden der Arbeiter-Wohnheime anbringen, um sie vom Springen aus den Fenstern abzuhalten.

Gewerkschaftsaktivisten haben Foxconn für seine militärischen Führungsmethoden und die unverhältnismäßig langen Arbeitszeiten kritisiert. Nach Überprüfung der Fabrik in Zhengzhou berichtete *Business Insider* 2018, dass das Einstiegsgehalt der Arbeitnehmer bei rund 1900 Yuan, also 300 Dollar im Monat lag. Wenn man 20 Überstunden in der Woche machte, konnte sich der Lohn verdoppeln. Mit Nachtschichten und Überstunden kam man auf bis zu 785 Dollar im Monat.

Die Organisation China Labor Watch (CLW) verfolgt das Ziel, die Bedingungen chinesischer ArbeitnehmerInnen zu verbessern. CLW berichtete im September 2019, dass viele Vertreter der Organisation in Zhengzhou arbeiteten und zugleich Informationen sammelten. Ihnen zufolge haben sich die Zustände in der Fabrik nach dem Selbstmordskandal nicht verbessert. Laut CLW betrug 2019 das Basisgehalt in der Fabrik 2100 Yuan, also 295 Dollar. Mit dieser Summe konnte man in Zhengzhou die Familie nicht ernähren. Die Organisation beklagte auch, dass Apple nichts unternommen habe, um die Arbeitsbedingungen in den Werken seiner Subunternehmer zu verbessern – und man für einen angemessenen Lohn täglich mehr als zehn Stunden arbeiten musste bei nur einem freien Tag im Monat. Apple mache Gewinne mit der Ausbeutung chinesischer ArbeitnehmerInnen.

China und Taiwan leben in einer besonderen industriellen Symbiose: Peking beschleunigt die Industrialisierung des Landes, indem es Konzerne aus Taiwan ins Land lockt, und taiwanesische Unternehmen bekommen billige, willige Arbeitskräfte sowie den gigantischen chinesischen Markt.

Das japanische Magazin *Nikkei Asian Review* untersuchte, welche Zuwendungen taiwanesische Konzerne aus China erhielten. Es stellte sich heraus, dass die taiwanesischen Elektronikkonzerne Pegatron, Quanta Computer und Compal Electronics in China allesamt Steuererleichterungen und andere Vorteile genießen.

Die Vertragsherstellung von Elektronik konzentriert sich auf taiwanesische Unternehmen. Apples taiwanesische Subunternehmer sind:

$ Foxconn (iPhone)
$ Pegatron (iPhone)
$ Wistron (iPhone)
$ Quanta Computer (MacBook)
$ Compal Electronics (iPad)

Die chinesischen Montageunternehmen heißen:

$ Luxshare (AirPod)
$ Goertek (AirPod)
$ BYD (iPad)

Foxconn gehört zu den stärksten Nutznießern. Die Subventionen, die der Tochterkonzern FIH Mobile erhalten hat, haben seit 2006 etwa 60 Prozent des zusammengerechneten Nettogewinns abgedeckt. Auch Foxconn Industrial Internet hat gehörige Vorteile vom chinesischen Staat erhalten.

Das Ergebnis der *Nikkei*-Studie sorgte bei den Taiwanesen für Skepsis gegenüber Chinas Absichten. William Lai Ching-te, eine Schlüsselfigur der in Taiwan regierenden Demokratischen Fortschrittspartei DPP, forderte Taiwans reichsten Mann Terry Gou auf, öffentlich zu erklären, wie er »Geschäfte auf dem Festland in China machen und gleichzeitig die Interessen Taiwans vertreten« konnte.

Finanzielle Unterstützung von China anzunehmen, ist in Taiwan nicht verboten. »Wir sind besorgt, wenn das Geld mit einer Anti-Taiwan-Politik einhergeht«, sagte Chiu Chui-Cheng, Taiwans Vizeminister für China-Angelegenheiten dem Magazin *Nikkei*.

Das politische Ziel des Zentralkomitees der Kommunistischen Partei Chinas ist, das Wohlwollen einflussreicher Persönlichkeiten und Organisationen gegenüber der chinesischen Politik zu gewinnen. Subventionen und andere Vorteile sind für die Umsetzung dieses Vorhabens nicht gerade hinderlich.

Foxconn hat auch Subventionen aus den USA im Blick. Der Konzernleiter Terry Gou hielt 2017 gemeinsam mit Präsident Donald Trump eine Informationsveranstaltung im Weißen Haus ab. Gou gab den Bau einer Fabrik für LCD-Displays in Mount Pleasant, Wisconsin, für zehn Milliarden Dollar bekannt. Die Bauarbeiten des Werks wurden 2018 mit einer feierlichen Zeremonie eröffnet, an der Gou, Trump und der SoftBank-Chef Masayoshi Son teilnahmen.

Die gleichzeitigen Investitionen chinesischer Konzerne in die Produktion entsprechender Displays zwangen Foxconn jedoch zur Planänderung. Der taiwanesische Konzern musste sich in Wisconsin mit der Herstellung kleinerer Displays zufriedengeben.

Foxconn wurden Förderungen in Höhe von 4,5 Milliarden Dollar zugesagt, wenn der Konzern versprach, zehn Milliarden

Dollar in das Wisconsin-Werk zu investieren und 13.000 neue Arbeitsplätze zu schaffen. Das Subventionspaket war die größte Karotte, mit der je ein ausländischer Konzern in die USA gelockt worden war.

Donald Trump nutzte das Foxconn-Werk als Wahltrumpf und bezeichnete es als »das achte Weltwunder«. Er betrachtete die Investition in das Werk als einen Wendepunkt für das Comeback der USA als Industriemacht: »Wie Foxconn richtig erkannt hat, gibt es keinen besseren Ort als die USA, um zu bauen, einzustellen und zu wachsen. Made in the USA. Jetzt geht es los.«

Trump hatte in seiner Wahlkampagne Apple einen Seitenhieb verpasst und angekündigt, dass er alles tun würde, damit unter seiner Präsidentschaft Apple seine »verdammten Computer und anderen Geräte in diesem Land« bauen würde.

Der Nachrichtensender Bloomberg, der die Fabrikinvestition genauer untersucht hatte, stellte fest, dass Trumps Rede nicht den Tatsachen entsprach. Es sah danach aus, dass sich die Aufgabe des Werks in Wisconsin eher darauf beschränkte, die in Foxconns Fabrik in Mexiko hergestellten LCD-Displays zusammenzusetzen. Zumindest ein Teil der ersten Displays wurde mit einem »Made-in-Mexico«-Etikett versehen.

Foxconn hatte versprochen, dass der durchschnittliche Stundenlohn in der Fabrik 23 Dollar betragen würde. Einer Nachforschung von *Businessweek* zufolge lag nämlich das Einstiegsgehalt in der Fabrik bei 14 Dollar. Ein Großteil der Arbeitnehmer arbeitete in Teilzeit.

Dem Magazin zufolge hatten die Behörden mit Foxconn einen schlechten Deal gemacht; die Ausgaben des Bundesstaates für Steuer- und sonstige Vergünstigungen würden 219.000 Dollar für jeden neuen Arbeitsplatz betragen: »Die gute oder die superschlechte Nachricht – je nachdem, aus welcher Perspektive man es betrachtet – ist, dass es wahrscheinlich nicht mehr als 3000 Arbeitsplätze sein werden.«

Auch die Platzierung des Werks in Wisconsin war ein ungewöhnlicher Prozess. Die Behörde Wisconsin Economic Development (WED) hörte zum ersten Mal im April 2017 von der möglichen Großinvestition, als das von Trump gegründete Office of American Innovation (OAI) den Kontakt aufnahm. Der Leiter des OAI war Jared Kushner, Trumps Schwiegersohn.

Laut *Businessweek* waren große Versprechungen an Staatsoberhäupter und das Nichteinhalten selbiger für Gou keine Seltenheit. Vor Wisconsin war er sowohl in Brasilien und Indien als auch in Pennsylvania von ähnlichen Versprechen abgerückt. Als das Magazin sich beim WED-Chef Mark Hogan erkundigte, ob der Bundesstaat im Vorfeld Foxconns Vergangenheit überprüft habe, antwortete dieser: »Wir haben nicht sehr viel Zeit darauf verwendet, denn letzten Endes haben wir diese Leute so gut kennengelernt.«

Im Frühjahr 2020 gab Foxconn bekannt, mit der Herstellung von Beatmungsgeräten anzufangen, doch der Plan wurde schnell begraben. Das Portal *The Verge* berichtete im Herbst 2020, dass Foxconn von den Behörden die Erlaubnis erhalten hatte, die Fabrik in ein Lager umzuwandeln. Bloomberg wiederum berichtete im Frühjahr 2021, dass es bei Foxconn nach wie vor keinen klaren Plan gebe, was mit der Fabrik passieren sollte.

Foxconn hat die für den Konzern lebensnotwendige Handyherstellung zweigeteilt: Foxconn selbst ist für die Herstellung der iPhones zuständig. Die Smartphones mit Android-Betriebssystem werden vom Unternehmen FIH Mobile zusammengesetzt, an dem Foxconn mit 62 Prozent beteiligt ist. Zu den Produkten von FIH Mobile gehören Smartphones von Google, Huawei Nokia, Oppo und Xiaomi.

Foxconn ist nicht bloß Vertragshersteller für Nokia-Smartphones. Der taiwanesische Konzern spielt eine wichtige und umstrittene Rolle in der Geschichte über den Untergang des Handygeschäfts des finnischen Konzerns, der einst den Handymarkt beherrschte.

Nokia hatte zu Bestzeiten 2008 einen Marktanteil von fast 40 Prozent aller weltweit verkauften Handys. Dann erkrankte das Unternehmen am Narzissmus der obersten Geschäftsführung und schaffte es nicht, auf die Gefahren des iPhone und des Google-Android-Betriebssystems zu reagieren.

2014 verkaufte Nokia die Handyproduktion für 7,9 Milliarden Dollar an den US-Konzern Microsoft. Auch dem Softwaregiganten gelang es nicht, das Smartphone-Business in Schwung zu bringen, und so wurde Nokia zwei Jahre später für 350 Millionen Dollar an FIH Mobile verkauft. Zur selben Zeit erhielt das finnische Unternehmen HMD Global für zehn Jahre das weltweite Alleinrecht am Markennamen Nokia für die Herstellung von Smartphones und Tablets.

So setzte HMD Global praktisch das Handygeschäft von Nokia fort.

Der Hintergrund von HMD macht das Unterfangen außergewöhnlich – der Konzerngründer war der in der Schweiz wohnhafte Franzose Jean-François Baril, der von 1999 bis 2012 als Einkaufsleiter bei Nokia gearbeitet hatte.

Der finnische Vertragshersteller Elcoteq stellte zu Bestzeiten jedes dritte Nokia-Handy her. Ab 2008 begann Nokia plötzlich die Bestellungen bei Elcoteq zurückzufahren. Der finnische Hersteller durfte dabei zusehen, wie Nokia die Produktion allmählich an Foxconn abgab.

Elcoteq meldete 2011 Insolvenz an, und auch für viele weitere Unternehmen, die als Subunternehmer von Nokia gewachsen waren, sah es schlecht aus. Mit Elcoteq gingen in

Finnland und Europa Zigtausende Arbeitsplätze verloren, die nun in die Foxconn-Werke nach China flossen.

Baril war als Einkaufsleiter für die Kursänderung der Auftragsvergabe bei Nokia verantwortlich. Er hatte weitreichende Visionen. Bevor er zu Nokia übergewechselt war, hatte Baril von 1994 bis 1999 als Einkaufsleiter beim US-amerikanischen Computerkonzern Compaq gearbeitet und mit dem damals noch relativ unbekannten taiwanesischen Konzern Foxconn zusammenzuarbeiten begonnen.

Ehemalige Elcoteq-MitarbeiterInnen meinen, dass Baril bereits damals vorhatte, die finnische Handyproduktion an Foxconn zu übergeben. Baril ist Terry Gou sehr verbunden und bezeichnet sich selbst als langjährigen sachverständigen Vorstandsvorsitzenden von Foxconn.

In Finnland, wo man durchaus Foxconn als Drahtzieher vermutete, hielt HMD ihren Eigentümer anfangs geheim. Als Haupteigentümer ist die Smart Connect Investments SARL registriert, eine von Baril gegründete luxemburgische Anlagegesellschaft.

Als HMD 2018 zusätzliche Gelder benötigte, übernahm die Schweizer Investmentgesellschaft Ginko Ventures die Finanzierung. Der Gründer und Geschäftsführer von Ginko Ventures ist Baril. Der Hauptteil der Finanzierung stammte von dem Singapurer Unternehmen Wonderful Stars, das sich im Besitz des Foxconn-Tochterkonzerns FIH Mobile befindet.

Baril zeichnet als geschäftsführender Vorstandsvorsitzender von HMD Global. Zweiter Vorsitzender war Sam Chin, der von 2003 bis 2012 bei Foxconn gearbeitet hatte. Chin verließ HMD 2020.

Der Hauptgeschäftssitz von HMD liegt, wie der von Nokia einst, im finnischen Espoo. Dennoch ist das Unternehmen eher ein chinesischer Betreiber aus dem Foxconn-Lager. Der Hauptgeschäftssitz wurde auch an dieselbe Adresse verlegt wie das zu Foxconn gehörige Unternehmen TNS Mobile. Für die enge Verbindung von Foxconn und HMD spricht auch die Tatsache, dass der Vorstandsvorsitzende von TNS Mobile International Oy Jung-hung Huang auch im Vorstand von HMD sitzt.

Noch im Jahr 2018 war das Ziel der Eigner, HMD »langfristig zu einem der führenden Smartphone-Konzerne der Welt« zu machen. Das Unternehmen hatte allerdings Schwierigkeiten, in dem extremen Konkurrenzkampf auf dem Smartphone-Markt Fuß zu fassen.

Der Plan von Foxconn und HMD, den Markennamen Nokia wiederzubeleben und auszunutzen, klang anfangs vielversprechend. Nokia war lange Zeit der führende Mobiltelefonhersteller der Welt gewesen, und der Name war überall auf der Welt bekannt.

Der Anfangsrausch hielt jedoch nicht lange an. Foxconn ist nicht für langfristige Wertsteigerung bekannt, sondern vielmehr für gnadenlose Kostensparmaßnahmen, und die Taiwanesen hatten auch nicht das Durchhaltevermögen abzuwarten, dass von Nokia etwas Neues kam.

Tim Culpan, Technologiereporter beim Nachrichtensender Bloomberg, schrieb im Januar 2020, dass das Nokia-Projekt auf Schwierigkeiten zusteuerte, als die Foxconn-Bosse anfingen, ihre Macht auszuspielen und Projekte der HMD-Geschäftsführung, die von Nokia stammte und sich mit der Handybranche gut auskannte, zu streichen. In der Folge stiegen viele talentierte Experten aus dem Unterfangen aus, und die Marke Nokia wird wahrscheinlich nie wieder die von vielen erhoffte Wiedergeburt erleben.

Die bloße Montage von Elektrogeräten ist ein Business, das keine großen Gewinne abwirft, und die gestiegenen Kosten für chinesische Arbeitskräfte fingen an, an Foxconns Gewinn zu nagen. Der Konzern musste also nach neuen Geschäftsmodellen und neuen Ländern für seine Fabriken suchen.

2015 errichtete Foxconn seine erste Fabrik in Indien. In der Sonderwirtschaftszone Sri City im Distrikt Tirupati im Bundesstaat Andhra Pradesh können Unternehmen Produkte exportieren und importieren ohne die traditionell strenge indische Bürokratie. In der Fabrik gibt es etwa 15.000 ArbeitnehmerInnen, davon sind 90 Prozent Frauen. Die zweite Fabrik in Indien eröffnete der Konzern 2017 in Sriperumbudur im Bundesstaat Tamil Nadus. Dort sind 12.000 Leute beschäftigt.

Der Nachrichtensender Bloomberg berichtete 2019, dass die Kosten für Arbeitskräfte in den indischen Fabriken etwa halb so hoch sind wie in Foxconns chinesischen Fabriken.

Die 21-jährige Jennifer Jayadas gab Bloomberg gegenüber an, etwa 9000 Rupien, also rund 130 Dollar im Monat zu verdienen, deutlich weniger also als der Durchschnittslohn eines chinesischen Fabrikarbeiters.

Foxconn strebt auch eine bemerkenswerte Stellung auf dem KI-Markt an. Terry Gou gab 2019 an, Foxconn plane, innerhalb von zwei Jahren 3000 KI-Experten zu engagieren.

Ein neues Eroberungsgebiet von Foxconn ist die Autoherstellung. Foxconn berichtete Anfang 2020, dass der Konzern in den nächsten zwei Jahren anfangen würde, gemeinsam mit Fiat Chrysler Elektroautos herzustellen. Fiat relativierte allerdings gleich die überraschende Meldung, denn es sei noch nicht sicher sei, ob es zu einem bindenden Vertrag kommen werde.

Gou und Foxconn erwecken in der Wirtschaftswelt nicht nur Zustimmung. Neben der engen Verbindung zu China sorgt auch Foxconns wirre Struktur für Skepsis.

Dem japanischen Magazin *Nikkei Asian Review* zufolge ist Foxconns Eigentümerstruktur »verworren«. Gou hat gemeinsam mit Chiu-lian Huang, der Tante seiner ersten Ehefrau, ein kompliziertes Netz aus Tochter- und Holdingkonzernen aufgebaut, von denen einige in Steueroasen registriert sind.

Huang ist Gous langjährige Freundin und hat taiwanesischen Medien zufolge Gou bei der Gründung von Foxconn finanziell unterstützt. Außer Huang und Gou versteht niemand, wie das Konzernnetz aufgebaut ist, sagte Hsi-mei Chung, Professor an der taiwanesischen I-Shou-Universität, dem US-Nachrichtensender *Quartz*.

Gou wird BB, Big Boss, genannt, und Huang gilt als Money Mama. BB verkündete im Frühjahr 2019, dass er der nächste Präsident von Taiwan werden wolle und als Kandidat für die Kuomintang-Partei anzutreten beabsichtige. Sowohl Gou als auch Kuomintang gelten in Taiwan als China-Sympathisanten. Gous großer Traum ging jedoch nicht in Erfüllung, da er sich nicht als Kandidat der Partei qualifizierte.

Während er seinen Traum von der Präsidentschaft verfolgte, trat Gou im Sommer 2019 aus der Geschäftsleitung von Foxconn zurück, blieb jedoch im Vorstand und nahm im Januar 2020 an einer Informationsveranstaltung teil, bei der die Verhandlungen zwischen Fiat und Foxconn bekanntgegeben wurden. »Ich werde zum Tiger, der Hon Hai anführt«, sagte Gou der *Nikkei Asian Review* zufolge.

Gou plant offensichtlich einen Fonds ähnlich wie Masayoshi Sons Vision Fund, der in Technologiekonzerne in den USA, Japan, Deutschland und Israel investiert.

Gou gilt als Autokrat, der es nicht verstand, den Konzern rechtzeitig auf sein Ausscheiden aus der Unternehmensleitung vorzubereiten. Zu seinen fragwürdigen Führungsmethoden gehört unter anderem, dass man ihm nachsagt, er würde gescheiterte Führungskräfte demütigen, indem er sie zwinge, bei Versammlungen über einen langen Zeitraum stehen zu bleiben. Er soll auch für seine außerordentliche Skrupellosigkeit gegenüber Konkurrenten bekannt sein. Gou selbst hat behauptet, dass er Dschingis Khan, den grausamen Herrscher der Mongolei, als Helden verehre.

Apple und Foxconn bilden eine so enge Allianz, dass diese für beide zum Risiko geworden ist. *Nikkei Asian Review* zufolge hat Apple Luxshare, seinen chinesischen Vertragshersteller für die AirPod-Kopfhörer, gebeten, die Produktion auszuweiten, sodass aus dem Unternehmen Chinas eigenes Foxconn wird, ein Hersteller, der die gesamte Elektronik-Produktionskette abdeckt. Apple soll dabei die Absicht verfolgen, die Abhängigkeit des Konzerns von Foxconn zu reduzieren.

Der außerordentlich schnell gewachsene Konzern Luxshare war der Liebling der Investoren; der Börsenkurs des Unternehmens hat sich allein im Laufe des Jahres 2019 verdreifacht. Sein Umsatz hat sich binnen fünf Jahren auf knapp neun Milliarden Dollar verfünffacht, und sein Börsenwert hat dasselbe Niveau wie Foxconn erreicht.

Wenn es Luxshare gelingt, zum neuen Foxconn zu werden, erwartet Terry Gous Schöpfung dasselbe Schicksal, das zig – wenn nicht Hunderte – andere Elektronikhersteller im Laufe der Jahre überall auf der Welt erlebt haben, immer wenn ein hungriges neues Unternehmen mit unschlagbaren Preisen einen Konkurrenten nach dem nächsten besiegt hat.

12. BlackRock: Der Fuchs, der den Hühnerstall bewacht?
Der größte Vermögensverwalter der Welt

Die New Yorker Investmentgesellschaft BlackRock erlebte innerhalb von gut 30 Jahren den Aufstieg zum größten Vermögensverwalter der Welt.

Ende 2020 verwaltete BlackRock in seinen Fonds ein Vermögen in Höhe von 8680 Milliarden Dollar – eine gigantische, kaum vorstellbare Summe.

BlackRock ist ein Konzern, den außerhalb der Finanzwelt nur wenige kennen, wenn sie nicht zufällig Anteile am börsennotierten iShares-Fonds gekauft haben.

An seine Weltherrschaft glaubte 1988, als der Konzern gegründet wurde, kaum jemand. Der Konzerngründer Larry Fink war gerade gefeuert worden, obwohl er noch zwei Jahre zuvor als einer der Hoffnungsträger der Zukunft der New Yorker Bank First Boston galt. Fink hatte mit seinem Team für First Boston neuartige Anlageinstrumente geplant, beispielsweise die Verbriefung von Hypotheken und Autofinanzierungen, sodass man diese unter Anlegern einfach handeln konnte.

Anfangs warfen die von Fink entwickelten neuen Finanzprodukte gute Gewinne ab. Dann wurden die Makler von den plötzlichen Marktschwankungen und Zinssenkungen überrascht, und First Boston verbuchte mit ihren Projekten Verluste in Höhe von mehr als 100 Millionen Dollar. Fink und seine Partner mussten den Hut nehmen.

Der 36-jährige Fink ließ sich nicht entmutigen. Er handelte mit der drei Jahre zuvor gegründeten Investmentgesellschaft Blackstone aus, dass diese Fink und seinem achtköpfigen Team fünf Millionen Dollar Startkapital für die Gründung eines neuen Unternehmens zur Verfügung stellte. Die Geschäftsidee dieses Unternehmens, das heute unter dem Namen BlackRock bekannt ist, war die Ausfeilung der Idee, die Finks Team verpfuscht hatte. Nachdem das Team aus seinen Fehlern gelernt hatte, konzentrierte es sich auf Risikomanagement und an Großinvestoren gerichtete Vermögensverwaltung. Da die Vermögenssummen der Kunden so gigantisch waren, genügte bereits ein kleines Stück vom Kuchen.

Das Geschäft von BlackRock begann schnell zu expandieren, als das Unternehmen seine Dienste als Vermögensverwalter ausweitete.

1995 begann BlackRock sich mithilfe der PNC Bank von Blackstone zu lösen und zum eigenständigen Unternehmen zu werden. Die regionale PNC Bank wurde zu BlackRocks langfristigem und mit Abstand größtem Anteilseigner mit einem Anteil von mehr als 20 Prozent. 1999 ging BlackRock an die Börse. Im selben Jahr hatte das Unternehmen angefangen, sein eigenes Anlage- und Risikomanagementsystem Aladdin zu verkaufen.

In den arabischen Geschichten aus *1001 Nacht* ist Aladdin als Jüngling bekannt, dem der Geist aus der Wunderlampe alle Wünsche erfüllt. BlackRocks Aladdin ist auch ein Wortspiel. Es ist ein Akronym für »Asset Liability and Debt Derivate Investment Network«. Aladdin für die Kunden zugänglich zu machen, ist vielleicht der wichtigste Grund, warum BlackRock als Vermögensverwalter größer ist als alle anderen Banken, Versicherungsriesen oder Wagniskapitalgesellschaften. Nach Aladdin war BlackRock nicht länger nur eine Vermögensverwaltung, sondern auch ein Technologiekonzern.

Aladdin ist ein Instrument, das für das Risikomanagement des Anlageportfolios bestimmt ist – dasselbe System, das auch BlackRock verwendet. Mithilfe dieses Systems können Anleger die Cashflows ihrer Portfolios und die Fälligkeiten von Forderungen und Verbindlichkeiten überwachen sowie verschiedene Termine und Anlagen verwalten. Außerdem kann das System auf Wunsch des Anwenders auch als Trading Software verwendet werden, mithilfe derer Großinvestoren tagtäglich miteinander Handel betreiben können.

Aladdin war auch ein guter Köder, um die Kunden enger an sich zu binden. Wenn BlackRock sein eigenes Tool an Investoren verkaufte, wurde die Beziehung zu seinen Kunden enger oder rückte in Richtung Partnerschaft.

BlackRocks Jahresbericht 2019 zufolge analysierte Aladdin mehr als 6,5 Millionen Anlageportfolios in über 65 Ländern, sodass mehr als 640.000 Nutzer von BlackRocks Technologie profitierten.

Im April 2020 berichtete BlackRock, dass das Aladdin-Tool von mehr als 250 institutionellen Anlegern auf der ganzen Welt verwendet wurde. Im Frühjahr 2020, bei der Veröffentlichung der Ergebnisse des ersten Quartals, erzählte Rob Goldstein, Geschäftsführer von BlackRock, dem digitalen Wirtschaftsmagazin *Business Insider* zufolge, dass der Fünfjahresplan des Konzerns davon ausgehe, dass Aladdin zur »Sprache der Anlageportfolios« werden könne, die in der Vermögensverwaltung der ganzen Welt angewandt werde.

Neben Aladdin hat BlackRock auch auf dem Plattformmarkt durch Unternehmenskäufe expandiert. 2019 kaufte der Konzern den auf alternative Investments spezialisierten Softwarehersteller eFront, der über mehr als 700 Kunden in 48 Ländern verfügte. Laut Schätzungen des Magazins *Institutional Investor* verwalten sie gemeinsam mit der Hilfe von Aladdin ein Vermögen in Höhe von 18 Billionen, also 18.000 Milliarden.

Die Entwicklung von Aladdin gab mehreren tausend Menschen Arbeit. Allein der Kauf von eFront brachte 700 neue Mitarbeiter. Das Kerngeschäft findet im Computerzentrum in East Wenatchee im Bundesstaat Washington statt, einer Kleinstadt mit 14.000 Einwohnern, in der es billige Wasserkraft gibt, um die Server zu betreiben.

BlackRock hatte im Frühjahr 2020 insgesamt 11 Datenzentren.

Mit Unternehmenskäufen war BlackRock auch früher schon erfolgreich. BlackRocks Status als große Investmentgesellschaft festigte sich im Oktober 2006, als BlackRock mit Merrill Lynch Investment Managers fusionierte. Das verwaltete Vermögen der neuen Einheit soll Berichten zufolge auf mehr als 1000 Milliarden Dollar gestiegen sein.

Einen weiteren Wachstumsschub erlebte BlackRock in der Finanzkrise 2007 bis 2009. Als Hauptursache für die Finanzkrise gelten risikobehaftete Wertpapiere, die durch Hypothekendarlehen besichert waren, also solche, wie sie auch Fink bei First Boston entwickelt hatte. Diese Hypothekendarlehen wurden Immobilienkäufern gewährt, die ihren Kredit nicht abbezahlen konnten. Als die Immobilienpreise sanken, ging der Wert dieser Wertpapiere in den Keller. Da BlackRock sich auf Risikomanagement spezialisiert hatte, wurde der Konzern in der Finanzkrise zu einem Insider, der einen Überblick darüber hatte, welche Teile verschiedener Finanzunternehmen sich zu retten – oder zu kaufen – lohnte.

BlackRock übernahm die wertlos erscheinenden Vermögen der Investmentbank Bear Stearns, die die Finanzkrise ins Rollen gebracht hatte. Bear Stearns war die erste Investmentbank, die der Subprime-Krise in den USA zum Opfer gefallen war. Danach war Lehman-Brothers an der Reihe, nach deren Insolvenz das ganze Finanzsystem ins Wanken geriet.

Ebenso übernahm BlackRock die Überwachung der Finanzen des US-amerikanischen Finanzriesen American Insurance Group (AIG). Der Versicherungskonzern galt als »too big to fail« und erhielt ein 150 Milliarden Dollar schweres Rettungspaket. Im Jahr 2013 zahlte der Versicherungsriese den Notkredit an die Steuerzahler zurück und setzte seine Tätigkeit unabhängig fort.

BlackRock erhielt entsprechende Rettungsaufträge auch von Finanzunternehmen in Großbritannien und Griechenland. In Großbritannien ging BlackRock 2009 nach einem Angebotswettbewerb Barclays Global Investors (BGI), die Investmentabteilung der britischen Barclays-Bank, für 13,5 Milliarden Dollar ins Netz.

In dem Deal ging es auch um die iShares-Division der BGI. Mithilfe von iShares gelang es BlackRock, weltweiter Marktführer für Investmentprodukte zu werden, die in den 2010er-Jahren das Investmentbusiness revolutionierten.

iShares verkauft verschiedene Indexfonds, auch bekannt als Exchange Traded Funds (ETF). Diese investieren das verwaltete Vermögen automatisch in verschiedene Aktien oder Anlagegüter, die den Börsenindex nachbilden. Für den Handel bedarf es also keines Portfoliomanagers, der die Aktien auswählt, sondern Käufe können automatisch mit Computerprogrammen getätigt werden, weshalb die Ausgaben gering sind. Diese an der Börse gehandelten Wertpapiere kann man auch leicht wieder loswerden, denn sie werden wie Aktien gehandelt.

Mit Indexfonds war es auch einfach, sich einen Überblick zu verschaffen, denn mit ihnen konnte man auch gegen die Entwicklung eines ausgewählten Unternehmens wetten, sodass der Eigentümer von börsengehandelten Fonds profitierte, wenn der Kurs sank. Und auch diese Produkte gab es mit zwei- oder dreifachem Hebel.

BlackRock war auch damals schon bewusst, dass sich die Strukturen der Vermögensverwaltung ändern und der Anteil der Technologie im Investmentgeschäft zunimmt, während die Summe der Anlagemittel anschwillt. Dieses Wachstum ist teils auf die Fondsinvestment begünstigende Gesetzgebung, teils auf das wachsende Vermögen der Anleger zurückzuführen, die während des Aufschwungs Zinsen und Zinseszinsen eingefahren haben.

BlackRocks Erfolg ist Teil des großen Narrativs über den

Wandel des Bankengeschäfts durch den freien Kapitalstrom in einer Zeit, als auf der Welt diverse Regulierungen aufgehoben wurden.

In den Achtzigerjahren bemerkten die Banken, dass es raffiniertere Methoden als das traditionelle Bankgeschäft gab, um Gewinne zu machen, nämlich durch die Finanzverwaltung von Konzernen mit verschiedenen Aktienemissionen und durch aktive Teilnahme an der Vermögensplanung.

BlackRocks Geschäftsmodell war in vielerlei Hinsicht das Gegenteil. Das Unternehmen setzte gezielt auf den Verkauf von Technologie und Risikomanagement, langfristige Partnerschaften, angemessene Honorare und auf die Mühelosigkeit und Vorteile passiver Investmentfonds vom Typ ETF. Als dieses Netz von Experten und Großinvestoren groß genug geworden war, konnten die Big Player unter sich ein eigenes Schattenbankgeschäft entstehen lassen.

Mit Schattenbankgeschäft ist ein bankenartiges Geschäft von verschiedenen Investmentfonds, außerbörslichem Beteiligungskapital und Finanzierungsgesellschaften gemeint, das man ohne das Vorhandensein einer Bank praktizieren kann. Als nach der Finanzkrise die Überwachung, die Berichterstattungspflicht und die Liquiditätsregulierungen der Banken verschärft wurden, wurde das Bankgeschäft teurer und schwieriger.

Für Betreiber wie BlackRock gab es keine derartigen Regulierungen, da sie keine Banken waren. Wenn große Investoren große Anlagegüter außerhalb der Börse untereinander handeln wollten, gab es keinen besseren Zwischenhändler als BlackRock, dessen Technologie unter vielen Anlegern als vertraut und sicher galt. Heute gilt BlackRock als die größte Schattenbank der Welt.

Mit einem verwalteten Vermögen von 6000 bis 7000 Milliarden hat BlackRock auch eine ausgezeichnete Stellung für den Handel mit großen vertraulichen Vermögenssystemen auf privaten Handelsplattformen, den sogenannten Dark Pools.

BlackRocks Einfluss hat auch anderweitig von Jahr zu Jahr zugenommen. Diese Macht der Einflussnahme lässt sich in sechs verschiedene Sektoren aufteilen:

1. BlackRock gehört zu den fünf größten Anteilseignern der bedeutendsten Konzerne der Welt und ist bei vielen Großkonzernen mit mehr als fünf Prozent beteiligt. Beispielsweise bei Apple und Microsoft ist BlackRock der zweitgrößte Anteilseigner. Diese Beteiligungen sind zwar letzten Endes nur Fonds, gewöhnlich Rentenfonds verschiedener Länder oder häufig Indexfonds, die von BlackRock verwaltet werden, aber sie geben BlackRocks Vorstandsvorsitzendem Larry Fink Macht und Einfluss, wenn er zum Beispiel zur gesellschaftlichen Verantwortung oder zum Verwaltungsstil der Unternehmen Stellung bezieht.

2. BlackRock ist ein einflussreicher Berater. Wenn BlackRocks Experten um die Welt reisen, um ihre Meinungen kundzutun, füllen sich die Konferenzräume der Nobelhotels mit aufmerksam lauschenden institutionellen Investoren, von denen die wichtigsten auch persönlich gebrieft werden. BlackRocks Meinungen gelten als ernst zu nehmend, denn als größte Investmentgesellschaft der Welt bringen die Meinungen an sich schon die Börsen der Welt ins Wanken.

3. Da Rentenanleger und große Fonds Aladdin als Instrument für Risikomanagement sowie als Handelsplattform nutzen, kontrolliert BlackRock als Systembetreiber das Spielbrett, auf dem Risiken abgeschätzt und Handel betrieben wird. Obwohl verschiedene Fonds bereits internes Risikomanagement beinhalten, hält BlackRock letzten Endes die Schlüssel zum

Datenanalysesystem Aladdin in der Hand. Mit diesem System bewertet BlackRock die einzelnen Geldanlagen und schafft den Rahmen, um Risiken zu erfassen.

4. BlackRock ist auch auf dem Schuldscheinmarkt ein großer Akteur. Im Frühjahr 2020 beispielsweise bereitete die Verschuldung Argentiniens dem Markt Sorgen, da die Investoren auf Anleihen des Landes sieben Prozent Zinsen verlangten, ein Niveau, das selbst die USA nicht bedienen könnten. Nachdem das Land infolge der Coronakrise zahlungsunfähig geworden war, drohte eine globale Krise, von der auch eine Vielzahl anderer Länder betroffen war. Obwohl die Anleger wussten, dass sie durch einen gemeinsamen Vertrag die Zinsen zum Beispiel auf zwei Prozent senken und so die Weltwirtschaft retten konnten, war es schwierig, einen gemeinsamen Nenner zu finden. Beispielsweise hatten die privaten Anleger teure Kredite aufgenommen und dieses Geld in Argentiniens Anleihen investiert, und sie konnten es sich nicht leisten, ihren Profit zu schmälern, selbst wenn das Kreditsystem letzten Endes allen helfen würde. Der US-amerikanische Ökonom Jeffrey D. Sachs schrieb im Mai 2020 auf der Webseite *Project Syndicate*, dass die Vermeidung dieser globalen Katastrophe in den Händen von BlackRock lag. So wie der Unternehmer und einflussreiche Privatbankier J. Pierpont Morgan mit seiner Bank die Finanzmärkte 1907 aus der Panikspirale riss, könnte BlackRock als einer von Argentiniens Hauptgläubigern die Zügel in die Hand nehmen und die Schulden des Landes mit einem stabilen und sicheren Zinsniveau neu ordnen, so Sachs. Im August 2020 einigten sich BlackRock und Argentinien darauf, dass den Gläubigern 55 Prozent der Schulden erlassen würden, Bloomberg zufolge über 13 Milliarden mehr, als das Land angegeben hatte, zahlen zu können. Das Beispiel zeigt, wie ein privater Vermögens-

verwalter zu einer wichtigeren Instanz als der Internationale Währungsfonds (IWF) werden kann.

5. BlackRock hat seine politische Macht gezielt erweitert. Das Unternehmen ist aktiver Lobbyist der Gesetzgebung in den USA und in der EU. Larry Fink hat zum Beispiel den ehemaligen Leiter der Schweizer Zentralbank Philipp Hildebrand, Großbritanniens Ex-Schatzkanzler George Osborne und den ehemaligen stellvertretenden Vorsitzenden der Federal Reserve Stanley Fischer als Berater oder Vorstandsmitglieder zu BlackRock geholt. Friedrich Merz, der Bundesvorsitzende der CDU und Vorsitzende der CDU/CSU-Bundestagsfraktion, war bis März 2020 Vorstandsvorsitzender bei BlackRock Deutschland, gab die Position dann jedoch auf, um wieder in die Bundespolitik einzusteigen. Die Honorare sind ansehnlich. George Osborne erhielt beispielsweise für einen Einsatz von vier Tagen im Monat von BlackRock eine Aufwandsentschädigung in Höhe von 650.000 Pfund im Jahr, also rund 750.000 Euro. Seine Aufgabe bestand darin, die Rentenreform voranzutreiben.

6. BlackRock verfügt über eine separate Beratungs- und Konsultationssparte namens Financial Markets Advisory, die Staaten, Zentralbanken und Unternehmen in Staatsbesitz berät. Nachdem das Coronavirus in den USA zuschlug, entschied die Federal Reserve, 2000 Milliarden Dollar neues Geld auf den Markt zu werfen, indem sie verschiedene Schuldscheine und Investmentprodukte kaufte, um zu gewährleisten, dass die Geldhähne für diverse Krisenfonds weit genug aufgedreht wurden. Für die Entscheidung, wie diese Gelder auf dem Markt zu investieren waren, engagierte die Federal Reserve BlackRocks Beratungsabteilung, unter deren Anleitung die Zentralbank unter anderem die ETF-Produkte von BlackRock kaufte. BlackRock war auch auf dem Euro-Gebiet bei der Planung des

quantitativen Entlastungspakets als Berater der Europäischen Zentralbank (EZB) tätig. Die EU-Kommission engagierte BlackRocks Beratungsabteilung, um für die EU zu planen, wie verantwortungsvolle ESG-Anlagen auf dem Wirtschaftsgebiet reguliert werden können. Laut einem Dokument, das der *Financial Times* vorlag, war das Angebot von BlackRock nur halb so teuer wie das Budget, das die Kommission für die Beratertätigkeit veranschlagt hatte. Aber für BlackRock war dieser wichtige Auftrag keine Frage des Geldes. Der Konzern erhält für seine Arbeit Anerkennung und Einfluss. Das wirft die Frage auf, ob BlackRock nicht der Wolf im Schafspelz ist, wenn der Konzern als größter Investor der Welt auch die Regeln für seinen eigenen Geschäftsbereich aufstellt. Die Risiken des Interessenkonflikts sind real.

BlackRock war von Anfang an gut darin, sich an die Veränderungen der Welt und der Märkte anzupassen.

In letzter Zeit haben Protestler BlackRock vorgeworfen, dass es sich bei der neuen Verantwortlichkeitslinie des Konzerns um Greenwashing handelt, da BlackRock auch über Beteiligungen an den größten Energiekonzernen der Welt verfügt. Gegen diese Anschuldigungen verteidigte sich der Konzern, indem er die Anzahl seiner sogenannten verantwortungsvollen Fonds (»socially responsible funds«) erhöhte und glaubhafte Verstärkung in die Geschäftsführung holte, damit die Konzernansichten zum Thema Nachhaltigkeit ernst genommen werden.

BlackRock ist ein so großer Einflussnehmer, dass der Konzern es nicht mehr nötig hat, gegen den Strom der großen Veränderungen zu schwimmen. Der Konzern kann sich in aller Ruhe mit dem Strom treiben lassen, auf dessen Wellen reiten und sich dabei überall eine kleine Scheibe abschneiden – wenn das den Ehrgeiz eines Larry Fink befriedigt.

Fink war nach dem Ausbruch der Coronakrise in den USA einer der wirtschaftlichen Berater von US-Präsident Donald Trump – obwohl er als Demokrat und Unterstützer von Hillary Clinton bekannt ist. Die *New York Times* berichtete im Sommer 2021, dass Fink 2020 nahezu ständig im Kontakt mit dem Präsidenten der Federal Reserve Jerome Powell und dem Finanzminister Steven Mnuchin stand, als sie planten, die Märkte in den Anfangsmonaten der Coronapandemie zu stärken.

Wenn man all diese Umstände zusammenrechnet, erhält man eine spektakuläre Kombination: BlackRock ist der größte oder zweitgrößte Eigentümer aller Technologieriesen, die maßgeblich zur Veränderung der Welt beitragen. Als Big Player ist BlackRock im Notfall einer der wichtigsten Vermittler von Staatsanleihen, seine Risikomanagement- und Handelstechnologie strebt die Weltherrschaft an, und seine Berater sagen den Zentralbanken und den Staatsregierungen, wie und unter welchen Regeln der Ethik sie ihr Vermögen investieren sollen.

Im Zentrum von all dem steht ein 67-jähriger Mann, Sohn eines kalifornischen Schuhverkäufers und einer Englischlehrerin. Larry Finks Geschichte bildet sehr treffend die Geschwindigkeit ab, mit der die Welt sich innerhalb von 30 Jahren verändert hat. Sie erzählt für ihren Teil auch von der Macht der Meritokratie, davon, wie die neuen Originellen die Macht ergreifen können.

Gleichzeitig hat Larry Finks Geschichte viele Merkmale, auf die man allgemein eher in Fantasiewelten wie in der Serie *Game of Thrones* stößt. Das muss man sich einmal vorstellen: Das Wunderkind der Wall Street, der Erfinder der Hypothekenderivate, die die Welt in die Finanzkrise schlittern ließen, kümmert sich jetzt um das Risikomanagement der verschuldeten Weltwirtschaft und verfasst für die EU Regeln zum verantwortungsvollen Investment. Und leitet zugleich die größte Schattenbank der Welt.

Aber nichts ist für immer.

Am 15. Mai 2020 gab die Bank PNC Financial, der mit Abstand größte Anteilseigner von BlackRock, der Larry Fink und die Gründungsmitglieder bei der Abspaltung von Blackstone unterstützt hatte, bekannt, ihren gesamten Anteil von 22 Prozent an Investoren zu verkaufen.

11. Apple: Des Kaisers neue Kleider
Verleitet Verbraucher zum Kauf überteuerter Geräte

Gleich vorweg ein Geständnis: Ich bin ein Apple-Fan. Früher tatsächlich noch mehr als heute. Ich habe Apple immer für nobler als die anderen Unternehmen gehalten, und Apples Geschichte fand ich faszinierender als die anderen Geschichten. Ich habe die Computer, die der Konzern herstellte, gekauft, als Erstes den Apple II E, der im Jahr 1983 auf den Markt kam.

Ich habe Apple-Produkte höher eingestuft als andere, obwohl ich durchaus begriffen habe, dass sie anderen Smartphones und Gadgets ähnlich sind – und heutzutage sogar in denselben chinesischen Fabriken hergestellt werden. Genau diese Vernunftwidrigkeit macht Apple zu einem der gefährlichsten Unternehmen.

In Apples Geschichte gibt es zwei Eckpfeiler. Der erste ist Steve Jobs. Auf den anderen komme ich später zurück.

Der 2011 verstorbene Steve Jobs war ein ungewöhnlicher Geschäftsführer. Er hatte Visionen, die Kraft, seine Visionen zu verwirklichen, und natürliches Charisma, das die Menschen dazu brachte, an seine Worte zu glauben.

Ich hatte die Gelegenheit, dieses Charisma im September 1998 in Paris zu erleben. Jobs war im Palais des Sports, um den neuen iMac-Computer zu vermarkten. In der Halle waren 2000 Menschen, Journalisten aus ganz Europa.

Ich begann meinen Artikel für die Tageszeitung *Helsingin Sanomat* so: »Ein fröhlich wirkender Mann in leicht ausgebeulten Jeans und Sneakers betritt die Bühne. Das Publikum beginnt zu klatschen, einige Leute erheben sich. Der Applaus wird stärker und ein Teil des Publikums beginnt zu pfeifen und begeistert zu rufen. Steve Jobs ist zurück.« (»Sankarin paluu«, [Rückkehr eines Helden], 18. September 1998)

Die Geschichte von Apple begann, als Steve Jobs und der Computeringenieur Stephen Wozniak das Unternehmen Mitte der Siebzigerjahre gründeten. Jobs verkaufte seinen VW-Lieferwagen und Wozniak seinen HP-Funktionsrechner. Mit dem Erlös begannen sie, in der Garage von Jobs' Eltern Computer zusammenzubauen. Dritter Mitarbeiter des Unternehmens und wichtiger Finanzierer war Mike Markkula, dessen finnischer Urgroßvater im 19. Jahrhundert in die USA ausgewandert war.

Der erste von Jobs und Wozniak 1976 auf den Markt gebrachte Apple-Computer war der Startschuss für die Revolution der Mikrocomputer. Die traditionellen Computerkonzerne rümpften die Nase über die kleinen Mikrocomputer, aber Apple hatte sagenhaften Erfolg.

Apple wuchs in rasantem Tempo, und die Leitung eines Großunternehmens war für den eigensinnigen Steve Jobs nicht leicht. Für die Geschäftsführung wurde John Sculley, der Vizepräsident von Pepsi-Cola, engagiert, der sich mit dem Verbrauchermarkt auskannte. Jobs hielt es in seiner Rolle als Visionär nicht aus, und 1985 war für den Vorstand und Sculley das Maß voll. Der 30-jährige Jobs wurde aus dem Unternehmen, das er gegründet hatte, rausgeekelt. Jobs' Entlassung klärte die Situation von Apple nicht. Nach Sculley versuchte man es noch mit zwei weiteren Geschäftsführern, bis der Konzern 1997 Jobs zurückholte.

In der Zwischenzeit hatte Jobs den Computerkonzern NeXT gegründet und die von Lucasfilm abgespaltene Computergruppe Graphics Group (GG) finanziert. Aus GG entstand das Animationsstudio Pixar Animation Studios, dessen Hauptanteilseigner Jobs wurde.

Steve Jobs' Talent blühte nach seiner Rückkehr in die Geschäftsführung von Apple regelrecht auf. Ein Riesenerfolg jagte den nächsten: der Musikplayer iPod (2001), der Online-Musikhandel iTunes (2003), das iPhone (2007) und das iPad (2010).

Als Steve Jobs bei Apple das Ruder wieder in die Hand nahm, lag der Börsenwert des Unternehmens bei bescheidenen drei Milliarden Dollar. 2011, als Jobs starb, betrug der summierte Wert aller Aktien mehr als das Hundertfache, 350 Milliarden Dollar. Im Sommer 2018 knackte der Börsenwert bereits die Grenze von 1000 Milliarden – also einer Billion – Dollar. Bis zu diesem Meilenstein waren 38 Jahre vergangen. Die zweite Billion sammelte sich innerhalb von zwei Jahren an; diese Grenze wurde im August 2020 überschritten.

Hussein Kanji, Partner des Wagniskapitalinvestors Hoxton Ventures, sagte dem Nachrichtensender Bloomberg, dass Apple zur »besten Geldmaschine der Geschichte« geworden sei. Als Apples Börsenwert Anfang September 2020 auf 2300 Milliarden Dollar stieg, war Apple laut BBC vermögender als die 100 vermögendsten Unternehmen an der Londoner Börse zusammen. Bereits früher im selben Jahr berichtete die *Financial Times*, dass Apple den summierten Börsenwert der 30 führenden Konzerne Deutschlands, des wirtschaftlichen Spitzenreiters Europas, eingeholt hatte.

Apple hat so viele Gewinne produziert, dass das Unternehmen gar nicht wusste, was es mit dem ganzen Geld machen sollte. Auf den Unternehmenskonten und in Anlagen von höchstens einem Jahr Anlagedauer liegen etwa 100 Milliarden Dollar.

Obwohl Apple der erfolgreichste Handyhersteller der Welt ist, ist der Konzern, gemessen an der Produktionsmenge, bei Weitem nicht der größte. Laut dem Forschungsunternehmen Counterpoint lag der Anteil des iPhones am weltweiten Smartphone-Markt Anfang 2021 bei 17 Prozent. Der südkoreanische Konzern Samsung hielt 22 Prozent der Marktanteile.

Obwohl Samsung an der Stückzahl gemessen mehr Geräte verkauft als Apple, ist das kalifornische Unternehmen Marktführer: iPhones kosten mehr als die Geräte der Konkurrenz, und Apple ist profitabler als die Konkurrenz.

TechInsights, ein Unternehmen, das technische Geräte auseinandernimmt und untersucht, ermittelte 2017, dass die Herstellung eines iPhone X-Smartphones Apple 358 Dollar kostete. Der Verkaufspreis lag bei 999 Dollar und die Gewinnspanne betrug 64 Prozent.

Derselben Analyse zufolge lagen die Produktionskosten (Komponenten + Montage) für das Galaxy S8, das Flaggschiff des südkoreanischen Konzerns Samsung, bei 327 Dollar pro Gerät. Samsung verkaufte die Smartphones für 725 Dollar, sodass die Gewinnspanne 55 Prozent betrug. Die Gewinnspannen der Modelle der beiden Folgejahre (Xs MAX und 11 Pro MAX) betrug bei Apple 64 und 55 Prozent.

Die Produktionskosten in diesen Gewinnberechnungen beinhalten nicht Apples Kosten für die eigene Produktentwicklung und Vermarktung. Von Gewinnspannen wie den eben erwähnten kann man in anderen Industriezweigen dennoch allenfalls träumen.

Der Technikblog *Engadget* berichtete im Frühjahr 2020, dass das von Apple herausgebrachte SE-Modell Aufschluss darüber gibt, wie überteuert die früheren Smartphones des Konzerns waren. In der angespannten Marktlage legte Apple den Preis seines billigsten SE-Modells in den USA auf nur 400 Dollar fest, obwohl sie fast dieselbe Technik nutzen wie die 1000 Dollar teureren Modelle.

Das iPhone ist Apples wichtigstes Produkt, obwohl sein Anteil am Umsatz des Unternehmens sich allmählich verringert hat. Der Absatz von Apple Watches (Smartwatches) und Kopfhörern ist gleichzeitig gestiegen. Auch der Umsatz mit iPads und Dienstleistungen hat sich erhöht. Weltweit sind etwa 1,5 Milliarden iPhones und iPads in Gebrauch. Im App Store stehen für diese insgesamt 1,7 Millionen Apps zur Verfügung.

Dem Marktforschungsinstitut Statista zufolge lag Apples weltweiter Marktanteil an kabellosen Kopfhörern im ersten Quartal 2020 bei 41 Prozent. Der Zweitplatzierte auf dem Markt war Samsung mit zehn Prozent.

Eines von Apples neuen Standbeinen ist die elektronische Bezahlung. Der Konzern hat gemeinsam mit der Investmentbank Goldman Sachs eine Kreditkarte in Umlauf gebracht, die man sowohl mit dem iPhone als auch auf traditionelle Weise, als physische Karte, nutzen kann.

Laut einem Bericht des US-amerikanischen Repräsentantenhauses im Oktober 2020 nutzt Apple das iOS-Betriebssystem und den App Store, um der Konkurrenz Steine in den Weg zu legen: »Aus Mangel an Wettbewerb hat die Verbreitung der Software des Apple-Monopols der Konkurrenz und dem Wettbewerb geschadet, die Qualität und Innovation bei der App-

Entwicklung herabgesetzt sowie die Preise angehoben und die Auswahlmöglichkeiten der Verbraucher eingeschränkt.«

Apples enorme Marktanteile und Vermögen haben das Unternehmen auch zu einer politischen Großmacht gemacht. Apple hat seine Macht vor allem im Kampf gegen die US-amerikanischen Bundesbehörden demonstriert. Der Konzern hat sich jahrelang geweigert, gesperrte iPhones zu entsperren, auf denen sich Informationen befanden, die das FBI ermitteln wollte.

Für die iPhones von Apple wird ein Zugangscode verwendet. Wenn der Nutzer – oder jemand anders – zu oft den falschen Code eingibt, erscheint auf dem Bildschirm eine Nachricht, dass das Gerät nicht mehr verwendet werden kann. Wenn man den Zugangscode vergessen hat, müssen alle Daten und Konfigurationen von dem Gerät gelöscht werden.

Der jüngste Streit begann im Dezember 2019. Mohammed Saeed Alshamrani hatte drei Menschen beim Marinestützpunkt in Pensacola, Florida, getötet. Das Justizministerium und Präsident Donald Trump forderten Apple auf, die beiden iPhones von Alshamrani zu entsperren, aber der Konzern weigerte sich.

Im Mai 2020 berichtete Justizminister William Barr, dass es dem FBI selbst gelungen war, Alshamranis Handys zu entsperren. Das Justizministerium gab bekannt, dass die Daten, die auf den Handys gefunden wurden, darauf hinwiesen, dass Alshamrani enge Beziehungen zu der auf der Arabischen Halbinsel aktiven Terrorgruppe al-Qaida unterhielt. »Danke an das FBI für die gute Arbeit – aber kein Danke an Apple«, sagte Barr.

Apple teilte daraufhin mit, dass der Konzern die gesperrten Geräte nicht entsperren könne, ohne eine »Hintertür« einzubauen, die die Datensicherheit und Privatsphäre all seiner

Kunden gefährden würde. Dem Konzern zufolge existieren keine Hintertüren, die nur »den Guten« Zugang zum Gerät gewähren. »Fakt ist, dass unsere nationale Sicherheit nicht in die Hände von solchen Großkonzernen gehört, die Dollars über legale Handlungen und den Schutz der Allgemeinheit stellen«, kommentierte Barr.

Datensicherheit ist für Apple eine wichtige Marketingstrategie. Im Sommer 2021 bekam das Image des iPhone einen üblen Kratzer, als Amnesty International enthüllte, dass die Software Pegasus des israelischen Konzerns NSO fähig war, sowohl in Android-Smartphones als auch in iPhones einzudringen.

Apples FBI-Kontroverse weist auch generell auf eine wichtige Problematik der heutigen Technik hin. Die Bevölkerung kann nicht wissen, wem sie mehr vertrauen soll: den IT-Riesen oder den Behörden.

Von Apples politischem Gewicht zeugen auch die Zölle, die Trump auf China-Importe eingeführt hat. Apple gelang es, Trump zu überreden, sowohl iPhones, iPads als auch MacBooks und Apple Watches von den Strafzöllen auszuschließen.

China stellt für viele große westliche IT-Konzerne ein Problem dar. Für Apple geht es dabei um sein wirtschaftliches Überleben, darum muss der Konzern eine geschickte Gratwanderung meistern.

Der Hauptteil der Apple-Geräte wird in Fabriken in China montiert, und der Konzern musste mehrfach auf die Unruhen reagieren, die vor allem durch die Arbeitsbedingungen in den taiwanesischen Foxconn-Fabriken hervorgerufen wurden.

Viele Anteilseigner von Apple sind auch über Apples gefällige Politik gegenüber der in China regierenden Kommunistischen Partei beunruhigt. Der Konzern hat auf Forderungen aus Peking Hunderte VPN-Anwendungen aus seinem chinesischen Onlinestore entfernt. Darüber hinaus hat Apple aus seinem chinesischen Store die Nachrichten-Apps von der *New York Times* und *Quartz* entfernt.

Im Frühjahr 2020 forderte ein Großteil der Anteilseigner, dass Apple sich öffentlich zum Menschenrecht der freien Meinungsäußerung bekannte. Auf einer Konzernversammlung wurde über diese Forderung abgestimmt: Die Anteilseigner, die sich um die freie Meinungsäußerung sorgten, erhielten aber nur 40,6 Prozent der Stimmen, sodass ihr Antrag gekippt wurde. Im September 2020 ergab sich die Konzernleitung allerdings zumindest teilweise den aufbegehrenden Anteilseignern und veröffentlichte erstmals ihre »Menschenrechtsprinzipien«.

Apple zufolge basierte das Grundsatzpapier des Konzerns auf den Prinzipien der Vereinten Nationen. Der Konzern erklärte, an die Freiheit der offenen Gesellschaft und der Information zu glauben – innerhalb gewisser Grenzen: »Wir glauben, dass Dialog und Kommunikation die besten Wege sind, eine bessere Welt zu schaffen. Gemäß den Leitprinzipien der UN folgen wir strengeren Normen in Situationen, in denen das Staatsgesetz und die internationalen Menschenrechtsnormen voneinander abweichen. Wenn diese im Konflikt zueinander stehen, respektieren wir die Staatsgesetze, während wir gleichzeitig danach streben, international anerkannte Menschenrechtsprinzipien zu achten.«

Im Jahr 2021 berichtete die *New York Times*, dass Apple Daten seiner chinesischen Kunden – wie E-Mails, Fotos und Kontaktdaten – an die Datenzentralen, die von der chinesischen Staatsgesellschaft betrieben werden, weitergegeben hatte. Außerdem wendet Apple in China eine andere Kryptografie an als andernorts; den Quellen der Zeitung zufolge schafft Apple es offensichtlich nicht, die Behörden am Zugang zu privaten Daten seiner Nutzer zu hindern. Apple hat auch ein System entwickelt, das bereits im Vorfeld in China das Angebot von Apps blockiert, von denen der Konzern schätzt, dass sie der chinesischen Zensur zum Opfer fallen würden.

Eine der größten Herausforderungen an Apples Zukunft hängt mit der schnelleren drahtlosen Internetverbindung 5G zusammen. Wenn es Apple nicht gelingt, Spiele und Apps herbeizuzaubern, die tatsächlich 5G-Geschwindigkeit benötigen, wird es für den Konzern schwierig werden, die Verbraucher vom Kauf teurerer 5G-Geräte zu überzeugen.

Auch die Behörden bereiten dem Konzern Sorgen: Sie sind nämlich hellhörig geworden und haben angefangen, das potenziell wettbewerbsmindernde Verhalten des Konzerns zu analysieren. Sowohl in der EU als auch in den USA arbeiten die Behörden an der Aufklärung, ob der App Store nach fairen Regeln funktioniert.

Apple behält eine Kommission in Höhe von 30 Prozent ein, wenn ein iPhone-Nutzer im App Store beispielsweise ein mobiles Spiel von einem Spieleanbieter kauft. Diese 30 Prozent »Apple-Steuer« ärgert die Entwickler der Anwendung, die mitansehen müssen, wie ihre neuen Produkte Apple mehr Geld einbringen als ihnen selbst.

Besonders aktiv hat sich Epic Games in den Kampf um die Apps gewagt. Der Entwickler des Spiels »Fortnite« verklagte Apple wegen Wettbewerbsbeschränkung. Apple holte zum Gegenschlag aus und entfernte »Fortnite« aus seinem App Store.

Der App-Krieg veranschaulicht die neuen Machtverhältnisse der digitalen Welt. Während Apple selbst eigene Apps entwickelt, bietet der Konzern App-Entwicklern einen Marktplatz und entscheidet, nach welchen Regeln und Prinzipien die anderen zu diesem Marktplatz zugelassen werden. Auf diese

Macht – und die Milliarden, die diese mit sich bringt – wird Apple nicht so einfach verzichten.

»Fortnite« hat 350 Millionen Spieler, und Epic Games möchte die gewaltige Userzahl nutzen, um allerlei andere Geschäfte aufzubauen. Neue Ertragsmodelle auszubauen, ist jedoch alles andere als verlockend, wenn Apple von allen Einnahmen als Erstes 30 Prozent für sich abräumt. Die US-amerikanische Bundesrichterin Yvonne Gonzalez Rogers kam im September 2021 zu einer etwas schwierig zu deutenden Entscheidung. Sie erklärte, dass Apple zwar den Wettbewerb eingeschränkt habe, jedoch kein Monopol sei. Epic Games verkündete, gegen das Urteil in Berufung zu gehen. Apple wiederum sagte, dass »Fortnite« vom App Store ausgeschlossen bleiben würde, solange der Rechtsstreit andauert, was mehrere Jahre beanspruchen könne.

Epic Games hat in diesem Kampf eine übermächtige Waffe: Apples ganze Geschäftsidee steht – und fällt – mit dem guten Image. Wenn der Streit in der Öffentlichkeit über einen längeren Zeitraum Wellen schlägt, kann Apple in dem Kampf zum Buhmann werden, und dies versucht das Unternehmen bis zum Schluss zu vermeiden. Ein Beispiel dafür wurde uns bereits im November 2020 geliefert, als der Konzern überraschend bekannt gab, für App-Entwickler, deren Verkauf bei höchstens einer Million Dollar im Jahr lag, die Kommission von App Store auf 15 Prozent zu reduzieren.

Ein Rechtsausschuss des US-amerikanischen Repräsentantenhauses verhandelt ein Gesetzespaket, das Apple dazu verpflichten soll, von externen Unternehmen verwaltete App-Stores in den Apple-App-Store aufzunehmen. Dies würde bedeuten, dass Nutzer von Apple-Geräten die Möglichkeit hätten, Anwendungen auch anderweitig zu beschaffen als durch Apple. Der Konzern hat im Kongress gewaltige Lobbyarbeit betrieben, damit das Gesetzespaket nicht angenommen wird.

Anfangs habe ich meine Einschätzung mitgeteilt, dass der erste Eckstein der Apple-Geschichte Steve Jobs ist. Jetzt ist es an der Zeit, den zweiten zu enthüllen.

Tim Cook, der nach Jobs die Führung bei Apple übernommen hat, ist fast das Gegenteil seines strahlenden Vorgängers. Zu Cooks größten Verdiensten zählt die Kontrolle der komplexen Lieferkette, die Logistik des Unternehmens.

Cook hat gesagt, dass Lagerbestände grundsätzlich etwas Schlechtes (»fundamentally evil«) seien, und hat Apple mit einem Milchgeschäft verglichen, das nur frische Produkte verkaufen soll. Laut der *Encyclopedia Britannica* hat Cook das Rotationstempo des Apple-Lagers von Monaten auf Tage verkürzt.

Als er im Juli 2020 die Konzernpraktiken in einer Anhörung des US-amerikanischen Repräsentantenhauses verteidigte, sagte Cook, die Idee hinter Apple sei, die besten Geräte herzustellen – und nicht die meisten Geräte: »Wir tun dies, indem wir uns selbst und unseren Kunden ein Versprechen geben – das Versprechen, dass wir nur Dinge tun, auf die wir stolz sein können.« Ähnlich hatte sich der Apple-Gründer Steve Jobs seinerzeit ausgedrückt: »Wir machen nur Sachen, die wir unserer Familie und unseren Freunden empfehlen können.«

Rein rational betrachtet hätte die Apple-Blase platzen müssen, als der charismatische Neuschöpfer Steve Jobs durch den auf die Lieferkette fokussierten Cook ersetzt wurde.

Cook hat die Blase jedoch nicht zum Platzen gebracht, weil Jobs und sein vorzeitiger Tod bei Apple bleibende Spuren hinterlassen haben. Jobs war es gelungen, sein Charisma auf Apple und seine Produkte zu übertragen; der Konzern braucht nichts weiter zu tun, als sich im Marketing auf Stil und seine Rolle als Trendsetter zu konzentrieren.

Die von Steve Jobs geschaffene Blase ist zu einer Festung geworden, die jetzt nicht nur von Apple-Fans, sondern auch von anderen Nutzern der Produkte, von der Öffentlichkeit – und von Journalisten – aufrechterhalten wird. Und kein vernünftiger Grund reicht aus, um den Konzern von seinem Podest zu stürzen.

10. JPMorgan: Überall dabei
Immer wieder in Skandale verwickelt

Im Sommer 2018 erhielt ich einen interessanten Auftrag: Eine Gruppe investigativer Journalisten aus Europa hatte angefangen, eine enorme Menge geleakter Daten zu untersuchen, die mit einem riesigen Dividendenbetrug in Zusammenhang standen. Die Untersuchung fand unter der Leitung der deutschen investigativen Journalismus-Gruppe Correctiv statt, die meinen Arbeitgeber, die finnische investigative TV-Sendung MOT, zur Teilnahme einlud.

Ich erhielt die ersten Dokumente per E-Mail, und als ich mit dem Lesen anfing, merkte ich gleich, dass es sich um eine große Sache handelte: Dividendensteuern waren in mehreren europäischen Ländern über Jahre systematisch umgangen worden. Die E-Mails und weiteres Material der Voruntersuchung der deutschen Staatsanwaltschaft enthüllten, dass viele Großbanken ihre Kunden bei der Steuerhinterziehung aktiv beraten und ihnen Hilfestellung geleistet hatten.

Während ich anfing, die geleakten Dokumente durchzugehen, beschloss ich, meinen lang gehegten Plan in die Tat umzusetzen: Ich wollte herausfinden, wie häufig internationale

Großbanken in den vergangenen Jahren bei unerlaubten Aktivitäten und Gesetzeswidrigkeiten erwischt worden waren – und wie viele Geldstrafen und Entschädigungen sie in der Folge dafür zahlen mussten.

Ich vergrub mich zu Hause bei meinen beiden sibirischen Huskys und begann, die Archivunterlagen der nationalen Aufsichtsbehörden der größten Länder durchzusehen. Ich saß am Computer und sichtete Tausende Dokumente. Zwischendurch druckte ich die Dokumente aus und las sie im Garten. Um ehrlich zu sein, hatten die Hunde in diesen fünf Wochen nicht allzu viel Spaß mit mir.

Ich rechnete damit, dass einige Banken mehr hervorstachen als andere. Die Bank of America, die Deutsche Bank und die HSBC waren immer wieder mal in den Schlagzeilen gewesen, weshalb ich annahm, dass ich auf diese Namen häufig stoßen würde. Eine große Überraschung war allerdings, dass in den Unterlagen eine Bank wiederholt hervortrat, die ich immer für angesehen und kompetent gehalten hatte: die US-amerikanische Bank JPMorgan.

In meiner Datenbank trug ich insgesamt 367 Geldstrafen zusammen, die gegen Banken verhängt worden waren. Die Gesamtsumme belief sich auf mehr als 200 Milliarden Dollar. JPMorgan hatte insgesamt 38 Geldstrafen erhalten und alles in allem 31.293 Millionen Dollar zahlen müssen. Vielleicht war diese Bank doch gar nicht so angesehen und kompetent, wie ich angenommen hatte? In einigen anderen Untersuchungen ist die Summe der von JPMorgan entrichteten Geldstrafen sogar noch höher. Das einfache Zusammenrechnen von Bußgeldern, Entschädigungen und Rückerstattungen an Kunden ist schon allein deshalb außerordentlich kompliziert, weil in den USA viele Behörden die Geldstrafen nach unterschiedlichen Kriterien festgesetzt haben.

Die Geschichte der Bank geht zurück ins ausgehende 18. Jahrhundert. Ihre Geschäfte waren von Anfang an »speziell«.

1798 lebten in New York 60.000 Menschen, und 1000 waren an Gelbfieber gestorben. Der Politiker Aaron Burr wollte eine Bank gründen. Die New Yorker Bankenwelt war stark konzentriert, und Neuankömmlinge wurden nicht geduldet. Burr führte etablierte Finanzleute in die Irre, indem er verkündete, dass die von ihm gegründete Manhattan Company Wasser aus der Bronx nach Manhattan bringen würde. Kurz bevor der Staat die Lizenz erteilte, fügte Burr dem Geschäftsfeld des Unternehmens das Investieren von überschüssigem Kapital in andere Branchen hinzu. Das Unternehmen verlegte ein paar Wasserleitungen in den Süden Manhattans, doch in erster Linie war Burr am Bankengeschäft interessiert.

Im September 1799 eröffnete die Bank of the Manhattan Company ihr Büro an der Wall Street Nummer 40. Burr hatte das Alleinrecht für die Wasserversorgung erhalten, weshalb Manhattan über Jahre hinweg an Wasserknappheit und damit verbundenen Krankheiten litt, da sich Burrs Konzern statt auf die Wasserleitungen auf das Bankgeschäft konzentrierte.

Der heutige Konzern JPMorgan ist das Ergebnis zahlreicher Fusionen und Unternehmenskäufe. Er hat sich die Bank of the Metropolis, Merchants' National Bank of the City of New York, International Acceptance Bank, Mechanics and Metals National Bank, Chase National Bank, Chemical Banking Corporation, J.P. Morgan and Co und Washington Mutual einverleibt.

Die endgültige Größe von JPMorgan wurde durch David Rockefeller zementiert, einem Mitglied des mächtigen Ölclans, der die Bank unter seiner Führung von 1969 bis 1980 zu einem Global Player machte und privat gesellschaftlichen Umgang mit Vorsitzenden internationaler Unternehmen sowie mit Staatsoberhäuptern pflegte.

Die Geschichte von JPMorgan spiegelt das berühmte Logo der Chase Manhattan Bank wider: ein blaues Oktagon. Das vor 60 Jahren eingeführte Logo würdigt das Wasserversorgungsunternehmen von Aaron Burrs Manhattan Company; es stellt ein aus hölzernen Blöcken und Bohlen zusammengenageltes Wasserleitungsrohr dar. Das Symbol der Bank war eines der ersten abstrakten Logos, zu dem sich bald die Logos vieler anderer internationaler Großkonzerne hinzugesellten.

JPMorgan ist die größte Bank der USA. Gemessen an der Bilanz wird sie weltweit nur von den großen chinesischen Geldinstituten Industrial & Commercial, China Construction, Agricultural Bank und Bank of China sowie der japanischen Mitsubishi Bank übertroffen (S&P Global Market Intelligence, 23. April 2021).

Im Jahr 2019 erzielte die JPMorgan ihren historischen Rekordüberschuss von 36 Milliarden Dollar. Donald Trump verkündete, dass die Bank ihm das Rekordergebnis zu verdanken habe. Trump hatte recht; der Jahresüberschuss der sechs größten US-amerikanischen Banken lag bei 120 Milliarden Dollar. Den Berechnungen des Nachrichtensenders Bloomberg zufolge hatte der Überschuss der sechs größten Banken nie zuvor die 100 Milliarden überschritten – und Trumps Senkung der Unternehmenssteuer hatte einen großen Teil dazu beigetragen, da sich damit die Überschüsse der Banken um zig Milliarden Dollar erhöhten. 2020 erzielte JPMorgan einen Überschuss in Höhe von 29 Milliarden Dollar.

Aufgrund ihrer Größe und Aggressivität mischt JPMorgan überall mit. Dies stellte sich auf schmerzhafte Weise heraus, als ich die Berichte der Bankaufsichtsbehörden durcharbeitete.

JPMorgan bekam ihre (bisher) höchste Strafe im Rahmen

der Nachermittlungen der Finanzkrise, als der Konzern 2013 13 Milliarden Dollar für die trügerische Vermarktung von hypothekenbesicherten Wertpapieren an seine Kunden zahlen musste. Die Bank gab zu, dass ihre Mitarbeiter Kunden wissentlich in die Irre geführt hatten, einen Gesetzesbruch gestand sie jedoch nicht. Die Entschädigung in Höhe von 13 Milliarden Dollar war damals ein Rekord, der jedoch im darauffolgenden Jahr gebrochen wurde, als die Bank of America 16,65 Milliarden Dollar für ihr Schindluder auf dem hypothekenbesicherten Wertpapiermarkt zahlen musste.

Obwohl 13 Milliarden eine stattliche Summe waren, entsprach diese nur gut der Hälfte von JPMorgans Gewinn im Jahr 2012. Der Aktienkurs der Bank stieg sogar noch an dem Tag, an dem die Strafe im November 2013 verkündet wurde. Ein Teil der Investoren hatte mit saftigeren Abgeltungen gerechnet.

JPMorgan musste auch in anderen Fällen, die zur Finanzkrise geführt hatten, Strafen und Entschädigungen in Milliardenhöhe zahlen. Die WorldCom- und Enron-Skandale kosteten das Unternehmen Milliarden. Darüber hinaus wurden JPMorgan für die Manipulation der Währungsmärkte Strafen in Höhe von 1340 Millionen auferlegt, für die Manipulation der Energiemärkte 410 Millionen, für die Manipulation des Libor-Zinses 108 Millionen und so weiter.

Die Bank war auch in den als CumEx-Skandal bekannten Streit über die Kapitalertragssteuer involviert. Die vermuteten Steuerhinterziehungen haben die europäischen Länder zig Milliarden Euro an Steuerverlusten gekostet.

Bei den Geldstrafen, die den Banken auferlegt wurden, darf nicht außer Acht gelassen werden, dass die Banken einen großen Teil der gezahlten Entschädigungen steuerlich geltend machen können. William Black, außerordentlicher Professor für Wirtschafts- und Rechtswissenschaften an der University of Missouri-Kansas City, befand, dass die Banken generell zu wenig zur Kasse gebeten worden waren im Verhältnis zu den Schäden, die die von ihnen verursachte Finanzkrise angerichtet hat. Er hat ausgerechnet, dass JPMorgan und die von der Bank erworbenen Bear Stearns und Washington Mutual ihren Kunden Verluste in Höhe von 100 Milliarden Dollar beschert haben. Üblicherweise muss jemand, der in den USA des Betrugs überführt worden ist, die von ihm verursachten Verluste in doppelter Höhe zahlen. Im Vergleich zu 200 Milliarden wirken darum 13 Milliarden nicht wie eine besonders harte Strafe.

Nach Blacks Meinung ist das von JPMorgan gepriesene Derivatgeschäft gar kein Geschäft, sondern »das größte Glücksspiel der Welt«.

Zwei Blamagen, die sich im Nachgang der Bankenkrise ereignet haben, verdienen, genauer in den Blick genommen zu werden.

Der »London-Whale«-Skandal verrät einiges über die Bank, den Finanzsektor und die Regulierung. Anfang 2012 begannen am Markt Gerüchte zu kursieren, dass jemand, der »London Whale« genannt wurde, gigantische Geschäfte mit Derivaten machte. Dieser jemand war Bruno Iksil, Makler im Londoner Büro von JPMorgan. Er war der Star von JPMorgan gewesen: Mit einem einzigen Wertpapiergeschäft soll er im Jahr 2011 der Bank Gewinne in Höhe von 400 Millionen Dollar eingebracht haben.

Iksil und JPMorgan widerfuhr das, was Zockern häufig zustößt: Missglückte Investitionen, oder besser gesagt: verlorene Wetten, versuchte man wieder aufzufangen, indem man immer höhere Risiken einging. Iksils Derivatgeschäfte waren schließlich so groß, dass es sich in den Preisen der Derivate niederschlug und den 27.000 Milliarden schweren Derivatemarkt ins Wanken brachte.

Als herauskam, dass es sich bei dem Unruhestifter um den größten Zocker am Derivatemarkt JPMorgan handelte, ging die Bank in die Defensive. Der CEO Jamie Dimon teilte in einem Gespräch mit Analytikern und Investoren mit, dass es sich bei den Medienberichten um einen Sturm in einem Wasserglas handle.

Dimons Kommentar war aber voreilig und stellte sich als ziemlich untertrieben heraus. Als der Staub sich gelegt hatte, kam ans Licht, dass Iksils Geschäfte JPMorgan Verluste in Höhe von mindestens 6,2 Milliarden Dollar beschert hatten. Zugleich zeigte dieser Fall, auf welch unsicherem Boden das Risikomanagement der Bank stand, die als eine der sichersten in den USA galt.

Ein Untersuchungsausschuss des Senats begann mit der Aufklärung, was bei JPMorgan eigentlich wirklich vorgefallen war. Carl Levin, der Vorsitzende des Ausschusses, fasste die Ergebnisse der Untersuchung 2013 wie folgt zusammen: »Wir haben uns eingehend mit dem Fall beschäftigt, und das war kein schöner Anblick: ein gigantisches Portfolio von Derivaten, randvoll mit Risiken. Ein Zug des Derivathandels, der auf der Flucht durch die Risikogrenzen hindurchgeschossen ist. Versteckte Verluste. Bankiers, die verlorene Wetten bagatellisierten. Aufsichtsorgane, die ihre Aufgabe vernachlässigt haben.«

JPMorgans fahrlässiges Handeln so kurz nach der Finanzkrise verwunderte nicht nur die Politiker, sondern auch die breite Öffentlichkeit. Dem Untersuchungsausschuss des Senats zufolge gab Dimon in der Anfangsphase absichtlich falsche Informationen über die von Iksil verursachten Verluste. »Die Amerikaner haben bereits einen vernichtenden wirtschaftlichen Schlag erlitten, dessen Ursprung weitgehend in der Zügellosigkeit der Wall Street lag, und sie können sich keinen zweiten mehr leisten. Wenn an der Wall Street mit Feuer gespielt wird, tragen amerikanische Familien Brandwunden davon. Es ist die Aufgabe der Bundesaufsichtsbehörden und des Kongresses, ihnen die Streichhölzer wegzunehmen«, sagte Levin.

Obwohl der »London Whale« für JPMorgan eine peinliche Angelegenheit war und die Bank gut eine Milliarde Dollar Strafe zahlen musste, hat der Fall dem Geschäft der Bank nicht gerade einen Dämpfer verpasst. JPMorgans Gewinn erreichte 2012 mit 21,3 Milliarden einen neuen Rekord. Als Folge des öffentlichen Aufruhrs wurde das Gehalt des CEO Dimon 2012 auf zwölf Millionen Dollar halbiert, aber im darauffolgenden Jahr wieder auf 42 Millionen Dollar angehoben.

Es gibt noch einen weiteren Fall, der mit JPMorgan in Verbindung steht und auf den es sich lohnt, genauer einzugehen. Dieser enthüllt ein noch düstereres Kapitel der Großbank als der »London Whale«.

Bernard Madoff war der Liebling der Wall Street, ein Investmentguru, der den Kunden seiner Vermögensverwaltungsgesellschaft sagenhafte Gewinne aus dem Hut zauberte. Dann kam heraus, dass Madoff überhaupt kein echter Unternehmer war; das gesamte Unternehmen war nichts als eine Investmentpyramide, in der mit den Investitionen der neuen Kunden den älteren Kunden »Gewinne« ausbezahlt wurden. Man vermutet sogar, dass Madoff keine Investitionen im eigentlichen Sinne getätigt habe.

Madoff wurde »Amerikas größter Ganove« genannt. Er hatte das Geld von 4800 Kunden zusammengerafft. Die Bundesstaatsanwaltschaft der USA ging davon aus, dass er mit dem Betrug seine Kunden um insgesamt 64,8 Milliarden Dollar erleichtert hatte.

Madoff war ein angesehener Finanzmann, und er fungierte sogar als Vorstandsvorsitzender der Nasdaq-Börse. Die herkömmlichen Investoren konnten sich nur schwer vorstellen, dass er ein Hochstapler war. Irgendjemand muss allerdings davon gewusst haben – oder zumindest durchschaut haben, dass Madoff die größte Investmentpyramide der Welt errichtet hatte.

Die Behörden, die Madoffs Investmentpyramide untersuchten, wunderten sich, dass bei JPMorgan, wo seine Konten verwaltet wurden, niemand sein Geschäft als Hochstapelei enttarnt hatte. Madoff selbst sagte in seinen Vernehmungen aus, dass die Bank gewusst habe, dass es sich bei seiner Geschäftstätigkeit um Betrug gehandelt habe. Um zivil- und strafrechtliche Anklagen zu vermeiden, bezahlte JPMorgan 2,05 Milliarden Dollar Geldstrafen und Bußgelder.

Madoff wurde zu 150 Jahren Haft verurteilt, doch viele sind der Meinung, dass JPMorgan zu leicht davongekommen war. Ein Teil der Investoren, die ihr Geld beim Zusammenbruch der Pyramide verloren hatten, beauftragte das Anwaltsteam Helen Davis Chaitman und Lance Gotthoffer mit der Suche nach ihrem Geld.

Laut Chaitman und Gotthoffer erhielt JPMorgan von Madoff so hohe Honorare, dass die Bank bewusst die Augen vor dem Betrug verschloss und ihm dabei half, den »größten Diebstahl der Geschichte« zu begehen. Ihnen zufolge hatte man bei der Bank zwanzig Jahre lang tagtäglich mitangesehen, dass Madoff das Geld seiner Kunden nie in Wertpapiere angelegt hatte.

Chaitman und Gotthoffer veröffentlichten 2016 im Selbstverlag ihr Buch *JPMadoff: The Unholy Alliance between America's Biggest Bank and America's Biggest Crook*, in dem es um Madoff und JPMorgan geht. Daraufhin kontaktierte ich Helen

Chaitman per E-Mail, und sie antwortete mir, dass der Madoff-Skandal keine aktuell laufenden Verfahren nach sich gezogen habe: »Leider schützen die Gerichte kriminelle Banker auf unglaubliche Weise – das ist der Grund, warum die Wall Street so moralisch verdorben ist. JPMorgan hat nicht auf unser Buch reagiert, da sie alle Medien unter Kontrolle hat – auch die liberalen.«

Auf ihrer Webseite stellen Chaitman und Gotthoffer einen provokanten Vergleich an im Hinblick darauf, dass bei JPMorgan niemand für den Madoff-Skandal zur Verantwortung gezogen worden ist: »Würden Sie nicht auch wissen wollen, warum ein 18-Jähriger für den Diebstahl von 3000 Dollar aus dem Einzelhandelskonzern 7-Eleven ins Gefängnis muss, aber ein Banker bei JPMorgan, der Madoff beim Diebstahl von 64,8 Milliarden Dollar geholfen hat, gelassen in seiner Limousine nach Hause in Greenwich fahren darf?«

Der an Nierenkrebs erkrankte Madoff starb im Frühjahr 2021 im Krankenhaus des Bundesgefängnisses.

JPMorgans Kriminalgeschichte hat auch wegen der immens hohen Gehälter der Führungskräfte für Empörung gesorgt. Der CEO von JPMorgan erhält das 381-fache Gehalt eines Neuangestellten. Unter den Großbanken ist die Citibank die Einzige, die dieses Verhältnis an Zügellosigkeit noch überbietet, dort steht es 486 zu 1.

Der CEO von JPMorgan, Jamie Dimon, sagte in einem Interview mit *Yahoo Finance*, dass der Gehaltsvergleich totale Zeitverschwendung sei. Seiner Meinung nach ist der Vergleich der Gehälter der oberen und unteren Etage einer Organisation, als würde man »Äpfel mit Orangen« vergleichen. Dimon verdiente 2018 31 Millionen Dollar. Sein Vermögen beläuft sich auf gut mehr als eine Milliarde Dollar.

Ein weiterer Kritikpunkt ist JPMorgans große Rolle bei der

Finanzierung der fossilen Brennstoffindustrie. Laut der Anfang 2020 von sechs Umweltorganisationen veröffentlichten Untersuchung »Banking on Climate Change« war JPMorgan von 2016 bis 2018 mit 196 Milliarden Dollar der weltweit größte Finanzier der fossilen Industrie. Die Großbank ließ sich von der Kritik nicht aus der Ruhe bringen, schickte jedoch zeitgleich mit der Veröffentlichung der Untersuchung einen Bericht an ihre Kunden, demzufolge der Klimawandel »zu katastrophalen Folgen« führen könne. Von dieser Warnung berichtete die BBC, die Einblick in den Bericht der Bank an die Kunden bekommen hatte.

Die Finanzkrise trieb viele Großbanken an den Rand des Abgrunds. Für die US-amerikanischen Riesen wendete sich die Situation allerdings letzten Endes zum Guten. In den zehn Jahren nach der Krise konnten sich die größten US-amerikanischen Banken als weltweite Nummer eins der Finanzierer von Großunternehmen und im Investmentbanking etablieren. Gleichzeitig waren die europäischen Banken Jahr für Jahr von einem Problem ins nächste gestolpert.

In den USA nahm die Regierung die Finanzkrise sofort ernst und legte den Banken straffe Zügel an, kapitalisierte sie und verhinderte die Rückzahlung des Förderkapitals an den Staat – ebenso wie die Auszahlung von Dividenden und Prämien –, bis die Banken die Stresstests bestanden hatten. Die Bilanzen der US-Banken wurden um die angehäuften Unsauberkeiten bereinigt, während in Europa hingegen die Banken mit ihren unrentablen Investitionen und vernachlässigten Krediten weiterdümpelten.

Laut Berechnungen der *Financial Times* erzielten die fünf größten Banken Europas (HSBC, RBS, BNP Paribas, Barclays und Deutsche Bank) 2007 insgesamt Gewinne von knapp 60 Milliarden Dollar. Dies war ein Fünftel mehr als die fünf größten Konkurrenten aus den USA: JPMorgan Chase, Bank of America, Citigroup, Morgan Stanley und Goldman Sachs.

Bis 2017 hatte sich die Lage dramatisch gewandelt. Der Ertrag der europäischen fünf größten Banken war auf 17,5 Milliarden Dollar gefallen, während JPMorgan allein Gewinne von 24,4 Milliarden Dollar im Jahr schürfte. JPMorgans Börsenwert, also der addierte Wert aller Aktien, war 2018 höher als die Börsenwerte der fünf europäischen Banken zusammen. Anfang 2020 aktualisierte die *Financial Times* ihre Berechnung: Nun war der Börsenwert von JPMorgan höher als der Wert von elf europäischen Großbanken zusammen.

Der Anteil der fünf größten US-Banken am Umsatz der Großbanken der Welt stieg von 2006 bis 2016 um sechs Prozentpunkte, fand das Beratungsunternehmen Oliver Wyman und Morgan Stanley in einer Studie heraus.

»Es mag paradox erscheinen, dass die US-amerikanischen Banken jetzt stärker sind, obwohl die Krise zu einem großen Teil von ihnen ausgelöst wurde«, stellte Frédéric Oudéa, Vorsitzender und CEO der französischen Bank Société Générale, in einem Interview mit der Zeitung *Le Figaro* vom 15. September 2018 fest.

Zwei Tage später fand Oudéa noch mutigere Worte und offenbarte gegenüber der *Financial Times*, welche Vorteile die US-amerikanischen Banken neben dem großen Heimatmarktgebiet im Vergleich zu europäischen Banken haben: Die US-amerikanischen Banken können dreimal so hohe Gebühren für den Börsengang berechnen wie die europäischen Banken. Für Anleihen berechnen die US-Banken 30 Prozent höhere Gebühren. »Ich würde den US-amerikanischen Markt nicht als Oligopol bezeichnen, aber weit entfernt davon ist er nicht«, sagte Oudéa der britischen Zeitung. Laut dem *Financial Times*-Kolumnisten John Dizard (27. März 2020) genießt die JPMorgan ein höheres Vertrauen und einen stärkeren Status als jede andere Bank in den vergangenen 100 Jahren.

Der Weg der Bank von einem Skandal zum nächsten und von einem Milliardengewinn zum nächsten ist allerdings so verwirrend, dass er sich schwer nachvollziehen lässt. Es erscheint zumindest eigenartig, wie eines der angesehensten Unternehmen der Finanzwelt ein ums andere Mal gegen die Regeln verstoßen, Bußgelder zahlen und dann aufs Neue gegen die Regeln verstoßen kann. Ebenso erstaunlich ist es, dass dieses Verhalten nicht wirklich zu einer Verurteilung zu führen scheint – sonst würden sich beispielsweise der US-amerikanische Bund und seine Bankaufsichtsbehörden in Bezug auf die Rechtswidrigkeiten und Verbrechen nicht immer wieder auf Kompromisse einlassen, sondern Anklage gegen JPMorgan erheben, um ein für alle Mal klarzumachen, was den Banken erlaubt ist und was nicht. Solange die Großbanken in der Grauzone mehr Gewinne erzielen als auf legalem Weg, werden sie immer wieder ins Kriminelle abgleiten.

Kommen wir noch einmal auf Helen Chaitman zurück, die ihre Rentenersparnisse im Madoff-Skandal verloren hat. Sie versucht immer noch, JPMorgan auch für die Verluste anderer Kunden zur Verantwortung zu ziehen. Wie würde sie JPMorgan im Vergleich zu den anderen Großbanken einstufen? »Es ist sonnenklar, dass die Deutsche Bank sehr korrumpiert ist, aber JPMorgan hat Geschäftsbeziehungen zur Hälfte aller AmerikanerInnen und zieht sie alle über den Tisch. Es ist unglaublich, dass es hier keine Besserung gibt. Wenn das Justizministerium die Bank wegen eines gewaltigen Betrugs anklagt, geht die Bank einfach zum nächsten Betrug über. Ich kann nicht voraussagen, was der nächste große Skandal sein könnte, aber die Bank macht sich des Verbrechens schuldig, wann immer sich eine Gelegenheit bietet.«

Die JPMorgan-Bank ist so groß und hat überall auf der Welt bei allem ihre Finger im Spiel, dass sie als besonders gefährlich für die Stabilität des internationalen Finanzsystems gilt. In der Auflistung des Finanzstabilitätsrats vom November 2020 rangiert JPMorgan mit Citigroup und HSBC in der Dreiergruppe der systemrelevanten Banken. In der Fünfergruppe gab es zwei Jahre lang gar keine Bank, aber noch im Vorjahr rangierte die JPMorgan in Gruppe 4. Infolge der Klassifizierung muss die US-amerikanische Bankenaufsicht dafür sorgen, dass JPMorgan für den Fall möglicher Marktrisiken über mehr Eigenkapital verfügt als die anderen Banken. Vor allem der große Anteil der Bank am Derivatemarkt macht den Bankaufsichtsbehörden Sorgen.

9. Alibaba: So funktioniert das Geschäft der Zukunft
Ein Onlineshop verkauft alles

Die Geschäftsidee von Alibaba zu begreifen, hilft uns zu verstehen, warum bestimmte Technologiekonzerne zu Weltmächten geworden sind. Einkaufen muss leicht gemacht werden, so macht Alibaba es vor.

Die Geschichte des Onlineversandriesen Alibaba beginnt in einer kleinen Wohnung in einem Wohnblock von Hangzhou in Ostchina. Dort hielt der ehemalige Englischlehrer Jack Ma, der im Studium und in seiner Laufbahn viele Rückschläge erlitten hatte, am 4. April 1999 mit 17 Freunden die Gründungsversammlung von Alibaba ab.

Ma hatte vier Jahre zuvor die Webseite chinapages.com erstellt, die Ausländern Informationen über China und seine Konzerne vermittelte. Die Webseite Alibaba.com ging noch einen Schritt weiter. Sie diente als Markt für chinesische und ausländische Unternehmen. Die Idee war, dass mithilfe des Internets und der neuen Technologie kleine und mittelgroße Unternehmen auf dem Markt der globalen Wirtschaft konkurrieren konnten. In China wurden billige Waren produziert, die viele ausländische Händler verkaufen wollten. Alibaba war ein elektronischer Markt, der für seine Verkaufsgeschäfte eine Kommissionsgebühr nahm.

Alibaba erhielt von Anfang an eine gute Finanzierung und expandierte. 2003 weitete Ma das Geschäftsfeld des Konzerns aus, indem er Taobao gründete, einen Marktplatz für Privatpersonen und Kleinunternehmer, sowie das Bezahl- und Kreditunternehmen Alipay, das heute Teil der Ant Financial Services Group ist.

Der heutige Konzern Alibaba lässt sich am besten beschreiben als das chinesische Amazon, eBay, PayPal, Netflix und ein paar andere Internetkonzerne in einem Paket vereint. Der Konzern tätigte bei seinem Gang an die New Yorker Börse 2014 die größte Aktienausgabe der Welt und war laut der Onlineplattform Statista im Mai 2021 gemessen am Marktwert das neuntteuerste börsengelistete Unternehmen der Welt.

Jack Ma ist auf der ganzen Welt als charismatischer Chef und einer der reichsten Menschen Chinas bekannt. Seine Geschichte liest sich wie eine chinesische Version von Donald Duck, der sich in Gustav Gans verwandelt hat. Sein Lebenslauf offenbart, wie er sich mehrmals bei verschiedenen Bildungseinrichten bewerben musste, es zehnmal vergeblich bei der Harvard University versuchte, sich um 30 Jobs bewarb und keinen einzigen davon bekommen hat. Er war auch einer von 24 Bewerbern, die sich um einen Job bei der Fast-Food-Kette KFC bewarb – und als Einziger nicht genommen wurde.

Jack Ma passt gut zum »Ausdauer-zahlt-sich-aus«-Narrativ

der Kommunistischen Partei Chinas. Ma tritt auch als Weissager der Zukunft auf, sogar als leicht verrückter Visionär, der Massenhochzeiten ausrichtet, in Kung-Fu-Filmen als unbesiegbarer Kung-Fu-Meister auftritt oder bei der Alibaba-Gala unbeholfen Michael Jacksons Moonwalk nachahmt. Wegen dieser Kuriositäten ist er überall auf der Welt bekannt, ähnlich wie der Apple-Gründer Steve Jobs oder Teslas Elon Musk.

Alibaba kämpft mit Amazon um den Status des größten Onlinehändlers der Welt, wenngleich sich ihre Geschäftsmodelle in einem Punkt deutlich unterscheiden. Alibaba konzentriert sich auf seine Rolle als Marktplatz, auf dem Produkte anderer Verkäufer verkauft werden. Amazon hingegen kauft einen großen Teil der Produkte zuerst selbst und verkauft sie dann im eigenen Namen weiter.

Alibabas Onlinehandel verzeichnete einen angenehmen Zuwachs, aber den wahrscheinlich bedeutendsten Schritt in Richtung Weltherrschaft machte der Konzern im Jahr 2007, als sich die Konzernleitung in einem Hotel am Strand der Hafenstadt Ningbo in der ostchinesischen Provinz Zhejiang versammelte, um über die Geschäftsidee des Konzerns und seine Mission zu beraten.

Ming Zeng, der zum damaligen Management bei Alibaba gehörte, beschrieb die Bedeutung dieser Tage für Alibabas Weltherrschaftsstrategie offen und detailliert in seinem Artikel »Alibaba and the Future of Business« in der *Harvard Business Review*. Laut Zeng wurde den Anwesenden damals zum ersten Mal klar, dass Alibabas Mission darin bestand, ein offenes und koordiniertes Ökosystem zu schaffen, das den Verkäufern alle möglichen Mittel und Instrumente zur Verfügung stellte, die für ihr Geschäft erforderlich waren und dem Kunden den Einkauf erleichterten. Wenn Alibaba diese Instrumente nicht selbst anbieten konnte, wurde den Beteiligten zumindest der

Zugang zu diesen Tools angeboten, was die Entwicklung des Ökosystems förderte.

Anfangs brachte Alibaba Kunden und Verkäufer zusammen. Mit fortschreitender Technik wurde der Service um Werbung, Marketing, Logistik, Finanzierung, provisionsbasierte Partnerschaften sowie den Einsatz von Influencern in Social Media ergänzt.

Diesen Prozess hat Alibaba von Anfang an versucht zu digitalisieren und automatisieren, sodass Algorithmen in Echtzeit die auf der Plattform gesammelten Daten auswerten und den Prozess steuern konnten.

Ming Zeng listet in seinem Artikel vier Schritte auf, wie sich alle Prozesse automatisieren lassen:

1. Konvertiere alle Interaktionen mit Kunden zu Daten.
2. Lass alle Aktionen von der Software automatisch lösen.
3. Behalte die Daten im Umlauf, sodass die verschiedenen Softwares des Ökosystems miteinander kommunizieren können.
4. Füge Algorithmen hinzu, sodass die Computer lernen, Daten in Echtzeit auszuwerten und den Service so auf den Kunden zuzuschneiden, dass er am Haken bleibt.

Ming Zeng zufolge handeln sieben der zehn teuersten Unternehmen der Welt nach demselben Businessmodell wie Alibaba. Fünf von ihnen wurden nach 1994 gegründet: Amazon, Google und Facebook in den USA sowie Alibaba und Tencent in China. Übrig bleiben Apple, gegründet 1976, und Microsoft, gegründet 1975.

Es gibt also Grund zu der Behauptung, dass in diesem Geschäftsmodell die Zukunft wirtschaftlicher Aktivitäten liegt. Laut Zeng beruht der Erfolg dieser Konzerne auf der Netzwerkverwaltung und der Nutzung der verfügbaren Daten.

Im Zentrum von alledem steht die Verwaltung eines selbstlernenden, automatisierten Netzwerks, in dem überflüssige Arbeitsschritte eliminiert werden.

Ein gutes Beispiel für die Nutzung der neuen Technologie ist der Verleih von Stadträdern. Früher musste man das Fahrrad bei der Verleihstation abholen, einen Vertrag unterschreiben, eine Kaution hinterlegen oder Bonität nachweisen, den passenden Schlüssel für das Fahrradschloss bekommen, das Fahrrad am Ende der gemieteten Zeit zurückbringen und über all diese Transaktionen eine Art Leihvertrag schließen. Dank der Mobiltechnologie kann man all diese Aufgaben heute mit dem Handy erledigen und das Fahrradschloss ferngesteuert öffnen und schließen. Zahlreiche teure Arbeitsschritte bleiben so erspart. Der Fahrradverleih wird einfach und billig, und konventionelle Fahrradverleihe haben in dem Wettbewerb keinen Platz.

So liegt der Trumpf vor allem bei demjenigen, der die Informationen über die verschiedenen Einkaufsschritte besitzt. Der Betreffende kann verschiedene Produkte und Dienstleistungen planen, von denen er aus Erfahrung weiß, dass sie zur Verbesserung eines erfolgreichen Geschäfts beitragen, und dieses Know-how an die Händler in seinem Netzwerk weiterverkaufen. Je mehr Daten die selbstlernenden Computer erhalten, umso besser können sie ein Verhalten vorhersagen.

Laut Statista wurden Alibabas E-Commerce-Plattformen Taobao und Tmall von April 2020 bis März 2021 von insgesamt 811 Millionen Kunden genutzt. Die Daten und Suchanfragen, die aus dem Kaufverhalten der Kunden gewonnen wurden, werden zum Beispiel für die Produktentwicklung genutzt.

Alibaba hat etwa dem britischen Lebensmittelkonzern Unilever geholfen, für den chinesischen Markt Hautpflegeprodukte zu entwickeln, die Luftverschmutzung und andere Unreinheiten besser entfernen. Die Forschungsabteilung bei Tmall hatte den Bedarf für ein solches Produkt erkannt, da die Kunden bei Tmall – ohne Erfolg – danach gesucht hatten.

Unilever entwickelte schnell 48 verschiedene Prototypen von Reinigungsmitteln und nutzte Alibabas Onlineshops für die Testvermarktung an verschiedene Zielgruppen. Basierend auf dem Feedback brachte Unilever die preiswerte Purifi-Produktlinie innerhalb von sechs Monaten auf den Markt, während gewöhnlich 18 bis 24 Monate auf die Produktentwicklung verwendet werden, teilte ein Vertreter von Unilever dem Nachrichtensender Bloomberg mit.

Ein zweites aufschlussreiches Beispiel für den Wert von Userdaten ist das Mikrodarlehen Ant Microloan, das Alibaba 2012 kleinen und mittelgroßen Unternehmen anzubieten begann. In China lag der Durchschnittswert der von Banken an Unternehmen vergebenen Kredite bei einer Million Dollar, aber für kleine Unternehmen war es damals schwierig, einen Kredit zu bekommen. Alibaba konnte anhand der Onlinegeschäfte dieser Unternehmen deren wirtschaftliche Situation ziemlich genau einschätzen und bot den Unternehmen Kleindarlehen und Schnellkredite an. In sieben Jahren bewilligte Alibaba knapp drei Millionen Unternehmen Kredite in Höhe von insgesamt 13 Milliarden Dollar. Als das Kleinkreditbusiness mit der beliebten Bezahlanwendung Alipay zusammengelegt wurde, entstand der Konzern Ant Financial Services.

Jack Ma sah, was für ein Goldesel das Unternehmen war, und spaltete es 2011 als eigenständiges Unternehmen ab. Im Sommer 2020 verkündete Ant, an die Börse in Hongkong gehen zu wollen. Der Marktwert lag damals Prognosen zufolge bei 200 Milliarden Dollar, so berichtete die Nachrichtenagentur Reuters.

Der Onlineplattform Statista zufolge wird Alipay von mehr als 800 Millionen Menschen und mehr als 80 Millionen Unternehmen aktiv genutzt. Ant kann innerhalb von Minuten über die Kreditvergabe entscheiden, da die Informationen, die für den Kreditgeber erforderlich sind, der Zinssatz und der Kreditrahmen auf Basis der Kundendaten in Echtzeit analysiert werden können, sodass der Preis aller Verkäufe und Kundengespräche ebenso kalkuliert wird wie bei der Lagerumschlagshäufigkeit und dem Produktlebenszyklus. Ming Zeng zufolge zahlen nur weniger als ein Prozent der Ant-Kreditnehmer den Kredit nicht zurück. Laut Statistiken der Weltbank liegt der entsprechende Anteil allgemein bei durchschnittlich vier Prozent.

Die Daten über das Kreditnehmerverhalten sind also von beachtlicher Bedeutung, zumindest solange die Algorithmen die Entwicklung des Geschäfts korrekt prognostizieren können. Alibabas Sammeln von Daten wird auch dadurch erleichtert, dass der Schutz der Privatsphäre in China traditionell schwächer ist als in den westlichen Ländern.

Auf dem Marktplatz Taobao, wo Privatpersonen und Kleinunternehmen miteinander Handel betreiben, werden verschiedene Angebote und Stammkundenprogramme auch danach zugeschnitten, welche Informationen über die Kunden durch die Auswertung der Nutzung von Social Media gewonnen werden.

Auf der Webseite von Alibaba wird angegeben, dass die Mission des Unternehmens darin bestehe, den Handel überall einfach zu machen: »To Make It Easy to Do Business Anywhere.« Um den Handel zu vereinfachen, bietet Alibaba den Unternehmen mehr als 100 verschiedene Dienstleistungen an, mit deren Hilfe sie auf der Alibaba-Plattform als beliebter Vertreiber von Waren aufsteigen und ihren Kunden einen besseren Service bieten können.

Die Händler können zum Beispiel den Chat-Bot nutzen, ein Computerprogramm, das automatisch auf Kundenfragen antwortet und Handel betreibt. Das Programm ist so aufgebaut, dass die Verkäufer, die sich in der Branche auskennen, die typischsten Situationen und Probleme in das Programm eingespeist haben und der Bot Lösungen dazu anbietet.

Ming Zeng schreibt in seinem Artikel auch, dass ein gut eingestellter Bot viel effizienter ist als ein Mensch. »Die Kleidermarke Senma beispielsweise begann vor einem Jahr einen solchen [Bot] einzusetzen und bemerkte, dass der Bot 26-mal so viel verkaufte wie der beste menschliche Verkäufer.«

Alibaba wurde gegründet, damit chinesische Unternehmen und internationale Kunden zusammenfinden. Im Jahr 2003 expandierte der Service mit Taobao, dem Marktplatz für Privatpersonen und Kleinunternehmer, und 2008 war Tmall an der Reihe, das sich auf Markenprodukte und Produkte des alltäglichen Bedarfs konzentrierte.

Tmall agiert auch weltweit unter dem Namen Tmall Global. In sechs Ländern in Südostasien, Indonesien, Malaysia, auf den Philippinen, in Singapur, Thailand und Vietnam ist Alibaba unter dem Namen Lazada tätig.

2010 wurde Juhuasuan lanciert, das sich auf landwirtschaftliche Produkte und deren kurzfristige Discountverkäufe fokussiert.

An den Großhandel richtet sich in China 1688.com und global Alibaba.com.

Alibaba hat – wie seine US-amerikanischen Wettbewerber – das Geschäftsfeld auch auf die Medien und andere Unterhaltungsdienste ausgeweitet.

Zu Alibabas Tochterkonzernen gehören der Video- und

Streaminganbieter Youku Tudou, Alibaba Pictures, Alibaba Music und Alibaba Sports.

Um die Logistik kümmert sich Cainiao Networks, und die Cloud-Dienste werden unter dem Namen Alibaba Cloud betrieben. Alibaba Cloud wurde 2009 gegründet und gibt an, einschließlich Asiens und des Pazifikgebiets der größte Cloud-Anbieter Chinas und der drittgrößte der Welt zu sein.

Es gibt auch andere typische Dienstleistungen aus dem Bereich der digitalen Wirtschaft: Ele.me ist Chinas beliebtester Essenslieferservice und DingTalk eine beliebte Plattform für Kollaborationen und Remote Jobs für Unternehmen.

2016 führte Alibaba die Supermarktkette Freshippo ein, bei der man aus den Strichcodes der Lebensmittel mit dem Smartphone Informationen über die Produkte auslesen kann. Die Geschäfte versprechen außerdem, bestellte Waren dem Kunden innerhalb von 30 Minuten in einem Umkreis von drei Kilometern nach Hause zu liefern. Unter dem Namen Hema hat Freshippo sich vor allem auf Fischtheken spezialisiert, an denen der Kunde lebendige Fische oder Krustentiere aussuchen oder im Restaurant des Geschäfts verzehren kann. Ende März 2020 verfügte Alibaba über 207 solcher Geschäfte in Chinas Großstädten.

Statista zufolge entstammen 90 Prozent des Umsatzes der Alibaba Group aus Kommissions- und Servicegebühren der chinesischen Onlinemarktplätze.

Das Umsatzwachstum von Alibaba ist außerordentlich groß. Während der Umsatz nach Quartalsabschluss im März 2010 rund 820 Millionen Euro betrug, lag er nach Quartalsabschluss im März 2021 bereits bei 109 Milliarden Euro.

Die digitalen Cashflows zwischen Kunden und Verkäufern der Alibaba-Marktplätze sind noch eine Nummer größer – zum Zeitpunkt des Jahresabschlussberichts Ende März 2020 berichtete der Konzern von einem Cashflow in Höhe von rund 866 Milliarden Euro.

Besonders rege läuft der Verkauf immer am 11. November, wenn in den Onlineshops der von Alibaba erfundene »Single's Day« gefeiert wird. Dieser Tag ist mittlerweile der umsatzstärkste Onlineshopping-Tag der Welt. 2019 gab Alibaba an, innerhalb von 24 Stunden Waren im Wert von 38 Milliarden Dollar verkauft zu haben, also mehr als Amazon in drei Monaten. Im November 2020 dehnte der Konzern die Aktion auf 11 Tage aus und gab Verkaufszahlen von 74 Milliarden Dollar bekannt.

Alibaba eröffnet den »Single's Day« traditionell mit einer Gala, die um Mitternacht zum 11. November endet. Die Feierlichkeiten werden im Netz gestreamt. 2019 trat Taylor Swift auf. Kim Kardashian nahm per Live-Schalte an dem Event teil und verkündete, dass ihre Parfümmarke KKW bei Tmall in den Verkauf kommt. 2020 war die Attraktion Katy Perry, die für einen Auftritt zugeschaltet wurde.

Alibaba wurde vor allem in der Anfangszeit vorgeworfen, dass die chinesischen Händler im Internet eine Menge Fake-Produkte verkauften. Auch der Verkauf von gefälschten Medikamenten und Produktlinien für die Herstellung selbiger sorgte international für Verwunderung. »Bei Alibaba kann man eine ganze Fabrik bis hin zu Verpackungsprodukten und Hologrammsiegeln kaufen«, sagte Pasi Virta, der zuständige Leiter der medizinischen Abteilung beim Pharmakonzern Pfizer, im Sommer 2017 in einem Interview mit der finnischen Tageszeitung *Helsingin Sanomat*. Pfizer stellt unter anderem das Potenzmittel Viagra her, das bei Medikamentenfälschern beliebt ist.

Das Wirtschaftsmagazin *Forbes* gab im Herbst 2015 auf dem Marktplatz Taobao das Wort »Gucci« in die Produktsuchmaschine ein und legte als Preisgrenze 300 Yuan (50 Dollar) fest, also einen Preis, für den man keine echten Gucci-Produkte bekommt. Die Suche ergab 30.000 Treffer, und die ersten vier Verkäufer auf der Liste bestätigten im Chat, dass die Hersteller originale Gucci-Produkte als Vorlage verwendeten.

Der Verkauf von Fake-Produkten ist in den vergangenen Jahren einigermaßen eingedämmt worden. Alibaba stand unter Druck und bildete 2017 mit 30 Produktmarken einen Zusammenschluss zum Schutz der Urheberrechte, um gegen die Produktfälschungen vorzugehen. 2019 waren 170 Marken aus 17 Ländern Teil dieses Bündnisses, und die Polizei hatte mithilfe von Alibabas Hinweisen mehr als 4000 Personen gefasst, die gegen das Urheberrecht verstoßen hatten – so zu lesen in einem von Alibaba geleakten Bericht über gefälschte Produkte.

Im Herbst 2020 ergab meine eigene Gucci-Suchanfrage bei AliExpress als Erstes lustige Gucci-T-Shirts, dann möglicherweise echte Gucci-Handtaschen für mehr als 1000 Dollar. Aber es gab auch genügend billige Kopien. Gleich unterhalb der Gucci-Liste wurden Kopien von Louis-Vuitton-Handtaschen für weniger als 50 Dollar angeboten sowie Taschen von »HANEL« und »AINT LAUREN PARIS«.

Alibaba hat davon profitiert, dass China US-amerikanische Konzerne wie Amazon und Google nicht auf seinem Markt zulässt. Andererseits ist der Konkurrenzkampf mit den chinesischen Internetriesen Tencent und Baidu sowie der E-Commerce-Plattform Pinduoduo gnadenlos.

Der Alibaba-Gründer Jack Ma zog sich 2013 aus der Geschäftsführung von Alibaba zurück. Im September 2018 gab er bekannt, aus dem Vorstand des Unternehmens auszuscheiden und den Vorstandsvorsitz abzugeben.

Zwei Monate später berichtete die chinesische Zeitung *Rénmín Rìbào*, dass die Kommunistische Partei Chinas Mas

Lebenswerk mit dem Preis des Zentralkomitees der Partei ausgezeichnet habe. Zugleich wurde erwähnt, dass Ma Parteimitglied sei.

Laut Quellen des US-amerikanischen Wirtschaftsnachrichtensenders CNBC soll Ma seit den Achtzigerjahren, also seit seiner Studentenzeit, Mitglied der Partei gewesen sein. Er war auch ein Jahr vor der Alibaba-Gründung als Leiter der IT-Firma dem chinesischen Ministerium für externen Handel unterstellt. Diese Tätigkeit hatte er aufgegeben, um Alibaba zu gründen.

Wie es in China häufig der Fall ist, ist die Verbindung zwischen Alibaba und der Regierung zum Teil unklar. »Liebt eure Regierung, aber lasst euch nicht auf eine Ehe mit ihr ein«, erklärte Ma seine Beziehung zur politischen Führung Chinas im August 2017 in einem Interview in der US-amerikanischen TV-Sendung »60 minutes«.

Im November 2020 war der von Alibaba abgespaltene Bezahl- und Kreditdienstleister Ant Group im Begriff, mit Aktienemissionen im Wert von mindestens 34,5 Milliarden Dollar an die Börsen in Shanghai und Hongkong zu gehen. Es wäre die größte Aktienausgabe in der Geschichte der Börse gewesen, und man rechnete damit, dass der Marktwert der Ant Group auf 315 Milliarden Dollar steigen würde. Jack Ma kontrolliert durch zwei Investmentgesellschaften rund 50 Prozent der Ant Group.

Fünf Tage vor der Aktienausgabe hielt Jack Ma in Shanghai eine Rede, in der er die alten Banken als Pfandhäuser beschimpfte und seine Vision offenbarte, wie sich das Finanzwesen in China in der Zeit des digitalen Handels verändern würde.

Die Rede sorgte für eine heftige Gegenreaktion. Jack Ma wurde zu einer Zurechtweisung durch die Behörden zitiert, und die Aktienausgabe musste abgesagt werden.

Die Disziplinierung setzte sich im Frühjahr 2021 fort, als die chinesische Regierung Alibaba mit Geldstrafen in Höhe von 18 Milliarden Yuan (2,75 Milliarden Dollar) für Marktmachtmissbrauch belegte. Der Marktaufsichtsbehörde zufolge hatte Alibaba Händler daran gehindert, ihre Produkte auf konkurrierenden Onlineplattformen zu verkaufen.

In einem Interview mit CNBC im Juni 2021 sagte Joe Tsai, stellvertretender Vorstandsvorsitzender von Alibaba, dass Jack Ma heute zurückgezogen lebt: »Es geht ihm gut, ausgesprochen gut. Er hat mit dem Malen angefangen.«

Neben Jack Ma hat die Kommunistische Partei angefangen, auch andere stimmgewaltige Konzernleiter in die Schranken zu weisen. Die wahrscheinlich härteste Strafe traf den landwirtschaftlichen Unternehmer Sun Dawu, der im Sommer 2021 zu 18 Jahren Haft verurteilt wurde, unter anderem wegen »Aufwiegelei«.

Jack Ma mag zwar recht gehabt haben mit dem, was er über den Wandel der Welt gesagt hat, aber das hätte er nicht laut sagen dürfen. Ihm wurden die Flügel gestutzt.

8. Goldman Sachs: Im Auftrag Gottes
Die stärkste Investmentbank der Welt

Viele internationale Banken und Banker mussten nach der Bankenkrise 2007 klein beigeben. Die Banker galten nicht mehr als die Herrscher der Welt, nachdem sie staatliche Hilfe hatten annehmen müssen, um ihre Banken im Sturm ihrer selbst verursachten Krise über Wasser zu halten.

Doch nicht alle zeigten sich demütig.

Lloyd Blankfein, CEO der US-amerikanischen Bank Goldman Sachs, gab 2009 mitten in der Krise der britischen *The*

Sunday Times ein unverblümtes Interview: »Wir sind sehr wichtig. Wir helfen Unternehmen zu wachsen, indem wir sie dabei unterstützen, Kapital zu bekommen. Wachsende Unternehmen schaffen Wohlstand. Dies wiederum gibt Menschen die Möglichkeit, mehr Wachstum und mehr Wohlstand zu kreieren. Es ist ein sich selbst nährender Kreislauf.«

Goldman Sachs stand gerade zu jener Zeit stark im Visier der Öffentlichkeit – die Bank hatte Spitzengewinne erzielt und berichtete 2009, Boni in Höhe von insgesamt 16 Milliarden Dollar an ihre Mitarbeiter ausgeschüttet zu haben. Wenn die Prämien gleichmäßig unter allen aufgeteilt worden wären, hätte jeder Bankangestellte eine halbe Million Dollar Weihnachtsgeld erhalten. Erst ein Jahr zuvor hatte die Bank vom US-Finanzministerium ein zehn Milliarden Dollar schweres Rettungspaket erhalten, mit dem versucht wurde, das Bankensystem des Landes aufrechtzuerhalten.

Blankfein sagte in dem Interview, dass er verstehe, dass die Menschen sauer auf die Banker seien: »Ich weiß, dass die Menschen jubeln würden, wenn ich mir die Handgelenke aufschlitzen würde.« Blankfein schlitzte sich nicht die Handgelenke auf. Er sagte, er sei nur ein Banker, der »Gottes Werk verrichte«.

Gleichzeitig verteidigte Brian Griffiths, Vizevorsitzender von Goldman Sachs International, die Spitzengehälter der Banker als wirtschaftliche Notwendigkeit: »Wir müssen Ungleichheit in Kauf nehmen als einen Weg, der mehr Wohlstand und Chancen für alle schafft«, sagte er der *Time*.

Die Aussagen der obersten Führungsetage von Goldman Sachs waren keine Versprecher oder verbalen Ausrutscher – selbst in der angespannten Lage der Finanzkrise. Goldman ist die Königsklasse unter den US-amerikanischen Großbanken, eine Bank, die sich gewöhnlich ihre Kunden aussuchen konnte und der nur die besten gut genug waren.

In der Konzerngeschichte wird berichtet, dass der Gründer Marcus Goldman aus Bayern in die USA gezogen war, um dem Antisemitismus in Deutschland zu entfliehen. 1869 gründete er auf der Pine Street in New York ein Ein-Mann-Unternehmen, in dem er Schuldscheine kaufte und verkaufte.

Nach Marcus Goldmans Tod 1904 führten sein Schwiegersohn Samuel Sachs und sein Sohn Henry Goldman das Geschäft fort. Unter der Leitung des Letztgenannten eroberte die Bank neue Gebiete im Investmentgeschäft und Wertpapierhandel. Die Bank finanzierte Unternehmen von Privatpersonen, wandelte sie in Aktiengesellschaften um und verkaufte die Aktien an Investoren.

Heute ist Goldman Sachs eine der größten Investmentbanken der Welt. Dank ihrer starken Stellung und guter Netzwerke hat sie ihre Anteilseigner und Führungskräfte um Milliarden Dollar bereichert. Zugleich ist sie eine der internationalen Großbanken, die immer wieder bei Gesetzesverstößen und Marktmanipulation erwischt worden sind.

Goldman Sachs war bereits am großen Börsencrash 1929 auf spektakuläre Weise beteiligt. Die Bank hatte eine Reihe von Investmentgesellschaften gegründet und deren Aktien an ahnungslose Bürger verkauft. Die angelockten Investoren wussten nicht, dass Goldman praktisch eine Investmentpyramide erschaffen hatte, in der immer wieder neue Konzerne gegründet wurden, um Anteile an den kurz zuvor gegründeten Unternehmen zu erwerben. Goldman gelang es, 42.000 Anteilseigner für die im Dezember 1928 gegründete Goldman Sachs Trading Corporation zu ködern. Der Aktienkurs des Unternehmens lag zu Bestzeiten bei 104 Dollar, aber einige Monate später, nach dem Börsencrash, lag er nur noch bei 1,75 Dollar.

1968 stellte Goldman Sachs erneut die eigenen Interessen

demonstrativ über die der Kunden. Die Bank hatte der Penn Central Transportation Company geholfen, unbesicherte Schuldtitel an Anleger zu verkaufen. Penn Central war das größte Eisenbahnunternehmen der USA, und die Schuldtitel galten als sicher. Sie wurden unter anderem von American Express und Disney sowie einer Reihe kleinerer Investoren gekauft.

Das Geschäft von Penn Central lief allerdings nicht gut. Ende 1969 hatte sich die Situation von Penn Central rasch verschlechtert. Im Sommer 1970 ging Penn Central dann in Konkurs. Viele verloren ihr Geld, und die US-Börsenaufsichtsbehörde SEC begann nachzuforschen, was bei dem Eisenbahnunternehmen eigentlich passiert war. Die SEC-Ermittler fanden heraus, dass Goldman Sachs die eigenen Penn-Central-Schuldtitel kurz vor dem Konkurs an andere Investoren weiterverkauft hatte. Käufer waren leicht zu finden, da die Bank den neuen – und auch der Hälfte der alten – Penn-Central-Investoren nicht offenbart hatte, dass das Unternehmen in Schwierigkeiten steckte.

Viele Kunden verklagten Goldman Sachs, und die Bank musste ihnen Entschädigungen zahlen. Für Goldman Sachs war dies ein so herber Schlag, dass die Bank im Nachhinein zugab, im Begriff gewesen zu sein, Penn Central in den Abgrund zu folgen.

Zur Zeit des Penn-Central-Skandals wurde Goldman Sachs von Gus Levy geleitet, einem energischen, risikofreudigen Wertpapierhändler. Levy fasste das Erfolgsgeheimnis der Bank folgendermaßen zusammen: »Wir sind gierig, aber wir sind langfristig gierig.« Das Tages-, Wochen- oder Monatsergebnis spielte für ihn keine große Rolle, er dachte weitsichtiger: in Jahren und Jahrzehnten.

Gus Levys Motto behielt auch noch seine Gültigkeit, als die

internationalen Großbanken 2007 die Weltwirtschaft an den Rand des Zusammenbruchs führten. Goldman Sachs zeigte, dass die Bank aus ihrer eigenen Geschichte nichts gelernt hatte: Während der Konkurs von Penn Central ihre Kunden Millionen gekostet hatte, ging es bei der Finanzkrise um Milliarden.

Goldman Sachs gehörte zu den Banken, die aktiv am Spuk auf dem US-amerikanischen Hypothekenmarkt beteiligt gewesen waren. Wie im Fall von Penn Central merkten die Bankenchefs auch diesmal schon vor ihren Kunden, dass die Euphorie, die auf den internationalen Märkten herrschte, auf Sand gebaut war. Die Anlageprodukte, die von Jahr zu Jahr immer komplexer und undurchsichtiger wurden, beruhten allesamt auf der Grundannahme, dass die Immobilienpreise nicht überall in den USA gleichzeitig sinken konnten.

Goldman Sachs war der Pyramidencharakter bereits Ende 2006 klar geworden, sodass die Bank anfing, sich vor dem absehbaren Crash zu schützen. Zur selben Zeit verkaufte sie jedoch ihren Kunden weiterhin hypothekenbesicherte Wertpapiere wie geschnitten Brot. Goldman Sachs bediente sich aller Finessen des modernen Wertpapierhandels und verkaufte ihren Kunden sogar absichtlich Anlagepapiere, die die Bank selbst als wertlos erachtete – und kaufte gleichzeitig Derivate, die ihr gute Gewinne garantierten, wenn die soeben verkauften Wertpapiere ihren Wert verloren. Die Bank verdiente eine Milliarde nach der nächsten, indem sie den Markt mit Schrottpapieren flutete und dann Kasse machte, als diese Anlagen ihren Wert verloren.

Obwohl das Unternehmen lange seine Unschuld beteuerte, musste es letzten Endes eine ganze Menge Geld für seine Geschäfte, die zur Finanzkrise geführt hatten, hinblättern. Um lange Gerichtsverfahren zu vermeiden, schlichtete Goldman

Sachs viele Streitigkeiten mit den Behörden in verschiedenen Einigungen.

Die größte Einzelstrafe erhielt Goldman Sachs vom Justizministerium der Vereinigten Staaten: Im April 2016 musste die Bank Geldstrafen und Entschädigungen in Höhe von 5060 Millionen Dollar für den Handel mit hypothekenbesicherten Wertpapieren von 2005 bis 2007 zahlen. »Dieses Urteil bedeutet, dass Goldman Sachs sich schwerer Verbrechen verantwortlich gemacht hatte, als die Bank ihren Anlegern fälschlicherweise versicherte, dass die verkauften Wertpapiere durch stabile Hypotheken besichert waren, obwohl sie wusste, dass die Anlagen voller Hypotheken steckten, die wahrscheinlich wertlos werden würden«, sagte der stellvertretende Generalstaatsanwalt der Vereinigten Staaten Stuart Delery.

Das Fünf-Milliarden-Dollar-Paket war nicht die einzige Quittung, die Goldman Sachs für die Finanzkrise erhielt. Andere US-Behörden verpflichteten die Bank zu Strafen, Entschädigungen und Rückerstattungen in Höhe von rund acht Milliarden Dollar an ihre in die Irre geführten Kunden.

Die Finanzkrise war auch nicht der einzige Skandal der vergangenen Jahre, in den Goldman Sachs verwickelt war. Goldman Sachs war mit vielen anderen internationalen Großbanken an der Währungsmanipulation sowie an den Libor- und Euribor-Leitzinsmanipulationen beteiligt. Die Summe der Geldstrafen, Entschädigungen und Rückerstattungen lag bei insgesamt mehreren 100 Millionen Dollar.

Die Rechnungen, die den Skandalen folgten, waren zugleich ein starkes Indiz für Goldman Sachs' Talent, Profite zu machen, und für die Unverwundbarkeit der Bank – selbst die Strafen in Milliardenhöhe hielten sie nicht davon ab, Spitzenprämien an ihr Führungspersonal und ihre Angestellten auszuzahlen.

Goldman Sachs verfügt im Wettbewerb mit anderen Banken

und im Kampf mit den Behörden über einen starken Trumpf. Sie ist das bestvernetzte Unternehmen der Welt.

Steven Mnuchin, US-Finanzminister während der Trump-Administration, hatte 17 Jahre lang bei Goldman Sachs gearbeitet. Bevor er zur Regierung wechselte, war er unter anderem als Hedgefonds-Manager tätig.

Im März 2017 ernannte Trump Jim Donovan, einen Investmentbanker von Goldman Sachs, zum stellvertretenden Finanzminister der Vereinigten Staaten. Donovan lehnte jedoch die Nominierung ab.

Weitere Goldman-Chefs in Trumps Kabinett waren der Direktor des Nationalen Wirtschaftsrats Gary Cohn, die stellvertretende Nationale Sicherheitsberaterin Dina Powell und der Hauptstratege und Vertrauensmann des Präsidenten Steve Bannon.

Als Kabinettsvorsitzender des Finanzministers Timothy Geithner, der von Trumps Vorgänger Barack Obama ernannt worden war, fungierte der Goldman-Sachs-Lobbyist Mark A. Patterson. George W. Bush berief Goldmans CEO Henry Paulson zum Finanzminister. Bill Clinton ernannte Robert Rubin, den Vorstandsvorsitzenden von Goldman Sachs, zuerst zum wirtschaftlichen Berater und dann zum Finanzminister.

In der US-Regierung hat es in den vorderen Reihen so viele ehemalige Goldman-Sachs-Bankiers gegeben, dass diese häufig als »Government Sachs« bezeichnet wird.

Die Drehtür zur Chefetage von Goldman Sachs ist eine wohldurchdachte Strategie. »Wir sind stolz auf unsere Tradition der Führung und des öffentlichen Dienstes, und wir glauben, dass diese ein zentraler Teil unserer Unternehmenskultur ist. Deshalb ermutigen wir unsere Leute weiterhin, ihren Beitrag zum Dienst an der Regierung zu leisten, wenn sie das Glück haben, dazu berufen zu werden«, schrieb CEO Lloyd

Blankfein im Jahresbericht 2016. Im Jahresbericht von 2015 hatte Blankfein dasselbe kürzer zusammengefasst: »Wir arbeiten im Beziehungsbusiness.«

Während die US-Regierung immer wieder Manager von Goldman Sachs engagiert, rekrutiert die Bank ihrerseits für ihre Lobbyarbeit ehemalige Regierungsbeamte. Das Center for Responsive Politics, eine gemeinnützige Organisation, die Daten zur Kampagnenfinanzierung und Lobbyarbeit verfolgt, rechnete aus, dass 2016 ganze 88 Prozent von Goldmans Lobbyisten ehemalige Beamte oder Kongressmitglieder waren.

Die Rotation der Drehtür erweckt den Eindruck, dass die Aufsicht und die Beaufsichtigten sich nicht an zwei Enden des Tisches gegenübersitzen, sondern alle gemeinsam daran arbeiten, die Banken, ihre Führungsetage und Anteilseigner vor Regulierungen oder sonstigen Restriktionen zu schützen. Nicht einmal die Finanzkrise konnte bewirken, dass die Aufsichtsbehörden zu verschärften Maßnahmen griffen, um die Macht der Banken einzuschränken – viele Banken, die der Krise den Weg bereitet hatten, sind so wie Goldman Sachs heute stärker als je zuvor. Die drastische Verschärfung der Kapitalanforderungen an die Banken ist bei den größten Banken auf massiven Widerstand gestoßen, den die Politiker beziehungsweise die Behörden aus verschiedenen Gründen nicht brechen können.

Für die Leitung der Börsenaufsichtsbehörde SEC wählte Präsident Trump Jay Clayton, der Goldman Sachs bei den nachträglichen Untersuchungen nach der Finanzkrise unterstützt hatte. Joe Biden wiederum beförderte Gary Gensler, der 18 Jahre bei Goldman Sachs tätig war, zum Vorsitzenden der SEC.

Doch auch früher war das schon möglich: Barack Obama hatte denselben Gensler zum Vorsitzenden der Commodity

Futures Trading Commission (CFTC), der Behörde zur Regulierung der Futures- und Optionsmärkte, ernannt.

Und auch in Europa ist das möglich: Mark Carney, der 2013 bis 2020 Gouverneur der Bank of England war, hatte 13 Jahre lang für Goldman Sachs gearbeitet. Er ist nicht der einzige Zentralbankier aus dem Hause Goldman Sachs: Mario Draghi, Präsident der Europäischen Zentralbank 2011 bis 2019, war 2002 bis 2005 als Vizepräsident von Goldman Sachs International tätig gewesen.

Mario Monti, einer der wichtigsten Politiker Italiens, hat ebenfalls einen Goldman-Sachs-Hintergrund. Er war 1995 bis 2004 EU-Kommissar und später internationaler Berater bei Goldman Sachs gewesen, bevor er von 2011 bis 2013 Ministerpräsident Italiens war.

Weitere Berater von Goldman waren Karel van Miert (Mitglied der EU-Kommission von 1989 bis 1999) und Otmar Issing (Chefökonom der Europäischen Zentralbank). António Borges, ehemaliger Leiter der Europa-Abteilung des Internationalen Währungsfonds, war wiederum Vizepräsident bei Goldman Sachs International gewesen.

Der Fall José Manuel Barroso, Leiter der EU-Kommission von 2004 bis 2014, sorgte für ziemliches Aufsehen, als dieser nach der 18-monatigen »Zwangssperre« Vorstandsvorsitzender und Berater bei Goldman Sachs International wurde. Es galt für leitende EU-Beamte als unangebracht, ihr Geld bei Banken zu verdienen, die in der Finanz- und Eurokrise als die Hauptübeltäter galten.

Sogar der neue Präsident der EU-Kommission Jean-Claude Juncker äußerte Bedenken über die Entscheidung seines Vorgängers: »Ich halte José Manuel Barroso für einen aufrichtigen Mann, und er ist mein Freund. Persönlich habe ich kein Problem damit, dass er zu einer privaten Bank gewechselt ist –

aber warum ausgerechnet zu dieser Bank? Goldman Sachs war eine der Organisationen, die wissentlich oder unwissentlich die gewaltige Finanzkrise verursacht haben, die wir von 2007 bis 2009 erlebt haben. Das gibt zu denken, warum er sich ausgerechnet für diese Bank entschieden hat.«

Juncker veranlasste die EU-Behörden zu einer beispiellosen Ermittlung, ob Barroso mit dem Wechsel zu Goldman Sachs die EU-Vorschriften gebrochen hatte. Denn diesen zufolge wird von Personen, die hohe Ämter bekleidet haben, vorausgesetzt, dass sie sich nach ihrer EU-Laufbahn »integer und diplomatisch verhalten«. Das Ermittlungsergebnis des unabhängigen Gremiums lautete, dass Barroso gegen keine Regeln verstoßen habe, wenngleich er durchaus unüberlegt gehandelt habe. Das Gremium akzeptierte auch Barrosos Beteuerungen, dass er nicht vorhabe, bei EU-Instanzen Lobbyarbeit für Goldman-Sachs-Kunden zu betreiben.

Diese Auseinandersetzung ist allerdings nicht die peinlichste EU-Blamage von Goldman Sachs. In Griechenland gab es eine noch schlimmere.

Griechenland war von Anfang an das Problemkind der Eurozone gewesen. Die Wirtschaft des Landes war nicht stark genug, um den Anforderungen der gemeinsamen Währungszone zu entsprechen. Vor der Einführung des Euro herrschte in Griechenlands Statistik Chaos, und über die wirtschaftliche Situation des öffentlichen Sektors des Landes war den Europartnern nichts bekannt. In den nachträglichen Ermittlungen nach der Eurokrise stellte sich außerdem heraus, dass Athen offensichtlich mit Absicht das wahre Ausmaß des öffentlichen Haushaltsdefizits vor den anderen Euroländern verheimlicht hatte.

Griechenland wollte um jeden Preis in die Eurozone, und Goldman Sachs ersann eine raffinierte Methode, mit der Griechenland das Haushaltsdefizit kleiner aussehen lassen konnte, als es tatsächlich war. Griechenland nahm 2002 bei Goldman Sachs ein geheimes Darlehen über 2,8 Milliarden Euro auf. Der Kredit war allerdings in ein undurchsichtiges Währungs- und Derivatedurcheinander eingehüllt, dessen Inhalt die griechische Regierung offenbar nicht ganz nachvollziehen konnte. Gleich am Tag der Kreditvergabe stieg Griechenlands Schuldlast um 600 Millionen Euro an, und bis 2005 hatte die Kreditsumme bereits 5,1 Milliarden Euro erreicht. Anfangs sah es nach außen hin allerdings so aus, als hätte sich Griechenlands Defizit um zwei Prozent reduziert.

Als die Masche aufflog, erklärte Goldman Sachs, dass es sich um eine von vielen Techniken handelte, die Euroländer anwandten, um die Wirtschaft ihrer öffentlichen Hand so darzustellen, dass sie die Euro-Beitrittsvoraussetzungen erfüllten. Griechenland war in der Eurozone jedoch ein Sonderfall, und die Rettung Griechenlands brachte letzten Endes beinahe den Euro zu Fall.

Goldman Sachs hatte ähnliche Tricks wie das Griechenland-Paket auch in vielen Städten in den USA angewandt. Die Städte schienen einen Kredit zu einem erstaunlich niedrigen Zins bekommen zu haben, aber als das allgemeine Zinsniveau sank, wurden die Swap-Derivate deutlich teurer als geschätzt. Der ehemalige US-Arbeitsminister Robert Reich vermutete, dass viele Städte ihren öffentlichen Dienst mit Sparmaßnahmen belegen mussten, da sie zu Zahlmännern dieser Verträge geworden waren. Neben Goldman Sachs zwängten auch andere Investmentbanken den Städten solche Verträge mit Erfolg auf.

Im jüngsten Goldman-Sachs-Skandal geht es um Malaysia. Der Skandal ist unter dem Namen 1Malaysia Development Berhad (1MDB) bekannt geworden, einem Unternehmen, das sich zu 100 Prozent im Besitz des malaysischen Finanzministers befand. Goldman Sachs half 1MDB dabei, Investoren Anleihen im Wert von 6,5 Milliarden Dollar zu verkaufen. Die Bank soll mit diesem Auftrag 600 Millionen Dollar verdient haben. Aus dem Fonds verschwanden jedoch mehrere Milliarden Dollar. Malaysia verdächtigte Goldman Sachs, am Diebstahl beteiligt gewesen zu sein, und verlangte Entschädigungen in Höhe von 7,5 Milliarden Dollar.

Der ehemalige Goldman-Sachs-Partner Tim Leissner gestand, an der Leerung des Fonds beteiligt gewesen zu sein. Leissner ist in der Modewelt vor allem als Ehemann des ehemaligen Topmodels Kimora Lee Simmons bekannt. Leissner und Simmons bekamen 2015 einen Sohn, den sie Wolfe Lee Leissner nannten. Ob es nun Zufall war oder nicht, aber angeblich soll mit dem von 1MDB gestohlenen Vermögen unter anderem der fünffach Oscar-nominierte Film *The Wolf of Wall Street* (2013) finanziert worden sein. Unter der Regie von Martin Scorsese erzählt der Film auf humoristische Art von den Betrügereien und der Korruption an der Wall Street.

Der 1MDB-Skandal hat das Image von Goldman Sachs in ganz Asien beschädigt. Im Oktober 2020 gab die Bank in einem Prozess in den USA die Beteiligung ihrer Mitarbeiter an dem Skandal zu. Die Bank musste Strafen in Höhe von mehr als fünf Milliarden Dollar zahlen.

Die Kapitalrendite, also der Gewinn aus dem Eigenkapital von Goldman Sachs, hatte kurz vor dem Ausbruch der Finanzkrise 2006 und 2007 mit knapp 40 Prozent Bestwerte erreicht. In den vergangenen zehn Jahren lag die Kapitalrendite bei unter 14 Prozent. Gleichzeitig ist es den ärgsten Konkurrenten der Bank gelungen, ihre Gewinne und Börsenkurse schneller als Goldman Sachs zu steigern.

Goldman Sachs war es gewohnt, dass andere Großbanken ihr nacheiferten. Nun scheint sich das Blatt gewendet zu haben. Goldman Sachs, eine Bank, die sich traditionell auf Großinvestoren und -konzerne konzentriert hat, orientiert sich nun an anderen Großbanken. Die Onlinebank Marcus, die 2016 von Goldman Sachs gegründet wurde, versucht nun, die Ersparnisse und Kredite der Durchschnittsbürger mühsam zusammenzubringen.

Einige Führungskräfte von Goldman Sachs sind aus der Bank ausgeschieden, weil sie kein Interesse daran haben, »in einer zur einfachen Geschäftsbank verkommenen ehemaligen Investmentbank« zu arbeiten.

In einer Investmentbank machen die Partner »Geschäfte mit dem Schweiß und den Tränen der Menschen«, schilderte ein Partner, der anonym bleiben will, der *Financial Times*. In einer Geschäftsbank hingegen fungieren die Angestellten als »Anrufbeantworter« und sind nicht so sehr an der Performance beteiligt wie in einer Investmentbank.

In vielerlei Hinsicht ist Goldman Sachs sich selbst allerdings treu geblieben. Die Coronapandemie und die weitverbreitete wirtschaftliche Notlage konnten die Goldman-Sachs-Manager nicht dazu bringen, sich in die Reihe der Normalsterblichen einzureihen. Als die Konzernleitung 2020 drastische Kosteneinsparungen vornahm, ließ CEO David Solomon sein Jahresgehalt um 20 Prozent auf 27,5 Millionen Dollar erhöhen.

Goldman Sachs gehört zu jenen Großbanken, die für das internationale Finanzsystem als kritisch gelten – also Banken, deren Konkurs den Zusammenbruch des Welt-Finanzsystems bedeuten würde. In der Liste des Stabilitätsrats der Finanzmärkte vom November 2020 belegt Goldman Sachs Platz fünf der systemrelevanten Banken, gemeinsam mit Santander und Wells Fargo. Von riskanten Banken wird vorausgesetzt, dass sie im Vergleich zu anderen Banken über mehr Eigenkapital im Verhältnis zu risikobehafteten Anlagen verfügen. Der

Zweck dieser Forderung besteht darin, die Fähigkeit der Banken zu stärken, Marktwidrigkeiten standzuhalten.

7. Gazprom: Putins Faust
Ein Gasriese als Handlanger Putins

Russland gilt unter Putins Führung seit 2000 als ein totalitärer Staat, der in den vergangenen 100 Jahren von 1985 bis 1999 ein kurzes Demokratie-Experiment durchgeführt hat.

In den Achtzigerjahren war die Sowjetunion in ein tiefes Chaos gestürzt, in dem der kommunistische Überwachungsstaat seine Unfähigkeit bewiesen hatte. Je schlechter es der Wirtschaft ging, umso abhängiger wurde die Sowjetunion von ihren natürlichen Ressourcen, insbesondere von Öl und Erdgas. Mit dem Verkauf dieser erhielt der Staat die dringend benötigten Währungseinnahmen.

Ende der Achtzigerjahre begann die Sowjetunion zu bröckeln. Der Wendepunkt war im August 1989 erreicht, als in Osteuropa eine Reihe von friedlichen Protesten in Gang kam.

Präsident Michail Gorbatschow hatte demokratische Prozesse namens »Perestroika« und »Glasnost« sowie Reformen, die auf Transparenz abzielten, auf den Weg gebracht und sich erhofft, dem kommunistischen System dadurch zu einem neuen Aufstieg zu verhelfen.

In Osteuropa und in den baltischen Staaten waren die Menschen jedoch längst des Totalitarismus überdrüssig. Die größte Demonstration kollektiver Macht fand am 23. August statt, als eine 600 Kilometer lange Menschenkette von zwei Millionen Demonstranten sich Hand in Hand durch Estland, Lettland und Litauen zog und die Unabhängigkeit der Länder forderte. Im November 1989 fiel dann die Berliner Mauer. Das bei den

Wahlen im März 1990 gewählte Parlament stimmte der Wiedervereinigung der beiden deutschen Staaten zu. Das führte dazu, dass der russische Geheimdienst KGB seine Tätigkeit in Dresden beendete.

Wladimir Putin, der in Dresden als Oberstleutnant des KGB gedient hatte, kehrte in seine Heimatstadt Sankt Petersburg zurück und erhielt eine Anstellung im Gemeinderat, wobei er jedoch weiterhin seine Kontakte zum KGB pflegte. Mit dem Wechsel des Bürgermeisters musste auch Putin gehen.

Putin hatte sich als Doktorand an der staatlichen Bergbau-Universität von Sankt Petersburg eingeschrieben. Das Studium soll teilweise Putins Ansichten beeinflusst haben, wie Russland zu regieren war. Der Energiehistoriker Daniel Yergin schreibt in seinem Buch *The Quest*, dass Putin 1999 für die Universitätszeitung einen Artikel über Russlands Mineralvorkommen geschrieben und festgestellt hatte, dass Russlands Öl- und Gasreserven einen Weg boten, die Wirtschaft wiederzubeleben und Russland in die Reihe der »großen Wirtschaftsmächte« zu befördern. Da die Öl- und Gasvorkommen für Russland strategisch wichtig waren, müssten sie unter die direkte Kontrolle des Staates gebracht werden, hatte Putin geschrieben.

Laut Yergin befand sich dieser Artikel noch im Druck, als Putin bereits seine rasante Laufbahn in Moskau angetreten hatte, zuerst in verschiedenen Ämtern und dann in der Regierung. Im Sommer 1998 ernannte Präsident Boris Jelzin Putin zum Leiter des Inlandsgeheimdienstes FSB, des Nachfolgers des KGB. Im August 1999 beförderte er Putin zum Ministerpräsidenten Russlands. Ende desselben Jahres gab Jelzin überraschend bekannt, sein Amt niederzulegen, und so übernahm Putin die Amtsgeschäfte des Präsidenten bis zur Präsidentschaftswahl drei Monate später, die er gewann.

Putins Herrschaft wurde im Juli 2000 besiegelt, zwei Monate nach der Präsidentschaftswahl, als er die wirtschaftlichen Machthaber Russlands, die politisch einflussreichen sogenannten Oligarchen, zu sich in den Kreml einlud. Putin machte ihnen bei dem Treffen ein Angebot, das sie nicht ablehnen konnten: Die Oligarchen durften ihre Vermögen behalten, wenn sie sich nicht in die Politik einmischten.

Zwei von ihnen, Michail Chodorkowski und Boris Beresowski, nahmen Putins Drohung nicht ernst genug. Chodorkowski, der reichste Mann Russlands und die größte Bedrohung für Putins Pläne, wurde verhaftet und nach einem langen Verfahren wegen Steuerhinterziehung verurteilt. Sowohl er als auch sein Ölkonzern Yukos wurden in die Insolvenz getrieben. Die Geschäfte von Yukos fusionierten mit dem wichtigsten russischen Ölkonzern Rosneft. Beresowski wurde ins Exil vertrieben.

Putin regierte unumschränkt Russland, und die Oligarchen boten ihm ein Schutzschild – wenn sie denn ihr Vermögen behalten wollten.

Im Zentrum der Wirtschaftspolitik Putins standen die staatlichen Superkonzerne, und Gazprom war eines der schillerndsten Kronjuwelen. Diese strategisch wichtigen Konzerne wurden zu international glaubwürdigen Großkonzernen aufgebaut, die neben ihren Produktionszielen auch nationale Interessen bedienten, zum Beispiel so, dass Gazprom den Russen das Gas billig verkauft, dafür im Gegenzug das Alleinrecht für den Export von Erdgas hat. Putin setzt Gazprom auch aktiv in der Außenpolitik ein, indem er beispielsweise in das Gasgeschäft in den unabhängigen Ländern der ehemaligen Sowjetunion eingreift.

Putin begann 2001 Änderungen in Gazproms Chefetage vorzunehmen. Damals wurde Alexei Miller zum Vorstandsvorsitzenden und Dmitri Medwedew zum Aufsichtsratsvorsitzenden. Beide waren Kollegen Putins aus Sankt Petersburg. Einen Überblick über ihre Macht in Russland liefert die russische Ausgabe des Wirtschaftsmagazins *Forbes*. Die Liste der 100 einflussreichsten Persönlichkeiten Russlands aus dem Jahr 2018 wird von Putin angeführt, auf Platz drei rangiert Miller, und Medwedew belegt Platz fünf.

Nach einigen »Eroberungszügen« wurde der Staat 2004 zum Mehrheitseigner von Gazprom. Um jedoch Gazproms Bedeutung für die weltweite Energieproduktion in ihrer Tragweite zu erfassen, muss man die zunehmende Bedeutung von Erdgas durchleuchten.

Gazprom selbst gab 2019 eine Schätzung ab, der zufolge die Nachfrage nach Erdgas bis zum Jahr 2035 um ein Drittel zunehmen und somit die Nachfrage nach Kohle überholen würde. Dann würde Erdgas bis zu einem Viertel der weltweiten Energiepalette abdecken.

Gazprom ist der größte Erdgasproduzent der Welt und verfügt über die weltweit größten Erdgasreserven. Dem Konzern gehören 16 Prozent der weltweiten und 71 Prozent der russischen Erdgasvorkommen. Das Unternehmen gilt mit einem Anteil von zwölf Prozent an der globalen Produktion auch als der größte einzelne Gasproduzent, berichtet der Konzern auf seiner Webseite. Gazprom verfügt auch über das größte Netz an Gaspipelines, das insgesamt 172.600 Kilometer umfasst. Mehr als die Hälfte des Produkts wird an Russen verkauft. Zu den Großkunden gehören auch die ehemaligen Sowjetstaaten und westeuropäische Staaten.

Mit mehr als 460.000 Angestellten in 35 Ländern ist Gazprom Russlands größter Industriekonzern. Sein Börsenwert liegt bei rund 70 Milliarden Dollar. Der russische Staat hält daran die knappe Mehrheit. Der Umsatz betrug im Jahr 2020 rund

70 Milliarden Euro. Der Konzern ist an sechs Börsen notiert: Moskau, London, Karatschi, Berlin, Frankfurt und Singapur.

Für Investoren ist Gazprom wegen seiner doppelten Funktion – der Gewinnproduktion einerseits und dem Bedienen nationaler Interessen andererseits – schwer zu bewerten. Zwar genießt das Unternehmen als Liebling der Regierung Alleinrechte und Stabilität im politisch schwierigen Investitionsumfeld, aber die Gewinne können aufgrund von politischen Interessen, Korruption und Ineffizienz fluktuieren. Für all das zahlt Gazprom mit dem Bewertungsniveau.

Mit der Tochtergesellschaft Gazprom Neft ist Gazprom auch einer der größten Ölproduzenten Russlands. Weitere Ölproduzenten sind Rosneft, Lukoil, Surgutneftegaz und Tatneft.

Gazproms Kraftwerke produzieren 16 Prozent der Energie Russlands, und Gazprom gibt an, sogar der weltweit größte Erzeuger von Wärmeenergie zu sein. Das Unternehmen verfügt über ein eigenes Bankgeschäft, einen Medienkonzern, dem einer der drei Hauptfernsehsender Russlands (NTV) gehört, eine Fluggesellschaft ebenso wie eine eigene Fußballmannschaft (Zenit St. Petersburg).

Gazprom ist auch einer der weltweit größten Verursacher von CO_2-Emissionen. Laut einer Auflistung des Climate Accountability Institutes aus dem Jahr 2017 war Gazprom 1988 bis 2015, gemessen an den CO_2-Emissionen seiner verkauften Produkte, der drittgrößte Verursacher von Treibhausgasemissionen weltweit. Gazproms Anteil an den globalen, industriell verursachten Kohlendioxidemissionen liegt bei 3,9 Prozent. Übertroffen wurde der Konzern nur von Chinas Kohlekonzernen (14,3 Prozent) und dem saudi-arabischen Ölkonzern Aramco (4,5 Prozent).

Gazprom ist für Russland eine wesentliche Exporteinnahmequelle, und den europäischen Ländern, die russisches Erdgas kaufen, mangelt es häufig an Alternativen, um aus diesem Geschäft auszusteigen.

Als Russland die Krim besetzte und anfing, im Osten der Ukraine Militäraktionen durchzuführen, führten die westlichen Industrienationen eine Reihe von Sanktionen gegen Russland ein, da das Land internationale Gesetze gebrochen und die Souveränität der Ukraine untergraben hatte. Aber Europa konnte es sich nicht leisten, auf die Energielieferung zu verzichten. Da Europa bis zu Russlands Überfall auf die Ukraine am 24. Februar 2022 auf die Energielieferung von Gazprom angewiesen war, befand es sich in Russlands Würgegriff. Daraus hat sich Europa jetzt größtenteils befreit, indem es Erdgas und Öl von anderen Lieferanten bezieht.

Die EU hat in den vergangenen Jahren alles in ihrer Macht Stehende versucht, durch Wettbewerbsregulierung Gazprom dazu zu zwingen, das Gas gleichmäßig an alle Interessenten zu verkaufen und zu verteilen. Gazprom hat insbesondere in Osteuropa Energie als Instrument der Machtpolitik ausgenutzt. An Partnerländer verkaufte der Konzern das Gas weit unter dem Marktpreis. Häufig wurde so sichergestellt, dass das Gas durch die Pipelines nach Westeuropa strömen konnte.

In den Ländern der ehemaligen Sowjetunion liegt der Anteil von russischem Gas oft bei 75 bis 100 Prozent, und in Polen, Österreich und Ungarn bei 50 bis 75 Prozent. Gas ist für Europa eine wichtige Energiequelle. Ein Fünftel des Energieverbrauchs Europas wird durch Gas abgedeckt.

Insbesondere Deutschland ist von russischem Gas und Öl abhängig. Laut russischen Zollstatistiken lieferte Russland im Jahr 2017 46 Prozent des in Deutschland genutzten Gases und 59 Prozent des Öls, berichtete der Nachrichtensender Bloomberg.

Gazprom zufolge gehören auch die Türkei und Italien zu

seinen großen Kunden. Von 2008 bis 2018 erhöhte sich Gazproms Anteil am Gasverbrauch in Europa um zehn Prozentpunkte auf 37 Prozent. Der Anteil des an nach Europa importierten Gases stieg entsprechend um zehn Prozentpunkte, sodass er 2016 bei 68 Prozent lag.

Mit dem Fortschreiten des Ukraine-Kriegs wurde die Gaszulieferung zu einer immer wichtigeren Waffe zwischen Russland und dem Westen. Nachdem Russland die Gaszufuhr gekürzt hatte, entschied Deutschland, aufgrund der Energiekrise unprofitable Gas- und Energiekonzerne zu verstaatlichen. Um die Energieversorgung des Landes zu gewährleisten, wurde im September 2022 der Energieriese Uniper verstaatlicht, dessen Mehrheitseigentümer der finnische Konzern Fortum ist. Die deutsche Regierung hatte bereits im Juni den damals als Gazprom Germania bekannten Gasimporteur langfristig übernommen. Damals wurde der Konzern mit zehn Milliarden Euro kapitalisiert, um ihn vor dem Konkurs zu bewahren. Ende September sah es so aus, als müsse das Unternehmen, das mittlerweile den Namen SEFE trägt, ebenfalls verstaatlicht werden. Am 26. September folgte ein weiterer Schock auf dem Gasmarkt, als eine Reihe von Explosionen die Leitungen der Pipelines Nord Stream 1 und 2 am Meeresgrund beschädigte. In den westlichen Medien mutmaßte man, dass Russland dahintersteckte. Wladimir Putin machte die »Angelsachsen« für die Explosionen verantwortlich.

Die Prognosen für Gazproms zukünftiges Schicksal waren bereits vor dem Krieg zweigeteilt. Einerseits müsste der Konzern in der Lage sein, seinen Kundenstamm zu erweitern, andererseits gibt es neue Energiequellen. Auf beide Herausforderungen bereitet der Konzern sich schon seit Langem vor, aber es ist keine leichte Aufgabe.

Gazprom hat sein Gasleitungsnetz erweitert, sowohl an die

Ostsee (Nord Stream 1 und 2), durch das Schwarze Meer in die Türkei und vor dort aus in deren Nachbarländer (Turk Stream) als auch nach China (Power of Siberia). Unter all diesen Projekten hat wohl die Nord Stream 2 in den vergangenen Jahren für das meiste geopolitische Aufsehen gesorgt. Donald Trump kündigte während seiner Amtszeit an, gegen den Bau der Pipeline vorzugehen.

Der Zweck der 1230 Kilometer langen Pipeline am Grund der Ostsee sollte darin bestehen, Erdgas aus Russland nach Deutschland zu bringen und alternative Erdgasrouten zu den Transitländern der aktuellen Pipelines anzubieten. Zum politischen Brennpunkt dieser Transitländer wurde die Ukraine nach der russischen Besetzung der Krim.

Durch die Pipeline Nord Stream 2 hätte sich die Kapazität der bereits vorhandenen Nord Stream 1 verdoppelt, die 2011 in der Ostsee in Betrieb genommen wurde, von 55 Milliarden auf 110 Milliarden Kubikmeter im Jahr. Das von Gazprom geleitete Projekt Nord Stream 2 ist von fünf westlichen Konzernen finanziert worden. Finnland, Schweden und Deutschland haben die Erlaubnis erteilt, die Leitung in der Ostsee zu verlegen. Für die Seegebiete Dänemarks hat Gazprom keine Genehmigung bekommen, doch die Pipeline wurde auf einer alternativen Strecke gebaut.

Die Befürworter von Nord Stream 2 begründeten die Verdopplung des Volumens der Gasleitungen in der Ostsee damit, dass es sich um ein kommerzielles Projekt handle, das die Gewährleistung der Gasversorgung in Europa erhöhe.

Ablehner von Nord Stream 2 sind der Meinung, dass die Pipeline der Ukraine die Basis für die Unterstützung durch die EU entziehe.

Viele osteuropäische Länder sorgen sich um den Verlust von Transitkompensationen für die Gaspipelines und auch um die

Instrumentalisierung von Gas zu politischen Zwecken, da Russland sie nach Belieben bei der Energielieferung übergehen kann.

In den USA galt die Gaspipeline seit jeher vorwiegend als Teil der Geo- und Machtpolitik, während es für viele europäische Länder in erster Linie um die Sicherung einer preiswerten und sicheren Energiepalette ging.

Russland ist häufig vorgeworfen worden, die Nord Stream 2 vor allem deshalb zu bauen, um der Ukraine zu schaden. Man darf jedoch nicht außer Acht lassen, dass Russland schon lange vor der Einnahme der Krim die Strategie verfolgte, den Energieexport in seinen eigenen Häfen ballen zu wollen. Auch die Verdopplung der Kapazität von Nord Stream war bereits seit Beginn des Projekts geplant.

Die EU kann die Nutzung der Pipeline aufgrund ihrer Binnenmarktrichtlinien einschränken. So ist es auch mit der ersten Nord Stream-Pipeline geschehen. Zunächst wurde die Genehmigung erteilt, die halbe Kapazität der Pipeline zu nutzen, später dann zwei Drittel der Gesamtkapazität.

Die EU-Kommission überprüfte im September 2012 im Hinblick auf die Wettbewerbsregulierung, ob Gazprom seine Marktmacht auf dem Gasmarkt missbrauche. Das Ergebnis war, dass Gazprom in mittel- und osteuropäischen Ländern eine unfaire Preisgestaltung betrieb, den Weiterverkauf behinderte und die Nutzung der Pipelines einschränkte. Gazprom berief sich unter anderem darauf, dass es am Markt keine Entwicklung gebe und daran nicht Gazprom schuld sei.

Im Frühjahr 2018 kam man zu einer Einigung. Gazprom drohten Strafen in Höhe von bis zu 14 Milliarden Euro, aber bei der Urteilsverkündung wurden letzten Endes gar keine Geldstrafen verhängt. Stattdessen erklärte Gazprom sich bereit, die Preisgestaltung und die Gasverteilung weitgehend offenzulegen. Die Kunden haben nämlich das Recht, eine Erklärung der Preisgestaltung zu verlangen, wenn die Preise den Marktpreis der zentralen Energiebörsen Europas übersteigen. Gazprom musste auch die Nutzungseinschränkungen aufheben, die bestimmten, wie Kunden ihr erworbenes Gas über die Grenzen weiterverkaufen durften. Gleichzeitig musste der Konzern eine ununterbrochene Gasversorgung der baltischen Länder gewährleisten. Bei Verstoß gegen diese Regeln würden erhebliche Strafen anfallen.

Der politische Streit um Nord Stream 2 ging weiter. Gazprom-Chef Alexei Miller sagte im Juli 2021 in einer Konzernmitteilung, dass die Gaspipeline für Gazprom immer ein »wirtschaftliches Projekt« gewesen sei, mit dem Deutschland sein Gas auf einer fast 2000 Kilometer kürzeren Strecke erhalte und sich zugleich die CO_2-Emissionen der Zufuhr deutlich verringern.

Im Hinblick auf die zunehmende Erdgasnutzung war Gazproms wichtigstes Projekt die Pipeline »Power of Siberia«, die von der russischen Teilrepublik Jakutien bis zur chinesischen Grenze führte und für den Gastransport in die Volksrepublik China bestimmt war.

Gemäß dem 400-Milliarden-Dollar-Vertrag, den Wladimir Putin und der chinesische Präsident Xi Jinping am 21. April 2014 geschlossen haben, liefert Gazprom ab 2018 jährlich 38 Milliarden Tonnen Erdgas zum auf 30 Jahre festgesetzten Preis von 350 Dollar pro Kubikmeter. Als Gegenleistung gab China Russland einen 50-Milliarden-Dollar-Kredit für die Suche nach Öl- und Gasfeldern und für den Bau des Gaspipelinenetzes. Laut Schätzung von Gazprom werden 30 Prozent des zunehmenden Gasverbrauchs in Zukunft aus China kommen.

Mit der Turk-Stream-Pipeline erhöht Gazprom zusätzlich zu den bereits vorhandenen Pipelines Blue Stream und Trans-

Balkan die Gaslieferungen in die Türkei sowie nach Südost- und Südeuropa.

Mit der Turk Stream können zwei mehr als 930 Kilometer lange Pipelines 31,5 Milliarden Kubikmeter Erdgas im Jahr liefern.

Gazproms wichtigste Zukunftsfrage lautet allerdings, was für neue Erdgas- und Ölvorkommen der Konzern findet und wie er diese nutzen kann.

Die 1974 vom OECD gegründete Internationale Energieagentur (IEA) schätzt, dass russische Gasproduzenten bis 2035 730 Milliarden Dollar investieren müssen, nur um ihre aktuelle Gasproduktion von 655 Milliarden Kubikmetern im Jahr aufrechtzuerhalten.

Ein großer Teil von Gazproms Gasreserven befindet sich in schwierigen Lagen im Nordwesten Sibiriens auf der Jamal-Halbinsel, in Fernost und Ostsibirien. Um diese Ressourcen nutzen zu können, braucht es nicht nur Kapital, sondern auch Technologie und Kooperation mit anderen Energieproduzenten.

Da viele westliche Betreiber schon wegen des mangelhaften Rechtssystems Russlands aus dem Land verdrängt wurden, stellt die Kooperation eine Herausforderung dar. Die Handelssanktionen, die die Besetzung der Krim und der Krieg gegen die Ukraine mit sich gebracht haben, erschweren zusätzlich den Zugang zu Spitzentechnologie.

Dann wird es spannend, die Kooperation Saudi-Arabiens, Chinas und Russlands (und vielleicht der Türkei) zu verfolgen. Saudi-Arabien ist der größte Ölexporteur der Welt und Russland der drittgrößte Ölproduzent. Gemeinsam produzieren sie rund ein Viertel des Rohöls der Welt. 2016/2017 gaben beide Länder bereits bekannt, ihre Ölproduktion untereinander zu koordinieren.

Die Saudis entwickeln bereits seit Jahrzehnten Systeme, um

ihre Öl- und Gasreserven zu kontrollieren und zu nutzen, und können eine gute Kooperationspartnerschaft mit Russland bilden. Auch in der Nahostpolitik der Vereinigten Staaten nehmen sie eine Sonderstellung ein, wodurch sich für Russlands Technologieprojekte verschiedene Hintertüren öffnen könnten.

Die Preisentwicklung fossiler Energie lässt sich nur schwer vorhersagen, für Russland ist diese Frage jedoch essenziell. Unter den fossilen Brennstoffen ist Erdgas weniger klimabelastend als Öl, aber auch die Zukunft des Erdgases wird vom Klimawandel überschattet.

Viele prophezeien, dass die größte Veränderung, die sich langfristig auf die Weltwirtschaft auswirken wird, durch sinkende Preise für fossile Brennstoffe bedingt sein wird. Während man zuvor dachte, dass das Versiegen der Öl- und Gasreserven zu einem konstanten Preisanstieg führen würde, hat sich die Situation nun ins Gegenteil verkehrt.

Der Grund liegt teils in der technologischen Entwicklung, die dazu führt, dass erneuerbare Energien zunehmend erschwinglich werden, teils in der von den Staaten betriebenen starken Förderung erneuerbarer Energien.

Gleichzeitig gab es zum Beispiel in den USA große technische Entwicklungssprünge in der Förderung von Erdgas und Ölschiefer, was ebenfalls zu niedrigeren Energiepreisen führte. In ihrem Jahresbericht schätzt die US-amerikanische Energy Information Agency, dass die Öl- und Flüssiggasproduktion der USA bis 2025 auf 24 Millionen Barrel ansteigen wird. Der Grund für den Produktionsanstieg liegt in den Schiefergasvorkommen. Bei vorteilhafter technologischer Entwicklung sollte die Produktion von 2035 bis 2045 auf 28 Millionen Barrel pro Tag ansteigen, schätzt die Organisation. Gleichzeitig wird davon ausgegangen, dass Russland und Saudi-Arabien jeweils rund zehn bis zwölf Millionen Barrel am Tag produzieren können. Zusammen würden sie also 20 bis 24 Millionen Barrel am Tag produzieren.

Für die Importländer sind die sinkenden Energiepreise prinzipiell etwas Gutes, jedoch für die Länder, die mit dem Energieexport ihre Einnahmen sichern, sind sie schlecht.

Der Anteil von Öl und Gas am russischen Warenexport lag 2020 bei ungefähr der Hälfte, berichtet BOFIT, das Forschungsinstitut für aufstrebende Wirtschaft der finnischen Zentralbank. Öl und Gas bilden auch einen großen Anteil der russischen Staatseinnahmen.

Der Ausbau der Öl- und Gasproduktion war auch für die Entwicklung der Chemieindustrie, des Verkehrs, des Großhandels und der Bauindustrie Russlands von großer Bedeutung.

Andererseits hat Russland sich gut auf die sinkenden Energiepreise vorbereitet. Die Reservefonds und Währungsreserven des Landes sind groß genug, um das Haushaltsdefizit durch die sinkenden Energiepreise für etwa zwei Jahre aufzufangen.

Wie würde aber das Land es verkraften, wenn das dauerhafte Ölpreisniveau auf 40 Dollar pro Barrel sinken würde? Der Ölpreis der Referenzsorte Brent sank zum Beispiel von mehr als 60 Dollar Anfang des Jahres 2020 auf weniger als 25 Dollar im April desselben Jahres, erholte sich davon so weit, dass der Preis pro Barrel im Dezember 2020 bei 50 Dollar lag. Im Sommer 2021 stieg der Preis bereits auf 70 Dollar an.

Wenn der Rohölpreis am Boden liegen würde, wären Russlands Ölgewinne marginal oder die Nutzung neuer Reserven wäre nicht mehr unbedingt so lukrativ.

Wenn der Ölpreis über Jahre bei 35 bis 40 Dollar ins Stocken geriete, wäre Russland gezwungen, sein Wirtschaftssystem zu ändern. Aber bis auf Weiteres hat noch niemand die

Entwicklung des Ölpreises vorhersagen können. Es ist eine Gleichung mit vielen Unbekannten.

6. Deutsche Bank: Im Herzen Europas ist etwas faul
Bankbilanzen voller Risiken

Juni 1994. Der Vorstandssprecher Hilmar Kopper hat eine ausgewählte Gruppe aus der Chefetage der Deutschen Bank in die Geschäftsstelle der Großbank nach Madrid eingeladen. Bei der Versammlung wird über ein ehrgeiziges Projekt entschieden. Die Herrschaft über Mitteleuropa reicht den Deutschen nicht mehr. Nun soll aus der Deutschen Bank eine weltweit tätige Investmentbank gemacht werden.

Die Deutsche Bank stand schon lange für das moderne Deutschland: vertrauenswürdig, sicher und langweilig. Zu langweilig. Deutsche Banker der neuen Generation haben mit Neid auf amerikanische und britische Investmentbanker geschaut, die mit ihren Laptops um die Welt jetten und beeindruckende Deals mit Großinvestoren und großen globalen Konzernen machen – und dabei unerhörte Gehälter kassieren.

Die USA und Großbritannien haben unter Ronald Reagan und Margaret Thatcher die gesamte westliche Welt in ein neues Zeitalter geführt, in das Zeitalter der Deregulierung der Wirtschaft. Konzerne werden größer als je zuvor und expandieren in immer mehr Länder. Die Deutsche Bank möchte Teil dieses neuen Zeitalters sein. Sie möchte die europäische Version von Goldman Sachs sein.

Die Deutsche Bank fungierte als einer der Eckpfeiler der deutschen Wirtschaft, und beide sind nach dem Zweiten Weltkrieg stetig gewachsen. Die Bank erwarb wichtige Beteiligungen unter anderem am Autogiganten Daimler, am Versicherungsunternehmen Allianz, an der Fluggesellschaft Lufthansa, an der Warenhauskette Karstadt und dem Zuckerkonzern Südzucker. Die Manager der Bank waren zu Bestzeiten in den Vorständen von 400 deutschen Unternehmen vertreten.

Das Vergeben von Krediten an bekannte Unternehmen und das Geschäft als *die* Bank Deutschlands ist jedoch der neuen Generation – oder den nach größeren Profiten lechzenden Aktionären – nicht mehr genug.

Die Veränderung kam in Gang, als die Bank Edson Mitchell engagierte, der sich seine Sporen bei der Investmentbank Merrill Lynch verdient hatte. Dieser warb die 50 talentiertesten Kollegen von Merrill Lynch ab und baute die Global-Markets-Abteilung der Deutschen Bank auf, die in London mit dem Handel von Wertpapieren, Rohstoffen und Derivaten begann. Mitchell heuerte immer mehr Amerikaner für seine Abteilung an, und langsam begann sich die traditionelle deutsche Bank zu wandeln.

Einem umfassenden Bericht von *Spiegel Online* (28. Oktober 2016) zufolge konnte man Mitchell nur lieben oder hassen, und er stellte sein Licht auch nicht gerade unter den Scheffel. Bei einem Besuch in Frankfurt fragte ihn ein Bankangestellter, wer er sei. »Ich bin Gott«, antwortete Mitchell. »Wenn du mit 40 noch keine 100 Millionen Dollar hast, bist du ein Loser«, war ein weiterer Kommentar von Mitchell.

Mitchell hatte sich auf Derivate spezialisiert. Konzerne sichern mithilfe von Derivaten ihre Forderungen beispielsweise gegen Zins- und Währungskursschwankungen ab. An der Wall Street hatte man jedoch herausgefunden, dass man Derivate auch offensiv nutzen konnte, um durch Finanzspekulationen neue Gewinne anzuhäufen.

Laut David Enrich, einem US-amerikanischen Journalisten und Deutsche-Bank-Experten, machten Mitchell und sein

Team nach ihrem Einstieg bei der Deutschen Bank eine wichtige Beobachtung: »Sie hatten festgestellt, dass die deutschen Manager so ahnungslos waren, dass das Team seine Finanzierung direkt vom Markt beziehen konnte, ohne dass die üblichen Genehmigungskanäle durchlaufen werden mussten, um ihr Budget zu erhöhen«, schreibt Enrich in seinem Buch *Dark Towers* (2020).

Die Geschäfte der Londoner Global-Markets-Abteilung begannen allmählich weniger Frankfurt und mehr der Wall Street zu ähneln.

Im Dezember 2000 starb Mitchell bei einem Flugzeugunglück. Seine Stelle übernahm der indischstämmige Brite Anshuman »Anshu« Jain, der vor allem als Spezialist für ausgeklügelte Derivatgeschäfte bekannt ist.

Unter der Leitung des Mathegenies Jain produzierten die Derivate mehrere Jahre lang einen beachtlichen Teil der Gewinne der Deutschen Bank. Dem *Handelsblatt* zufolge beschrieben Analysten Jain als einen Händler, »der bewiesen hat, dass er auf dem Wasser gehen kann«.

Die Verwandlung der Deutschen Bank von einer gewöhnlichen Bank zum Global Player war so vollkommen, dass der *Economist* die Deutsche Bank 2004 als »großen Hedgefonds« bezeichnete.

Auch die Unternehmenskultur der Bank veränderte sich. Während früher beim Rückzug der Geschäftsführung Gedichte vorgetragen wurden, trat bei der Investorenkonferenz 2004 der australische Popstar Kylie Minogue auf. Im Sommer 2007 spielte bei einer Feier der Bank in Barcelona die britische Rockband Rolling Stones vor 500 MitarbeiterInnen. »Danke, dass ihr uns eingeladen habt. Das Beste daran ist, dass das hier von euren Boni bezahlt wird«, bedankte Mick Jagger sich beim Publikum. Dem Onlinemagazin *Contact Music* zufolge erhielten die Rolling Stones für das 80-minütige Konzert 5,4 Millionen Dollar.

Die Deutsche Bank ließ nichts unversucht, um als gleichwertiger Akteur mit den Riesen der Wall Street mitzuhalten. Ihr großes Ziel erreichte sie mit Erfolg und trat schließlich dem Club der fünf größten Investmentbanken der Welt bei – kurz bevor der Boden unter der Wall Street und dem Rest der Welt zusammenbrach und die Finanzkrise anfing, die Banken zu Fall zu bringen.

Die Deutsche Bank gehört zu den Drahtziehern der Ereignisse, die zur Finanzkrise geführt haben. Sie kaufte die Hypotheken der US-Amerikaner, schnürte sie zu wilden Wertpapierbündeln zusammen und verkaufte sie an Investoren weiter. Nachdem die Finanzkrise 2007 ausgebrochen war, setzte die Deutsche Bank den Verkauf der Investmentpakete fort. Eine deutsche Spezialität war die Tatsache, dass die Bank anfing, selbst Wetten gegen ihre eigens zusammengeschnürten Pakete abzuschließen – mit noch undurchsichtigeren Derivaten.

Bei der Ermittlung derjenigen, die die Finanzkrise zu verantworten hatten, hob der US-Senat zwei Investmentbanken gesondert hervor: neben dem US-amerikanischen Investmentriesen Goldman Sachs ausgerechnet die Deutsche Bank.

»Wir haben Fehler gemacht wie alle anderen auch«, sagte der Vorstandsvorsitzende Josef Ackermann bei der Veröffentlichung der Jahresergebnisse 2008, die zum ersten Mal seit einem halben Jahrhundert einen Verlust (minus 3,9 Milliarden Euro) aufwiesen. Nach dieser Veröffentlichung begann für die Deutsche Bank ein düsteres Jahrzehnt, in dem immer wieder neue Enthüllungen über die ehrenrührigen Geschäfte der Bank ans Licht kamen.

2009 wurde bekannt, dass die Bank Privatermittler engagiert hatte, um den unzufriedenen Anteilseigner Michael

Bohndorf sowie einen investigativen Journalisten und sogar ein Mitglied des eigenen Aufsichtsrats zu beschatten. Als der Skandal publik wurde, entließ die Bank zwei Führungskräfte, die daraufhin die Bank verklagten. Im darauffolgenden Jahr beichtete die Deutsche Bank, mit den Gekündigten eine Einigung erzielt zu haben. Die deutschen Medien berichteten, dass die Bank besagte Führungskräfte auszahlen musste, um einen Prozess zu vermeiden.

Eric Ben-Artzi, der im Risikomanagement der Deutschen Bank tätig war, wurde entlassen, als er 2011 behauptete, dass die Bank den Wert ihrer Kreditderivate hochspielte, um die gigantischen Handelsverluste zu bemänteln. Nach seiner Kündigung beschloss Ben-Artzi, sich mit seinen Informationen an die US-amerikanische Börsenaufsichtsbehörde SEC zu wenden.

Die SEC untersuchte fünf Jahre lang die Geschäfte der Deutschen Bank und verhängte schließlich wegen der Vertuschung von Verlusten Geldstrafen in Höhe von 55 Millionen Dollar über die Bank. Ben-Artzi wunderte sich über die niedrige Geldstrafe und sagte, dass diese mit der Drehtür zusammenhing, durch die Spitzenanwälte, die mal für die Bank und mal für die SEC arbeiteten, ständig ein und aus gingen. Ben-Artzi lehnte es ab, die 8,25 Millionen Dollar anzunehmen, die die SEC ihm für seinen Hinweis angeboten hatte.

Die Marktaufsichtsbehörden der USA und Großbritanniens belegten die Deutsche Bank 2015 mit Geldstrafen in Höhe von insgesamt 2,5 Milliarden Dollar wegen der Libor-Zinsmanipulation. Man hatte angenommen, dass der Wert des Libor durch den Marktmechanismus bestimmt wurde, bis die Behörden herausfanden, dass einige der größten Banken der Welt die Libor- und Euribor-Zinsen bereits seit Langem gefälscht hatten. Geschäfte im Wert von Tausenden Milliarden Euro hängen vom tagesaktuellen Wert des Libor- und Euribor ab, und selbst eine kaum merkliche Manipulation kann außerordentlich lukrativ sein.

Noch größere Entschädigungen musste die Deutsche Bank zahlen, als das US-Justizministerium ganze 14 Milliarden Dollar Entschädigungen für den unehrlichen Verkauf von hypothekenbesicherten Anlagepaketen forderte. Letztlich einigte sich die Bank mit dem Ministerium auf eine Entschädigungssumme von 7,2 Milliarden Dollar.

Die Deutsche Bank wurde auch überführt, sich über die US-Sanktionen gegen den Irak und Syrien hinweggesetzt zu haben, und musste den Behörden Bußgelder in Höhe von 258 Millionen Dollar zahlen. Die russische Geldwäsche kostete die Bank 630 Millionen und die mangelhafte Überwachung des Devisenmarkts 205 Millionen Dollar Strafe. Im Frühjahr 2019 deckten investigative Journalisten aus Deutschland, Dänemark und der Schweiz Umsatzsteuerbetrug im Zusammenhang mit dem europäischen Emissionshandel auf. Wie zu erwarten, war die Deutsche Bank eine der größten Banken, auf die sich die Emissionshandel-Betrüger verlassen hatten.

Während meiner Tätigkeit für die investigative Sendung MOT bei Finnlands staatlicher Rundfunkanstalt recherchierte ich im Herbst 2018 Geldstrafen und andere geldwerte Entschädigungen, die Banken auferlegt worden waren. Ganz oben auf der Liste stand die Deutsche Bank mit Geldstrafen in Höhe von 15 Milliarden Dollar innerhalb von zehn Jahren.

Die *Financial Times* hatte bereits 2016 ausgerechnet, dass die Bank 7000 separate Gerichtsverfahren oder Beschwerden der Bankenüberwachung bearbeiten musste.

Die Bankenaufsichten treten für gewöhnlich in der Öffentlichkeit sehr moderat auf. Die systematische Zinsmanipulation der Deutschen Bank und das Versäumnis der Bank, mit den Behörden zu kooperieren, sorgten allerdings bei Georgina Philippou, COO der britischen Bankenaufsicht, für Kritik: »Dies beschränkte sich nicht auf ein paar Leute, vielmehr schien es sich bei der Zinsmanipulation um eine tief verwurzelte Tradition bei gewissen Aktivitäten zu handeln. Die Deutsche Bank hat uns wiederholt getäuscht. Sie hat sich viel zu viel Zeit mit der Bearbeitung wichtiger Dokumente gelassen und hat viel zu zögerlich mit der Ausbesserung ihrer Systeme und ihrer Überwachung begonnen.«

Während der Ära Anshu Jains von 2001 bis 2015 spielte das Global-Markets-Team der Bank 25 Milliarden Euro ein, so *Der Spiegel*. Eine riesige Summe, doch wenn man die Entschädigungen, die die Bank zahlen musste, mit einberechnet, schwindet die Bilanz des Wall-Street-Abenteuers der Deutschen Bank nahezu gegen null.

Eine noch gravierendere Folge als die Geldsummen ist die Tatsache, dass die wiederholten Skandale am Vertrauen der Märkte in die Überlebensfähigkeit der Deutschen Bank gezehrt haben. Die deutsche Regierung überlegte sogar, die Deutsche Bank mit einer weiteren problematischen Bank, der Commerzbank, zusammenzulegen. Die Beratungen verliefen im April 2019 im Sande, als die Banken mitteilten, dass die Risiken einer Fusion zu hoch waren. Drei Monate später gab die Deutsche Bank bekannt, ihr Personal um ein Fünftel zu kürzen: Es wurden 18.000 Mitarbeiter entlassen. Die Abfindungen und Sanierungskosten summierten sich auf insgesamt sieben Milliarden Euro.

Als der Nachrichtensender Bloomberg der Bank einen Besuch abstattete, fanden die Reporter mitten am Vormittag auf dem Börsenparkett leere Arbeitsplätze vor – und die noch verbliebenen Makler studierten an ihren Bildschirmen die Stellenangebote der anderen Banken. »Die Chefs wissen das und lassen es zu«, berichtete Bloomberg.

Im Juli 2019 erhielten Tausende Angestellte der Deutschen Bank in London ihre Kündigung. Die Medien veröffentlichten Bilder von zwei Männern, die mit ihren Anzug-Kleidersäcken aus der Bank traten. Bald stellte sich heraus, dass die beiden Männer nicht zu den Gekündigten gehörten: Die Bankmanager hatten nur am selben Tag beschlossen, sich neue maßgeschneiderte Anzüge anpassen zu lassen. Die Männer mit den Kleidersäcken waren Schneider der Londoner Schneiderei Fielding & Nicholson. »Unser Timing war nicht das beste«, gab Ian Fielding-Calcutt gegenüber der *Financial News* zu. »Soweit ich weiß, waren ein Großteil der Gekündigten irgendwelche Makler, die keine Anzüge tragen. Wir haben uns ganz normal um unsere Kunden gekümmert, die offensichtlich nicht von den Stellenkürzungen betroffen waren.« Die billigsten Anzüge bei Fielding & Nicholson kosten rund 1200 Pfund.

Ein paar Tage später teilte der Vorstandsvorsitzende der Deutschen Bank, Christian Sewing, dem *Handelsblatt* mit, dass er die beiden Banker, die die Schneider bestellt hatten, angerufen habe. »Ich gehe jedenfalls davon aus, dass die beiden Kollegen meinen Anruf nicht vergessen werden«, sagte er.

Neben den maßgeschneiderten Anzügen gab es noch etwas, das der PR-Abteilung der Deutschen Bank Sorgen machte: Jeffrey Epstein. Der Investmentbanker wurde 2013 Kunde der Deutschen Bank, nachdem er bei JPMorgan entlassen worden war (fünf Jahre zuvor war Epstein verurteilt worden, weil er Minderjährige zur Prostitution angestiftet hatte). Epstein verfügte über zehn Konten bei der Deutschen Bank, erhielt dort Kredite und ließ sein Vermögen verwalten.

2018 enthüllte die Tageszeitung *The Miami Herald*, dass Epstein unter Verdacht stand, sich noch schwerer als bisher bekannt an Minderjährigen vergangen zu haben. Der Zeitung zufolge hatte Epstein Dutzende minderjährige Mädchen missbraucht, und die Deutsche Bank hatte es eilig, ihn als Kunden loszuwerden. Laut der *New York Times* war dies schwierig, da die Bank wegen veralteter Datensysteme Mühe hatte herauszufinden, wie viele Konten Epstein bei ihr hatte. Während Epstein auf seinen Prozess wartete, wurde er im August 2019 tot in seiner Zelle aufgefunden.

Für noch größeres Unheil als Epstein könnte ein anderer namhafter Kunde der Deutschen Bank sorgen: Donald Trump. Der 2017 zum Präsidenten avancierte Immobilienunternehmer war häufig mit seinen Krediten in Schwierigkeiten geraten, und die Deutsche Bank war die einzige Großbank, die Trump noch als Kunden akzeptierte.

Der Journalist David Enrich berichtet in seinem Buch *Dark Towers*, dass zahlreiche Banken – unter anderen Citigroup, Manufacturers Hanover (später JPMorgan), Natwest und Bankers Trust – durch die Vergabe von Krediten an Trump mehrere hundert Millionen Dollar verloren hatten. An der Wall Street gibt es für das von Trump verursachte Risiko sogar eine eigene Bezeichnung: »the Donald risk«.

Die Deutsche Bank jedoch hatte Trump Kredite für den Bau von Wolkenkratzern, Hotels und Golfplätzen gewährt. Enrich berichtet, dass die Bank Trump insgesamt über zwei Milliarden Dollar geliehen hatte. Die Deutsche Bank hätte wissen müssen, dass Trump ein großes Risiko darstellte. Die US-amerikanische Investmentbank Bankers Trust hatte Trump ohne Sicherheiten 100 Millionen Dollar geliehen. Als Trump in aller Gelassenheit aufhörte, den Kredit zu bedienen, konnte Bankers Trust nichts dagegen unternehmen. »Wir waren hirntot, als wir diesen Kredit vergeben haben«, hatte der Vorstandsvorsitzende Charles Sanford bereits 1992 dem Magazin *Fortune* gesagt.

1999 kaufte die Deutsche Bank Bankers Trust. Sie ließ sich

nicht davon abhalten, Trump Geld zu leihen, obwohl ihr bekannt war, dass Trump bei den Angaben zu seinem eigenen Vermögen maßlos übertrieb. Trump behauptete einmal, über ein Vermögen in Höhe von drei Milliarden Dollar zu verfügen, doch die Bank erhielt von Trumps Buchhalter exakte Informationen, aus denen sich die wahre Summe seines Vermögens auf 788 Millionen Dollar berechnen ließ.

Neben Trump war auch sein Schwiegersohn Jared Kushner ein großer Kunde der Deutschen Bank. Die Kushners hatten seit Jahren Schwierigkeiten, Finanzierungen zu erhalten, da Jareds Vater Charles Kushner wegen Steuerhinterziehung verurteilt worden war. Jareds Ehe mit Trumps Tochter Ivanka half den Kushners jedoch, eine Finanzierung von der Deutschen Bank zu erhalten.

Im Mai 2019 interviewte die *New York Times* Tammy McFadden, ehemalige Expertin für Geldwäscheprävention bei der Deutschen Bank. Sie gab an, der Bank nahegelegt zu haben, die Transaktionen der Kushner-Unternehmen an russische Privatpersonen im Jahr 2016 zu überprüfen. Das Geld wurde zu dem Zeitpunkt überwiesen, als Russland sich in die US-Präsidentschaftswahlen einmischte. Der Nachrichtendienst *AP* berichtete im Juni, dass das FBI Kontakt zu McFadden aufgenommen habe.

Die Deutsche Bank gab ihre Kooperationsbereitschaft in allen behördlichen Ermittlungen bekannt. Die Kushner-Konzerne verkündeten ihrerseits: »Bezüglich der Beziehung der Deutschen Bank zu Kushner Companies ist jeglicher Vorwurf der Geldwäsche frei erfunden und völlig falsch.« (*Zeit Online*, 20. Mai 2019)

Donald Trump selbst verteidigte die Deutsche Bank öffentlich und wunderte sich über die Diffamierung der Bank. Das Repräsentantenhaus des US-Kongresses versuchte, von der

Bank Dokumente zu erhalten, die Trump betrafen. Die Forderungen scheiterten jedoch am Einspruch der Trump-Administration.

David Enrich zufolge steuerten Mitarbeiter der Deutschen Bank und möglicherweise auch die Bank selbst bereits in den letzten Monaten von Barack Obamas Amtsperiode auf eine Anklage wegen russischer Geldwäsche zu. Eine Geldstrafe von mindestens mehreren Milliarden Dollar stand mit ziemlicher Gewissheit bevor. »Etwas Seltsames geschah allerdings gleich, als Trump seinen Amtseid geschworen hatte. Von der Ermittlung hörte man nichts mehr«, wundert sich Enrich in seinem Buch. Rosemary Vrablic, die bei der Deutschen Bank mit Trumps Angelegenheiten betraut gewesen war, wurde Ende 2020 entlassen.

Das düsterste Kapitel der Deutschen Bank, die 1870 in Berlin gegründet worden war, begann 1933, als in Deutschland die Nazis an die Macht kamen. David Enrich zufolge wurde die Bank zum Finanzierer von Hitlers Militärapparat. In der Bank wehten die Naziflaggen, und im Jahresbericht wurde das Logo der Bank durch Hakenkreuze ersetzt. Die Deutsche Bank drängte ihre Geschäftskunden dazu, Juden aus ihren Vorständen zu entlassen, und beteiligte sich an der Arisierungspolitik, indem sie Unternehmen und Vermögen von Juden beschlagnahmte. Außerdem übernahm sie die Kontrolle über die Banken in den von Deutschland besetzten Ländern und finanzierte den Bau des Konzentrationslagers in Auschwitz.

Der US-amerikanische Geschichtsforscher Thomas K. McCraw berichtet in seinem Buch *Creating Modern Capitalism* (1998), dass die US-Army nach dem Zweiten Weltkrieg die Geschäfte der Deutschen Bank überprüfte. Der Bericht fasste die Stellung der Bank im »Dritten Reich« wie folgt zusammen: »Die Überprüfung der Deutschen Bank hat ergeben, dass sich bei ihr übermäßige wirtschaftliche Macht ballt und sie sich in der Wirtschaft an der verbrecherischen Politik des Naziregimes beteiligte.«

Nach dem Krieg wurde die Bank in zehn regionale Banken aufgespalten, doch 1957 waren diese wieder vereint und begannen ihre Geschäftstätigkeit unter dem Namen Deutsche Bank.

Anleger, die der Deutschen Bank vertrauten, haben eine Menge Geld verloren. Als die Deutsche Bank im Frühjahr 2007 ihre Blütezeit hatte, lag ihr Aktienkurs bei mehr als 90 Euro. Als die Weltwirtschaft im Frühjahr 2020 wegen des Coronavirus kopfstand, fiel der Kurs auf etwa fünf Euro und war somit niedriger als in den schlimmsten Turbulenzen der Finanzkrise. Als der Kurs sein Rekordtief erreicht hatte, schätzten die Anleger den gesamten Marktwert der Bank auf weniger als 15 Milliarden Euro – das bedeutete in der Praxis, dass ein großer Teil der Geschäfte der Bank völlig wertlos war.

Die Deutsche Bank ist stur ins Verderben gelaufen. Während viele andere Banken in der Finanzkrise mithilfe von öffentlichen Geldern neu geordnet wurden, hat die Deutsche Bank erst kürzlich zugegeben, dass es in ihren Bilanzen zu viel Schrott, also unprofitable Beteiligungen gab – im Wert von 300 Milliarden Dollar. Diese Beteiligungen wird die Bank wohl versuchen in den nächsten Jahren mit einem deutlichen Rabatt an Anleger zu verkaufen, die risikoresistenter sind.

Die Schmach des 150-jährigen Stars der deutschen Wirtschaft war vollkommen. Die Bank hat vor, sich in Deutschland auf das Basisbankgeschäft zu fokussieren, und die finanziellen Angelegenheiten der Großkonzerne der Eurozone bleiben den Investmentbankern überlassen. Gleichzeitig geht es vielen ihrer Konkurrenten – die rechtzeitig über ihren Schatten gesprungen waren – einigermaßen gut, und Banken wie Barclays,

RBS und Santander können es heute am Markt leicht mit der Deutschen Bank aufnehmen.

Nach der Migrationswelle von 2015 fanden Populisten auch in Deutschland zunehmend Zulauf, und die Regierung Merkel wollte der Kritik der Populisten keine Angriffsfläche mehr bieten. In einer Umfrage des Magazins *Focus* aus dem Jahr 2016 sprachen sich 69 Prozent der Befragten gegen die Subventionierung der Deutschen Bank mit Steuergeldern aus.

Das Schicksal der Deutschen Bank ist auch anderweitig mit Bundeskanzlerin Merkel verwoben. Das am Rande der Insolvenz strauchelnde Griechenland erhielt von der EU und dem IWF Rettungspakete in Höhe von 250 Milliarden Euro, aber der größte Teil des Geldes kam nie in Griechenland an. Stattdessen floss er an die europäischen Großbanken, die Griechenland unbekümmert finanziert hatten – unter anderem an die Deutsche Bank. Griechenlands Insolvenz hätte diese Banken wahrscheinlich in den Konkurs getrieben.

Im Sommer 2022 gab es erneuten Wirbel um die Deutsche Bank. Die Behörden führten Razzien – unter anderem im Frankfurter Hauptquartier der Bank – durch. Diesmal stand die Bank im Verdacht, ihre sogenannten verantwortungsbewussten ESG-Investments hochgespielt zu haben. ESG steht für »Environmental Social Corporate Governance«, also Verantwortungsbewusstsein in Bezug auf Umwelt, Gesellschaft und Unternehmensführung.

Der Internationale Währungsfonds IWF gab im Sommer 2016 bekannt, dass die Deutsche Bank von allen Großbanken das größte Risiko für das Weltfinanzsystem darstellte. Der Grund dafür lag in ihren internationalen Beziehungen. »Der Nettoeinfluss der Deutschen Bank auf die systemischen Risiken des Weltbankensystems scheint größer zu sein als der jeder anderen Bank. An nächster Stelle stehen die HSBC und

Credit Suisse«, hieß es in einem Bericht des IWF über die deutsche Banken- und Versicherungsbranche.

Laut dem Finanzstabilitätsrat (Financial Stability Board, FSB), einem von der Gruppe der G-20-Länder eingeführten internationalen Gremium, das die Arbeiten zur Aufsicht und Regulierung der internationalen Finanzmärkte koordiniert und fördert, ist die Deutsche Bank nach wie vor einer der größten Risikofaktoren der Finanzmärkte. Auf der Liste des FSB vom November 2020 steht sie auf Platz vier der gefährlichsten Banken zusammen mit BNP Paribas und Barclays. Von Risikobanken wird im Vergleich zu anderen Banken ein höheres Eigenkapital im Verhältnis zu risikobehafteten Anlagen vorausgesetzt. Der Zweck dieser Vorgabe ist, die Fähigkeit der Banken zu stärken, Marktwidrigkeiten standzuhalten.

Die Analysen und die Gerüchte haben zeitweise für einen solchen Wirbel um die Deutsche Bank gesorgt, dass die Chefetage der Bank – und auch die deutsche Bundesregierung – versuchten, die Anleger zu beruhigen, die in Aktien und Anleihen investiert hatten und den Kollaps der Bank befürchteten.

Im Februar 2016, als die Gerüchteküche brodelte, schrieb der damalige Vorstandsvorsitzende der Deutschen Bank, John Cryan, ein Memo an die MitarbeiterInnen, demzufolge die Bank »solide wie ein Fels« sei. Als der Nachrichtensender Bloomberg den Finanzminister Wolfgang Schäuble um einen Kommentar bat, gab dieser an, dass ihm die Deutsche Bank »keine Sorge« bereite.

Neben den jahrelangen Verlusten war das enorme Derivate-Portfolio der Bank ein ständiges Sorgenthema für Investoren und Partner der Deutschen Bank. Die Bank notierte in ihren Abschlussbilanzen im Vorfeld die erwarteten Einnahmen aus Derivaten, obwohl viele Derivatverträge auf mehrere Jahre oder sogar Jahrzehnte ausgelegt waren.

Die Begeisterung der Deutschen Bank für Derivate hat auch in Italien für Schäden gesorgt. Die älteste Bank der Welt, die Banca Monte dei Paschi di Siena, 1472 in Siena gegründet, hat über 500 Jahre lang Stürme ausgehalten, nicht jedoch die Derivate, die die Deutsche Bank ihr verkauft hatte.

Als Bloomberg den Verdacht enthüllte, dass die Deutsche Bank der italienischen Bank geholfen hatte, 2008/2009 ihre Verluste zu maskieren, steckte Monte dei Paschi di Siena in der Klemme. Der italienische Staat musste die Bank 2017 verstaatlichen. In der Folge dieses Skandals wurden 13 Bankmanager zu einer Gefängnisstrafe verurteilt – gewöhnlich wandern Banker nicht ins Gefängnis, sondern kommen ungestraft davon, wenn die Banken für ihre Verfehlungen mit der Staatsanwaltschaft oder anderen Behörden Kompromisse aushandeln.

Die wirren Datensysteme und die Führungskultur der Deutschen Bank haben eine Derivatbombe gezüchtet. David Enrich erzählt in seinem Buch, dass die Vorstandsmitglieder der Bank von den Verantwortlichen wissen wollten, wie viele Swap-Derivate es bei der Bank gab. Die Antwort war vielsagend: »Wir wissen es nicht.«

5. Facebook: Expansion um jeden Preis
Lenkt Milliarden von Menschen mit einem Suchtalgorithmus

Steven Spielbergs Film *Minority Report* (2002) spielt im Jahr 2054, in einer Zeit, in der Spezialeinheiten Gewaltverbrecher festnehmen können, bevor sie ein Verbrechen begangen haben. Aber was passiert, wenn ein Polizist selbst eines zukünftigen Mordes beschuldigt wird? Der Polizist weiß selbst, dass er kein Mordmotiv hat, aber warum will ihm jemand ein Gedankenverbrechen anhängen? Ist er einer so wertvollen Information auf der Spur, dass die Systembesitzer es für das Beste halten, ihn aus dem Weg zu räumen? Liegt die Macht in den Händen von hinterhältigen Ganoven?

In dem auf einer Kurzgeschichte von Philip K. Dick beruhenden Film kennt der Computer unsere Absichten besser als wir selbst. Er kann unser Verhalten vorhersagen, da er über eine so gewaltige Datenmenge verfügt, dass er daraus unser Verhalten herleiten kann. Aber der Computer kann nur dann richtig funktionieren, wenn seine Daten und Messgrößen nicht missbraucht werden.

Das Problem besteht also immer darin, dass eine Instanz oder sonstige Gruppe, die den Computer kontrolliert, die Daten ausnutzen oder missbrauchen kann.

Der *Minority Report* dient als gute Analogie für Facebooks grundlegendes Problem. Facebook kennt uns besser als irgendjemand sonst oder zumindest genauso gut wie Google und das chinesische Tencent. Facebook sieht durch die Likes die verschiedenen Freundschafts- und Affinitätskurven und weiß vor uns, was wir kaufen und wohin wir reisen wollen. Facebook kennt unsere Laster und unsere guten Absichten, unser Netzwerk und unser Lebensumfeld – und kann uns fast unbemerkt lenken.

Facebook hat außerdem eine weitere besondere Eigenschaft. Die Entscheidungsgewalt liegt in den Händen eines einzigen Mannes, des 1984 geborenen Mark Zuckerberg.

Diesen Status hat der talentierte Zuckerberg dem Umstand zu verdanken, dass er zu der Vorhut gehörte, die den Wandel erkannte und davon profitierte, dass das Wachstum nicht linear, sondern exponentiell verlief. Dank seines Tribünenplatzes verstand der Gründer und Hauptanteilseigner von Facebook es zum Beispiel, ohne mit der Wimper zu zucken eine

Milliarde Dollar für Instagram hinzulegen, doppelt so viel wie die Summe, auf die die Investoren den Unternehmenswert geschätzt hatten. Zuckerberg erkannte damals besser als die anderen, wie wertvoll digitale Kundschaft in den sozialen Medien ist. Für ihn war es auch von besonderem Wert, das Unternehmen rechtzeitig zu kaufen, das für Facebook potenziell zur Konkurrenz werden konnte.

Die Einsätze wurden erhöht, als Facebook erkannte, welche mögliche Bedrohung WhatsApp darstellte und welchen Wert das Unternehmen hatte. Zuckerberg selbst nahm Kontakt zu den Konzernbesitzern auf und traf sich mit ihnen in einer Cafeteria in der Nähe ihres Büros. Dort fragte er die beiden Gründer, die rund fünf Jahre zuvor bei Facebook abgeblitzt waren, wie viel sie für das weniger als 100 MitarbeiterInnen starke Unternehmen verlangten.

Die Forderung der Gründer war so übertrieben, dass sie glaubten, damit den Interessenten zu vertreiben – aber Zuckerberg willigte ein. Das Unternehmen wurde für 19,6 Milliarden Dollar verkauft, aber da ein Teil des Kaufpreises in Facebook-Aktien bezahlt wurde, deren Wert noch anstieg, war der endgültige Kaufpreis noch höher.

Die WhatsApp-Gründer erzählten später, das Angebot sei so gigantisch gewesen, dass sie das Ablehnen einer solchen Summe unmöglich ihrer eigenen Familie oder ihren Angestellten gegenüber hätten rechtfertigen können, zumal Zuckerberg auch noch versprach, dass die Entscheidungsgewalt in Bezug auf die Unternehmensentwicklung in ihren Händen verbleiben würde.

Facebooks Führungsetage hatte allerdings ausgerechnet, welchen Wert der Besitz des Messenger-Dienstes WhatsApp für Facebook hatte. Die Zahl der WhatsApp-Nutzer war noch schneller angestiegen als die der Facebook-Nutzer, und als

WhatsApp von Facebook gekauft wurde, lag der geschätzte Wert pro Nutzer bei 55 Dollar. Die Summe war doppelt so hoch wie das Angebot des um WhatsApp konkurrierenden Google, doch so konnte Facebook seinen Status als Nummer eins der sozialen Medien festigen. Facebook kalkulierte auch ein, dass die Einnahmen der Telefongesellschaften versiegen würden, wenn die NutzerInnen zu »kostenlosen« WhatsApp-Anrufen übergingen.

Heute verfügt WhatsApp über dreimal so viele Nutzer wie im Übernahmejahr 2014 und ist ein zentraler Bestandteil in Hinblick auf Facebooks Unternehmenswert und Zukunftsaussichten.

Facebook, Instagram und WhatsApp haben die Interaktion von 2,6 Milliarden Menschen stärker verändert, als uns überhaupt bewusst ist. Bei einigen sogar so sehr, dass sie mehrere Stunden am Tag bei diesen Diensten verbringen.

Facebook ist das größte Social-Media-Netzwerk der Welt und kontrolliert vier der sieben beliebtesten Social-Media-Dienste. Dank dieser Stellung gilt Facebook als Wächter und Nutznießer der Geheimnisse von Milliarden Menschen.

Diesen Status erreichte Facebook gemäß den kühnen Lehren der sogenannten Hackerethik – also ausgehend davon, dass die Weitergabe von Daten den anderen einen solchen Nutzen bietet, dass man von anderen Werten wie dem Schutz der Privatsphäre zugunsten eines größeren Nutzens abweichen kann. Von Anfang an machte sich Konzerngründer und Großeigner Mark Zuckerberg diesen Nutzen zu eigen.

Für Aufruhr sorgte Facebooks Einflussnahme auf die Brexit-Abstimmung in Großbritannien oder die Präsidentschaftswahlen in den USA.

Die Wahlergebnisse wurden beeinflusst durch Nutzerkonten, die Fake-News verbreiteten, und durch den Missbrauch persönlicher Userdaten bei der Platzierung dieser Informationen.

Facebooks Macht hat längst eine solche Dimension erreicht, dass in den USA unter der Schirmherrschaft von Senatorin Elizabeth Warren sogar die Aufspaltung des Konzerns gefordert wurde. Die Argumente betreffen nicht nur die Wahlen, sondern auch die Tatsache, dass Facebook, so wie auch ein paar andere große Technologiekonzerne, im Verhältnis zu den Märkten, der Gesellschaft und der Demokratie zu groß geworden ist.

Als Warren sich für die Präsidentschaftskandidatur der Demokratischen Partei bewarb, wurde an die Medien eine Audioaufnahme geleakt, in der Zuckerberg Warrens potenzielle Wahl zur Präsidentin als »existenzielle« Gefahr für seinen Konzern bezeichnete.

Warrens Antwort an Zuckerberg fiel nicht weniger herb aus. »Noch ätzender wäre es, wenn wir ein korruptes System nicht korrigieren würden, das Großkonzernen wie Facebook erlaubt, wettbewerbsmindernde Praktiken zu betreiben, die Privatsphäre von uns Verbrauchern mit Füßen zu treten und sich immer wieder aus der Verantwortung zu winden, wenn es darum geht, unsere Demokratie zu schützen«, kommentierte sie auf Twitter.

Um Warrens Sorge besser nachvollziehen zu können, lohnt es sich, einen Blick auf Facebooks Entstehungsgeschichte und Geschäftsphilosophie zu werfen.

Zuckerberg erklärte, dass Facebook Probleme auf dieselbe Weise in Angriff nimmt, wie Codierer Probleme lösen – mit der Denkweise eines Ingenieurs oder Hackers.

Für die Hackerattitüde ist es wesentlich, Dinge schnell zu erledigen, gemäß der Ideologie »try it, fix it«, also ausprobieren und korrigieren. Wenn das Ziel erreicht ist, kann man überlegen, wie entstandene Schäden zu korrigieren und peinliche Situationen zu lösen sind.

Diese Einstellung offenbart sich auch in Facebooks internem Motto: »Move fast and break things« – »Sei schnell und breche Regeln und Etabliertes«. Dies war bis 2014 das inoffizielle Konzernmotto.

Die Hacker-Mentalität spiegelte sich sogar in Facebooks alter Adresse wider: Hackers Way 1. Dahinter verbarg sich eine gute Portion Rebellionsgeist, die Nerds und Technologiegläubige in ihren Bann zog.

Mark Zuckerberg entwickelte während seines Psychologie- und Informatikstudiums an der Harvard University die Webseite »FaceMash«, auf der die Gesichter der Mädchen vom Campus miteinander verglichen wurden. Da er aber die Bilder der Studentinnen ohne deren Erlaubnis verwendet hatte, ging die Internetseite aufgrund von Protesten nach wenigen Tagen wieder offline, und Zuckerberg wurde für eine befristete Zeit der Universität verwiesen. Das sorgte für Aufmerksamkeit und Anerkennung, und Zuckerbergs Ruf als talentierter Programmierer verbreitete sich rasch.

Drei Seniorstudenten (die Zwillinge Cameron und Tyler Winklewoss sowie Divya Narendra) engagierten Zuckerberg für die Entwicklung einer Webseite namens »HarvardConnection«, die für Dating und soziale Vernetzung bestimmt war. Zuckerberg nahm den Auftrag an, zögerte die Fertigstellung der Webseite jedoch auf vielfältige Weise heraus, sodass er es schaffte, zuerst seinen eigenen Konkurrenz-Dienst »TheFacebook« fertigzustellen.

»TheFacebook« wurde am 4. Februar 2004 ausschließlich für die Nutzung durch Mitglieder der Harvard University in Betrieb genommen. Später wurde der Dienst auf andere Eliteuniversitäten ausgeweitet und verbreitete sich bald darauf zügig auf der ganzen Welt. Es folgten Facebooks enorme Zunahme an Popularität, Rechtsstreitigkeiten, die Investorenlawine sowie das Ausspielen der Gründer aus dem Konzern – mit Ausnahme Zuckerbergs.

Der Hauptgedanke hinter Facebooks Geschäftsidee liegt darin, dass die User selbst Daten generieren. Obwohl das Internet wie geschaffen dafür ist, gab es vor Facebook noch keine einfachen Tools und keine Plattform für die Generierung von Inhalten. Zuckerberg und seine Nerds haben das Talent, das Teilen von Bildern und Texten so leicht zu machen, dass selbst ein Erwachsener ohne besondere Vorkenntnisse es schafft.

Ein weiterer wichtiger Schlüssel zum Erfolg ist der grenzenlose Voyeurismus der Menschen. »Die Menschen sind voyeuristischer, als ich gedacht hätte«, sagte Zuckerberg später in einer vereidigten Anhörung, bei der es um Eigentumsrechte ging. Er gab an, diese wichtige Tatsache über die Natur des Menschen bereits anhand der Beliebtheit von »FaceMash« erkannt zu haben – den Menschen gefällt es, Bilder von ihren Freunden und deren Bekannten anzuschauen.

Hinter Facebooks Erfolg stecken allerdings noch viele andere fortschrittliche Beobachtungen. Bei der Expansion war die Find-Friends-Funktion ein zentraler Faktor. Mittels dieser Funktion erteilten Facebook-NutzerInnen Facebook die Erlaubnis, ihre Kontakte zu durchsuchen und der Datenbank von Facebook hinzuzufügen. Das Programm funktionierte mit E-Mail-Adressen von Hotmail, Gmail und Yahoo!. Bekannten, die bereits bei Facebook waren, konnte man mühelos eine Freundschaftsanfrage schicken. Dies geschah beinahe automatisch, denn Facebook hatte erkannt, dass die User nur nahestehenden Personen selbstständig eine Facebook-Freundschaftsanfrage schickten. Die Freundschaftsanfrage musste also so einfach gestaltet werden, dass sie nur die Erteilung einer Sendeerlaubnis erforderte. Für diejenigen, die noch keine Facebook-Mitglieder waren, bot das Programm die Option, eine Freundschaftsanfrage per E-Mail zu senden.

Die genannten E-Mail-Anbieter hielten Facebooks Aktivitäten in Bezug auf die Nutzung der Adressbücher für bedenklich. Beispielsweise Microsoft untersagte die Nutzung von Hotmail-Daten mit der Begründung, dass das Aufspüren von Kontaktdaten in einem Adressbuch Facebook nicht das Recht zu deren Speicherung gab. 2007 wurde eine Einigung erzielt – zur selben Zeit, als Microsoft eine kleine Tranche von Facebook kaufte.

Ein weiterer Geniestreich war der »Gefällt-mir«-Button, mit dem die User ihre Posts gegenseitig mit einem erhobenen Daumen bewerten konnten. Das Experiment startete 2009 in den skandinavischen Ländern. Es erfreute sich so großer Beliebtheit, dass der Daumen weltweit eingeführt wurde.

Der harmlos wirkende Daumen war ein wichtiges Instrument für die Nutzerprofilierung. Mit dem Daumen und den später eingeführten Emojis erfuhr Facebook, was den Usern gefällt, was sie »liebten« oder was sie traurig oder wütend machte.

Diese Tools spiegelten den Gemütszustand der NutzerInnen wider, und so konnte Facebook gezielt Inhalte auf die NutzerInnen richten, die in ihnen Gefühle hervorriefen – und sie abhängig machten. Mit den Likes konnte Facebook sehen, was den »Freunden« und anderen gefiel, was Hierarchien unter Freunden und den Freunden der Freunde schuf.

Likes und die Anzahl der Likes wurden zum Maßstab sozialer Anerkennung. Der »Gefällt-mir«-Button verbreitete sich wie ein Virus auf nahezu jeder Medien-Webseite und in jedem Unternehmen, sodass Facebook eine enorme Menge weiterer

Daten erhielt. Die Webseiten erhielten den Like-Button augenscheinlich kostenlos, aber der Button kam in Begleitung eines Codes, eines Cookies, der Informationen über die Bewegungen der Menschen im Internet sammelte. Wenn ein Nutzer noch keinen Facebook-Account hatte, konnten die Informationen aus seinem Browserverlauf in einer gesonderten Datei gesammelt werden. Wenn der Nutzer später einen Facebook-Account anlegte, konnten die gesammelten Daten mit seinem Nutzerprofil zusammengelegt werden.

Die dritte bedeutende Innovation war die Funktion »Personen, die du vielleicht kennst« (»People You May Know«), die den Nutzern neue Facebook-Freunde vorschlug, die, basierend auf Facebooks Analyse, zum Netzwerk des jeweiligen Nutzers gehören konnten.

Vor allem in der Anfangsphase dieser Funktion ging man mit der Nutzung zu weit. Steven Levy erzählt in seinem Buch *Facebook – Weltmacht am Abgrund* (2020), dass die »Personen, die du vielleicht kennst«-Funktion SexarbeiterInnen Kunden, die deren wahre Identität nicht kannten, als Freunde vorschlug oder Samenspendern ihr biologisches Kind angezeigt wurde, dem sie noch nie begegnet waren. Ebenso schlug der Algorithmus Eltern neue Bekanntschaften aus dem Freundeskreis ihrer Kinder vor und erinnerte die Nutzer an alte Beziehungen, zu denen sie bewusst den Kontakt abgebrochen hatten. Woher hatte Facebook diese Informationen? Den Journalisten gelang es nicht, diese Frage aufzuklären.

Facebook-User haben dem Konzern die Berechtigung zur Nutzung ihrer Adressbücher und E-Mail-Adressen erteilt. In Kombination mit den Daten aus anderen Facebook-Diensten und aus dem Internet kontrolliert Facebook eine enorme Menge unserer Daten. Dieses exakte Wissen gepaart mit der Tatsache, dass Menschen einen immer größeren Teil ihrer Zeit bei digitalen Diensten verbringen, hat den Werbungsmarkt revolutioniert.

Nahezu in Echtzeit zu wissen, was die Menschen im Internet suchen, ist für Werbungtreibende eine wertvolle Information. Während es in der traditionellen Werbung darum ging, eine Nachfrage für ein Produkt zu generieren, bietet Facebook viel mehr: Facebook sieht, was NutzerInnen vorhaben oder wovon sie träumen – und von welchen Gefühlen sie sich leiten lassen.

Absichten und Gefühle sind zu einer so wertvollen Ware geworden, dass die digitale Werbung die Umsatzmodelle der Medien verändert hat. 2019 planten Werbungtreibende in den USA bereits 20 Milliarden Dollar mehr für digitales Marketing ein als für die traditionelle TV- und Printwerbung zusammengerechnet.

Es dauerte nicht lange, bis sich der Trend auf der ganzen Welt verbreitete. Gleichzeitig war auf dem Werbungsmarkt eine nie da gewesene Konzentration zu beobachten. Der Wandel führte dazu, dass einige Internetriesen die Macht über die digitale Werbung ballten.

Googles Anteil an digitalen Werbeeinnahmen lag 2020 bei weltweit 27,5 Prozent. Facebook erreichte einen Anteil von 22,3 Prozent. Laut einer Analyse von eMarketer lag der Anteil des Drittplatzierten Alibaba mit 8,6 Prozent schon deutlich darunter.

Facebook war auch in der Erhebung von Nutzerdaten richtungsweisend. Im Jahr 2008, als Facebooks Wachstum bedrohlich nachließ, beschloss man, sich bei der User-Beobachtung auf die monatliche Kontrolle zu fokussieren. Damals interessierte man sich im Internet vorwiegend für die täglichen User-Zahlen, weshalb der Wandel einigermaßen radikal war.

Facebook erkannte als erster Medienkonzern, dass es gut

war, die Aufmerksamkeit anstatt auf tägliche Besucherzahlen darauf zu richten, wie häufig im Monat ein Nutzer oder eine Nutzerin sich bei Facebook einloggt und wie viel Zeit er oder sie dort verbringt. Außerdem begann der Konzern – ähnlich wie Telefongesellschaften – zu verfolgen, wie viele Kunden monatlich die User Community verließen (»churn rate«), also »abwanderten«.

Der Zweck dieser Neuerungen war, die Kundenbindung und die emotionale Bindung an den Dienst zu vertiefen. Indem man auf den Anstieg der monatlichen User-Aktivitäten setzte, konnte man am besten ein Wachstum erzielen, dachte man bei Facebook.

Seitdem folgen auch traditionelle Medienkonzerne diesem Beispiel. Auch sie setzen ihren Schwerpunkt darauf, wie häufig in der Woche oder im Monat ein Nutzer oder eine Nutzerin zu den angebotenen Inhalten zurückkehrt. Diese Kennzahlen sind zur Basis der Erfolgsprämien der Angebote geworden.

Ohne einschränkende Regulierungen konnte Facebook in den ersten Geschäftsjahren ein zügelloses Wachstum verzeichnen. Soziale Medien waren aber so neu, dass man nicht wusste, wie man diese regulieren sollte. Soziale Medien haben einen anderen Status als traditionelle Medien, bei denen ein Chefredakteur für die Richtigkeit und die Qualität des veröffentlichten Materials die Verantwortung übernimmt. In den sozialen Medien gibt es keine solche Verpflichtung, da die Inhalte von den NutzerInnen generiert werden, argumentierten Social-Media-Konzerne wie Facebook & Co.

2007 begann der Druck, die bei Facebook veröffentlichten Inhalte zu überwachen, ernsthaft zuzunehmen. Damals starteten in den USA Kampagnen, die für den Schutz minderjähriger NutzerInnen vor dreisten Anfragen, obszönem Material und Pornografie in den sozialen Netzwerken warben.

Dank der breit angelegten Öffentlichkeitskampagne traf Facebook mit dem Bundesstaat New York eine Vereinbarung, alles unerwünschte Material binnen 24 Stunden von der Plattform zu löschen. Für die Aufspürung vulgärer Inhalte engagierte der Konzern überall auf der Welt, häufig über eine Vermittlungsagentur, MitarbeiterInnen.

Facebook stellte Richtlinien auf und lehrte die MitarbeiterInnen, den Kodex befolgend zu entscheiden, ob es sich zum Beispiel bei der Darstellung einer weiblichen Brustwarze immer um unangemessene Nacktheit handelte, oder ob diese im Zusammenhang mit dem Stillen gezeigt wurde. Auch die Grenzen der sprachlichen Unangemessenheit waren flexibel und variierten abhängig davon, von wem sie ausging und wer von den verbalen Angriffen verletzt wurde.

Da es auf der Welt extrem viele gesellschaftliche Konventionen gibt und die Grenzen des Anstands von Kultur zu Kultur variieren, sind Konflikte vorprogrammiert. Zu zusätzlichen Problemen führte der Umstand, dass die Moderatoren aus dem Niedriglohnsektor ihre psychische Gesundheit gefährdeten, indem sie monatelang andauernd Bilder von Vergewaltigungen, Morden und Selbstmorden ansehen mussten.

Im Mai 2020 gab Facebook bekannt, in den USA im Präzedenzfall einer Sammelklage zu der Einigung gefunden zu haben, dass der Konzern seinen aktuellen und früheren Moderatoren insgesamt 52 Millionen Dollar Entschädigungen für die durch die Arbeit entstanden psychischen Schäden zahlen werde.

Der Grenzbereich zwischen Redefreiheit und Verbreitung von Falschmeldungen in sozialen Medien ist nach wie vor umstritten. Besonders gegen Ende der Amtszeit von Präsident Donald Trump war dieses Thema besonders beliebt.

In Bezug auf Facebooks Geschäftspraktiken ist es essenziell, darüber nachzudenken, wie personenbezogene Daten digital genutzt werden und wer diese Daten besitzt und diese kontrollieren darf. Die Versuchung, sich über Grenzen hinwegzusetzen, kann groß sein. Vor allem, wenn man Mark Zuckerbergs Konzern-Richtlinien befolgt. Diese wurden 2009 veröffentlicht, damit neu angestellte Mitarbeiter besser verstanden, nach welchen Prinzipien Facebook handelt und Wachstum anstrebt. Es gab vier Gebote: »Fokussiere dich auf die Wirkung. Sei mutig. Beweg dich schnell und mach Dinge kaputt. Sei offen« (»Focus in Impact. Be Bold. Move Fast and Break Things. Be Open«).

Wenn man von Facebook, Google und anderen Konzernen, die Umgang mit unseren Daten haben, spricht, ist es wichtig, sich vor Augen zu führen, dass die von ihnen angebotenen Produkte nicht kostenlos sind, selbst wenn es diesen Anschein erweckt. Bei diesen Produkten werden NutzerInnen selbst zum Verkaufsgegenstand, ihre Bewegungen, Handlungen, Nachrichten, Leidenschaften und Gefühle.

Wie verdient Facebook am meisten? Die Antwort ist simpel: indem es tief in die Privatsphäre der NutzerInnen vordringt, die auf diese Weise beschafften Daten immer präziser zusammenstellt und das Paket an Interessenten verkauft.

Dies gelingt am einfachsten, indem beispielsweise Beiträge der NutzerInnen standardmäßig für alle öffentlich sichtbar sind, anstatt nur für eine eingeschränkte Gruppe oder für Freunde von Freunden, was in der Netzwerkwirtschaft von Milliarden Menschen essenziell ist. 2009 änderte Facebook die Privatsphäre-Einstellungen überraschend, sodass Beiträge standardmäßig für alle sichtbar waren, wenn man in den Einstellungen nicht gesondert festlegte, dass die eigenen Beiträge nur für Freunde sichtbar sein sollten. Die Neuerung wurde auch zur Standardeinstellung der 350 Millionen alten User.

Die Privatsphäre-Verletzungen müssen so gestaltet werden, dass die User den Dienst nicht verlassen. Deshalb ist es gut, die NutzerInnen zuerst mit möglichst vielen Ködern so an den Dienst zu binden, dass das Verlassen des Dienstes und der Community mühsam ist und den Alltag erschwert.

Der Wachstumsplan ging auf. Es zahlte sich aus, dreist zu sein und seine Grenzen auszutesten. 2011 näherte sich die Anzahl der Facebook-User einer Milliarde. Der Umsatz lag bei vier Milliarden Dollar, der Gewinn bei einer Milliarde Dollar.

Der lange Streit mit der US-amerikanischen Handelskommission FTC endete im November 2011 mit einer Einigung. Facebook bekannte sich keiner Fehler schuldig, doch in der Einigung bestätigten die Behörden, dass sich der Konzern in sieben Punkten schuldig gemacht hatte: Der Konzern hatte unter anderem die privat eingestellten Freundeslisten öffentlich geschaltet, User-Daten über die Grenzen des Erlaubten geteilt und persönliche Daten an Werbungtreibende weitergegeben.

Die Einigung beinhaltete das Versprechen, dass der Konzern seine Geschäftspraktiken bessern und eine externe Aufsicht bezahlen würde, um den Entwicklungsstand zu verfolgen.

Hinter der nächsten Ecke wartete allerdings eine große Veränderung, der Facebook keine Beachtung geschenkt hatte. Die Kommunikation war im Begriff, sich von Computern auf Smartphones zu verlagern, und der Konzern hatte seine gesamte Software auf einer veralteten Computersprache aufgebaut.

Facebook ging im Mai 2012 an die Börse. Die Anleger waren damals sichtlich besorgt darüber, wie ein soziales Medium aus dem Computerumfeld sich beim bevorstehenden Wechsel zu Mobilgeräten schlagen würde. Bei Facebook gab es noch keinen klaren Plan, nur das Versprechen, an einem solchen zu arbeiten.

Der Finanzmedien-Webseite Investopedia zufolge sank der Börsenkurs des Unternehmens auf nahezu die Hälfte des Listenpreises von 38 Dollar, bevor der Kurs im Herbst zu steigen begann.

Facebook fand schließlich eine Lösung, die nach mehreren fehlgeschlagenen Versuchen letzten Endes darin bestand, dass der Konzern anfing, seine Anwendung direkt an Google Android- und iPhone iOS-Betriebssysteme anzupassen. Werbeanzeigen, die auf dem Computerbildschirm in der Spalte am Bildschirmrand zu sehen waren und den Großteil des Konzernumsatzes ausmachten, wurden in den bis dahin unangetastet gebliebenen Newsfeed eingefügt. Bestenfalls konnte die Werbung nun so fließend und zielgerichtet dargestellt werden, dass die Nutzer sie nicht vom selbst gewählten Newsfeed unterscheiden konnten.

Facebooks Rolle als Zielplattform für Fake News und politische Propaganda stand 2016 im Fokus der Debatten, als Donald Trump zum Präsidenten der Vereinigten Staaten gewählt wurde. Trumps Wahlkampagne hatte mit einem großzügigen Facebook-Budget zum Erfolg geführt, und über den Anteil, den russische Trolle am Wahlergebnis hatten, wird nach wie vor gestritten. Als Trolle werden Personen bezeichnet, die im Internet vorsätzlich mit zündelnden Kommentaren, irrelevanten Nachrichten und Lügen versuchen, Menschen zu verärgern und eine Agenda voranzutreiben. In Russland wurde diese Praxis als Teil des sogenannten Informationskriegs betrieben.

Einen Vorgeschmack auf Facebooks Bedeutung als Instrument zur politischen Machtausübung und Einflussnahme gab es bereits in Asien und im Pazifik-Gebiet. Eine besonders eindeutige Falschmeldung bei Facebook wurde 2015/2016 auf den Philippinen beobachtet, als das Kampagnenteam des zukünftigen Präsidenten Rodrigo Duterte Fake News über seine politischen Gegner verbreitete. Die Methoden waren teilweise ziemlich simpel. Der Kopf der Senatorin, die gegen Duterte antrat, wurde nachträglich auf den Körper der weiblichen Darstellerin eines Pornovideos gesetzt. In der verbreiteten Nachricht wurde behauptet, das Schmuddelvideo beweise, dass die Senatorin mit ihrem verheirateten Chauffeur ins Bett gehe. »Sie fickt nicht nur ihren Chauffeur, sondern das philippinische Volk«, kommentierte Duterte das Video und beschimpfte die Senatorin im selben Atemzug als »unmoralisch«.

Später wurde die Senatorin wegen des Verdachts, in Drogengeschäfte verwickelt zu sein, verhaftet. Dutertes Gegenkandidaten waren nicht fähig oder schamlos genug, Facebook auf dieselbe Weise auszunutzen, und verloren die Wahl.

Im Westen wurde erst durch die Enthüllungen über das Datenanalyse-Unternehmen Cambridge Analytica und Facebook immer mehr Menschen bewusst, dass Fake News und ihre persönlichen Daten und Reaktionen zu politischen und unethischen Zwecken missbraucht werden können.

Unter anderem die Artikel der britischen Journalistin Carole Cadwalladr, die 2017/2018 in *The Observer* veröffentlicht wurden, enthüllen, dass Cambridge Analytica illegal oder unethisch Profilierungsdaten verkauft hat, um sowohl die Brexit-Abstimmung als auch die Präsidentschaftswahlen in den USA zu beeinflussen.

Bei beiden Wahlen war das Abstimmungsergebnis knapp. Die Briten stimmten für den Brexit, und die US-Amerikaner wählten Donald Trump zum Präsidenten.

Nach diesem Vorfall änderte Facebook seine Vorgehensweise. Der Konzern einigte sich 2019 bezüglich der Vorwürfe der unrechtmäßigen Weitergabe von Daten mit den US-Behörden auf Entschädigungszahlungen in Höhe von fünf Milliarden Dollar. Die Einzelheiten der Vereinbarung wurden nicht öffentlich bekannt. Für die Investoren war die Entschädigungssumme eine freudige Überraschung, und Facebooks Aktienkurs stieg nach der Urteilsverkündung kräftig an.

Nachforschungen von Journalisten und Forschern ergaben, dass eine gewisse Gruppe von Brexit-Befürwortern irreführende EU-kritische Informationen gezielt auf Personen gerichtet hatte, die Cambridge Analytica mithilfe von politischen Stimmungsprofilen als adäquate Zielgruppe identifiziert hatte.

Cadwalladr enthüllte unter anderem, dass die von Nigel Farage angeführte radikale Leave-Kampagne mit Cambridge Analytica zusammengearbeitet, darüber jedoch in ihrem Wahlfinanzierungsbericht nichts erwähnt hatte.

Für das meiste Aufsehen sorgte allerdings Cadwalladrs Interview mit dem ehemaligen Cambridge-Analytica-Mitarbeiter Christopher Wylie. Durch den Skandal begannen viele Menschen zu erkennen, wie Tech-Giganten wie Facebook und Google all unsere Schritte im Netz überwachen und basierend auf Algorithmen entscheiden, welche Informationen uns angezeigt und welche Daten für die Zwecke von Unternehmen und Werbungtreibenden verkauft werden.

In den EU-Ländern wird die Datensicherheit der Bürger heute durch die Datenschutzgrundverordnung (DSGVO) geschützt, die Menschen das Recht einräumt, bei Unternehmen um Einsicht der eigenen Daten, die das Unternehmen von ihnen gesammelt hat, zu ersuchen. Es bleibt allerdings ein Problem: Verschiedene Unternehmen haben die Werbeplatzierung und Kundenanalyse im Internet in der Praxis längst an Facebook und Google outgesourct.

Mark Zuckerberg gab nur langsam und widerwillig zu, dass Facebook und Fake News in Trumps Wahlkampagne ausgenutzt worden waren. »Eine ziemlich verrückte Idee«, lautete sein erster Kommentar zu diesem Thema. Später gestand Zuckerberg öffentlich, dass Russen Hunderte Fake-Accounts bei Facebook angelegt und in ihrem Namen politische Werbeflächen gekauft hatten.

Später kam Facebook selbst zu der Einschätzung, dass Cambridge Analytica die Daten von 87 Millionen Facebook-Usern – größtenteils US-Amerikaner – analysiert hatte, um auf die Wahl Donald Trumps 2016 Einfluss zu nehmen. Trumps Berater Stephen K. Bannon saß damals im Vorstand von Cambridge Analytica.

Nach diesen Vorfällen hat Zuckerberg gelernt, in der Öffentlichkeit aufzutreten, mehr mit Politikern zu diskutieren und stärker in die Konzernentscheidungen einzugreifen. 2017 unternahm er eine große Tour durch die USA, um sein Image beim Volk zu verbessern. Er saß auf einem Traktor, nahm an Gottesdiensten teil und hielt Reden an seiner ehemaligen Alma Mater. Das Medienprojekt nahm so gewaltige Ausmaße an, dass man bereits damit spekulierte, Zuckerberg wolle Präsident werden.

2018 war dann der reumütige Mark Zuckerberg an der Reihe. »Es ist klar, dass wir nicht genug getan haben«, sagte er Anfang April auf einer Pressekonferenz des Konzerns und gab sich dabei selbst die Schuld.

Im Juli desselben Jahres hatte Zuckerberg aber genug von der Demut. Es war Zeit für eine neue Verwandlung.

Das *Wall Street Journal* und die *New York Times* hatten beide von der berühmten Versammlung der Facebook-Manager berichtet, bei der Zuckerberg bekannt gab, sich von einem Anführer in Zeiten des Friedens zu einem Anführer im Krieg zu wandeln. Er verkündete, mehr Entscheidungen selbst treffen zu wollen und dabei auf die eigenen Instinkte und Visionen zu vertrauen. Kriegsführer handelten schneller und entschiedener und ließen sich nicht von der Angst ausbremsen, andere zu verärgern, sagte Zuckerberg laut der *New York Times*.

Im »Krieg« ordnete Zuckerberg an, die Zusammenarbeit von Facebooks wichtigsten Anwendungen Facebook, Instagram, Messenger und WhatsApp zu intensivieren. Und er begann, mehr Zeit darauf zu verwenden, sich mit einflussreichen republikanischen Politikern zu treffen und ihnen exklusive Abendessen anzubieten.

Laut der *New York Times* gab Facebook an, 2019 in Washington 16,7 Millionen Dollar für Lobbyarbeit ausgegeben zu haben. Der Non-Profit-Organisation OpenSecrets zufolge hatten 2019 nur Amazon und das Krankenversicherungsbündnis Blue Cross/Blue Shield mehr für die politische Einflussnahme ausgegeben als Facebook.

Im September 2019 gab die Generalstaatsanwaltschaft von New York bekannt, Ermittlungen aufgenommen zu haben, ob Facebook gegen die Wettbewerbsregeln verstoßen habe. Eine Woche später reiste Zuckerberg selbst nach Washington, zunächst für ein Treffen mit den Demokraten und dann zu Donald Trump ins Weiße Haus. »In einen dunkelblauen Anzug und weinrote Krawatte gekleidet, setzte Herr Zuckerberg sich zwischen Herrn Kushner und Herrn Kaplan, das Gesicht auf Herrn Trump und sein Jumboglas Diät-Cola gerichtet. Herr Zuckerberg merkte schnell an, dass der Präsident von allen Staatsoberhäuptern der Welt die stärkste Verbindung zu seinen Followern in den sozialen Medien habe. Herr Trump – der zuvor Facebook wegen verschiedener Dinge angegriffen hatte – schlug augenblicklich einen anderen Ton an und beschrieb die Gespräche in sozialen Medien als ›nett‹«, berichtete die *New York Times*. Im Mai 2020 schrieb dann die Zeitung, dass Trump Facebook nach diesem Treffen kein einziges Mal in den sozialen Medien kritisiert habe.

Nach den Präsidentschaftswahlen 2020 versahen Facebook und Twitter Donald Trumps haltlose Behauptungen, dass die Demokraten die Auszählungen der Stimmen in verschiedenen Bundesstaaten manipuliert hätten, mit Warnhinweisen. Twitter warnte, dass die Behauptung umstritten und möglicherweise irreführend sei und schränkte die Sichtbarkeit des Beitrags ein. Facebook fügte Trumps Meldung einen allgemeinen Warnhinweis hinzu, demzufolge die endgültigen Ergebnisse von den Ergebnissen der frühen Hochrechnung abweichen könnten. Für Facebook war dieser Balanceakt von grundlegender Bedeutung, um sich mit zukünftigen Gesetzgebern gut zu stellen.

Die digitale Wirtschaft wird bereits in der nahen Zukunft zu einer gigantischen elektronischen Wabe, in der unterschiedliche Konzerne und Dienstleistungen kleben bleiben und versuchen können, Marktanteile zu erobern. Der Charakter dieser Dienste lässt sich auf drei Eigenschaften herunterbrechen: Vertrauen, einfache Bedienung und Kundschaft.

In zwei dieser Eigenschaften ist Facebook unschlagbar: Facebook verfügt über 2,6 Milliarden Kunden, und Facebooks Produkte sind leicht zu bedienen und machen abhängig.

Mit dem Vertrauen hat Facebook zu kämpfen. Der Konzern versucht seinen Einfluss auf Politiker zu stärken, indem er Personen anwirbt, die über ein gutes Image, ein breites Kontaktnetzwerk, Kenntnisse über die Standpunkte führender Politiker verfügen und wissen, wie man diese beeinflussen kann.

Zugleich darf man nicht vergessen, dass die größten Technologiekonzerne von Google bis Tencent und von Amazon bis Facebook im nächsten Entwicklungsschritt die »Luftherrschaft«, die totale Überlegenheit anstreben: in der Entwicklung künstlicher Intelligenz, virtueller Realität, selbst fahrender Autos oder eines eigenen Währungs- und Bezahlsystems.

Bei Facebook lohnt es sich, diesbezüglich zwei Umstände genauer zu betrachten.

Facebook kaufte für zwei Milliarden Dollar Oculus, einen Hersteller von Virtual-Reality-Brillen, und bereitete sich so auf die Ankunft der dreidimensionalen virtuellen Realität sowie der erweiterten Realität im Handel, auf dem Spielemarkt und in den sozialen Medien vor.

Als eine der interessantesten neuen Wachstumsquellen gilt Prophezeiungen zufolge die Facebook-Währung Libra und das dazugehörige Calibra-Wallet, deren erste Phase die Nationalstaaten ziemlich einstimmig verhindert haben.

Durch die Verknüpfung des digitalen Wallet mit den eigenen Anwendungen, zunächst einmal mit Messenger und WhatsApp, stünde Facebook für den Zahlungsverkehr bereits ein gigantisches Netzwerk bereit. Vor allem WhatsApp könnte als beliebte Plattform für Onlinezahlungen dienen.

Statista zufolge nutzen mehr als zwei Milliarden Menschen in rund 180 Ländern WhatsApp. Eine Milliarde Menschen nutzt die App sogar täglich.

Im Juni 2019 gab Facebook die lang gehegten Pläne des Calibra- und Libra-Projekts öffentlich bekannt. Der Zweck der Währung ist, den Wert zu stabilisieren, indem man ihm ein Korpus aus verschiedenen Landeswährungen zugrunde legt. Facebook hat für Libra eine breite Schirmherrschaft geschaffen, zu der mehr als 20 angesehene Großkonzerne wie zum Beispiel die Kreditkartengesellschaften Mastercard und Visa, der Bezahldienst PayPal, der Taxiservice Uber, der Musikanbieter Spotify und der Onlinehandel eBay gehören.

Geldtransaktionen und deren Überwachung sind sowohl für Staaten als auch für die ganze vorherrschende Finanzbranche wichtig. Deshalb betonte Facebook, nicht mehr Macht über Libra zu haben als jedes andere Mitglied der Libra-Community, sondern lediglich für die Verwaltung des Calibra-Wallet-Programms verantwortlich zu sein. Die Daten aus dem Zahlungsverkehr sollten auch nicht zur Profilierung zu Werbezwecken genutzt werden, versprach Facebook.

Im Laufe des Sommers begannen zunächst die Finanzierungsgesellschaften aus der Libra-Gruppe wegzubrechen, nachdem US-amerikanische Politiker die Konzerne vor den Risiken gewarnt hatten, die die Beteiligung an Libra für die Regulierung der Finanzmärkte barg. Im Oktober stimmten die Finanzminister von Frankreich, Deutschland und Italien einstimmig gegen Libra. »Libra ist auf europäischem Boden nicht willkommen«, sagte der französische Finanzminister Bruno Le Maire den Journalisten im Rahmen der Herbstversammlung der Weltbank und des Internationalen Währungsfonds.

Man sah in Libra eine Bedrohung für die Europäische Zentralbank und die gemeinsame Eurowährung. Wenn Libra sich unter NutzerInnen von Facebook-Diensten als billiges und vertrauenswürdiges Zahlungsmittel und allgemeine Währung etablierte, könnte dies erheblichen Druck auf die Finanzpolitik der Zentralbanken, das Finanzsystem und andere Währungen verursachen.

Es überraschte nicht, dass Facebook nach einer kurzen Verschnaufpause im April 2020 eine entschärfte Version von Libra präsentierte. In der neuen Version basierte Libra auf dem Wert des Dollars oder Euros, sodass sie nicht in direkter Konkurrenz zu bekannten Währungen stand. Die Währung sollte auch die digitalen Währungen der Zentralbanken unterstützen. Gleichzeitig gab die Libra-Gesellschaft bekannt, eine Ermittlungseinheit zu gründen mit dem Zweck, Geldwäsche und Finanzierung von Terrorismus zu verhindern.

Nun war die Resonanz wohlwollender. Irgendwer muss wohl geglaubt haben, dass Facebook in Zukunft nicht versuchen würde, das Währungsprojekt auszuweiten, wenn sich eine Möglichkeit bot. Es konnte aber auch sein, dass Libra nicht genügend Beachtung fand, da es genug andere Schlagzeilen gab.

Die Welt befand sich im Würgegriff des Coronavirus. Die Zentralbanken hatten rund um den Globus neues Geld gedruckt, um das Wirtschaftswachstum und die Beschäftigung zu fördern und die Bewertungsniveaus von Aktien und sonstigem Vermögen aufrechtzuerhalten.

Die Notlage und das Gelddrucken der Zentralbanken passten Facebook gut ins weitsichtig angelegte Konzept. Der Wert der Währungen wurde immer mehr zu einer Glaubensfrage, und die Bewertungsniveaus von alternativen Vermögenswerten wie Gold oder Bitcoin stiegen.

Warum ist Facebook also so gefährlich? Vielleicht sogar das gefährlichste Unternehmen der Welt?

Die Antwort ist natürlich dieselbe, als wenn man versuchen würde zu erklären, welches das gefährlichste Tier der Welt ist. Es kommt auf den Blickwinkel an. Ist es die giftige Schwarze Mamba, der blutrünstige Löwe, die Malaria verbreitende Mücke oder die umweltbelastende Kuh? Die Antwort hängt davon ab, welchem Experten man die Frage stellt.

Was Facebook angeht, besteht zumindest ein Problem darin, dass der Konzern so viel über uns weiß – unsere Geheimnisse, unsere Gefühle, vielleicht auch unsere Nachrichten kennt. Und diese Informationen stecken hinter Mark Zuckerbergs Entscheidungen.

Geld braucht Mark Zuckerberg nicht mehr. Laut Bloombergs Liste der Milliardäre verfügte er im September 2021 über ein Vermögen in Höhe von 132 Milliarden Dollar. Das machte ihn zum fünftreichsten Menschen der Welt.

Aber Zuckerbergs Wachstumshunger ist noch nicht gestillt.

Die Eroberung der virtuellen Welt und die Kontrolle über ein globales Bezahlsystem und die Währungen könnten für ihn Herausforderungen darstellen, die er gerne annimmt.

Sowohl die US-Regierung als auch die EU-Kommission haben zahlreiche juristische Schritte eingeleitet, um die Macht der Tech-Giganten einzuschränken. Bislang hat Zuckerberg Gewinne eingefahren, indem er zuerst eine Neuerung durchgebracht hat und sich erst im Nachhinein, nachdem sich die Neuerung etabliert hatte, Gedanken darüber gemacht hat, wie diese an die Forderungen der Gesellschaft anzupassen war. Solange Facebook der Gesetzgebung ein oder zwei Schritte voraus ist, ist der Konzern ziemlich unberechenbar.

4. Amazon: Ein Datenunternehmen mit allem Drum und Dran
Der schnelle Eroberer des Einzelhandels

Im Februar 2019 tätigte Jeff Bezos den teuersten Wohnungskauf aller Zeiten, als er in Beverly Hills im Los Angeles County eine Immobilie für 165 Millionen Dollar erwarb, berichtete das *Wall Street Journal* im Februar 2020.

Die Summe, für die der Amazon-Gründer dem Film- und Musikproduzenten David Geffen die 1260-Quadratmeter-Villa abkaufte, war – soweit bekannt – der höchste Preis, der in Los Angeles je für ein Einfamilienhaus bezahlt worden war.

Laut *Architectural Digest* ist das 3,6 Hektar große Anwesen, das Jack Warner in den Dreißigerjahren bauen ließ, die einzige Immobilie des Studiomoguls des goldenen Hollywood-Zeitalters, die noch in ihrer ursprünglichen Form erhalten ist. Dort gibt es riesige Terrassen und Gärten, zwei Gästehäuser, einen Tennisplatz, einen Swimmingpool, einen Golfplatz mit neun

Löchern und eine komplette Rennbahn mit Boxen und Zapfsäulen. Ein Detail, das gerne erwähnt wird, ist der Holzboden im Hauptgebäude, auf dessen Brettern Napoleon gestanden haben soll, als er um Joséphines Hand anhielt.

Jeff Bezos erwähnte dieses Privileg mit keinem Wort in der Öffentlichkeit. Er kaufte die Immobilie als Wohnung für sich und seine Freundin Lauren Sanchez. Seine Zweitwohnung hatte er bereits im späten Frühjahr 2019 gekauft, nachdem er und seine Frau MacKenzie beschlossen hatten, sich scheiden zu lassen. Bei diesem 80-Millionen-Dollar-Geschäft vereinigte Bezos die Penthousewohnung an der New Yorker Fifth Avenue mit zwei darunterliegenden Apartments zu einer Familienwohnung, berichtete das *Wall Street Journal*.

Es erscheint nur logisch, dass der reichste Mann der Welt auch die teuersten Wohnungen kauft. Was Bezos' Vermögen angeht, ist vor allem das Tempo, mit dem dieses gewachsen ist, interessant und in vielerlei Hinsicht beispiellos.

Zwei Wochen, bevor der Immobilienkauf in Beverly Hills öffentlich bekannt wurde, war Jeff Bezos' Vermögen innerhalb von 15 Minuten um 13,2 Milliarden Dollar gewachsen. Die Veröffentlichung der Quartalsergebnisse von Oktober bis Dezember 2019 sowie der neue Rekord des Weihnachtsgeschäfts hatten den Kursanstieg der Amazon-Aktie beflügelt.

Zu diesem Zeitpunkt wurde Bezos minütlich um 880 Millionen Dollar reicher. Im Vergleich dazu waren die Immobilienkäufe in Beverly Hills und an der Fifth Avenue nur ein Tropfen im Ozean. Genau genommen verdiente Bezos durch den Kursanstieg beide Wohnungen in weniger als 17 Sekunden.

Das Coronavirus konnte Amazons Tempo nichts anhaben. Einer Schätzung der *Financial Times* im Juni 2020 zufolge war Amazon das Unternehmen, das während der Pandemie die größte Wertsteigerung erfahren hatte. Der Unternehmenswert hatte durch den verstärkten Onlinehandel und die zunehmende Nachfrage nach Cloud-Diensten im Jahr um rund 400 Milliarden Dollar zugenommen. Die zweithöchste Wertsteigerung verzeichnete damals Microsoft mit 270 Milliarden Dollar.

Bezos' Vermögenswert betrug im Februar 131 Milliarden Dollar. Im Juli 2020 lag er laut *Forbes* bei rund 166 Milliarden Dollar. Anfang Oktober 2022 errechnete Bloomberg, dass Bezos' Vermögen innerhalb eines Jahres um 26 Milliarden Dollar geschrumpft sei. Mit einem Vermögen von 136 Milliarden Dollar war er jedoch immer noch der zweitreichste Mensch der Welt.

Amazon wird meistens als Onlineversandhändler bezeichnet, doch den Hauptanteil seiner Gewinne macht der Konzern mit Cloud-Diensten. Weiter gefasst kann man sagen, dass Amazons Wert auf dem Sammeln von Daten und deren Veredelung basiert. Amazon ist also eher ein Datenkonzern.

Die Datenriesen der heutigen Zeit, die teuersten Konzerne der Welt, haben häufig einen Goldesel, mit dessen zuverlässigen Gewinnen sie die Expansion in andere Branchen finanzieren können. Die höchsten Wachstumserwartungen und Gewinne dieser Konzerne stecken häufig gerade in den Cloud-Diensten, in der Speicherung von Daten unterschiedlicher Unternehmen und Personen auf den Servern des Konzerns sowie im Anbieten verschiedener Programme zur Verwaltung und Nutzung dieser Daten. In verschiedenen Teilen der Welt werden klimatisierte Hallen gebaut, in denen sich diese Server befinden.

In den Augen eines Laien erscheint dieser Service wie eine Massenware, im Vergleich zu der selbst Zelluloseherstellung wie höhere Mathematik wirkt. Doch die Investoren wissen es besser. Vier der fünf teuersten Börsenkonzerne der Welt sind Cloud-Service-Anbieter (Apple, Microsoft, Amazon, Alphabet). Investoren sind jedoch überzeugt, dass Unternehmen die Datenverwaltung zunehmend outsourcen werden. Amazons Cloud-Service Amazon Web Services (AWS) ist der globale Marktführer des Cloud-Outsourcings, dennoch beträgt der Umsatz nur rund ein Hundertstel der Summe, die Unternehmen jährlich für die Datenverwaltung aufwenden.

Laut der Onlineplattform Statista lag der Anteil von AWS am globalen Cloud-Service-Markt in den vergangenen Jahren bei 31 bis 32 Prozent. Der Marktanteil von Microsoft Azure liegt bei rund 20 Prozent.

Amazon begann sein Geschäft 1994 als Onlineversandhändler für Bücher. Dann weitete das Unternehmen die Geschäfte Schritt für Schritt auf andere Produkte aus. Dafür wurde viel Rechenkapazität benötigt, und im Jahr 2006 begann der Konzern, seine Dienste auch an andere zu verkaufen. Und wie es im Business häufig der Fall ist, wurde das zweite Standbein zum Antriebsmotor des gesamten Konzernwachstums. »Der Hauptgrund für Investoren, sich bei Amazon einzukaufen, sollte AWS sein, da AWS bereits jetzt 77 Prozent des Betriebsergebnisses ausmacht, während es nur 13 Prozent vom gesamten Nettoverkauf darstellt«, schrieb beispielsweise der Analytiker Louis Stevens im Juni 2020 auf der Webseite des Crowdsourcing-Inhaltsdienstes für Finanzmärkte Seeking Alpha.

Stevens' Analyse zufolge war innerhalb von drei Jahren der Jahresumsatz von AWS um durchschnittlich 38 Prozent gestiegen. Langfristig dachte man, entsprechend den Prognosen der Forschungsgesellschaft Gartner, dass Amazons jährliche Wachstumsrate in den 2020er-Jahren bei rund 20 Prozent liegen würde.

Da die Gewinnspanne, die die Rentabilität des Cloud-Umsatzes beschreibt, bei rund 30 Prozent lag, könnte Stevens' Berechnung zufolge AWS allein im Jahr 2030 bereits 2000 Milliarden wert sein – mit anderen Worten würde der Wert der Cloud-Dienste das 1,6-Fache des Wertes aller Amazon-Aktien im Juni 2020 betragen.

Von 2013 bis 2019 ist der Umsatz von AWS von 3,1 auf 33 Milliarden um das Elffache gestiegen. Mit den AWS-Gewinnen verfolgt Amazon das ehrgeizige Ziel, in viele weitere Branchen zu expandieren, vom Onlinehandel zur Content-Generierung, von der Gesundheitsvorsorge zur Heimelektronik und zum Anbieter unterschiedlicher Plattformwirtschaften. Amazons Entwicklungsgeschichte dient als gutes Beispiel für die Entstehung der Technologieriesen.

Wir kehren zurück ins Jahr 1994, als der Konzern anfing, im Internet Bücher zu verkaufen. Bücher hatten mehr oder weniger dieselbe Größe und ließen sich leicht lagern. Für den Buchverkauf musste Amazon eine gigantische Datenbank anlegen. Als der Buchhandel eine angemessene Größe erreicht hatte, war Amazon in der Lage, über die Lieferkosten zu verhandeln. Dann wurde das Sortiment um CDs, Videos und Spiele erweitert, und wieder gewann Amazon an Verhandlungsmacht.

Als Amazon groß genug war, konnte der Konzern mit regionalen Anbietern in Wettbewerb treten. Für die Kunden waren Bequemlichkeit und der Preis entscheidend. Bei Büchern, Platten und CDs lag der Vorteil auch im »Long-Tail«-Phänomen. Diese Theorie besagt, dass im Internetzeitalter eine große Anzahl weniger gefragter Produkte zusammen mehr Umsatz erzielt als eine geringe Anzahl stark gefragter Produkte. Demnach brauchte der Konzern seltenere Titel nicht selbst auf Lager zu haben. Es reichte aus, dass die Datenbank wusste, dass der entsprechende Titel irgendwo zum Verkauf angeboten wurde, sodass Amazon diesen an den Kunden weiterverkaufen konnte.

Die Cloud-Dienste gingen als Nebenprodukt aus Amazons eigener Serverentwicklung hervor. Durch das breite Spektrum der im Internet verkauften Produkte und den Handel nahmen Amazons eigene Datenmengen derart zu, dass es sich lohnte, den Serverraum in Amazons Rechenzentren auch Dritten anzubieten. Genau damit fing AWS 2006 an.

Eine der zentralen Ideen des AWS-Cloud-Service war es, die Preise für den Service entgegen der damals gängigen Praxis im Internet offen darzulegen und sich so Preisverhandlungen zu sparen. So konnten die Kunden den gewünschten Service schnell buchen und Preise vergleichen. Wichtig war auch der Umstand, dass AWS Technologie verwendete, die den Kunden bereits bekannt war, wie zum Beispiel die Datenbank MySQL.

Jeff Bezos war der Spross einer Jugendliebe, die nicht von Dauer war. Er wuchs bei seiner Mutter Jackie und seinem Stiefvater Mike Bezos auf. Sein Stiefvater arbeitete in einer Führungsposition beim Ölkonzern Exxon und war im Jugendalter aus Kuba geflohen, als Fidel Castro an die Macht kam.

Der BBC zufolge hatte Jeff Bezos bereits in seiner Abschlussrede an der Highschool von seiner Vision gesprochen, Kolonien im Weltraum zu gründen. Deshalb erscheint es nur logisch, dass Bezos' Raumfahrtunternehmen Blue Origin kostenpflichtige Weltraumreisen für Verbraucher plante. Den ersten bemannten Flug führte das Unternehmen im Sommer 2021 durch.

Bezos studierte Informatik an der Princeton University und arbeitete nach seinem Abschluss 1986 beim Hedgefonds D.E. Shaw & Co. in New York. Dort begegnete er seiner zukünftigen und inzwischen Ex-Frau MacKenzie.

Acht Jahre später beschloss er, dem florierenden Finanzsoftwareunternehmen an der Wall Street den Rücken zu kehren, um den Onlinebuchhandel Amazon.com mit einem Startkapital von 100.000 Dollar zu gründen.

Bezos gab an, sich ein paar Urlaubstage genommen zu haben, um seine Entscheidung über die Gründung eines eigenen Unternehmens reifen zu lassen. »Am besten war es, mir mein Leben auszumalen, bis ich 80 bin, und dann den Lebensweg einzuschlagen, mit dem ich mein eigenes Bedauern darüber, dass ich etwas nicht getan hatte oder etwas anderes gemacht habe, minimieren kann«, erzählte Bezos im November 2017, als sein Bruder Mark ihn auf einem Ideenseminar in Los Angeles interviewte. Mit anderen Worten: Wenn Amazon kein Erfolg gewesen wäre, wäre er als 80-Jähriger trotzdem stolz darauf, das Unternehmen gegründet zu haben, erklärte er seinem Bruder.

Diese Vorgehensweise erklärt auch Bezos' Handeln in anderen Situationen.

Im Januar 2019 gaben Jeff Bezos und seine Ehefrau, die Schriftstellerin MacKenzie Bezos, auf Twitter bekannt, sich nach mehr als 25 Jahren Ehe scheiden zu lassen. Nach der Bekanntgabe der Scheidung begann Bezos eine Beziehung mit der ehemaligen Nachrichtensprecherin und Hubschrauberpilotin Lauren Sanchez. Dem Scheidungsvertrag zufolge erhielt die geschiedene Ehefrau von Bezos 36 Milliarden Dollar.

Im Februar 2019 sorgte Jeff Bezos erneut für Schlagzeilen. Er veröffentlichte in seinem Blog auf der Webseite Medium eine detaillierte Schilderung, wie die US-amerikanische Boulevardzeitung *National Enquirer* versucht hatte, ihn mit der Veröffentlichung von intimen Bildern zu erpressen. Bezos wurde unterstellt, diese an seine Partnerin Sanchez geschickt zu haben. Den E-Mails zufolge befanden sich darunter auch Bilder, die die beiden halb nackt zeigten, sowie Bilder des Intimbereichs.

Bezos zufolge handelte es sich dabei im Grunde um eine politische Agenda, die von Donald Trumps Unterstützer und Freund David Pecker, dem Verleger des *National Enquirer*, angeführt wurde. Man hatte Bezos versprochen, die Bilder nicht zu veröffentlichen, wenn er öffentlich erklären würde, dass eine frühere Meldung der Boulevardzeitung über ihn nicht politisch motiviert gewesen sei. Bezos stimmte der Forderung jedoch nicht zu, sondern veröffentlichte stattdessen den ganzen vertraulichen E-Mail-Austausch, den er unter der Mediation seiner Agenten mit der American Media Inc., dem Verlag des *National Enquirer*, geführt hatte.

Donald Trump griff seinerseits in seinen Tweets wiederholt sowohl Bezos und Amazon als auch die 2013 von Bezos gekaufte Tageszeitung *The Washington Post* an. Trump beschuldigte Amazon unter anderem, den US-amerikanischen Postdienst für sein Business auszunutzen, und warf der *Washington Post* vor, Fake News zu verbreiten.

Schon früh hatte Bezos erkannt, dass jeder Mausklick im Onlinehandel wertvolles Datenkapital ist. Mithilfe dieser Daten sieht Amazon, woher die Kunden kommen und wie sie sich auf der Webseite des Unternehmens bewegen. Das Werben auf Internetseiten ist ein lukratives Geschäft, wenn man die Gedankengänge und Gefühle der Nutzer analysieren kann, doch besonders wertvoll ist diese Information, wenn Nutzer gerade dabei sind, einen Einkauf zu tätigen. Dann kann Amazon unter der Rubrik »sponsored items« Werbeflächen für Produkte verkaufen, um beispielsweise noch um einen Kunden zu werben, der gerade einen Staubsauger kauft.

Amazon hat im Vergleich zu vielen anderen werbefinanzierten Konzernen wie Google und Facebook einen klaren Vorteil:

Die Werbung wird so platziert, dass sie genau im Moment der Verkaufsentscheidung den Käufer beeinflusst. Durch die Anordnung der angebotenen Produkte und das Hinzufügen von »Empfehlungen« kann Amazon zusätzlich deutlich auf die Verkaufsentscheidung Einfluss nehmen, vor allem wenn Amazon die früheren Onlinegeschäfte und das Kaufverhalten des Käufers kennt.

Als Amazons große Eingebung gilt wohl, dass der Konzern seit 2007 auch anderen Unternehmen erlaubt, ihre Produkte auf seiner Plattform zu verkaufen. Nach Angaben des Statistikdienstes Statista waren im zweiten Quartal 2020 53 Prozent aller bezahlten Produkte Verkäufe von externen Unternehmen.

Amazon ist also gewissermaßen der größte Marktstand auf dem Marktplatz, dem gleichzeitig auch der Marktplatz, also die Plattform, gehört, auf welcher der Markt stattfindet.

Das hat viele Vorteile. Erstens erhält Amazon alle Daten, die durch den Onlinehandel generiert werden. So kann Amazon besser als die Konkurrenz schlussfolgern, wie sich ein Kunde verhält, auch wenn Amazon den Konkurrenten gelegentlich ein paar Kundeninformationen liefert. Wenn ein Verkäufer dasselbe Produkt billiger verkauft als Amazon, kann Amazon selbst von seinem Zulieferer einen günstigeren Preis fordern, aber in jedem Fall erhält Amazon einen Anteil des Verkaufspreises des Konkurrenten. Amazon kann seine eigenen Produkte auch ein wenig über dem günstigsten Preis verkaufen, da die Käufer gerne für Amazons sichere Lieferung und Vertrauenswürdigkeit bezahlen.

Amazon wird wiederholt vorgeworfen, wie schlecht das Unternehmen seine Lagerarbeiter behandelt, indem es ihre Leistung überwacht, die Anzahl der gestatteten Toilettengänge einschränkt und die Mitarbeiter auch bei großer Hitze zu arbeiten zwingt.

Während der Coronapandemie wurde die Kritik noch lauter.

Die Gründe für die Kritik lassen sich in zwei Kategorien aufteilen: zum einen, wie Niedriglohnarbeiter – vor allem in den USA – behandelt werden, und zum anderen, wie Amazon unablässig alle Leistungen misst.

Der Umgang mit Niedriglohnarbeitern ist weitgehend vergleichbar mit der Praxis von Walmart. Man könnte also sagen, dass Amazon hinsichtlich der Optimierung der Effizienz und Kostenstruktur mit denselben Waffen antritt wie sein ärgster Konkurrent.

Die Öffentlichkeit ist ein gutes Mittel, wenn es darum geht, Konzerne dazu zu bringen, ihre Arbeitsbedingungen zu verbessern, aber das grundlegende Problem liegt wohl in der Gesetzgebung der entsprechenden Länder, die den schlechten Umgang mit Niedriglohnarbeitern toleriert.

Amazons Gewohnheit, alle Leistungen zu messen, basiert im Kern auf Bezos' Geschäftsidee, dass jegliche Performance immer messbar sein sollte. Deshalb haben die LagerarbeiterInnen an ihrem Gürtel ein Lesegerät, das ihre Aktivität misst, und deshalb schicken Kundenberater den Kunden gewöhnlich die Aufforderung, ihre Performance zu bewerten. Bei einer guten Bewertungsrate dienen diese Informationen dann als Grundlage für Gehaltsverhandlungen.

Im Onlinehandel der USA ist Amazons Stellung absolut unübertroffen. Das Marktforschungsunternehmen eMarketer schätzte 2021, dass Amazon 40,4 Prozent der bundesweiten Onlineverkäufe kontrolliert. Auf Platz zwei lag Walmart mit 7,1 Prozent, auf Platz drei eBay mit 4,3 Prozent und auf Platz vier Apple mit 3,7 Prozent.

In den USA ist Amazon mittlerweile auch die erste Adresse für Preisvergleiche. Rund die Hälfte der US-Amerikaner beginnt mit der Produktsuche bei Amazon, während 35 Prozent ihre Produktsuche bei Google starten, berichtete eine Adept-mind-Studie, die im Mai 2018 veröffentlicht wurde.

Amazons Expansionshunger scheint unersättlich. Dank des Skaleneffekts verfügt Amazon über das meiste relative Vermögen für Investitionen in die Produktentwicklung sowohl in Bezug auf künstliche Intelligenz und maschinelles Lernen als auch auf die Erforschung des Kaufverhaltens. Amazon ist eine kundenorientierte, leistungsüberwachende, gut geölte Maschine, die Systeme nach Belieben verändern kann. Amazon will in die Gesundheitsvorsorge und in Heimüberwachungssysteme expandieren und ist Vorreiter der sprachgesteuerten Smartspeaker. Mithilfe dieser Geräte registriert Amazon die Sprache und kennt sogar die Schlafzimmermusik seiner Kunden.

Amazon setzt auch stark auf Internetsatelliten in der Erdumlaufbahn. Im April 2019 wurde das »Projekt Kuiper« bekannt gegeben, ein geplantes Netzwerk von Kommunikationssatelliten. Langfristig soll es mittels 3236 LEO-Satelliten weltweiten Breitband-Internetzugang bereitstellen. Damit zieht Amazon gegen Elon Musks Satellitenprojekt SpaceX in den Wettbewerb. Die niedrig fliegenden Satelliten würden ein Netz um den Erdball bilden, mit dem überall eine kabellose Breitbandverbindung verfügbar wäre, was wiederum eine Herausforderung für die staatlichen Telefongesellschaften darstellt.

Gelinde gesagt hat Amazon seine Kunden fest im Griff. Müsste man den schnellen Aufstieg der Großkonzerne zu den neuen Herrschern der Welt anhand eines einzelnen Unternehmens erläutern, wäre Amazon dafür das beste Beispiel. Auch die Entwicklung des Marktwertes ist aufschlussreich – im Verlauf von zehn Jahren ist der Wert von 60 Milliarden auf mehr als 1600 Milliarden Dollar gestiegen. Konzernriesen wie Amazon beherrschen die Märkte auf eine Weise, die wir im

Alltag zu spüren bekommen, aber deren enorme Tragweite weder wir noch die Politiker restlos begreifen können.

Amazons heutiger Marktwert kann zwar bei einem Börsencrash ebenso wie der Wert anderer Tech-Giganten sinken, aber der Anteil dieser Giganten am Wert der Börsenindexe der Welt ist schon so groß, dass die Zentralbanken und Staaten alles in ihrer Macht Stehende tun, um die Märkte so zu unterstützen, dass große Crashs vermieden werden.

Man könnte sagen, dass die Anleger sich schon entschieden haben, auf welches Pferd sie setzen. Da die Bewertung dieser Konzerne so in die Höhe geschnellt ist, können sie mit ihren eigenen Aktien ihre Konkurrenten oder neue aufstrebende Herausforderer aufkaufen. Die Handelspolitik Chinas und der USA ist ein zusätzlicher Vorteil, denn beide wollen sich die Technologieherrschaft sichern.

Amazon ist bekannt für weitsichtige Strategien. Der Konzern hat nach seinem Börsengang 1997 keine Dividenden ausgeschüttet, sondern Finanzmittel in die Produktentwicklung investiert. Der Konzern hat auch, anders als ein Großteil der US-Unternehmen, nach 2012 nicht seine eigenen Aktien zurückgekauft.

Amazon ist bereit gewesen, jahrelang Verluste zu machen, um die VerbraucherInnen als monatlich zahlende Kunden besser zu ködern oder um Marktanteile zu erobern.

Der Konzern ist auch für seinen Geiz bekannt. Er widersetzt sich den Forderungen der Gewerkschaften, bittet die Mitarbeiter der eigenen Zentrale für ihre Parkplätze zur Kasse und zahlt praktisch nirgendwo Steuern.

Der US-Kongress hat im Juni 2019 in einer einleitenden Ermittlung untersucht, ob das Verhalten von Amazon, Apple, Facebook und Google Gesetzesänderungen des Wettbewerbsrechts erforderlich macht.

Die EU-Kommission untersucht derzeit Amazons Doppelrolle als konkurrierender Verkäufer und Anbieter eines Marktplatzes, auf dem Unternehmen ihre Produkte verkaufen dürfen und Amazon die Zahlung abwickelt. Die Kernfrage der Untersuchung lautet, ob Amazon die erhaltenen Kundendaten weitgehend als konzerneigene Daten zustehen oder nicht. Der Vertrag zwischen Amazon und den externen Händlern gibt Amazon zurzeit das Recht, die Daten der Händler zu analysieren und zu nutzen. Die Wettbewerbsbehörden untersuchen, inwieweit dies den Wettbewerb verzerrt. Ebenso können Amazons Entscheidungen hinsichtlich der Empfehlungen und Produktplatzierung die Wettbewerbsstruktur beeinflussen.

Eine weitere Sorge betrifft den sogenannten wirtschaftlichen Netzwerkeffekt. Je mehr Kunden ihre Produkte auf Amazons Plattform kaufen, umso größer ist die Verlockung für andere Händler, ihre Produkte bei Amazon zum Verkauf anzubieten. Dies lockt wiederum mehr Kunden auf Amazons Verkaufsplattform und gibt Amazon die Möglichkeit, das Serviceangebot zu erweitern.

Amazons Onlinehandel ist ein Musterbeispiel für das sogenannte Winner-takes-all-Prinzip der digitalen Wirtschaft. Ein paar Riesen teilen den Kuchen unter sich auf, und für die anderen bleiben nur die Krümel.

Viele, die wenig Ahnung von Wettbewerbsrecht haben, denken, dass man Big Playern wie Amazon nichts vorschreiben kann, da das Unternehmen selbst seine Dienste und seine Marktposition geschaffen hat.

Im Wettbewerbsrecht ist die Denkweise breiter gefasst. Es geht darum, dafür zu sorgen, dass sich die Marktanteile nicht bei ein paar wenigen Akteuren ballen, da sonst die Stellung der Verbraucher und der Konkurrenten zu stark geschwächt werden kann. Die Big Player bekommen durch ihre Marktanteile zu viel Macht bei der Preisgestaltung, und die Marktwirtschaft kann nicht mehr effizient funktionieren.

Damit das Wettbewerbsrecht nicht willkürlich die Wachstumsmöglichkeiten von erfolgreichen Unternehmen einschränkt, gelten für die praktische Anwendung des Wettbewerbsrechts gewisse Einschränkungen.

Bevor es also zu wettbewerbsrechtlichen Schritten kommt, müssen zunächst einmal die Bedingungen »relevanter Markt«, »führende Marktstellung« und »Missbrauch dieser Stellung« erfüllt sein.

Wegen dieser Kontroversen gibt Amazon oft zu bedenken, dass der Konzern mit weniger als zehn Prozent des gesamten Einzelhandels der USA über nur einen kleinen Marktanteil verfügt, obwohl Amazon im Onlinehandel der größte Marktteilnehmer ist.

Die Regeln des Wettbewerbsrechts sind außerdem in einer Zeit entstanden, als Unternehmen weitgehend auf Basis ihres Standorts und des Orts ihrer Geschäftsausübung reguliert wurden. Im digitalen Zeitalter sind Konzerne auf der ganzen Welt geschäftstätig, aber die Gesetzgebung hat damit nicht Schritt gehalten.

Amazon stellt für die Wettbewerbsbehörden und die gesamte Wettbewerbsregulierung eine neuartige Herausforderung dar. Während seiner ganzen Geschichte hat der Konzern seine Gewinne in die Expansion, in neue Geschäftsfelder investiert: von Büchern zu allen möglichen Produkten, zum Marktplatz, zum führenden Cloud-Service-Anbieter, zum Film- und TV-Produzenten und so weiter. Den Kern des Ganzen bilden die gesammelten Daten von Kunden und Handelspartnern, die Amazon nutzen und zu Tools verarbeiten kann, um sie dann den Kaufinteressenten anzubieten. Solange die Besitzrechte dieser Datenmengen nicht geändert werden, wird

Amazon einer der mächtigsten Herrscher der neuen Plattformwirtschaft sein.

Wenn das Unternehmen nicht von einem anderen Riesen gestürzt wird, wird Amazon bald alle anderen schlucken.

3. Saudi Aramco: Mohammed bin Salman, der Inbegriff der Macht
Machte Saudi-Arabiens despotische Dynastie der Saud zur reichsten der Welt

Saudi Aramco war eine Zeit lang der wertvollste Konzern der Welt, bevor der gewaltige Kursanstieg der Technologiekonzerne einsetzte.

Publik wurde dies, als der De-facto-Herrscher über Saudi Aramco, der saudi-arabische Prinz Mohammed bin Salman 2016 in einem Interview mit dem *Economist* beiläufig seine Absicht verkündete, Aramco an den lokalen und internationalen Börsen zu listen.

Das Ziel war damals, fünf Prozent der Aramco-Aktien zu veräußern. Für den Verkauf dieser Aktienmenge an der Börse bekomme man 100 Milliarden Dollar, sagte Mohammed bin Salman.

Mit anderen Worten wurde der Marktwert des gesamten Konzerns damals auf rund 2000 Milliarden Dollar geschätzt. Beim Börsengang im Dezember 2019 überschritt der Marktwert des Konzerns bereits am zweiten Börsentag diese Grenze. Der Wert lag fast 1000 Milliarden über dem Marktwert der damals zweitteuersten Börsenunternehmen Apple und Microsoft.

In Interviews hat Mohammed bin Salman auch höhere Bewertungsniveaus durchblicken lassen, von bis zu 3000 Milliarden Dollar war die Rede. Dies wäre damals mehr gewesen als der Börsenwert von Microsoft, Apple und Google zusammen (Stand August 2019).

Ein weiterer Punkt, der in Bezug auf Aramco nicht außer Acht gelassen werden darf, ist die Rentabilität. Im April 2019 veröffentlichte Saudi Aramco eine 469-seitige Broschüre, die erstmals detailliert Aufschluss über die Wirtschaft des Konzerns gab. Der Konzern hatte im Jahr 2018 einen sagenhaften Gewinn in Höhe von 111 Milliarden Dollar gemacht und sammelte nun zwölf Milliarden Dollar auf dem Anleihenmarkt. Willige Kreditoren gab es mehr als genug. Aramco war mit 111 Milliarden das Unternehmen mit dem mit Abstand höchsten Gewinn weltweit, höher noch als der Gewinn von Apple und Google zusammen.

Damaligen Berechnungen zufolge produzierte Aramco 13 Prozent des Öls weltweit und 40 Prozent des BIP Saudi-Arabiens. Zwischenzeitlich sank der Ölpreis und mit ihm auch Saudi Aramcos Marktwert, aber als die Hoffnungen auf die Wirksamkeit des Coronaimpfstoffs und die Genesung der Weltwirtschaft stärker wurden, nahm Saudi Aramco Ende 2020 wieder die Führungsposition als teuerstes Börsenunternehmen der Welt ein. Anfang November 2022 war es mit einem Marktwert von 2000 Milliarden Dollar das zweitteuerste Unternehmen der Welt. Doch anders als Apple, Microsoft oder Google ist Aramco der breiten Öffentlichkeit weitgehend unbekannt. Aramco gehört zu den Konzernen, die in aller Stille florierten.

Aramcos Strategie lässt sich ausgezeichnet mit dem Text beschreiben, der in den Achtzigerjahren einem ins Auge sprang, wenn man vom Flughafen Zürich in die Stadt fuhr. Auf dem Plakat stand: »Money talks, wealth whispers.«

Dieser Grundsatz der Reichsten, die in aller Stille florierten, war auch das Prinzip des saudischen Königshauses, sieht man von ein paar Schlössern in Frankreich und Jachten mit Hubschrauberlandeplatz mal ab. Vor allem um Aramcos Ölreserven und das Talent des Unternehmens, Profite zu erwirtschaften, wurde nicht viel Aufhebens gemacht.

Mohammed bin Salmans scheinbar beiläufige Bemerkung im Interview mit dem *Economist* war ein gut durchdachter und sorgfältig geplanter Medienstreich. Dieser zielte darauf ab zu zeigen, dass Saudi-Arabien bereit war, allen Investoren der Welt sowohl die Produktivität seines Business als auch die Größe der Ölreserven des Konzerns offenzulegen.

Die Verkündung von Aramcos Börsengang war Teil einer größeren Agenda, die Mohammed bin Salman im Frühjahr 2016 unter dem Namen »Vision 2030« vorstellte. Mit dieser Agenda beabsichtigte Saudi-Arabien, seine Erwerbsstruktur zu diversifizieren und sich aus der Ölabhängigkeit zu befreien. »Wir im Königreich Saudi-Arabien leiden an einer Ölabhängigkeit, die alle betrifft und die gefährlich ist. Sie hat in den vergangenen Jahren die Entwicklung vieler Branchen behindert«, bekannte bin Salman in einem Interview mit dem Fernsehsender Al Arabiya.

Ziel der Agenda des Prinzen war es, den Umsatz, der abseits der Ölindustrie erwirtschaftet wird, bis 2030 um das Sechsfache auf 266 Milliarden Dollar zu steigern und einen Staatsfonds von 1900 Milliarden einzurichten, der multipolar in in- und ausländische Projekte und Unternehmen investiert. Die Gründe für den Ausbau der Erwerbsstruktur des Landes lagen auf der Hand. Die Entwicklung war auch nötig, um Mohammed bin Salmans Regime zu sichern.

Schätzungen zufolge war die Hälfte der saudi-arabischen Bevölkerung weniger als 25 Jahre alt, und das Wachstum der nationalen Produktion ließ bedrohlich nach. Öl bildete damals

87 Prozent der Einnahmen Saudi-Arabiens. In dem Land gab es mehr als 35 Millionen Einwohner, und von der arbeitenden Bevölkerung waren 70 Prozent im Staatsdienst tätig. Dennoch gab es für die jungen Leute nicht genug Arbeit. Die Prozentzahlen der Arbeitslosen lagen im zweistelligen Bereich, vor allem Jugendarbeitslosigkeit war ein Problem.

Ein weiterer Grund für den Ausbau der Erwerbsstruktur des Landes hing mit dem weltweiten Umbruch der Energiemärkte zusammen: Alternative Energiequellen wie Solar- und Windenergie stellten für fossile Brennstoffe zunehmend eine Herausforderung dar. Als die ganze Welt nach Wegen suchte, um CO_2-neutral zu werden, war es ratsam, Aramco-Aktien zu verkaufen, bevor Öl zu einem Schmähwort wurde.

Drittens zeigten warnende Beispiele von »Petrostaaten« – also von Ländern, die nur von Energieeinnahmen lebten, allen voran Venezuela – auch, wie die Wirtschaft eines Landes mit einer einseitigen Erwerbsstruktur entgleisen konnte, wenn die Führungselite darauf bedacht war, dass jeder seinen Teil aus den Öleinnahmen oder der ausgearteten Korruption abbekommt.

Norwegens Modell wirkte attraktiver. Dort wurden Energiereserven für zukünftige Generationen in Fonds angelegt, während man den Wohlstand des Volkes maßvoll steigen ließ.

Aus diesen Gründen galt Aramcos Börsengang als ein wichtiger Schritt.

Der Börsengang war auch ein wichtiges Blendwerk, um die Taten zu verschleiern, mit denen sich Mohammed bin Salman die eigene Machtstellung sicherte. Kronprinz Mohammed bin Salman hatte innerhalb von zwei Jahren gelernt, dass man ihm jegliche Willkür durchgehen ließ, solange er die Fassade aufrechterhielt.

Jedenfalls hat er auf der Welt längst das Image des Wirtschaftsreformers, des Modernisierers des rückständigen Königreichs, des großen, lächelnden Mannes, der in seinem wallenden, kamelbraunen Umhang Macht und Hybris ausstrahlt, sei es in der Amtswohnung des britischen Ministerpräsidenten in der Downing Street 10 oder beim Abendessen mit der Queen.

Dieses Image war im Westen sehr gefragt, als 2017 der Machtwechsel stattfand und die Medien nach einer Story über die Reform der Saudis lechzten. Und die haben sie bekommen.

Mohammed bin Salman engagierte PR-Agenturen aus den USA und Großbritannien, reiste um die Welt und erzählte, dass das von Bodenschätzen wie Öl und Erdgas abhängige Saudi-Arabien plane, seine Erwerbsstruktur zu reformieren und zu diversifizieren. Im Kern dieses Plans stand das Projekt »Vision 2030«, das in Kooperation mit der Beratungsfirma McKinsey entstanden war und das bin Salman auf seiner Tour den Staatsoberhäuptern und entscheidenden Journalisten der Welt präsentierte. Gleichzeitig leistete die PR-Maschinerie ganze Arbeit. In britischen Zeitungen wie *The Guardian* wurden Doppelseiten an Werbefläche gekauft, auf denen von der Reform der Saudis berichtet wurde.

Die Zeitungen füllten sich mit Geschichten darüber, wie das politisch bedeutsame, steinreiche, islamische Land des Nahen Ostens sich von einem lahmen, bürokratischen Staat zu einem dynamischen Global Player wandelte.

Als Begründung für die Lähmung in der Vergangenheit wurde häufig angeführt, dass die fünf Könige, die nach Abd al-Aziz ibn Saud das Königreich regiert hatten, Brüder waren und Herrscher der zweiten Generation. Mohammed bin Salman, auch bekannt unter dem Namenskürzel MBS, übernahm die Macht praktisch schon im Alter von 30 Jahren. Damals konnte er als stellvertretender Ministerpräsident, Verteidigungsminister und oberster Entscheidungsträger der Justiz entscheidend Macht ausüben, obwohl sein Vater noch immer der nominale Herrscher des Königreichs war.

MBS setzte auch eine Reihe von Reformen durch, die allesamt auf den dauerhaften Wandel der Zeiten und Sitten hindeuteten. Er erteilte Jugendlichen die Erlaubnis, gemeinsam Musik zu hören, erlaubte Frauen, Auto zu fahren, und entzog der Religionspolizei das Recht, Frauen zu verhaften, die sich nicht an Verhüllungs- und Verhaltensregeln hielten. Auch Kinos wurden zugelassen.

Gleichzeitig ließ MBS eine größere Gruppe von Personen verhaften, die seiner Position gefährlich werden konnten, und griff sowohl in seinem Heimatland als auch im Ausland hart gegen Andersdenkende durch.

Seit 2015 hat der Kronprinz nach und nach seine Macht ausgeweitet. Er ist Verteidigungsminister und Vorsitzender des Wirtschafts- und Entwicklungsrats, der sich aus 22 Ministerien zusammensetzt. Außerdem ist er Aufsichtsratsvorsitzender des staatlichen Erdölunternehmens Saudi Aramco.

Die Wirtschaftsführer des Landes brachte der Prinz zum Schweigen, indem er im November 2017 insgesamt 326 Geschäftsleute und Mitglieder der Königsfamilie im Luxushotel Ritz-Carlton einsperren ließ. Er warf ihnen vor, sich Regierungsvermögen angeeignet zu haben. Dem friedlichen Leben und dem Meinungsaustausch in den königlichen Geschäftskreisen wurde dadurch ein Ende gesetzt.

Die im Ritz-Carlton eingesperrte Elite Saudi-Arabiens wurde erst in die Freiheit entlassen, nachdem sie einen Vertrag unterzeichnet hatte, demzufolge ihr Vermögen »innerhalb des Staates« neu verteilt wurde. Gleichzeitig wurde jede Kritik an MBS unterbunden. Das reichste Mitglied der Königsfamilie, Prinz Alwaleed bin Talal, dessen Vermögen vor der Festnahme auf 18,7 Milliarden Dollar geschätzt wurde, wurde zwölf Wochen lang im Ritz-Carlton eingesperrt. Seit seiner Freilassung wird seine Wohnung von bewaffneten Wachmännern überwacht, und so wie viele andere muss auch er eine elektronische Fußfessel zur Aufenthaltsüberwachung tragen.

In den westlichen Ländern fielen die Reaktionen auf Mohammed bin Salmans scharfes Vorgehen gemäßigt aus. Die Angelegenheiten am Hof schafften es nicht groß in die Schlagzeilen, da in dem jungen Königreich trotz alledem allerlei Reformen zu beobachten waren. Und wer Kritik üben wollte, dem bot der Krieg im Jemen eine sehr viel grauenvollere Story.

Der Börsengang von Saudi Aramco wurde fürs Erste abgesagt. Am 22. August 2018 berichtete die Nachrichtenagentur Reuters unter Berufung auf anonyme Quellen, dass die Vorbereitungen für Aramcos Listung an der Börse schon vor einiger Zeit abgebrochen worden seien und die Aktienemission in den Plänen des Königreichs nicht »in absehbarer Zukunft« liege.

Dann bekam Mohammed bin Salmans Image einen gravierenden Kratzer. Die Ereignisse begannen sich zu überschlagen, als am 2. Oktober 2018 der saudische Kolumnist Jamal Khashoggi im saudi-arabischen Generalkonsulat in Istanbul ermordet wurde, als er das Konsulat aufgesucht hatte, um Dokumente zu erhalten, die er für seine bevorstehende Hochzeit benötigte.

Khashoggis Verlobte hatte ihn begleitet, war aber draußen vor dem Konsulat geblieben. Über die Einzelheiten des Mordes herrscht noch immer Uneinigkeit. Laut dem Oberstaatsanwalt der Türkei haben die Ermittlungen ergeben, dass Khashoggi kurz nach seiner Ankunft im Konsulat erwürgt worden ist. Anschließend soll seine Leiche zerstückelt und beseitigt worden sein.

Die Beweislage scheint klar zu sein. Türkische Quellen beriefen sich auf Audioaufzeichnungen, aus denen der schreckliche Tathergang hervorgeht. Am fraglichen Tag waren alle Konsulatsangestellten vor Ort beurlaubt worden, und im Konsulat trafen 20 saudische Sicherheitsmänner, Mohammed bin Salmans Leibwächter und ein Pathologe ein, der eine Knochensäge mit sich führte. Ein makabres Detail ist wohl, dass der Pathologe sich vor der Zerstückelung angeblich Kopfhörer aufgesetzt habe, um Musik zu hören. Er soll gesagt haben, dass er das in solchen Fällen immer tue, und die anderen Anwesenden dazu ermuntert haben, es ihm gleichzutun.

Es war wohl nicht der erste Mord im Auftrag des saudischen Königreichs, doch in diesem Fall handelte es sich bei dem Ermordeten um einen Kolumnisten der angesehenen *Washington Post*. Die Bedeutung dieses Details konnte Kronprinz Mohammed bin Salman nicht ahnen und wenn doch, dann hatte er sich verschätzt.

Die Saudis hatten auch schon eine Erklärung für den Fall parat. Der türkischen Polizei waren Bilder einer Überwachungskamera zugespielt worden, auf denen ein Mann, der an der Kleidung als Khashoggi erkennbar ist, das Konsulat verlässt und sich durch die Stadt bewegt. Laut der zurechtgelegten Erklärung soll Khashoggi nach seinem vermeintlichen Verlassen der Botschaft einfach verschwunden sein. Diese Version hätte auch aufgehen können, wenn die Türkei das Konsulat nicht überwacht hätte und die Verschleierungsgeschichte nicht so stümperhaft gewesen wäre.

Verschiedenen Quellen zufolge hatte das Königshaus versucht, Khashoggi, der früher Medienberater des saudi-arabischen Prinzen Turki ibn Faisal war, sich aber zu einem Kritiker von Mohammed bin Salman entwickelt hatte, als »Berater« zurück in die Dienste des Kronprinzen zu locken. Für Khashoggi sei die Situation allerdings heikel gewesen. Wie viele Kritiker der saudi-arabischen Regierung wusste auch er, dass das Königshaus mit mafiösen Methoden arbeitete. Wenn man einmal im Dienst gewesen und in den inneren Kreis gelangt war, konnte man diesen Ring nicht mehr verlassen – zumindest nicht lebendig. Wenn man es versuchte, musste man entweder aus dem Land fliehen oder Familienmitglieder erwartete eine brutale Strafe.

Auch den Saudis, die wie Jamal Khashoggi das Land verlassen hatten, widerfuhren grauenhafte Dinge. Dabei war nicht immer ganz klar, ob es sich um Hilferufe handelte, die aus lauter Ratlosigkeit getätigt wurden, oder um berechnende Machtdemonstrationen der Gewaltmaschinerie Saudi-Arabiens, die zur Einschüchterung dienen sollten.

MBS stritt den Mord an Khashoggi ab, und beispielsweise Donald Trump sagte damals, dass er ihm glaube. Dahinter vermutete man die enge Beziehung zwischen den USA und den Saudis. Saudi-Arabien ist auch der größte Waffenimporteur der Welt, ein großer Teil der Verteidigungssysteme Saudi-Arabiens kommt aus den USA.

Als die Türkei dann bekanntgab, über eine Reihe von belastenden Beweisen zu verfügen, die sowohl den Tathergang als auch die Verbindungen zum Königshaus belegten, änderten die Saudis ihr Narrativ. Die Türkei hatte Telefongespräche aufgezeichnet, die nach der Hinrichtung vom Konsulat aus mit dem Königshaus und dem Bruder von MBS getätigt worden waren. Außerdem hatte die Türkei die Hintergründe der damals in der Botschaft anwesenden Saudis recherchiert und im Abwasser der Botschaft Rückstände von Stoffen gefunden, die bei der Zersetzung der Leiche entstanden waren.

Daraufhin gab die saudische Regierung zu, dass Khashoggi im Konsulat bei einem »Handgemenge« gestorben sei, bedauerte jedoch das Verschwinden der Leiche, da mit deren Beseitigung ein »Subunternehmer« beauftragt worden sei. Zu diesem Zeitpunkt bezog Trump Stellung und sagte, dass diese erfundene Verschleierungsgeschichte die schlechteste sei, die er jemals gehört habe.

Aber war der Mord an Khashoggi ein »game changer« im Hinblick auf die Zukunft des Kronprinzen, also ein Ereignis, das dem Ruf der Saudis noch jahrzehntelang anhaften würde?

Die offizielle Erklärung für Khashoggis Tod lautet mittlerweile, dass MBS »nicht gewusst« habe, mit welcher Absicht seine Leibwächter und sein Hofpathologe nach Istanbul aufgebrochen waren, und 20 »tatverdächtige« Saudis wurden festgenommen. Nach saudi-arabischem Recht wurden später fünf Personen zum Tod verurteilt. Im September 2020 wurden die Urteile auf 20 Jahre Haft abgemildert.

Agnès Callamard, Vertreterin des Hohen Kommissars der Vereinten Nationen für Menschenrechte, das international an der Aufklärung des Falls arbeitete, bezeichnete den Prozess alles andere als rechtmäßig und ging davon aus, dass Khashoggi Opfer einer im Vorfeld geplanten Hinrichtung geworden sei.

Die Handelspartner der Saudis mussten sich nach Khashoggis Ermordung überlegen, wie sie ihre Zusammenarbeit mit Aramco fortzusetzen gedachten. Schnell traten unterschiedliche »Realpolitiker« auf den Plan, die Verständnis für die Saudis zeigten. Sie beriefen sich darauf, dass Saudi-Arabien sich als junge Monarchie noch auf dem Weg zur Implementierung international anerkannter Menschenrechtsstandards befand, und rieten davon ab, so viel Lärm um einen solchen Einzelfall zu machen.

Der Gründer des japanischen Konzerns Softbank, Masayoshi Son, in dessen 100 Milliarden Dollar schweres Unternehmen Vision Fund das saudische Königreich 2016 insgesamt 45 Milliarden Dollar investiert hatte, übte keine Kritik an dem Fall Khashoggi.

Dass der Ärger in den USA abgeebbt war, zeigte sich im Sommer 2021, als der Bruder von Mohammed bin Salman, Prinz Khalid bin Salman, in Washington feierlich empfangen wurde.

Aber woher stammt das Vermögen Saudi-Arabiens?

Die Zeiten des Elends liegen noch gar nicht so lange zurück. Im Jahr 1933 gewann der US-amerikanische Konzern Standard Oil Company of California (Socal) den Angebotswettbewerb im Königreich Saudi-Arabien für die Suche, Produktion, Veredelung und den Export von Erdöl im Osten des Landes. Der Gründer des Königreichs, König Abd al-Aziz ibn Saud, brauchte Bargeld, um sein Land nach vorne zu bringen und die Stämme der Arabischen Halbinsel zu einigen, und als Kaufpreis einigte man sich auf Gold im Wert von 50.000 britischen Pfund.

Die US-Amerikaner schickten für die Suche nach Ölvorkommen ein Team von Geologen ins Land, die von den örtlichen Beduinen begleitet und den Soldaten des Königs geschützt wurden. Damals war die Welt gerade dabei, sich von der großen Wirtschaftskrise von 1929 zu erholen, die finanziellen Mittel waren knapp, und die Suche schien zunächst zu keinem Ergebnis zu führen. Dann fiel einem der Geologen, Ernie Berg, ein ausgetrocknetes Flussbett auf, das eine seltsame Kurve beschrieb. Der Grund dafür konnte eine Wölbung des Erdbodens sein, weil sich darunter ein Ölfeld befand, schätzte Berg. Es handelte sich um das 270 Kilometer lange Ghawar-Ölfeld, das die mit Abstand größte einzelne Ölreserve der Welt ist.

Nach dem Zweiten Weltkrieg kam die Nutzung von Öl erst richtig in Gang. Das Konzerngeschäft wurde cleverer organisiert als in vielen von den Kolonialmächten regierten Ölstaaten.

Socal warb junge Saudis an, und so entstand das »unwahrscheinliche Bündnis zwischen den arabischen Beduinen und den Ölmännern aus Texas, in dem sich die traditionelle islamische Autokratie mit dem modernen amerikanischen Kapitalismus vereinte«, so beschreibt der Historiker Daniel Yergin die Entwicklung in seinem Buch *Der Preis: Die Jagd nach Öl, Geld und Macht* (deutsch 1991).

Unter US-amerikanischer Führung wurden auf den Ölfeldern Schulen und Krankenhäuser errichtet, und die Bewohner der Region wurden bei der Unternehmensgründung unterstützt. Junge Talente wurden angeworben und ausgebildet und konnten je nach ihren Fähigkeiten Karriere machen und nicht allein dank ihres Bluterbes. Bei Aramco kam das internationale Know-how des Ölbusiness zusammen.

»Es ist leicht zu vergessen, dass Saudi-Arabien in der modernen Welt noch ein Neuling ist. Von Abd al-Aziz ibn Saud, der das Königreich im Jahr 1932 gründete, wird gesagt, er habe das gesamte Vermögen seines Reichs in der Satteltasche seines Kamels getragen. Als die US-Amerikaner 1938 auf Öl stießen, war Ali al-Naimi, der fast 60 Jahre später Minister für Erdöl und steinreich wurde (1995–2016), ein barfuß laufender Bengel, der in der Wüste Schafe hütete«, schrieb Schumpeter im *Economist* im Oktober 2018.

Der Vorteil der Saudis war auch, dass in der Region die Produktionskosten für Öl im internationalen Vergleich überaus konkurrenzfähig waren. In der technischen Entwicklung hat Aramco zudem die Konkurrenz wiederholt durch seine effiziente Nutzung der Bodenschätze in den Schatten gestellt. Die Ölreserven reichen Schätzungen zufolge noch für gut 70 Jahre.

Das norwegische Energieforschungs- und Business-Intelligence-Unternehmen Rystad Energy schätzt, dass Saudi Aramcos Betriebskosten bei 4,88 Dollar pro Barrel liegen. Gleichzeitig liegen die entsprechenden weltweiten Produktionskosten von Exxon Mobil bei rund zehn Dollar.

In anderen Vergleichen werden die Produktionskosten des Saudi-Öls auf zehn Dollar geschätzt, während in Russland und Norwegen denselben Vergleichen zufolge die Produktionskosten um die 50 Dollar liegen.

Dank der niedrigen Produktionskosten haben die Saudis eine starke Position bei Ölpreisverhandlungen. Für sie ist die Produktion von Öl selbst dann noch lukrativ, wenn viele OPEC-Staaten ihr Öl im Kampf um Marktanteile schon mit Verlust verkaufen müssen.

Im Laufe der Jahre wurde für Saudi-Arabien die Verlockung, die Ölreserven zu verstaatlichen, unwiderstehlich. Im Jahr 1973 spannte sich die Lage zwischen Saudi-Arabien und den USA an, was an Israels Jom-Kippur-Krieg gegen Syrien und Ägypten und der Unterstützung Israels durch die USA lag. Damals übernahmen die Saudis 25 Prozent von Aramco. Die vollständige Verstaatlichung folgte 1980 relativ friedlich.

Wie groß ist eigentlich die Macht Saudi-Arabiens und des Herrschers Mohammed bin Salman? Darauf gibt es verschiedene Antworten. Die Saudis besitzen zum Beispiel beachtenswerte Anteile an einigen der vielversprechenden Konzerne der neuen Technologie. Wenn deren Marktwert und Macht gemäß den Prognosen zunehmen, kann sich die Macht Saudi-Arabiens als einer der größten Kapital- und Konzernbesitzer noch deutlich steigern. Zwar bergen Investitionen in die neue Technologie auch immer Risiken, das saudische Königshaus kann sich diese jedoch leisten.

Um sich Mohammed bin Salmans Macht und Aramcos Größe vor Augen zu führen, hilft ein Vergleich mit dem Vermögen von Jeff Bezos, der auf der *Forbes*-Liste als reichster Mann angeführt wird. Amazons Gründer und Haupteigner Jeff

Bezos gilt auf vielen Listen als reichster Mensch der Welt, da sein privates Vermögen im Oktober 2020 mehr als 190 Milliarden Dollar betrug. (2021 wurde Bezos, zumindest kurzzeitig, von Elon Musk überholt.) Vergleicht man diese Summe mit dem Vermögen des saudischen Königshauses, so kommt man zu folgendem Ergebnis: Der geschätzte Marktwert von Aramco beträgt mit 2000 Milliarden Dollar das Zehnfache von Bezos' Vermögen.

Dies ist aber nur ein Teil der von MBS kontrollierten Vermögensmasse. Auch der Staatsfonds und zahlreiche weitere Reserven sind unter seiner direkten Kontrolle. Diese Macht ist formal nicht sein Vermögen. Wenn das Vermögen zu stark wächst, ist es besser, wie der russische Präsident Wladimir Putin als »anspruchsloser Diener der Nation« aufzutreten. Auch MBS verfügt eigenen Angaben zufolge über ein Vermögen von lediglich ein paar Milliarden.

Aber es gibt auch immer eine Kehrseite.

Der *Economist*-Kolumnist mit dem Pseudonym »Schumpeter« gab zu bedenken, dass Saudi-Arabien – abgesehen vom Automarkt – für die westliche Welt nicht so wichtig ist, wie es sich selbst sieht: »Das Königreich hat Herrn Trump, der dort seinen ersten transatlantischen Staatsbesuch als Präsident machte, davon überzeugt, dass Saudi-Arabien im Nahen Osten einen Schutzwall gegen die Ausweitung des Irans sowie einen Stützpfeiler des gemäßigten Islam darstelle. Aber unter dem Business-Aspekt bleibt Saudi-Arabien, abgesehen davon, dass es der Hauptakteur des Ölbündnisses OPEC ist, unbedeutend.«

Als Argumente führte Schumpeter unter anderem die Summe der direkten ausländischen Investitionen im Land an: In den drei vorangegangenen Jahren lag diese im Schnitt bei 5,7 Milliarden Dollar, was ungefähr derselben Summe entspricht, die in Kasachstan investiert wurde. Auch unter den Zahlungen, die Investmentbanken aus dem Nahen Osten erhalten haben, lag der Anteil der Saudis bei nur einem Siebtel. Unter dem Druck der Öffentlichkeit könnten es sich viele Großkonzerne also leisten, auf ihre Geschäfte mit Saudi-Arabien zu verzichten.

In letzter Zeit scheint das Königreich seine Öffnungsstrategie verstärkt nach Asien zu richten. Es hat Anteile an chinesischen und indischen Ölraffinerien erworben und scheint in Zukunft immer mehr auf das Wachstum in Asien zu setzen. Diese Länder haben auch den »Vorteil«, dass Menschenrechtsverletzungen weniger gravierende Reaktionen hervorrufen als in westlichen Ländern.

2. Tencent: Die Datenschmiede der Welt
Kontrolliert das chinesische Netz

In China wird die digitale Welt von einem Unternehmen beherrscht, das Zugang zu praktisch allen Bürgern der Welt hat.

Im Westen hat kaum jemand auch nur den Namen des Unternehmens gehört. Es lohnt sich allerdings, Tencent zu kennen, denn dieser Konzern könnte zu einem noch mächtigeren Herrscher der digitalen Wirtschaft werden als Google.

In der westlichen Welt haben viele von Tencent und dessen Erfolgsprodukt WeChat zum ersten Mal im August 2020 gehört, als Trump US-amerikanischen Unternehmen verbot, mit dem Konzern Geschäfte zu machen, weil WeChat eine Bedrohung für die Sicherheit der US-amerikanischen Bürger darstelle und der Konzern Nutzerdaten sammle.

Das chinesische Außenministerium konterte, die USA würden die nationale Sicherheit als Vorwand nutzen, um ihre

Machtstellung zu sichern. Trumps Nachfolger Joe Biden hob das WeChat-Verbot auf.

Tencent wurde 1998 von Ma Huateng gegründet, der im Westen besser unter dem Namen Pony Ma bekannt ist. Er wohnte in Shenzhen, einer an Hongkong angrenzenden Stadt, die von Präsident Deng Xiaoping 1980 zur Sonderwirtschaftszone erklärt wurde.

Ma studierte Informatik und begann bereits als Student, Computerprogramme zu kodieren. Als die Jahrtausendwende näher rückte, kündigte Ma seinen Job bei einem Pager-Konzern und entschied sich, ein Unternehmen zu gründen, um ein Mobilnetz aufzubauen, mit dem die Nutzer E-Mails einfach von Handy zu Handy versenden konnten.

Ma lockte seinen Freund Zhang Zhidong an Bord, und sie nannten ihr Unternehmen Tengxun. In China ist Tencent auch heute noch unter diesem Namen bekannt. »Tengxun« bedeutet »galoppierende Mitteilung«. Das Wortspiel stammt daher, dass »Ma« Pferd und »Pony« natürlich Pony bedeutet.

Als erstes Produkt kopierte Ma die ICQ-Software des israelischen Konzerns Mirabilis und nannte die chinesische Version OICQ.

Der US-amerikanische Medienkonzern AOL (ehemals America Online), der ICQ gekauft hatte, verklagte Tencent und forderte, dass der chinesische Konzern den Namen seines Produkts änderte. AOL gewann den Prozess, und Ma musste sich geschlagen geben. Der neue Name lautete QQ. Es war der erste Dienst, mit dem junge Chinesinnen und Chinesen im Netz Gleichgesinnte finden konnten.

Unter dem Druck des Gerichtsverfahrens hatte Ma bereits entschieden, dass er bereit war, das ganze Unternehmen aufzugeben, wenn er dafür eine knappe halbe Million Dollar bekäme. Das höchste Angebot lag allerdings bei weniger als

100.000 Dollar. 2001 gewann Ma den südafrikanischen Internetkonzern Naspers als Investor, der für 32 Millionen Dollar ein Drittel des Unternehmens kaufte.

Tencents Wert nahm rasch zu, sodass Naspers' Investition in den chinesischen Konzern als eine der erfolgreichsten Investitionen der Wirtschaftsgeschichte gilt. Im Frühjahr 2018 verkaufte Naspers zwei Prozent seiner Tencent-Aktien für rund zehn Milliarden Dollar. Im Sommer 2021 verkaufte der Konzern erneut eine Tranche von zwei Prozent seiner Tencent-Aktien und verdiente diesmal 15 Milliarden Dollar.

Ende 2010 wurde eine Nachricht versendet, die die Welt veränderte. Der Tencent-Programmierer Allen Zhang schickte Pony Ma eine Nachricht, in der er um Genehmigung bat, eine auf Smartphones zugeschnittene Social-Media-Software zu entwickeln. Zhang war auf die kanadische Messenger-Anwendung Kik gestoßen und wollte daraus seine eigene Version basteln.

Im Januar 2019 erzählte Zhang bei der WeChat's-Open-Class-Pro-Veranstaltung, dass für die Entwicklung der neuen Software eine simple Idee Pate gestanden hatte: »Ich wollte ein Kommunikationsmittel für mich selbst und für andere.« Zhang stellte ein zehnköpfiges Team zusammen, das innerhalb von zwei Monaten die erste Version der Software entwickelte. 2011 wurde die Software fertiggestellt, die in China unter dem Namen Weixin (»Mikronachricht«) bekannt ist. Im Westen wird allerdings der Name WeChat verwendet.

Die Bereitstellung von WeChat wurde in der englischsprachigen Presse nur einmal erwähnt, nämlich in einem Artikel bei Next Web, berichtete der Investor Kai-Fu Lee in seinem Buch *AI Superpowers*.

Zhangs Idee war perfekt, und WeChat verbreitete sich mindestens ebenso schnell, wie die Chinesen sich neue Smartphones zulegten. Nach 433 Tagen hatte WeChat 100 Millionen User erreicht. Facebook brauchte dafür viereinhalb Jahre und Twitter fünfeinhalb Jahre. »Wir hatten damals einen Grundsatz: Wenn sich das neue Produkt nicht von selbst verbreitet, brauchen wir es nicht zu vermarkten. In den ersten fünf Monaten haben wir überhaupt kein Marketing betrieben. Wir haben abgewartet, ob die NutzerInnen Interesse an WeChat hatten, ob sie anfangen würden, es selbst zu bewerben. Wenn die User dazu nicht bereit waren, hätte keine Menge an Marketing ausgereicht«, berichtete Zhang in einem Blogartikel auf der Webseite des Anbieters.

Als wichtigster Tag für die Eroberung des Marktes galt bei WeChat der chinesische Neujahrsvorabend im Januar 2014. Damals wurde WeChat um eine Funktion erweitert, mit der die NutzerInnen sich gegenseitig digitale »rote Briefumschläge« schicken konnten. Die mit Geld gefüllten roten Briefumschläge sind traditionelle Geschenke zum chinesischen Neujahrstag. WeChat-User verschickten davon gleich am ersten Neujahrstag 16 Millionen Stück in digitaler Form, und fünf Millionen NutzerInnen verknüpften ihr Bankkonto mit dem WeChat Wallet.

Jack Ma, der Gründer von Alibaba, das bislang den chinesischen Onlinehandel beherrscht hatte, verglich WeChats Expansion ins Bezahlbusiness mit dem »Angriff auf Pearl Harbor«, dem Überraschungsangriff der japanischen Marine auf den US-Flottenstützpunkt Pearl Harbor am 7. Dezember 1941. Seine »Sorge« war begründet: Am folgenden Neujahrstag wurden per WeChat 1000 Millionen rote Briefumschläge verschickt.

Statt als Kommunikationsmittel bezeichnet Zhang WeChat heute als »Lebensstil«. Kai-Fu Lee seinerseits nennt WeChat »die Fernbedienung des Lebens«: »Als WeChat die Grenze von einer Milliarde täglicher Nutzer erreichte, hat unser Team nicht gefeiert. Alle waren der Meinung, dass es nur eine Frage der Zeit gewesen war«, berichtete Zhang.

Der Bezahldienst WeChat Pay und die Tatsache, dass andere Unternehmen ihre eigenen Apps bei WeChat einbauen konnten, beschleunigten zusätzlich das Wachstum von WeChat. Heute ist WeChat längst nicht mehr nur eine App oder ein Service, vielmehr gilt es als Standard-Software sämtlicher Smartphones in China.

WeChat lässt sich mit Android- oder iOS-Betriebssystemen vergleichen, die es ermöglichen, dass man am Handy die Nachrichten lesen, Rechnungen bezahlen, ein Taxi oder Essen bestellen – und natürlich Mitteilungen an Freunde senden kann. Mit heute rund 1,2 Milliarden Nutzern ist WeChat der wichtigste Netzwerkdienst der Welt. Seine Stellung ist so stark, dass es keine ernst zu nehmenden Konkurrenten gibt.

Tencent hat in China nach wie vor den Ruf eines Kopierwerks. Chinesische Unternehmer fürchteten Tencent, da sie dachten, dass der Konzern alle interessanten Produktneuheiten kopieren würde. Heute braucht Tencent nicht mehr die Produkte potenzieller Konkurrenten zu kopieren. Tencent kauft einfach die Konkurrenten.

Pony Ma ist Vorstandsvorsitzender bei Tencent, und als Geschäftsführer fungiert heute Martin Lau. Lau konnte Ma von seinen Fähigkeiten überzeugen, als er 2004 im Dienst von Goldman Sachs Tencent an die Börse in Hongkong brachte.

Auch Tencents strategischer Leiter stammt aus dem Hause Goldman Sachs. »Wenn man Basketballspieler herbeiruft, weiß man, wie diese handeln werden. Wenn man Banker von Goldman Sachs engagiert, weiß man, was diese tun werden«, kommentierte ein anonymer Investor Tencents Strategie gegenüber der *Financial Times*.

Lau verkündete Anfang 2020, dass Tencent bereits in mehr als 800 Unternehmen investiert habe. Der Wert der mehr als 160 Start-ups, die mit Tencents Hilfe gegründet wurden, lag bei mindestens einer Milliarde Dollar.

Gründer neuer Unternehmen können Tencent nur schwer widerstehen, da der Konzern WeChat nahezu überall als Hebel einsetzen kann. Wenn ein Unternehmer will, dass seine Produkte bei WeChat eine Zukunftsperspektive haben, lohnt es sich, zumindest einen Teil des Unternehmens an Tencent zu verkaufen. »Es ist ein wenig wie Don Corleone in *Der Pate*, der sagte: ›Ich mache dir ein Angebot, das du nicht ablehnen kannst.‹ Wenn du das Geld (des Konzerns) nicht annimmst und dieser in einen Wettbewerber investiert, könnte es schlecht für dich aussehen«, sagte Andy Mok, Gründer der Beratungsagentur Red Pagoda Resources dem Nachrichtensender Bloomberg.

Nach jahrelanger Kaufphase plant Tencent als Nächstes, einige seiner Beteiligungen zu verkaufen, berichteten Quellen der *Financial Times* im Sommer 2022. Der Grund dafür ist wahrscheinlich Druck seitens der Investoren und auch der Staaten. Die Kommunistische Partei hat jahrelang mitangesehen, wie chinesische IT-Riesen ihre Geschäfte ausweiteten, doch im Jahr 2020 hatten die Behörden angefangen, Großkonzerne – und insbesondere große Unternehmenskäufe – genauer unter die Lupe zu nehmen als bislang.

Tencent ist der größte Herausgeber von Videospielen der Welt. Dem Konzern gehören 40 Prozent von Epic Games, den Machern von »Fortnite«. Außerdem ist Tencent Eigentümer des US-amerikanischen Unternehmens und Computerspielentwickler Riot Games, der »League of Legends« entwickelt hat. Außerdem besitzt Tencent die Mehrheit der Anteile der finnischen Firma Supercell, des Entwicklers von »Clash of Clans«, »Clash Royale« und »Brawl Stars«.

Als Tencent plante, dem japanischen Unternehmen Softbank Supercell abzukaufen, bereitete Martin Lau sich vor seiner Reise nach Helsinki auf die Verhandlungen vor, indem er »Clash Royale« spielte. Er schaffte es in dem Spiel auf Platz 97 auf der Weltliste. Als die Leute von Supercell von der Platzierung hörten, forderten sie Lau heraus, gegen den finnischen Meister zu spielen. Lau gewann.

Im Jahr 2013 verhandelte Tencent über Investitionen in den US-amerikanischen Instant-Messaging-Dienst Snapchat, doch auf der Zielgeraden der Verhandlungen entschied Evan Spiegel, der Geschäftsführer von Snapchat, dass er keinen »strategischen Investor« brauche.

2014 stand Tencent kurz davor, WhatsApp zu kaufen, doch dann musste Pony Ma sich einer Rückenoperation unterziehen und seinen Besuch im Silicon Valley verschieben. Mark Zuckerberg witterte seine Chance und warb WhatsApp für 19 Milliarden Dollar an Facebook ab. Bloomberg zufolge war dies doppelt so viel, wie Tencent zu zahlen bereit gewesen wäre.

Tencents Filmproduktionsfirma Tencent Pictures war an vielen großen Hollywood-Produktionen beteiligt, beispielsweise an *Wonder Woman* (2017) und *Venom* (2018).

In der Musikindustrie hält Tencent Minderheitsanteile an Universal Music und Spotify. Der chinesische Konzern hält auch ein paar Prozentanteile an dem US-amerikanischen Elektroautohersteller Tesla.

Eine von Tencents wichtigsten Beteiligungen war Pinduoduo (PDD), der zweitgrößte Onlineversandhandel Chinas. Der größte ist Alibaba.

Die 2015 gegründete E-Commerce-Plattform PDD ging 2018 mit einem Wert von 24 Milliarden Dollar an die Nasdaq-Börse. Zwei Jahre später lag der Börsenwert des Unternehmens bei mehr als 100 Milliarden Dollar. Tencent veräußerte seine Anteile 2019.

Tencent ist im Onlineversandhandel mehrere Allianzen eingegangen, zu deren wichtigsten die mit den US-amerikanischen Konzernen Starbucks und Walmart gehören. Dem Konzern gehört auch knapp ein Fünftel des chinesischen Onlineversandriesen JD.com.

Packy McCormick hat die Businessstrategie von Tencent untersucht und in seinem Investorenbrief einige Vergleiche angestellt: Der Bezahldienst von Tencent ist fast genauso groß wie PayPal, die Einnahmen durch Abonnements betragen 62 Prozent der Einnahmen von Netflix, und Tencents Umsatz mit Spielen übersteigt den Umsatz des weltweit größten Spielekonzerns Nintendo um 64 Prozent.

McCormick rechnete aus, dass Tencents Börsenkurs nach Alibabas Börsengang im Herbst 2014 um 305 Prozent angestiegen ist, Alibabas Kurs um 182 Prozent und der S&P 500-Index der US-amerikanischen Märkte um 68 Prozent. Ihm zufolge ist Pony Ma einer der erfolgreichsten Konzernleiter der Welt. Pony Ma gilt mit einem Vermögen von mehr als 50 Milliarden Dollar auch als reichster Mensch Chinas.

Tencents Sonnenseite ist zugleich auch seine Schattenseite.

Der *New York Times* zufolge wird WeChat von der chinesischen Internetpolizei streng überwacht und zensiert: Die chinesischen Sicherheitsbehörden nutzen auch WeChat, um Chinesen, die das Land verlassen haben, einzuschüchtern und zum Schweigen zu bringen. Diese Erfahrung haben viele uigurische Geflüchtete machen müssen.

WeChat hat zum Beispiel Nachrichten zensiert, die mit dem Massaker auf dem Platz des Himmlischen Friedens und später mit der Coronapandemie in Zusammenhang standen.

Zhou Fengsuo, der 1989 zu den studentischen Anführern

des Protestes auf den Platz des Himmlischen Friedens gehörte und jetzt in den USA lebt, sagte gegenüber dem Nachrichtensender Bloomberg, dass sein WeChat-Account zwischenzeitlich öfter eingefroren wurde: »Die WeChat-Zensur ist so offensichtlich, dass die Leute sich nicht einmal mehr daran stören. Mein Account wird genauso behandelt wie die chinesischen Accounts, die die ganze Zeit überwacht werden.«

WeChat ist dafür bekannt, Accounts von Kommunismus-Kritikern zu blockieren und private Chat-Nachrichten als Beweise für Polizeiverhöre zu sammeln.

Tencent versucht nicht einmal zu verheimlichen, dass die chinesischen Behörden mitbekommen, was bei WeChat passiert. In den allgemeinen Geschäftsbedingungen des Dienstes steht, dass der Konzern persönliche Daten der NutzerInnen unter anderem mit den »Regulierungs-, Justiz- und Vollzugsbehörden« teilt.

Tencents Geschäftsführer Martin Lau verkündete im Frühjahr 2021 in einer Telefonkonferenz mit den Konzernanalytikern, dass es für Tencent in Zukunft noch wichtiger sein werde, die Sorgen der chinesischen Regierung zu verstehen. Er sagte, dass der Konzern künftig versuchen werde, bevorstehende Regeln und Veränderungen noch präziser vorherzusehen und diese schon im Vorhinein umzusetzen.

Im Juli 2021 löschte WeChat ohne Vorwarnung mehrere von Studenten verwaltete LGBT-Accounts. Unter konservativen Chinesen gelten Genderminderheiten häufig als Symptom für die Verkommenheit des Westens. LGBT ist die Abkürzung für lesbian, gay, bisexual und transgender.

Der Kommunistischen Partei Chinas passt WeChats Machtstellung gut ins Konzept; schließlich ist es leichter, ein einzelnes technisches System zu überwachen und zu kontrollieren als mehrere.

Tencents Gründer Ma Huateng gilt allgemein als Unterstützer der Partei. Dafür spricht auch, dass er Mitglied des Nationalen Volkskongresses, des chinesischen Parlaments, ist.

Aus westlicher Sicht wirken Chinas kommunistische Konventionen bisweilen sogar ein wenig amüsant. Als der damalige Präsident Hu Jintao 2010 in der Zentrale von Tencent zu Gast war, gebührte es Geschäftsführer Martin Lau, der zwar in Peking geboren, aber in Hongkong aufgewachsen war, nicht, denselben Aufzug zu benutzen, berichtete der Nachrichtensender Bloomberg. Den Aufzug mit dem Präsidenten durften sich nur die Tencent-Mitarbeiter teilen, die als Teil des Apparats der Kommunistischen Partei angesehen wurden.

Man sagt über Tencent, der Konzern sei wie Amazon, Facebook, Nintendo, Spotify, Shopify, Netflix, PayPal und Uber zusammengenommen. Mit WeChat kann man nahezu alles machen, was mit Smartphones überhaupt möglich ist.

Noch wichtiger ist es allerdings, dass Tencent dank WeChat eine Schlüsselfunktion in der KI-Entwicklung hat. Dank Milliarden und Abermilliarden Daten aus Mobilzahlungen kann der Konzern das Konsumverhalten der Menschen umfassender und exakter dokumentieren als sonst irgendein Konzern.

Weder Kreditkartenkonzerne noch Amazon oder Google decken auch nur ansatzweise das Spektrum von Funktionen ab, auf deren gesammelten Daten Tencent ein System aufbauen kann, das individuelle Bedürfnisse bedient, in Echtzeit reagiert und maschinell lernt. Dank seines »Datenökosystems« hat Tencent in der KI-Entwicklung einen Vorsprung im Vergleich zu anderen globalen IT-Riesen.

Aber zurück in den Januar 2019 und zu Allen Zhangs Präsentation über den Werdegang der ersten acht Jahre von WeChat und die Zukunftsaussichten der App. Zhang hat keine Andeutungen darüber gemacht – zumindest nicht direkt –, dass seine Erfindung auch ein raffiniertes Instrument für den Sicherheitsapparat der Kommunisten sei. Befürwortern eines freieren Chinas vermittelte das Ende seines Vortrags dennoch vage den Glauben an eine bessere Zukunft. Zhang beendete seinen Vortrag mit einem Filmzitat: »Hoffnung ist eine gute Sache, vielleicht die beste von allen.« Dieser Satz stammt aus dem Gefängnisfilm *Die Verurteilten*, der auf einer Novelle von Stephen King beruht. Andy Dufresne, der den aus dem Gefängnis entflohenen Tim Robbins darstellt, schreibt an seinen Freund Ellis »Red« Redding, gespielt von Morgan Freeman, einen Brief: »Denk dran, Red, Hoffnung ist eine gute Sache, vielleicht die beste von allen, und gute Dinge sterben nicht.«

1. Google: Die wichtigste Zahl
Weiß zu viel über uns

Google ist nicht einmal ein mittelaltes Unternehmen, aber dennoch ist es bereits zum wichtigsten und gefährlichsten Konzern der digitalen Wirtschaft geworden, die die Welt regiert.

Googles Bedeutung und tiefstes Wesen lässt sich in einer Zahl zusammenfassen. Es ist die 92.

92 ist seit vielen Jahren Googles durchschnittlicher Prozentanteil aller im Internet getätigten Suchanfragen. Die Zahl beinhaltet alle Suchanfragen, die weltweit sowohl am Computer als auch auf Mobilgeräten getätigt worden sind. Der Zweitplatzierte auf dem Markt ist Microsofts Bing mit einem Anteil von rund zwei Prozent.

Googles Status in den Statistiken ist auch deshalb so stark, weil in China ein Großteil aller Suchen direkt innerhalb der verschiedenen Apps, also ohne Suchmaschinen, durchgeführt wird.

Googles Marktanteil wird an Absurdität nur durch die Tatsache übertroffen, dass ein einzelnes Unternehmen einen so wichtigen Status erreicht hat, wie den des Türstehers des Internets.

Fast ins Amüsante geht es, wenn man sich die Statistiken von StatCounter ansieht, einem Anbieter für Analysen von Internet-Traffic. Laut StatCounter ist Googles Anteil der Suchanfragen, die an Mobilgeräten durchgeführt wurden, mit 95 Prozent sogar noch höher. In Europa liegt Googles Anteil der Mobilsuchen bei 97 Prozent. Nur drei von 100 Suchen an Mobilgeräten werden also mit einer anderen Suchmaschine als Google durchgeführt.

Die Ergebnisse der Suchmaschinen repräsentieren jedoch nicht die »absolute Wahrheit«. Suchmaschinen liefern dem Nutzer objektiv betrachtet nicht unbedingt die besten Ergebnisse, sondern diejenigen, die dem Algorithmus zufolge am besten passen.

Durch den mangelnden Wettbewerb am Suchmaschinenmarkt hat Google keinerlei Ansporn, den Algorithmus der Suchmaschine an die Anforderungen und Interessen der NutzerInnen anzupassen.

Suchmaschinen sind Wunder der Technik. Sie liefern den NutzerInnen im Nu einen Hinweis, auf welchen Webseiten die gewünschte Information zu finden sein könnte. Es gibt schätzungsweise mehr als 1,5 Milliarden Homepages und zig Milliarden einzelne Webseiten. Diese ohne Suchmaschinen zu nutzen, wäre praktisch unmöglich.

Google ist nicht nur die meistgenutzte Suchmaschine, sondern für viele auch die wichtigste Art, die Hauptinhalte des Internets, also die www-Seiten, zu nutzen. Wenn ein Nutzer Informationen über die Elektromodelle von Volvo sucht, gibt er bei Google »Volvo« oder »Volvo Elektro« im Suchfeld ein und Google lädt im Handumdrehen Links auf den Bildschirm zu Webseiten, auf denen es dazu Informationen gibt. Kein Wunder also, dass die Menschen Suchmaschinen nutzen, um im Internet nach Informationen oder Unterhaltung zu suchen.

Google wurde im September 1998 von Sergei Brin und Larry Page gegründet. Beide stammen aus Akademikerfamilien: Brins Vater ist Professor für Mathematik, und Pages Vater ist Professor für Informatik.

Brin wurde 1973 in Moskau geboren, seine Familie zog 1979 in die USA. Page wurde 1973 in Michigan geboren und lernte Brin während des Studiums an der Stanford University in Kalifornien kennen. Beide interessierten sich dafür, wie man im Internet auf einfache Weise Informationen auf den www-Seiten suchen konnte, die sich damals verbreiteten.

In Pages Studentenwohnung planten die beiden jungen Männer ein neuartiges Suchprogramm, das den Internetusern die Nutzung erleichterte. Ihre Schlussfolgerung: Je mehr Webseiten eine bestimmte www-Seite verlinkten, umso relevanter musste der Inhalt dieser www-Seite sein. Einen Großteil von Googles Programmcode schrieb Scott Hassan, der ebenso wie Brin und Page in Stanford promovierte.

Brin und Page begannen die Arbeit als Projekt der Stanford University und nutzten in der Aufbauphase die Rechner der Universität. Sie nannten ihre Software Google – einigen Quellen zufolge entweder nach einem Wortspiel mit der amerikanischen Aussprache des Wortes »googol« oder als Übernahme des Namens, den der neunjährige Neffe des US-Mathematikers Edward Kasner für die Zahl 10^{100} (eine 1 mit 100 Nullen) erfunden hatte. Im September 1998 wurde das Unternehmen Google gegründet.

Brin und Page wussten, dass die Menschen faul und bequem

sind. Ihr Ziel war es, eine Suchmaschine zu entwickeln, die nicht nur umfassend, sondern auch möglichst simpel und schnell ist. Das reichte aus, um Google zur beliebtesten Suchmaschine sowie zum wichtigsten Konzern des Internets zu machen.

Neben dem PageRank, das die Relevanz der Webseiten gewichtet, bewertet Google die Wichtigkeit von Webseiten mithilfe von »mehr als 200 Signalen und vielfältigen Techniken«. Im Bereich der Medien entstand so der neue Beruf des Suchmaschinenoptimierers (SEO), der ermittelt, mit welchen Methoden die eigene Webseite in den Google-Suchergebnissen eine möglichst gute Sichtbarkeit erreicht.

Googles Suchalgorithmus ist geheim, und die Aufgabe der SEO ist es, herauszufinden, wie der Algorithmus verschiedene Webseiten für die Suchergebnisse auswählt. Die Aufgabe wird dadurch erschwert, dass Google den Algorithmus von Zeit zu Zeit abändert.

Die Businessidee hinter Google ist ausgesprochen einfach: Die Wörter, mit denen ein Nutzer etwas im Netz sucht, dienen dazu, um vorherzusehen, was die Nutzer wollen oder wofür sie sich interessieren. Dann kann man Werbungtreibenden anbieten, ihre Werbung gezielt an NutzerInnen zu richten, die Interesse an einem bestimmten Produkt oder einer Produktgruppe gezeigt haben.

Neben den Suchanfragen verfolgt Google heute die Aktivitäten der NutzerInnen auch auf anderen Webseiten und hat noch genauere Informationen über ihre Vorlieben und Interessen. Das auf der Überwachung der Nutzer basierende Geschäftsmodell hat nach Google auch bei den meisten Internetkonzernen Verbreitung gefunden.

Als Google sich 2004 auf den Börsengang vorbereitete, schrieben Sergei Brin und Larry Page: »Google ist kein gewöhnliches Unternehmen. Wir haben nicht vor, eins zu werden.«

Ein gewöhnliches Unternehmen ist Google nicht geworden. Es wurde viel mehr; können Sie erraten, in welchem Zeitraum?

- $ Google bearbeitet sechs Milliarden Suchanfragen.
- $ Bei YouTube werden Videos von insgesamt 49 Jahren Länge hochgeladen.
- $ Gmail verarbeitet 100 Milliarden E-Mails.

Nicht im Jahr oder im Monat. Sondern an jedem einzelnen Tag.

Mit 120.000 Angestellten ist Google auch in anderen Geschäftszweigen ein Riese: YouTube hat zwei Milliarden, Gmail und Android jeweils 1,5 Milliarden und der Chrome-Browser über eine Milliarde Nutzer.

Androids Marktanteil an Betriebssystemen für Mobilgeräte liegt bei rund 70 Prozent. Chrome hält am Browser-Markt einen Anteil von 64 Prozent.

Der *Economist* analysierte Google im Sommer 2020 und listete auf, dass der Konzern neben seinen Kerngeschäften auch weltweit die Nummer eins in künstlicher Intelligenz, selbstfahrenden Autos und Quantentechnik ist.

Googles Glückssträhne hat allerdings auch Schattenseiten. Zu den größten Opfern des Konzerns gehören die Tageszeitungen. Die Zeitungen haben ihr Geschäft traditionell mit Verkäufen von Einzelexemplaren und Abonnements sowie mit dem Anzeigenverkauf finanziert. Im Internetzeitalter wird es immer schwieriger, Menschen dazu zu bringen, für Nachrichten zu bezahlen, weil die Internetriesen diese kostenlos anbieten.

Das ist eine gravierende Sachlage, denn in der westlichen

Welt fungierten Tageszeitungen als Förderer und Bürgen der Demokratie. Viele Zeitungen wurden vor sehr langer Zeit gegründet: *The Times* 1785, *Le Figaro* 1826, *The New York Times* 1851, *Dagens Nyheter* 1864, *Corriere della Sera* 1876 und *Helsingin Sanomat* 1889. Nun liegt das Schicksal dieser und anderer Zeitungen in den Händen von Google, einem Konzern, der 1998 gegründet wurde. Wenn Google beschließt, die Sichtbarkeit der Tageszeitungen aus den Suchergebnissen auszuklammern und die Zeitungen auch sonst in keiner Weise zu unterstützen, können die meisten Zeitungen daran zugrunde gehen.

Google hat lange Zeit kundgetan, für Nachrichten nicht bezahlen zu wollen. 2020 gab der Konzern allerdings bekannt, dass er anfangen werde, ausgewählte Verlage für »qualitativ hochwertige« Nachrichten zu bezahlen. Ob das ausreicht, um den Journalismus zu retten, werden wir im Laufe der nächsten Jahre sehen.

Frankreich hat nicht darauf gewartet, dass Google zur Tat schritt. Stattdessen hat die Wettbewerbsbehörde des Landes, die Autorité de la concurrence, dem Konzern im Sommer 2021 Strafen in Höhe von 500 Millionen Euro auferlegt. Ihr zufolge hatte Google sich nicht um die Vorgaben gekümmert, die den Konzern dazu verpflichteten, sich mit den Verlagen über das Zitieren von Nachrichtenmeldungen in den Suchergebnissen zu einigen.

David Cicilline, Sprecher des Wettbewerbsausschusses des US-Repräsentantenhauses, fasste die Sorgen über Googles Machtstellung zusammen, als die Chefs von Google und anderen US-amerikanischen IT-Giganten im Juli 2020 vom Repräsentantenhaus angehört wurden: »Google begann seine Macht zu missbrauchen, als es zur Pforte des Internets wurde. Es nutzte die Überwachung des Internetverkehrs, um mögliche

Konkurrenten zu identifizieren und plattzumachen. Das hat dem Wettbewerb und dem Wachstum neuer Firmen die Luft geraubt. Google hat die Kosten, die Unternehmen zahlen müssen, um Internetnutzer zu erreichen, kräftig in die Höhe getrieben, da es in der Praxis dafür gesorgt hat, dass alle Unternehmen, die Sichtbarkeit im Internet wollen, eine Abgabe an Google zahlen.«

Das US-Magazin *The Markup* klärte auf, wie häufig Google-Suchen zu den konzerneigenen Webseiten führen. In der Untersuchung führten 63 Prozent der Ergebnisse auf der ersten Seite der Google-Suchergebnisse auf die eigenen Webseiten des Unternehmens. Bei 41 Prozent der Suchen bestand die gesamte erste Seite (für gewöhnlich zehn Ergebnisse) aus Ergebnissen, die auf Googles eigene Seiten führten. Suchergebnisse, die auf andere Webseiten weiterleiteten, wurden unterhalb von Googles eigenen Seiten angeführt.

Der Kongressabgeordnete David Cicilline äußerte sich wie folgt, sich auf die Analyse des Magazins beziehend: »Für mich ist das der Beweis, dass Google immer mehr zu einem ›verschlossenen Garten‹ wird, der die NutzerInnen auf Googles Seiten hält, obwohl Google nicht die wesentlichsten Informationen bietet. Für andere Onlineunternehmen ist dies eine wirtschaftliche Katastrophe.«

Ein Bericht des US-amerikanischen Repräsentantenhauses vom Oktober 2020 bestätigte, dass Google, nachdem es seine Monopolstellung erreicht hatte, den Anteil von Werbeanzeigen und eigenen Webseiten in den Suchergebnissen erhöht hatte. Die Folge dieser Taktik scheint zu sein, dass Google andere Content-Hersteller dazu zwingt, immer mehr für Werbeflächen zu bezahlen, um die Nutzer auf ihre Seiten locken zu können.

Im Oktober 2020 reagierte auch das US-amerikanische Justizministerium auf Googles Machtstellung und befand, Google habe sich strafbar gemacht, indem es sein Such- und Suchanzeigemonopol verteidigt habe. Laut Justizminister William Barr stellte die Anklage des Ministeriums »einen monumentalen Fall sowohl für das Justizministerium als auch für das amerikanische Volk« dar.

Die Investoren waren von Barrs fulminantem Plädoyer nicht beeindruckt; der Preis der Google-Aktie stieg am Tag der Anklageerhebung um knapp anderthalb Prozent.

Die Anhörung durch das US-amerikanische Repräsentantenhaus brachte wertvolle Informationen über die Logik und die Ressourcen an den Tag, derer sich Googles oberste Führungsetage bedient. E-Mails zufolge, die das Repräsentantenhaus veröffentlichte, begannen die Google-Chefs zum Beispiel im Jahr 2005 den Kauf von YouTube in Erwägung zu ziehen. Die ersten Kaufpreisschätzungen lagen bei zehn bis 15 Millionen Dollar, aber innerhalb von drei Monaten war der geschätzte Preis auf 200 Millionen Dollar gestiegen. Nur wenige Monate später kaufte Google YouTube für 1650 Millionen Dollar.

Eine Neuerung, mit der sich die über Googles Macht besorgten Beamten beruhigen lassen könnten, wäre der Verkauf von YouTube. Der Deal würde eine ungeheure Menge Geld bringen, da YouTubes Geschäftsmodell clever ist: Anders als beispielsweise der erfolgreichste Streamingdienst Netflix muss YouTube nichts für Inhalte bezahlen, da die NutzerInnen diese mit zunehmendem Eifer überall auf der Welt bei dem Dienst hochladen.

Laut dem *Economist* ist YouTube auch wertvoller als Netflix, dessen Wert bei rund 200 Milliarden Dollar liegt. Google hielt YouTubes Zahlen lange geheim, enthüllte aber schließlich im Februar 2020 die Größe des Geschäfts: Der Vorjahresumsatz betrug 15 Milliarden Dollar.

Google pflegt seine Machtstellung mit Bedacht. Der Konzern zahlt beispielsweise mehrere Milliarden Dollar im Jahr an Apple, um auf Apple-Geräten die Standard-Suchmaschine zu bleiben. Mozilla wiederum soll Schätzungen zufolge von Google mehrere Millionen im Jahr erhalten, damit Google als Standard-Suchmaschine des Firefox-Browsers auf mehreren wichtigen Märkten der Welt erhalten bleibt. Auf Geräten mit Android-Betriebssystem ist Google – selbstverständlich – die Standardsuchmaschine.

Googles Aufstieg zum Herrscher der digitalen Welt ist kein Zufall und kam für Branchenkenner keineswegs überraschend. Das US-amerikanische Electronic Privacy Information Center (EPIC) riet den Behörden schon vor mehr als zehn Jahren, Googles Übernahme des Onlinemarketingservice DoubleClick zu verhindern. EPIC warnte, dass der Kauf des Unternehmens Google ermöglichen würde, persönliche Daten von Milliarden Menschen zu sammeln und deren Verhalten im Internet zu verfolgen. EPIC sagte auch, dass der Deal Googles Kontrolle über den digitalen Werbungsmarkt weiter verstärken und den Wettbewerb mindern würde. Die Federal Trade Commission (FTC) stimmte jedoch 2007 der Übernahme zu.

Googles Erfindung der zielgerichteten Werbung schuf die Basis für die Entstehung eines Kontroll- und Überwachungskapitalismus. »Google ist für den Überwachungskapitalismus das, was die Ford Motor Company und General Motors für den auf Massenproduktion beruhenden hierarchischen Kapitalismus waren«, schreibt Shoshana Zuboff, Professorin der Harvard Business School, in ihrem Buch *Das Zeitalter des Überwachungskapitalismus*.

Google stellt seinen Kunden seine drei erfolgreichsten Produkte kostenlos zur Verfügung: die Suchmaschine, das Android-Betriebssystem und YouTube. Der Deal ist jedoch nicht einseitig – gleichzeitig überlassen die NutzerInnen Google ihr digitales Ich, die Information über alles, was sie im Internet tun.

Laut Zuboff hat Google seit den Terroranschlägen von 2001 eng mit der CIA zusammengearbeitet. Die US-Regierung brauchte Googles Algorithmen im Kampf gegen Terroristen.

Im kalifornischen San José wurde im Sommer 2020 eine Klage gegen Googles Überwachungssystem eingereicht. Google gibt in seinem Chrome-Browser den Hinweis: »Wenn du nicht willst, dass Google deinen Browserverlauf speichert, kannst du privat im Inkognito-Modus durchs Internet browsen.« Der Anklage in San José zufolge sammelt Google heimlich die Daten darüber, was die Nutzer im Internet machen, obwohl sie den entsprechenden privaten Browser-Modus ausgewählt haben. Bei der Sammelklage werden von Google bis zu fünf Milliarden Dollar Entschädigungen gefordert. Der Konzern gab bekannt, gegen die Klage angehen zu wollen.

Google hat wegen seiner Marktstellung und seiner großen Gewinne auch viel politische Macht. Außerdem hat der Konzern einen direkten Draht zu den Reden der wichtigsten Entscheidungsträger.

Eric Schmidt, der 2001 bis 2011 CEO von Google war, verfügt immer noch über Aktien des Konzerns im Wert von Milliarden und fungiert in zwei wichtigen Institutionen als Vorsitzender: Das Defense Innovation Board (DIB) berät das Verteidigungsministerium bei der Anwendung von KI, und die National Security Commission on Artificial Intelligence (NSCAI) berät den Kongress über neue Technologien.

EPIC versuchte lange herauszufinden, was die NSCAI treibt. Im Jahr 2019 erhielt das Electronic Privacy Information Center (EPIC) mehrere Dokumente, eins mit dem Titel »Chinese Tech Landscape Overview«.

Die NSCAI hatte die Lage in China erforscht und dem Kongress einen Bericht vorgelegt, demzufolge die USA und China sich einen strategischen Wettkampf in der Entwicklung von Schlüsseltechnologien liefern: »Künstliche Intelligenz wird der Dreh- und Angelpunkt sein. Der Einsatz ist die Sicherheit unseres Volkes und die Zukunft unserer Wirtschaft.«

Die kanadische Journalistin Naomi Klein schrieb 2020, dass Eric Schmidt bei den Entscheidungsträgern eifrig Lobbyarbeit für ein Gesellschaftsmodell betrieben hat, in dem der Staat und die Konzernriesen aus dem Silicon Valley in nahtloser Zusammenarbeit die Aufgaben von Schulen, Krankenhäusern, Polizei und Armee in den privaten Sektor auslagern. Klein zufolge lautete Schmidts Kernaussage, dass der chinesische Staat uneingeschränkt Gelder für die Entwicklung der Überwachungstechnologie bereitstellte und Unternehmen wie Alibaba, Baidu und Huawei mit der praktischen Anwendung der Technologie Geld verdienen ließ. Laut Schmidt hat diese Entwicklung dazu geführt, dass die ehemals dominante Position der USA in der Weltwirtschaft am Rande des Abgrunds steht.

Schmidt schrieb im Februar 2020 in der *New York Times*, dass die USA heute noch in vielen Bereichen Maßstäbe setzten, aber China innerhalb von fünf bis zehn Jahren zur Nummer eins aufsteigen werde.

Neben seinen Kerngeschäften vertreibt Google Glasfaserverbindungen, investiert in Start-ups, sucht nach neuen Geschäftsmöglichkeiten in der Gesundheitsvorsorge und entwickelt selbstfahrende Autos, Verteilerdrohnen und Roboter. Der gemeinsame Nenner dieser Geschäftsmodelle lautet künstliche Intelligenz, und diese wird schon in naher Zukunft der Motor sein, der alles antreibt.

In der KI muss Google es mit einem ernst zu nehmenden Gegner aufnehmen: China. Neben der Google-Zentrale im

Silicon Valley weiß auch Peking, dass künstliche Intelligenz das A und O der aktuellen technologischen Revolution ist. China bündelt so große staatliche und wirtschaftliche Kräfte in der KI, dass Google sich ernsthaft anstrengen muss, um in der neuen Welt auf Platz eins zu bleiben.

Der Kampf gegen China bietet Google Schutz vor Behörden und Politikern. In der sich zuspitzenden Lage zwischen China und dem Westen werden Politiker es schwer haben, Googles Spaltung zu verlangen, solange der Konzern argumentieren kann, dass er seine gigantische Größe bewahren muss, um dem Westen einen Großteil der KI-Entwicklung und -Anwendung zu sichern.

Als Tech-Riese hat Google auch mit Peking zusammengearbeitet. Der Milliardeninvestor Peter Thiel hat sich über Googles Geschäfte mit China gewundert. In China kann man die Google-Suchmaschine nicht benutzen, und der US-amerikanische Konzern entwickelte über einen langen Zeitraum eine Suchmaschine namens Dragonfly, die die Ergebnisse gemäß den Forderungen der chinesischen Regierung zensiert hätte. Die Entwicklung von Dragonfly ist inzwischen offensichtlich auf Eis gelegt worden, aber Thiel behauptet, dass die chinesischen Geheimdienste Googles Chefetage infiltriert hätten. Seiner Meinung nach erfüllt Googles Zusammenarbeit mit der chinesischen Volksbefreiungsarmee die Kriterien eines Hochverrats. Google hat dies mehrmals abgestritten, aber Thiel forderte das FBI und die CIA auf, die Angelegenheit zu prüfen.

Thiel ist in IT-Kreisen dafür bekannt, seinen eigenen Weg zu gehen, und viele haben sich über seine enge Beziehung zu Ex-Präsident Donald Trump gewundert. Thiel steht mit seiner Kritik an Google jedoch nicht allein da. Die drei US-amerikanischen republikanischen Senatoren Tom Cotton, Josh Hawley und Marco Rubio schrieben einen offenen Brief an Google-

CEO Sundar Pichai, in dem sie eine Erklärung forderten, warum Google anscheinend eng mit Huawei zusammenarbeite, während Konzernvertreter versicherten, dass die Zusammenarbeit nur unwesentlich sei. Huawei ist in schnellem Tempo zu einem der wichtigsten Telefon- und Mobilgerätehersteller der Welt geworden. Mehrere westliche Länder haben Huawei boykottiert oder planen dies zu tun.

Die republikanischen Senatoren berufen sich in ihrem Brief auf Joseph Dunford, den General des United States Marine Corps, den Googles Geschäfte in China in »große Sorge« versetzen. Dunford war 2015 bis 2019 Kommandeur der Streitkräfte der Vereinigten Staaten.

Google hat sich zugleich von den Streitkräften der Vereinigten Staaten distanziert. Der Konzern nahm unter anderem nicht am Zehn-Milliarden-Dollar-Angebotswettbewerb für den Aufbau des neuen Clouddienstes für das Verteidigungsministerium teil. Ebenso ließ Google verlauten, dem Druck seiner Mitarbeiter nachzugeben und vorzuhaben, die Zusammenarbeit mit den US-amerikanischen Streitkräften bei der Analyse von Drohnenbildern zu beenden.

Als Google 2004 an die Börse ging, waren Brin und Page nicht bereit, ihre Weisungsgewalt aufzugeben. Google wurde zum ersten Konzern aus dem Silicon Valley, der mehrere Aktienserien hatte. Brin und Page besitzen gemeinsam 13,1 Prozent der Konzernaktien, verfügen aber dank des Aktiensystems über fast 57 Prozent der Abstimmungsmacht.

Damit Google weiterhin wachsen kann, muss der Konzern mit anderen IT-Riesen um deren Geschäfte konkurrieren. Dazu zählen vor allem der Cloud-Server-Markt und Business-Softwares.

Brin und Page begannen sich im August 2015 aus dem Tagesgeschäft bei Google zurückzuziehen, als sie Sundar Pichai als CEO engagierten. Mit Pichai an der Spitze stieg Googles Umsatz binnen vier Jahren von 66 auf 161 Milliarden Dollar und der Gewinn entsprechend von 14 auf 34 Milliarden Dollar.

Im Oktober 2015 erneuerten Brin und Page auch Googles Konzernstruktur: Als Muttergesellschaft wurde Alphabet Inc. gegründet, und Google wurde zu ihrem Tochterkonzern. Die Neuerung war vorwiegend kosmetisch. Der Suchmaschinenkonzern Google liefert unterm Strich 83 Prozent des Umsatzes und 100 Prozent der Gewinne der Muttergesellschaft.

Im Dezember 2019 überließen Brin und Page Pichai die Leitung der gesamten Alphabet-Gruppe. Beide sind nach wie vor im Vorstand des Konzerns.

Googles bekanntestes Motto lautet »Don't be evil« (Sei nicht böse). Dieses Motto war seit 2000 Teil der Geschäftsregeln des Konzerns. Heute ist dieser Satz aus den Regeln verschwunden, doch das Wort »evil« hängt noch nach. Die Satzung endet folgendermaßen: »And remember ... don't be evil, and if you see something that you think isn't right – speak up!« (Und denk dran ... sei nicht böse. Und wenn dir etwas auffällt, das deiner Meinung nach nicht richtig ist – mach den Mund auf!)

Die Welt auf Chinas Pfaden

I

Über den Wandel der Welt wird auf der Makroebene viel geredet, und die Basiserzählung ist bekannt.

Es gibt vier Megatrends: die Globalisierung, die Urbanisierung, die Vergreisung der Gesellschaft und den Klimawandel. Gemeinsam leiten diese die vierte industrielle Revolution ein. Auch die Konzernriesen sprechen gern über diese Trends und präsentieren ihre eigenen Lösungen. Gewöhnlich werden die Einkommensverteilung und die Arbeitsrevolution von dieser Liste ausgeklammert, obwohl sie mindestens genauso wichtige Dimensionen der Zukunft darstellen wie die vier »anerkannten« Megatrends. Bei Fragen nach der Einkommensverteilung und der Arbeitsrevolution glänzen die Konzerne allerdings nicht gerade mit innovativen Antworten, weshalb diese Phänomene in Zukunftsszenarien tendenziell nicht berücksichtigt werden.

Obwohl die Entscheidungen und Interessen einzelner Unternehmen die Welt entscheidend gestalten, halten Unternehmen sich selbst für nicht verantwortlich für die Zukunft des gesamten Planeten. Noch mehr als für Megatrends interessieren sich Unternehmen für sich selbst. Wie Unternehmen ihre eigene Marktstellung wahrnehmen und zu verbessern versuchen, liefert zumindest einen Ausblick auf die Entwicklung, die uns allen bevorsteht.

Während es früher hieß, der Kunde sei König, ist nun die Rede davon, dass Konzerne sich für ihre Kunden und deren Bedürfnisse interessieren und sich dieser bewusst sein müssen.

In Managementkursen versucht man, dies zu erreichen, indem man hervorhebt, dass das Tempo des Wandels zunimmt und die Dinge immer vielschichtiger werden. Am Ende des

»Rituals« pflegen Manager hervorzuheben, dass es nur die diejenigen schaffen, die flexibel und anpassungsfähig sind, weil *alles* im Wandel ist.

Diese Rede ist häufig reine Rhetorik – die berühmten Neujahrsvorsätze, die gewöhnlich den Januar nicht überdauern.

Weitaus seltener hört man Manager sagen, dass der größte Feind der Großunternehmen der Konzern selbst ist, dass wahrscheinlich eine gewisse Führungskultur und gewisse Verhaltensmuster so tief in der DNA des Unternehmens verankert sind, dass das Unternehmen nicht zu einem anpassungsfähigen oder bescheidenen Versuchslabor der Warmherzigen wird, in dem Misserfolge gefördert werden.

Die führende Beratungsfirma der Wirtschaftswelt, das US-amerikanische Unternehmen McKinsey, untersuchte im April 2015, wie häufig es Unternehmen gelingt, große Veränderungen zu vollziehen. Das Ergebnis: 26 Prozent der »Transformationen« sind erfolgreich – und das war die Meinung der Manager, die die Umstrukturierungsprojekte selbst angestoßen hatten. Hätte man die Kunden oder die Mitarbeiter befragt, wäre die Zahl wohl noch niedriger ausgefallen.

Und mit Reden von Demut und Anpassungsfähigkeit landet man nicht im Management eines großen Unternehmens. Man muss daran glauben, dass es dem Meister aus dem Mythos des Sisyphos gelingt, das Unmögliche zu schaffen, und der Stein, den er den Berg hochrollt, nicht mehr zurückrollt.

Einigen Unternehmen gelingt dieser grundlegende Wandel, und darum ist diese Geschichte zur Zauberformel der Konzernvorstände und Nominierungsgremien geworden. Eine Geschichte, die jeder neue Manager nachbeten muss, obwohl er im Stillen längst begriffen hat, dass er der langsam sterbenden Kuh zum Wohl ihrer Besitzer den letzten Tropfen Milch abgemolken hat.

Es ist das große offene Geheimnis des Zeitalters der Transformation, das alle kennen, aber niemand laut aussprechen darf.

Ich bin zu Gast bei Simon (Name geändert), der eine erfolgreiche Beratungsagentur aufgebaut hat. Er verkauft Beratungsdienste an das Management von Börsenkonzernen und auch an etwas kleinere Unternehmen rund um den Globus.

Simon kommt von einer großen, weltbekannten Beratungsfirma. Er verrät ein schändliches Branchengeheimnis: In der Kostenstruktur großer Beratungsagenturen werden 70 Prozent auf die Suche und das Ködern neuer Kunden verwendet. Der Anteil der eigentlichen Arbeit liegt bei nur 30 Prozent. »Die Typen von McKinsey erzählen gerne, dass sie für einen Tag 3 500 Euro abrechnen, aber sie erzählen nicht, dass sie nur drei Tage im Monat abrechnen können.«

In seiner eigenen Firma hat Simon versucht, vom Durchbrechen dieses Geheimbundes zu profitieren. Seine Idee ist, dass er Beratungsdienste für verschiedene, mindestens dreimonatige Umstrukturierungsprojekte für günstige 11.000 Euro im Monat anbietet. Die zweite Idee ist, dass Simon immer den Arbeitsaufwand eines Teams in Rechnung stellt, der dem Arbeitseinsatz eines Senior Beraters entspricht, aber so, dass alles im Team erledigt wird.

Der Kunde erhält zudem völlige Transparenz, Zugang zum Prozesssteuerungssystem des Konzerns und zu den alten Ereignisprotokollen der entsprechenden Fälle. Die Kunden bekommen auch kostenlosen Zugang zu den Mitarbeiterschulungen, in deren Endphase die Auszubildenden zu selbstbewussten Managementberatern geschult werden. »So lernen sie, selbst Berater zu sein«, erklärt Simon.

Simons Konzern erzielt ausgezeichnete Ergebnisse. Ihm reicht es, dass das Honorar die Gehaltskosten der Berater um

40 Prozent übersteigt. Das ist wenig im Vergleich zu Konzernen mit enormen Ausgaben für Kundenakquise oder im Vergleich zu IT-Beratern, die die Gehaltskosten der Programmierer mit drei multiplizieren, bevor die Rechnung über den Programmierauftrag an den Kunden geht.

Wahrscheinlich wird sich die Macht des Kunden konkret darin manifestieren, dass Kunden die 70 Prozent der Kosten für die Kundenakquise bald nicht mehr hinnehmen werden, sondern nur noch für die Leistung bezahlen wollen, die sie in Anspruch genommen haben. Wenn das Wissen gleichzeitig »kostenlos« verfügbar ist, stellt dies die Verdienstlogik der Beratungsagenturen auf die Probe.

Deshalb versuchen sie selbst in ihrer Tätigkeit ebenjenen »digitalen Wandel« zu vollziehen, zu dem sie verkündet haben, fähig zu sein.

Inspiriert von den großen Beratungsunternehmen wiederholen auch alle anderen selbst ernannten Wunderheiler letztlich nur ein und dasselbe Wort, wenn auch auf immer originellere und raffiniertere Weise. Dieses allumfassende Wort, mit dem alles bezahlt wird, lautet »Wandel«.

Mein Treffen mit Jean-Marie Dru, dem Vorstandsvorsitzenden des Werberiesen TBWA Worldwide, im Dezember 2014 war unvergesslich. Dru war seit 1971 im Marketing tätig und hatte TBWA zu einer der sieben größten Werbeagenturen der Welt gemacht.

Als Branchenveteran konnte er es sich erlauben, ein zusammengefasstes und vereinfachtes Bild von seiner Tätigkeit laut auszusprechen.

»Ich habe seit meinem ersten Arbeitstag den Wandel verkauft. Dieser ist der grundlegende Wunsch des Kunden«, sagte er (*Helsingin Sanomat*, 2. Dezember 2014).

Dru zufolge verkaufen Berater ihren Kunden das Gefühl, die

Kontrolle über den Wandel zu haben, also ein Gefühl der Sicherheit. Die Angst vor dem Wandel zu erwecken, war die Kernstrategie bei TBWA.

Dru berichtete, dass TBWA zum Beispiel den Ausdruck »disruptive Innovation« bereits 1992 zum ersten Mal in einer Zeitungsanzeige benutzte, fünf Jahre bevor der Harvard-Professor Clayton Christensen sein Buch *Warum manche Unternehmen erfolgreicher wachsen als andere* veröffentlichte.

Christensen veranschaulicht in seinem Buch anhand zahlreicher Beispiele, wie Großkonzerne wegen »disruptiver Innovationen« zugrunde gehen. Damit meint er Neuerungen, die die Spielregeln der Branche ändern und mit denen sich das Verhalten der Verbraucher ändert oder neue Handelskonventionen die alten Geschäftsmodelle zerstören.

Christensen ist ein angesehener Denker, aber die neue digitale Wirtschaft hat gezeigt, dass er falsch lag: Einige wenige Konzernriesen sind zugrunde gegangen, aber weitgehend sind die erfolgreichen Riesen kontinuierlich größer geworden.

II

Neben den Megatrends, über die in der Geschäftswelt gesprochen wird, gibt es weitere Trends, über die die Unternehmen und die von ihnen finanzierten Thinktanks jedoch weitestgehend schweigen. Der wichtigste dieser Trends ist die zunehmende Ungleichheit, die mit der fortschreitenden Konzentration der Geschäftswelt Hand in Hand geht.

Nach Meinung des Wirtschaftswissenschaftlers Joseph Stiglitz wurden die Spielregeln der Wirtschaft in der zweiten Hälfte der Siebzigerjahre sowohl auf globaler als auch auf nationalstaatlicher Ebene neu geschrieben, sodass die Regeln nun die

Reichen begünstigen und die Armen benachteiligen. In den USA war diese Entwicklung noch stärker als in anderen Industrieländern. Je größer die Marktmacht der Unternehmen ist, umso schwächer ist die Position der Angestellten bei Gehaltsverhandlungen. (»A Rigged Economy«, *Scientific American*, 5/2018)

Hinter dieser Entwicklung steckt zum Teil die Verschiebung des wirtschaftlichen Schwerpunkts vom Industrie- zum Dienstleistungssektor. In der Industrie liegen die Einkommen dichter beieinander als im Dienstleistungssektor, wo die Einkommensunterschiede aufgebläht werden können. Stiglitz verwendet als Beispiel Filme, mit denen die Stars Millionen verdienen, während die übrigen Schauspieler im Vergleich dazu nur Kleingeld bekommen.

Stiglitz weist allerdings darauf hin, dass es sich bei dieser Entwicklung nicht um ein unausweichliches Naturgesetz handelt. Die zunehmende Ungleichheit ist die Folge erlesener Politik, Gesetze und Verordnungen. In den USA bezahlen Spitzenverdiener einen geringeren Steuersatz als schlecht Verdienende. Die Steuerreform von Präsident Donald Trump aus dem Jahr 2017 hat diese Lücke nur noch größer werden lassen. »Es ist ein Teufelskreis entstanden: Wirtschaftliche Ungleichheit führt zu politischer Ungleichheit, was zu Verordnungen führt, die die Reichen begünstigen, was wiederum die wirtschaftliche Ungleichheit verstärkt«, schreibt Stiglitz.

Die *New York Times* erforschte 2021, wie sich die Gehälter der 200 bestverdienenden Spitzenmanager US-amerikanischer Börsenkonzerne während der Coronapandemie entwickelt haben. Der Untersuchung zufolge betrug das Durchschnittsgehalt eines Managers 2019 im Vergleich zum Mediangehalt der Angestellten des entsprechenden Unternehmens das 245-Fache. Im darauffolgenden Jahr stieg der Faktor bereits auf 274 an.

Die Coronapandemie brachte allerdings auch neue Superreiche hervor. Im Frühjahr 2022 berechnete die *Financial Times*, dass unter den Impfstoffherstellern der Wert von Biontech (Biopharmaceutical New Technologies) sich während der Pandemie verdreifacht hatte und der von Moderna verfünffacht. Gleichzeitig wurden der Biontech-Chef Ugur Sahin und Stéphane Bancel von Moderna zu Milliardären.

Relative Einkommensunterschiede werden allgemein mit dem sogenannten Gini-Koeffizient gemessen. Je höher der Wert dieses Faktors, umso ungleicher sind die Einnahmen verteilt. Wenn der Wert des Koeffizienten 100 betragen würde, hieße das, dass derjenige mit dem höchsten Einkommen alle Einnahmen bekäme. Wenn der Wert bei 0 läge, wäre das Einkommen aller Lohn- und Gehaltsempfänger gleich groß.

Laut den jüngsten Statistiken der Weltbank lag der Gini-Koeffizient 2016 in den USA bei 41,1. Noch im Jahr 1979 betrug er 34,5.

Die Einkommensunterschiede sind in allen EU-Ländern geringer als in den USA. Am nächsten an die USA heran kommt Bulgarien.

Hier die jüngsten Gini-Koeffizienten einiger Länder:

Land	Jahr	Gini-Faktor
Bulgarien	2018	41,3
USA	2018	41,1
China	2016	38,5
Russland	2018	37,5
Italien	2017	35,9
Großbritannien	2017	35,1
Frankreich	2018	32,4
Deutschland	2016	31,9
Estland	2018	30,3

Schweden	2018	30,0
Ungarn	2018	29,6
Dänemark	2018	28,2
Niederlande	2018	28,1
Finnland	2018	27,3

(Quelle: Weltbank)

In vielen EU-Mitgliedstaaten hat die Ungleichheit in den vergangenen Jahren zugenommen. Der EU-Statistikbehörde Eurostat zufolge betrug das Einkommen der vermögendsten 20 Prozent der Bevölkerung aller 27 Mitgliedstaaten im Jahr 2018 das 5,1-Fache des Einkommens der ärmsten 20 Prozent.

Laut Joseph Stiglitz ist die Schere der wirtschaftlichen Ungleichheit in den USA weiter aufgegangen als in jedem anderen Industrieland. Die Denkfabrik *Institute for Policy Studies* rechnete bereits 2017 aus, dass drei Familien – mit Bill Gates (Microsoft), Warren Buffett (Berkshire Hathaway) und Jeff Bezos (Amazon) als Familienoberhäuptern – mehr Vermögen haben als die ärmere Hälfte der US-Bevölkerung (160 Millionen Menschen) zusammen.

Dem Internationalen Währungsfonds zufolge gehört die Hälfte des gesamten Vermögens der Welt einem Prozent der Weltbevölkerung. Laut UN begann die Anzahl der Unterernährten auf der Welt nach jahrelangem Rückgang wieder zu steigen.

Die digitale Revolution ist nicht unbedingt eine Erklärung für die zunehmende Ungleichheit. Es kann sein, dass sie nur zufällig zur selben Zeit stattgefunden hat, als in der Wirtschaft ein kräftiger neoliberaler Wind wehte. Die Deregulierung der Finanzmärkte und der Konzerne sowie die Austeritätsideologie, die die politische Klasse blendete, haben den Konsens, der nach dem Zweiten Weltkrieg im Westen entstanden war, sowohl auf nationaler als auch auf globaler Ebene durch neue Vorgehensweisen ersetzt. Diese Entwicklung ermöglichte, dass das Kapital ungehindert dorthin strömen konnte, wo es die besten Gewinnmöglichkeiten gibt. Die Verlockung des Kapitals engte wiederum die Möglichkeiten der Politiker ein, Konzernaktivitäten zu regulieren und über die Funktionsweise der Wirtschaft zu entscheiden.

Richard Kozul-Wright, Vorsitzender der Konferenz der Vereinten Nationen für Handel und Entwicklung (UNCTAD), weist darauf hin, dass die Entwicklung der vergangenen Jahrzehnte allerdings in der Geschichte kein Einzelfall ist: »Die Ära der Globalisierung vor 1914 war ebenfalls von einem dramatischen technologischen Wandel geprägt, als Telegrafenkabel, Eisenbahnen und Dampfschiffe immer schneller wurden und die Welt zusammenschrumpfen ließen. Es war auch eine Zeit der ungehinderten Monopolmacht, finanzieller Spekulationen, des Auf- und Abschwungs sowie der zunehmenden Ungleichheit. Mark Twain tadelte dieses sogenannte Goldene Zeitalter wegen des schamlosen privaten Wohlstands, der endemischen politischen Korruption und des weitverbreiteten sozialen Elends; und so wie die digitalen Lehnsherren der heutigen Zeit waren die Eisenbahnunternehmer von gestern geschickt darin, finanzielle Innovationen, Preisgestaltungstechniken und ihre politischen Kontakte auszunutzen, um ihre Gewinne aufzublasen, während ihre Konkurrenten und die Bevölkerung litten« (»Neoliberalism has captured the digital revolution«, 30. Oktober 2018).

Laut einer Analyse, die *The Wall Street Journal* am 15. Mai 2022 veröffentlichte, erreichten die Einnahmen der Geschäftsführer der größten US-Konzerne 2021 zum sechsten Mal in Folge einen neuen Rekord. Das Medianeinkommen lag bei 14,7 Millionen Dollar; im vorangegangenen Jahr belief sich das entsprechende Gesamteinkommen auf 13,4 Millionen. Mehr als die Hälfte der Einnahmen ergab sich aus der Wertsteigerung der Aktien und Aktienoptionen der Manager.

Diese Entwicklung hat angefangen, selbst einige derjenigen zu beunruhigen, die am meisten von ihr profitiert haben. Der bekannteste Investor der Welt, der US-Amerikaner Warren Buffett, sagte im September 2011 dem Nachrichtensender CNN: »Eigentlich wurde der Klassenkampf zwanzig Jahre lang geführt, und meine Klasse hat gewonnen. Wir sind diejenigen, deren Steuerniveau drastisch gesenkt wurde.«

Die US-amerikanische Non-Profit-Organisation für investigativen Journalismus ProPublica besorgte sich im Sommer 2021 die Steuerdaten der 25 reichsten US-Amerikaner. Die Informationen waren erschreckend: Von 2014 bis 2018 hatte das zusammengerechnete Vermögen der 25 reichsten US-Amerikaner um 401 Milliarden Dollar zugenommen, während dieselben in diesen fünf Jahren nur 14 Milliarden Einkommensteuer gezahlt hatten. In den USA gibt es keine Vermögenssteuer, und ProPublica berechnete auch, dass der »reale Steuersatz« der Reichsten nur 3,4 Prozent betrug. Die Vermögendsten verfügen über viele Methoden, um Steuerzahlungen zu minimieren und nutzen diese aktiv. Amazon-Gründer Jeff Bezos senkte 2011 unter anderem seine Steuern mittels des Kinderfreibetrags von 4000 Dollar. Warren Buffett zahlte in fünf Jahren weniger als 24 Millionen Dollar Steuern. Tesla-Gründer Elon Musk zahlte 2018 keinen Cent Einkommenssteuer und so weiter.

Einer der bekanntesten Kritiker des vorherrschenden Wirtschaftsmodells ist derzeit Ray Dalio, der Gründer des US-amerikanischen Hedgefonds Bridgewater Associates. Er hat 50 Jahre als Investor gearbeitet, und im Anlagenportfolio von Bridgewater befindet sich Vermögen im Wert von 150 Milliarden Dollar. Im Frühjahr 2019 wägte er auf dem Business-Netzwerk LinkedIn Kapitalismus und Sozialismus gegeneinander ab. Kapitalisten könnten den Kuchen nicht gerecht verteilen, schrieb er, und Sozialisten könnten ihn nicht vergrößern. »Wir befinden uns jetzt an einem Scheideweg, an dem a) Menschen unterschiedlicher ideologischer Orientierungen kompetent und mit vereinten Kräften das System neu aufbauen, sodass der Kuchen nicht nur gedeiht, sondern auch gut aufgeteilt wird, oder b) an dem wir einen großen Zusammenstoß und eine Art Revolution erleben werden, die fast allen schadet und den Kuchen kleiner werden lässt«, schreibt Dalio in seinem Artikel »Why and How Capitalism Needs to Be Reformed«.

Dalio rechnete aus, dass bei 60 Prozent der 35- bis 64-jährigen Lohn- und Gehaltsempfänger in den USA das reale, also inflationsbereinigte Einkommen seit 1980 überhaupt nicht gestiegen ist. Das Einkommen der oberen zehn Prozent, also der Spitzenverdiener, hat sich hingegen verdoppelt, und noch besser ist es dem obersten Prozent der Einkommensskala ergangen: Sein Einkommen hat sich seit 1980 verdreifacht. Die Vermögensunterschiede wiederum haben seit dem Ende der Dreißigerjahre ihr absolutes Rekordhoch erreicht.

Voraussetzung für einen funktionierenden Kapitalismus ist, dass Menschen nicht in der Einkommensklasse ihrer Eltern festsitzen. Dalio zufolge wird die wirtschaftliche Mobilität in den USA derzeit schlechter umgesetzt als in fast jedem anderen Industrieland. »Die Vermögensdiskrepanz, vor allem wenn sie mit Wertunterschieden einhergeht, führt zu zunehmenden Kollisionen, die sich innerhalb der Staaten sowohl in Rechts- als auch Linkspopulismus – und häufig in einer Art Revolution – äußern. Deshalb fürchte ich mich vor der nächsten Wirtschaftsrezession, zumal die Zentralbanken nur begrenzte

Möglichkeiten haben, den Abschwung abzuwehren, und wir in einer Zeit des Populismus und großer politischer Opposition leben.«

Dalio zufolge herrschen heute zwischen den Populisten vom linken Rand und den Populisten vom rechten Rand auf der ganzen Welt dieselben Konflikte wie in den Dreißigerjahren. Auch damals war die Schere der Einkommens- und Vermögensunterschiede weit geöffnet.

Ray Dalio unterscheidet sich von den meisten anderen Kapitalisten auch in dem Punkt, dass er seine Sorge über Chinas zunehmende Macht laut ausspricht. Er schreibt auch, dass man die Differenzen zwischen den USA und China nicht als »Handelskrieg« bezeichnen solle, denn es gehe um eine viel größere Sache: um die Lebenseinstellung überhaupt.

Dalio zufolge sei es naiv zu erwarten, dass die Chinesen ihre jahrtausendealte Lebenseinstellung ändern würden. Während die USA das Individuum, Demokratie und das Bottom-up-Prinzip betonen, heben die Chinesen das konfuzianische, familienorientierte Top-down-Prinzip hervor. An diesem grundsätzlichen Konflikt kann kein Handelskrieg etwas ändern.

Chinas größter Vorteil ist, dass die Chinesen die Zeit auf ihrer Seite haben. China wird immer stärker, und zwar in einem schnelleren Tempo als die USA. Je später der große Konflikt der Supermächte sich entzündet, umso besser für China.

Dalio macht darauf aufmerksam, dass das Verhältnis zu Kriegen und Auseinandersetzungen sich grundlegend unterscheidet. In der westlichen Kultur wird der Gegner direkt mit größtmöglicher Kraft angegriffen, bis derjenige, der im Gefecht die größten Verluste erlitten hat, schließlich aufgibt. Die Chinesen hingegen sammeln ihre Kräfte, lassen sie in aller Ruhe gedeihen und offenbaren sie dann plötzlich ihrem Gegner in der Erwartung, dass dieser die Situation als hoffnungslos erkennt und sich kampflos geschlagen gibt.

»Wir lernen, wie man geduldig Geschäfte macht. Man kann niemanden zu etwas zwingen. Man kann ihm nur helfen, es zu tun«, sagte Zhou Dali, ehemaliger Vorsitzender des Instituts für Energieforschung der chinesischen Kommission für nationale Entwicklung, dem *Guardian* (»China's long game to dominate nuclear power relies on the UK«, 26. Juli 2018).

Energie ist einer der wichtigsten Industriezweige, in dem China bereits in verschiedenen Teilen der Welt geschäftstätig ist. Chinesische Konzerne haben überall in Asien neue Kohlekraftwerke gebaut. Während immer mehr westliche Länder sich aus der Atomkraft zurückziehen, will China auch zur Supermacht für Atomstrom werden. China hat 30 Jahre lang systematisch Kernkraftwerke errichtet und dabei umfassendes Know-how gesammelt, das es auf der ganzen Welt weiterverkaufen kann.

Der chinesische staatlich verwaltete Konzern China General Nuclear Power Group (CGN) ist Teil der Unternehmensgruppe, die den Reaktor Hinkley Point C im englischen Somerset baut. Das Projekt kostet rund 22,5 Milliarden Pfund.

CGN und der französische Konzern EDF möchten ein neues Kernkraftwerk in Suffolk bauen. Sizewell C würde 20 Milliarden Pfund kosten. Außerdem plant CGN ein Kernkraftwerk in Essex.

CGN ist einer der chinesischen Konzerne, die dem US-amerikanischen Verteidigungsministerium zufolge Verbindungen zu den chinesischen Streitkräften haben. Die US-amerikanische Regierung hat ein Verzeichnis von zig chinesischen Unternehmen zusammengestellt, die es in der Praxis schwer haben, in den USA Geschäfte zu machen. Neben Konzernen mit Verbindungen zur US-Army stehen auf der schwarzen Liste auch Konzerne, die auch mit Menschenrechtsverletzungen in Zusammenhang stehen. Auf der Liste standen 2021 unter anderem:

>   Aero Engine Corporation of China
>   Aviation Industry Corporation of China
>   China General Nuclear Power Corp.
>   China Mobile Communications Group
>   China National Nuclear Power Corp.
>   China Railway Construction Corporation
>   China Shipbuilding Industry Corporation
>   China State Shipbuilding Corporation
>   China Telecommunications Corp.
>   CRRC Corp.
>   Hangzhou Hikvision Digital Technology Co.
>   Huawei Technologies Co.
>   Panda Electronics Group.

Es dürfte niemanden überraschen, dass Chinas Rüstungsindustrie in den vergangenen Jahren eng mit der Zivilindustrie zusammenarbeitet. In Präsident Xi Jinpings Fünfjahresplan aus dem Jahr 2016 erhielt das Bündnis von Rüstungs- und Zivilindustrie ein formales Konzept. Xi bildete ein neues Zentralkomitee für die integrierte Rüstungs- und Zivilindustrie und ernannte sich selbst zu dessen Leiter. Aufgabe des Komitees ist es, die Entwicklung der bifunktionellen Technologie voranzutreiben und bereits vorhandene Ziviltechnologien in die Nutzung des Militärs zu integrieren. 2018 forderte Xi die Industriebranchen auf, die Zusammenarbeit zu intensivieren.

»Die USA und ihre Verbündeten sollten Pekings Projekte zur Militarisierung von Chinas technologischer Basis ernst nehmen«, schrieb das Journal *Foreign Affairs* im Oktober 2019.

Chinas Beispiel hat in Washington für Diskussionen gesorgt, auch darüber, ob die USA anfangen sollten, neue Technologien so anzupassen, dass ein potenzieller Einsatz zu militärischen Zwecken von Anfang an bei der Planung berücksichtigt würde.

Laut *Foreign Affairs* erschwert Chinas komplexes Unternehmensnetzwerk die Einschätzung von außen, bei welchem Verfahren es sich um reine Zivilproduktion handelt und wann man sich im Bereich der Militärindustrie bewegt. Als Beispiel dient der britische Konzern Dynex Semiconductor. Nachdem 2008 75 Prozent des Konzerns an einen chinesischen Eisenbahnhersteller verkauft worden waren, wurde die von Dynex entwickelte Technik im Abschusssystem des ersten chinesischen Flugzeugträgers verwendet (»The United States Should Fear a Faltering China«, 28. Oktober 2019).

III

Die Position der USA am Drehkreuz des Internets hat den USA viele wirtschaftliche, militärische und ermittlungstechnische Vorteile verschafft. In den USA wurden Router und Server geplant und entwickelt sowie Programme, mit denen das Internet genutzt werden kann. In Peking hat man sich an diesen Erkenntnissen ein Beispiel genommen, und nun sehen die Kommunisten, dass die Technologiekonzerne eine Schlüsselfunktion beim Aufbau der wirtschaftlichen und politischen Zukunft haben. Je weiter sich chinesische Konzerne und die von ihnen entwickelten Dienste verbreiten, umso stärker wird Chinas globale Stellung. China kann »die globale Technologierevolution in Zukunft anführen«, sagte Tencent-Gründer Pony Ma der Zeitung *China Daily* schon im Frühjahr 2017. China vernetzte sich extrem schnell. Im Jahr 1995 gab es 40.000 Internetuser, fünf Jahre später mehr als 20 Millionen und heute mehr als eine Milliarde.

Als die USA im Jahr 2000 ihre Handelsbeziehungen mit China normalisierten, prognostizierte Präsident Bill Clinton, dass sich »im neuen Jahrhundert die Freiheit durch Handys und Kabelmodems verbreiten« werde. Nun scheint es, dass Handys und Modems ebenso Autoritarismus und Machtkonzentration verbreiten können.

Der Kampf der USA und Chinas um Hegemonie wird nicht nur auf dem Feld der politischen Einflussnahme und der Sicherheitspolitik ausgetragen, sondern auch zwischen den Großkonzernen. In diesem Kampf nehmen die US-amerikanischen Konzerne Facebook, Google und Microsoft eine Schlüsselposition ein. In Chinas Team spielen Alibaba, die Suchmaschine Baidu und Tencent ganz vorne mit.

Das Internet war fast 50 Jahre lang das Projekt der USA. Arpanet war der Vorläufer des heutigen Internets. Es wurde ursprünglich im Auftrag der US-Air Force ab 1968 von einer kleinen Forschergruppe unter der Leitung des Massachusetts Institute of Technology (MIT) und des US-Verteidigungsministeriums entwickelt. Es hatte ursprünglich den Zweck, die Kommunikation zwischen den militärischen Forschungseinrichtungen zu erleichtern. Die ersten Großkonzerne, die aus dem Internet hervorgingen, waren allesamt US-amerikanisch, doch im Hintergrund dieser Erfolgsgeschichte hat China systematisch daran gearbeitet, zum nächsten Herrscher über das Internet aufzusteigen.

Laut dem US-amerikanischen Experten für Cybersicherheit Adam Segal (Council on Foreign Relations) hat der Machtwechsel bereits stattgefunden: Die USA haben die Führungsposition an China übergeben. In keinem anderen Land gibt es so viele Internetuser wie in China, und die weiträumige Eroberung des technologischen Umbruchs bildet den Kern von Xi Jinpings Politik.

»Ein großer Teil des Internets funktioniert mit chinesischen Apps und in China produzierten Geräten. Peking wird in den Genuss der Vorzüge im Bereich der Wirtschaft, der Diplomatie, der nationalen Sicherheit und der Aufklärungsarbeit kommen, die zuvor Washington zugutegekommen waren«, skizzierte Segal die Zukunft, wenn Chinas großer Plan aufgeht, im Herbst 2018 in *Foreign Affairs*.

Das Internet, das unter Chinas Führung entwickelt wird, unterscheidet sich grundlegend von dem, an das man im Westen gewöhnt ist. Xis Absicht ist es, das offene und globale Internet auszumerzen und stattdessen eine Reihe von Netzwerken zu schaffen, die sich an den nationalen Spielregeln orientieren. In diesem neuen Internet herrschen Nationalstaaten jeweils über ihr eigenes Netz, und die Kontrolle über das Internet verlagert sich vom heutigen nutzergesteuerten Modell zu den einzelnen Staaten.

China hat sich das Ziel gesetzt, sich in drei Schlüsseltechnologien die Führungsposition zu sichern: in integrierten Schaltkreisen, Quantencomputern und künstlicher Intelligenz.

Integrierte Schaltkreise sind Halbleiterspeicher und Mikroprozessoren, die die wichtigsten Bausteine der heutigen Informationstechnologie darstellen.

China musste traditionell den Großteil der Halbleiterspeicher, die in der Industrie benötigt wurden, importieren, aber jetzt hat der Staat rund 100 Milliarden Dollar in die Entwicklung und Herstellung eigener Halbleiterspeicher gesteckt. Chinesische Konzerne haben auch Halbleiterspeicher-Unternehmen aus dem Westen gekauft, obwohl die US-amerikanischen Behörden unter Berufung auf die nationale Sicherheit zumindest den Verkauf von Lattice Semiconductor und Fairchild Semiconductor verboten haben.

In der Quantentechnik werden Eigenschaften der Quantenmechanik genutzt, wodurch die Prozesse der Informationstechnik erheblich beschleunigt werden. China hat unter anderem das längste auf Quantentechnik beruhende Datenübertragungskabel der Welt zwischen Peking und Shanghai hergestellt. Die Quantentechnik reizt Chinas Führung vor allem deshalb, weil effiziente Quantencomputer den größten Teil der heute verwendeten Verschlüsselungsmethoden des Kommunikationsverkehrs knacken könnten.

Als am wichtigsten könnten sich allerdings Chinas Investitionen in die künstliche Intelligenz herausstellen.

Eric Schmidt, der ehemalige Vorstandsvorsitzende der Google-Muttergesellschaft Alphabet, warnt, dass China die USA in der KI-Entwicklung überholt, wenn die USA sich nicht ranhalten. Im November 2017 sprach er auf einer Veranstaltung des Center for a New American Security über künstliche Intelligenz: »Ich weiß nicht, ob Sie es mitbekommen haben, aber vor einem Monat hat China seine KI-Strategie veröffentlicht, und ich habe sie gelesen. Sie ist ziemlich simpel. Bis 2020 zieht China mit den USA gleich. Bis 2025 wird China uns überholen, und bis 2030 wird es die Industriezweige, die mit KI zusammenhängen, beherrschen. Lassen Sie uns hier mal einen Moment innehalten; die chinesische Regierung hat das gesagt. Hätten nicht wir die Übermacht in künstlicher Intelligenz sein sollen? Waren nicht wir es, die all das erfunden haben?«

Schmidt sagte, dass China KI sowohl zu Handels- als auch zu Militärzwecken nutzen werde. Er führte Alibaba, Baidu und Tencent als Beispiele für Chinas »gewaltige Technik-Riesen, die aggressiv KI-Forschung betreiben«, an. Riesen wie Tencent und Alibaba verfügen über volle Kassen und können schnell expandieren, indem sie ihre ausländische Konkurrenz aufkaufen.

Chinesische IT-Unternehmen haben auch versucht, insbesondere nach Indien, dem Land mit der zweitgrößten Bevölkerung, zu expandieren. Im Sommer 2020 rang Indien sich schließlich zu strengen Gegenmaßnahmen durch und verbot 59 chinesische mobile Apps, darunter auch TikTok und WeChat. Die Begründung lautete, dass die Apps eine Bedrohung für die »Autonomie und die Sicherheit« Indiens darstellten.

US-Präsident Donald Trump wies US-amerikanische Konzerne im August 2020 an, die Geschäfte mit TikTok und WeChat abzubrechen. Joe Biden hob die Anordnung nach seinem Amtsantritt 2021 auf.

IV

Die Geschäftswelt könnte im Kampf gegen den Klimawandel an vorderster Front stehen. Viele Geschäftsführer sind schon geübt darin, Vorträge über den Klimawandel zu halten, aber auf der konkreten Ebene sieht die Lage anders aus.

In einer im Sommer 2019 veröffentlichten Studie wurden die Konzerne ermittelt, die die meisten Treibhausgasemissionen weltweit verursachen. Das Ergebnis war ernüchternd: Von 160 Unternehmen reduzierten nur 20 ihre Emissionen um die im Pariser Klimaabkommen geforderte Rate. Das Abkommen sieht die Begrenzung der menschengemachten globalen Erderwärmung auf deutlich unter zwei Grad Celsius gegenüber vorindustriellen Werten vor.

Der Menschenrechtsbericht »The Transition Pathway Initiative« (TPI), der im Sommer 2019 von den Vereinten Nationen veröffentlicht wurde, warnt vor einer »Klimaapartheid«:

Die Reichen können sich mithilfe ihres Geldes vor Hitze, Hunger und Konflikten schützen, während die anderen unter sich ständig verschlechternden Bedingungen leiden müssen. Dem Bericht zufolge droht der Klimawandel, die Errungenschaften der globalen Entwicklung, der Gesundheitsförderung und der Verringerung von Armut der vergangenen 50 Jahre zunichtezumachen.

Als der Hurrikan Sandy 2012 New York traf, blieben New Yorker, die arm und in einer prekären Lage waren, ohne Strom und gesundheitliche Versorgung. Die Investmentbank Goldman Sachs schützte ihr Hauptquartier mit Zehntausenden Sandsäcken und produzierte Strom mit ihren eigenen Generatoren, berichtete der UN-Menschenrechtsbotschafter Philip Alston im Juni 2019 in *The Guardian* («›Climate apartheid‹: UN expert says human rights may not survive»).

Umweltverschmutzungen – insbesondere klimaschädliche Treibhausgase – werden für Unternehmen zu einem immer größeren Problem. Kaum ein Unternehmen kann mehr ohne erhabene Worte über die Umwelt und seine eigenen Maßnahmen auskommen. Aber welches Unternehmen trägt für die Treibhausgasemissionen die größte »Schuld«?

Der norwegische Klimaaktivist Richard Heede hat eine einzigartige Datenbank zusammengestellt, deren erste Version 2013 veröffentlicht und im Jahr 2019 aktualisiert wurde.

Heedes Datenbank enthüllt die 90 Unternehmen und staatlich verwalteten Industriezweige, die seit Beginn der Industrialisierung bis zum Jahr 2010 hauptverantwortlich für Kohlendioxid- und Methanemissionen sind. Zu dieser Gruppe gehören 50 Konzerne, die sich im Besitz von Investoren befinden (darunter Chevron, Repsol, BHP Billiton), 31 staatliche Konzerne (Aramco, Gazprom, Pemex) und neun aktuelle oder ehemalige zentral verwaltete Unternehmen, bei denen der

Staat die Hauptverantwortung für die Produktion trug (in der ehemaligen Sowjetunion sowie Polen).

Heede schätzt, dass die von ihm aufgeführten 90 Unternehmen und staatlichen Gesellschaften für 63 Prozent aller industriellen Kohlendioxidemissionen von 1751 bis 2010 verantwortlich sind. Der Anteil der fünf größten Konzerne an den Emissionen liegt bei 15 Prozent.

Im Jahr 2017 befasste sich eine Gruppe von Forschern mit Heedes Ergebnissen und begann auszurechnen, wie groß die Schäden sind, die die aufgeführten 90 Unternehmen verursacht hatten. Laut einer Studie, die in der Zeitschrift *Climatic Change* veröffentlicht wurde, gingen 30 Prozent des Anstiegs des Meeresspiegels von 1880 bis 2010 auf das Konto der 90 größten Verschmutzer. Allein der Anteil von Chevron, ExxonMobil und BP lag bei mehr als sechs Prozent.

Küstenstädte und -gemeinden müssen sich überall auf der Welt auf die Gefahren durch den Anstieg des Meeresspiegels vorbereiten. Die Kosten sind immens, und in vielen Ländern fragt man sich, wer das alles bezahlen soll. Eine Antwort darauf sucht man in Kalifornien, wo Marin, San Mateo und Imperial Beach gegen Chevron, ExxonMobil, BP und 34 weitere Unternehmen wegen der Gefahren durch den ansteigenden Meeresspiegel geklagt haben.

Eine breitere Übernahme von Verantwortung seitens der Großunternehmen für die Umwelteinflüsse ihrer Produkte und die Kaufentscheidungen der Verbraucher wäre ein entscheidender Schritt, wenn wir den Klimawandel ernsthaft aufhalten wollen.

Allmählich haben einige Unternehmen angefangen, die Verantwortung auch für die Verschmutzungen zu übernehmen, die die Nutzung ihrer Produkte verursacht. Zu den Ersten gehört Volkswagen. Der Hauptstratege des Konzerns, Michael

Jost, sagte im März 2019 gegenüber der *Wirtschaftswoche*, dass die Pkws und Lkws von VW für zwei Prozent aller von Menschen verursachten Kohlendioxidemissionen verantwortlich sind.

Gehen wir noch ein wenig in der Zeit zurück. Es ist Juli 1977. Der wissenschaftliche Berater James F. Black hat eine anspruchsvolle Aufgabe. Er hält in der Zentrale von Exxon vor der Konzernleitung einen ernsten Vortrag. Präsentationsfolie für Präsentationsfolie erzählt Black, wie die durch die Verwendung fossiler Brennstoffe verursachten Kohlendioxidemissionen die Erde erwärmen und letzten Endes eine Gefahr für die Existenz der gesamten Menschheit darstellen können. Er erzählt den Chefs des Ölkonzerns, dass Wissenschaftler sich über die Einflüsse der Verwendung fossiler Brennstoffe auf das Klima weitgehend einig sind.

Exxon hat jetzt zwei Möglichkeiten. Die erste wäre, den Kopf in den Sand zu stecken. Die zweite Alternative lautet, genauer nachzuforschen, welche Auswirkungen der zunehmende Kohlendioxidgehalt in der Atmosphäre auf die Erde hat. Der Ölriese wählt den zweiten Weg, und seine Forscher erhalten Jahr für Jahr ein immer klareres Bild vom Klimawandel. In den Achtzigerjahren überdenkt Exxons Konzernleitung die Sache erneut und entscheidet sich nun, den Kopf in den Sand zu stecken – mit dem Zusatz, dass den Forschern des Konzerns nun aufgetragen wird, Zweifel am Klimawandel zu säen. Exxon wird zum stärksten Stützpfeiler an der Front der Leugner des Klimawandels.

Richard Heede zufolge haben neben Exxon auch andere große Öl- und Gasproduzenten im Lauf der Jahrzehnte begriffen, wie sich die von ihnen produzierten Brennstoffe auf das Klima auswirken. Das Wissen beschränkte sich nicht nur auf die Betreiber des Energiebusiness – James Hansen, Forschungsleiter der US-amerikanischen Raumfahrtbehörde NASA, bestätigte gegenüber dem Senatsausschuss für Energie- und Naturressourcen bereits 1988, dass die durch Treibhausgase verursachte Klimaerwärmung begonnen habe. Hansen sagte den Mitgliedern des Senats, dass es an der Zeit sei, »mit diesem Gefasel aufzuhören […] und sich einzugestehen, dass die Beweise ziemlich eindeutig sind, dass der Treibhauseffekt da ist und sich auf unser Klima auswirkt«.

Warum hat man erst rund 20 Jahre später angefangen, den Klimawandel ernst zu nehmen? Heede schreibt, dass viele Unternehmen der Energiebranche beträchtliche Summen investiert haben, um den Klimawandel zu leugnen und Investoren, Aufsichtsbehörden, Gesetzgeber und die breite Öffentlichkeit in die Irre zu führen. Die britische Denkfabrik InfluenceMap berechnete 2019, dass die fünf größten börsennotierten Ölproduzenten in den drei Jahren nach dem Pariser Klimaabkommen vom Dezember 2015 über eine Milliarde Dollar für »die irreführende Image- und Lobbyarbeit im Zusammenhang mit dem Klima« aufgewendet hatten.

Die jährlichen Konzernausgaben für Lobby- und Imagekampagnen im Rahmen der Klimadebatte lagen laut InfluenceMap bei (Zahlen in Millionen Dollar):

Shell 104
Exxon Mobil 97
BP 83
Total 81
Chevron 33
(Quelle: InfluenceMap: »Big Oil's Real Agenda on Climate Change – How the oil majors have spent $ 1Bn since Paris on narrative capture and lobbying on climate«, 2019)

Die Rockefellers sind eine der bekanntesten Unternehmerfamilien der USA, und ihr Vermögen stammt aus Standard Oil, dem Konzern, der 1870 von John Rockefeller gegründet wurde. 1911 veranlasste der Oberste Gerichtshof der Vereinigten Staaten, das zu groß gewordene Konsortium in 34 kleinere Unternehmen aufzuspalten. Nach mehreren Unternehmenskäufen sind die heutigen Erben von Standard Oil Chevron, ConocoPhillips und ExxonMobil.

Die heutige Rockefeller-Generation steht vor allem mit ExxonMobil auf Kriegsfuß und hält die Klimapositionen des Konzerns für »moralisch verwerflich«. Zwei der Fonds der steinreichen Familie haben bereits ihre Exxon-Aktien abgestoßen. Die Rockefellers kritisierten insbesondere die Irreführung der Bevölkerung in der Klimafrage und die Suche nach neuen Bodenschätzen in der Arktis. »Man darf uns nicht mit einem Konzern in Verbindung bringen, der eine so offene Verachtung des Gemeinwohls an den Tag legt«, schrieben die Rockefellers.

Die Konzernriesen haben begriffen, dass ihr beharrliches Leugnen des Klimawandels sich nun gegen sie gewendet hat. Das zeigt sich immer deutlicher daran, wie sie in der Öffentlichkeit auftreten. Einen der verblüffendsten Momente des Wandels erlebte man im August 2019, als Business Roundtable (BRT) ankündigte, dass in Zukunft das Interesse der Aktionäre nicht mehr das einzige Ziel der Unternehmen sei. Stattdessen sollten Unternehmen auch im Interesse der Kunden, der Angestellten, der Subunternehmer, der Öffentlichkeit und der Anteilseigner handeln. BRT ist eine Lobbyorganisation, die die 181 größten US-Konzerne vertritt. Ihre Mitglieder sind Geschäftsführer von ExxonMobil, Chevron und ConocoPhillips.

Die *New York Times* hielt den Wechsel des Businessmantras für radikal. Seit den Siebzigerjahren hatte die Geschäftswelt auf die Philosophie des Ökonomen Milton Friedman geschworen, der zufolge Unternehmen ihre soziale Verpflichtung erfüllen, indem sie Gewinne steigern.

Die Freude über den revolutionären Kurswechsel von BRT wurde allerdings ein wenig gedämpft dadurch, dass Jamie Dimon, CEO des Bankriesen JPMorgan und Sprecher von BRT, diesen gleich mit seinem eigenen Kommentar verwässerte: »Diese modernisierten Prinzipien spiegeln die ständige Verpflichtung der Unternehmen, fortwährend auf die Entstehung einer Wirtschaft hinzuarbeiten, die allen US-Amerikanern zugutekommt.«

Die Taktik des BRT war wohl eine den Anforderungen der Zeit entsprechende Rhetorik. Zumindest ein Teil der wichtigsten Mitgliedskonzerne des BRT hat während der Coronapandemie gleich seine Angestellten beurlaubt, während den Anteilseignern weiterhin Dividenden ausgezahlt wurden.

»Die Handlungen dieser Konzerne offenbaren, dass die Rhetorik von Business Roundtable nichts an der entscheidenden Frage des US-amerikanischen Kapitalismus geändert hat – nämlich, wohin das Geld fließt«, schrieb Peter Goodman, Wirtschaftsjournalist der *New York Times*, in seiner Analyse im Frühjahr 2020 (»Big Business Pledged Gentler Capitalism. It's Not Happening in a Pandemic«).

V

Viele denken immer noch, dass die Regierungen verschiedener Staaten zentrale Antriebskräfte des Wandels sind, obwohl die technologische Entwicklung den Staaten ihre Machtstellung entzogen hat.

Vor allem die zunehmende Bedeutung großer Technologiekonzerne ist schwer zu erfassen. Wir sind wie Frösche, die man in einen Kochtopf gesteckt hat. Am Anfang fühlt es sich angenehm an, aber die zunehmende Hitze kann uns lähmen, noch bevor das Wasser zu sieden beginnt.

Es ist möglich, dass auch die Investitionsregeln einen Umbruch erfahren. Wertinvestoren suchen immer noch wertstabile Konzerne, die langsam, aber sicher wachsen. Auch das hat das Internet geändert.

Da Softwares sich wie Viren kostenlos verbreiten, ist häufig Retention das Wichtigste, also eine App, ein Spiel oder einen Dienst zu kreieren, der die Kunden an sich bindet und zu regelmäßigem Gebrauch animiert.

Dass sie den Wandel früher als die anderen haben kommen sehen, hat einige Technologieinvestoren zu den wohlhabendsten Menschen der heutigen Zeit gemacht. Immer wieder wird prognostiziert, dass die Steigerung des Marktwerts von Betreibern wie Alibaba, Amazon, Apple, Google, Microsoft und Tencent das Ende der Fahnenstange erreicht habe und Kursabfälle zu erwarten seien. Bisher hat die längerfristige Einnahmenentwicklung allerdings die Skeptiker Lügen gestraft.

Der Wert von Amazon stieg im November 2020 auf 1557 Milliarden Dollar. Wenn die Wertsteigerung sich in den kommenden zehn Jahren mit demselben Tempo fortsetzt wie bisher, wird der Konzern im November 2030 bereits 31.140 Milliarden Dollar wert sein. Diesen Wert kann man vielleicht mit dem zusammengerechneten Wert aller börsennotierten Konzerne der Welt vergleichen, den die Weltbank 2018 errechnet hat: Dieser lag bei 68.650 Milliarden Dollar.

Dieses Beispiel vermittelt eine gute Vorstellung davon, wie groß die größten Technologiekonzerne werden können. Amazon kann seinen Anteil am Weltmarkt der Datenverwaltung weiterhin steigern, wenn Unternehmen ihre Datenverarbeitung auf Clouddienste verlagern. Ebenso kann der Konzern seine Geschäfte im Onlinehandel ausbauen und in immer neue Bereiche expandieren.

Amazon ist bereits ein Onlineversandhandel, eine allgemeine Handelsplattform, ein Bezahldienst, ein Kreditgeber, Auktionshaus, führender Buchverleger, Produzent von Filmen und TV-Serien, ein Streaming-Anbieter, ein Bekleidungs- und Modehaus, ein Gerätehersteller, ein Konzern für Gesundheitsvorsorge und Heimsicherheit sowie ein führender Cloud-Dienstleister.

Obwohl ein Teil der Amazon-Dienste äußerst rentabel ist, bleiben die Konzerngewinne klein, da Amazon sich, wie es für Wachstumsunternehmen üblich ist, darauf konzentriert, die Märkte verschiedener Branchen zu erobern. Im Kern des Ganzen steht die Stärkung der Machtstellung im digitalen Handel. Indem Amazon einen angemessen großen Anteil des Handels einnimmt, kann es neue Tools entwickeln, um den Handel effizienter zu gestalten, und diese Tools an andere verkaufen.

Das Allerwichtigste sind die gesammelten Nutzerdaten. Die Behörden haben den wettbewerbsmindernden Charakter von Konzernen wie Amazon nicht erkannt, da die Wettbewerbsregeln vor der Entstehung des Internets aufgestellt worden sind. Wenn IT-Riesen uns ihre Dienste zur Verfügung stellen und dafür im Gegenzug unsere persönlichen Daten nehmen, ohne dafür auch nur einen Euro zu verlangen, erkennt das Wettbewerbsrecht, das sich auf die in Geld gemessene Preisüberwachung konzentriert, nicht die Schäden, die das Sammeln von Daten mit sich bringt, oder die räuberische Preisgestaltung der Konzerne.

Lina Khan, Expertin für Wettbewerbsrecht, hat festgestellt, dass in der Plattformwirtschaft räuberische Preisgestaltung, also das Anbieten von Diensten zum Schleuderpreis, um Konkurrenten aus dem Weg zu räumen, auf zwei Arten betrieben wird.

Erstens spornt das Geschäftsmodell der Plattformwirtschaft Unternehmen dazu an, nach Wachstum statt nach Gewinnen zu streben, weil in der Winner-takes-all-Wirtschaft diese Strategie von Investoren belohnt wird.

Zweitens werden größere Plattformen zu unverzichtbaren Vermittlern für viele Händler. Wenn Händler den Onlineverkauf ihrer Produkte steigern wollen, kann der Handel weitgehend durch Marktplätze wie Amazon ausgebaut werden. Diese Doppelrolle gibt Plattformen die Möglichkeit, die Daten zu nutzen, die sie aus dem Handel ihrer Konkurrenten gewinnen. Gleichzeitig schwäche dies die Position der Konkurrenten, schrieb Khan im Januar 2017 im *Yale Law Journal*.

Lina Khan wurde 2021 von Präsident Joe Biden als Vorsitzende der Wettbewerbsbehörde FTC berufen. Khans Ansichten über die Dysfunktion der Wettbewerbsgesetze machten Amazon und Facebook nervös: Sie starteten eine Kampagne, um Khan von Untersuchungen abziehen zu lassen, bei denen die Macht der Konzerne überprüft wird.

Die Wettbewerbsregeln der EU beruhen im Großen und Ganzen lediglich auf zwei Paragrafen: dem Verbot von Kartellen und dem Marktmachtmissbrauch. Alles andere unterliegt der Rechtsprechung und den Richtlinien der EU-Kommission, die im Wesentlichen politisch gestaltet werden können. Mit anderen Worten: Sie können geändert und infrage gestellt werden. Das Wettbewerbsrecht ist also im Wesentlichen politisch, auch wenn man es leicht für rein wirtschaftsrechtlich halten kann.

# Wer macht hier die Regeln?

I

»Wir müssen darauf achten, dass die Wettbewerbsgesetze, die vor mehr als 100 Jahren geschrieben worden sind, auch im digitalen Zeitalter greifen. Als diese Gesetze geschrieben wurden, wurden die Monopole von Männern namens Rockefeller und Carnegie beherrscht. Ihre Marktmacht war so riesig, dass sie sich alles erlauben konnten, um unabhängige Unternehmen zu ruinieren und ihre eigene Macht auszuweiten.« Diese Worte stammen weder von einem blassroten Sozialdemokraten noch von einem glühend roten Kommunisten, geschweige denn von einem schwarzen Anarchisten.

»Die Namen haben sich geändert, aber die Geschichte ist altbekannt. Heute sind die Namen dieser Männer Zuckerberg, Cook, Pichai und Bezos. Wieder einmal erlaubt ihre Marktmacht ihnen, alles zu tun, um unabhängige Unternehmen zu ruinieren und ihre eigene Macht zu erweitern. Das muss aufhören.«

Der Redner war David Cicilline, Vorsitzender des Wettbewerbsausschusses des Repräsentantenhauses des US-Kongresses. Er leitete Ende Juli 2020 eine Anhörung, bei der die Machthaber der neuen Wirtschaft sich den Fragen der Kongressabgeordneten über ihre Macht in der digitalen Wirtschaft stellen mussten. Die Männer, auf die Cicilline sich bezog, waren der Facebook-Gründer Mark Zuckerberg, der Apple-CEO Tim Cook, der CEO von Alphabet und Google Sundar Pichai sowie der Amazon-Gründer Jeff Bezos.

»Die amerikanische Demokratie befindet sich seit jeher im Krieg gegen die Monopolmacht. Die Geschichte hat uns gelehrt, dass konzentrierte Märkte und konzentrierte politische Macht mit den Idealen der Demokratie nicht vereinbar sind.

Als das amerikanische Volk in der Vergangenheit Monopole verklagte – ob nun Eisenbahnen, Ölbarone, AT&T oder Microsoft –, sind wir zur Tat geschritten, um sicherzustellen, dass kein einzelnes Unternehmen unsere Wirtschaft oder unsere Demokratie kontrolliert.

Nun stehen wir vor einer ähnlichen Herausforderung«, sagte Cicilline.

Diese Anhörung war ein außergewöhnliches Vorkommnis: Politiker nahmen die Riesenkonzerne der Informationstechnologie in die Mangel. Am nächsten Tag ging man zur Tagesordnung über, da sowohl Amazon, Apple und Facebook als auch Google die Ergebnisse ihrer letzten Quartalsberichte präsentierten und vom Verkaufszuwachs und von Milliardengewinnen berichteten.

Von den Ergebnissen beflügelt stiegen die Aktienkurse dieser vier Konzerne so weit an, dass ihr zusammengerechneter Börsenwert mehr als 5000 Milliarden Dollar erreichte, was einem Fünftel des Börsenwerts von 500 Großkonzernen entspricht. Zum letzten Mal hatten die fünf größten Konzerne in den Achtzigerjahren einen so großen Anteil des S&P 500-Indexes abgedeckt.

Der Bericht des Wettbewerbsausschusses Investigation of Competition in Digital Markets wurde im Oktober 2020 fertiggestellt. Dem Bericht zufolge würden sich die Geschäfte von Amazon, Apple, Facebook und Google deutlich voneinander unterscheiden, jedoch die gleichen Probleme aufweisen:

- $ Die Viererguppe überwacht den Zugang zu den Märkten und wählt überall im Erwerbsleben die Gewinner und Verlierer aus. Sie verfügt über große Macht und missbraucht diese auch.
- $ Die Viererguppe nutzt ihre Stellung als »Gatekee-

per«, also Torwächter, um ihre eigene Marktmacht zu bewahren.
$ Die Vierergruppe hat ihre Stellung als Vermittler missbraucht, um ihre Machtstellung auszuweiten und zu festigen.

Dem Bericht zufolge lieferten die Anhörungen durch den Ausschuss »einen signifikanten Beweis dafür, dass die genannten Unternehmen ihre Machtstellung auf eine Weise ausnutzen, die das Unternehmertum, den Schutz der Privatsphäre der US-Amerikaner sowie die Vitalität der freien und vielfältigen Presse unterminiert. [...] Die Folge sind weniger Innovationen, weniger Auswahl für die Verbraucher und eine geschwächte Demokratie«.

Tom Wheeler, Gastdozent an der Denkfabrik Brookings Institution, sagte, dass sich die Mitglieder des Repräsentantenhauses auf die Auswirkungen der Marktmacht fokussiert und dabei den Ursprung dieser Macht außer Acht gelassen hätten – nämlich das Hamstern von digitalen Daten, die die Algorithmen füttern, auf denen die Dienste der Konzerne aufbauen. »Daten sind allerdings viel wertvoller als industrieller Besitz wie zum Beispiel Öl. Deshalb ist es folgenschwerer, wenn Daten unter die Kontrolle von Monopolen gelangen, als industrielle Monopole im Sinne der Rockefellers.« Laut Wheeler haben die IT-Barone deutlich mehr Macht als John D. Rockefeller, Andrew Carnegie, John Pierpoint Morgan oder die anderen dicken Fische der Wirtschaft des frühen 20. Jahrhunderts.

»Mathematische Maschinen – Computeralgorithmen – werden umso wichtiger und wertvoller, je mehr Daten wir in sie einspeisen. Derjenige, der über diese Daten herrscht, beherrscht auch die Märkte«, schrieb Wheeler. Diese Daten sind das Kapital der Konzerne, die diese sammeln. Facebook sammelt beispielsweise durchweg Daten aus einem Pool von Menschen, der fast ein Drittel der Weltbevölkerung darstellt. Die effektive Nutzung dieser Datenmasse gibt Facebook im Vergleich zu anderen Social-Media-Diensten einen unerreichbaren Vorsprung.

Der Ausschuss des Repräsentantenhauses hatte ein Jahr lang Informationen und Meinungen über die Gesetzmäßigkeiten und Sorgen der digitalen Wirtschaft zusammengetragen. Das Material des Ausschusses umfasste 1,3 Millionen Dokumente.

Facebook-Gründer Mark Zuckerberg wurde im Repräsentantenhaus vor allem wegen seiner Unternehmenskäufe zur Verantwortung gezogen.

Die Abgeordnete Pramila Jayapal fragte ihn: »Haben Sie den Snapchat-Gründer Evan Spiegel gewarnt, dass Facebook dabei war, Snapchats Produkt zu kopieren, während Sie gleichzeitig versuchten, den Konzern zu kaufen?«

Zuckerberg antwortete: »Abgeordnete, ich erinnere mich nicht an derartige Gespräche.«

Jayapal sagte zu Zuckerberg: »Ihr Konzern sammelt unsere Daten und macht sie zu Geld, und dann nutzt Ihr Konzern diese Daten, um die Konkurrenten auszuspionieren, zu kopieren, zu kaufen und zu beseitigen.«

Die Dokumente, die das Repräsentantenhaus gesammelt hatte, zeigten, dass Kevin Systrom, der gemeinsam mit Mike Grieger Instagram gegründet hatte, befürchtete, dass Zuckerberg versuchen würde, Instagram zu zerstören, wenn sie 2012 dem Verkauf des Unternehmens an Facebook nicht zugestimmt hätten.

Auch die anderen Riesen sind offensichtlich so wie Facebook vorgegangen. Die Kongressabgeordnete Mary Gay Scanlon sagte, das Repräsentantenhaus habe Dokumente gefunden, in denen es um den Konzern Quidsi gehe, der die beliebte Webseite diapers.com betrieben habe. Amazon kaufte den Konzern 2010 für 545 Millionen Dollar. Den Dokumenten zufolge hatte Amazon vor dem Unternehmenskauf Windeln zu Verlusten verkauft, um die Eigner von Quidsi zum Verkauf des Konzerns zu drängen. Der Rabattverkauf fuhr Amazon innerhalb eines Monats Einnahmenverluste in Höhe von 200 Millionen Dollar ein.

Scanlon fragte Jeff Bezos, zu welchen Verlusten Amazon insgesamt bereit gewesen wäre, um sich diapers.com anzueignen. Bezos hatte aber beschlossen, die Fragen der Abgeordneten auf höfliche Weise unbeantwortet zu lassen. Er bedankte sich für die Frage, sagte, dass er keine direkte Antwort darauf wisse, und fügte hinzu: »So viel kann ich allerdings sagen, dass es eine sehr klassische Idee ist, Windeln und vergleichbare Produkte zu nutzen, um neue Kunden anzulocken.«

Man versuchte auch wiederholt von Bezos zu erfragen, ob Amazon die Daten anderer Verkäufer auf der Plattform ausnutze, um mit ihren Businesskunden in Wettbewerb zu treten, wie *The Wall Street Journal* kurz zuvor berichtet hatte. Bezos antwortete, er wisse nicht, um welche Situation es sich konkret handle, und sagte: »Wir werden dieser Frage aufmerksam nachgehen.«

Die Menschenrechtsorganisation Amnesty International machte gegenüber dem Ausschuss eine eigene Aussage über die IT-Riesen. Ihr zufolge haben Google und Facebook eine unvergleichliche Macht über das Leben der Menschen im Internet. Laut Amnesty International beruhen die Geschäftsmodelle auf der Überwachung der Menschen, unterbinden zudem das Recht auf Privatsphäre und stellen eine Bedrohung der Grundrechte wie beispielsweise der Meinungsfreiheit dar.

Außerdem habe die Machtstellung von Facebook und Google zur Folge, dass es faktisch unmöglich sei, sich im Internet zu bewegen, ohne der Überwachung durch die Konzerne »zuzustimmen«.

Der irische Professor John Naughton hatte schon früher in dieser Beziehung von einem von Google erfundenen Kontrollkapitalismus gesprochen.

Die Macht der Internetplattformen wurde auch im Oberhaus des britischen Parlaments diskutiert. Naughton, emeritierter Professor der British Open University, erklärte den Mitgliedern des Oberhauses, wie Internetkonzerne die Lehren der angewandten Psychologie für die Entwicklung ihrer Dienste nutzen: »Eine Person geht auf Facebook, um sich das Foto eines Familienmitglieds anzuschauen. Stunden später wundert sie sich, warum sie immer noch auf Facebook ist. Sie ist immer noch da, weil es ein wundervolles Programm ist, das außerordentlich raffiniert konzipiert ist.«

Dem Kommunikationsausschuss des Oberhauses zufolge fungieren die Netzwerkplattformen des Internets als Pförtner des Internets, die überwachen, was die Nutzer sehen können und wie sie sich verhalten. Nach Meinung des Gremiums kann man die Plattformen mit öffentlichen Dienstleistungen (wie Wasser- und Stromversorgung) vergleichen, da die Nutzer das Gefühl haben, dass sie ohne sie nicht leben können, und deshalb keine andere Möglichkeit haben, als die Nutzungsbedingungen der Unternehmen zu akzeptieren.

Die Politiker haben die Tech-Riesen 20 Jahre lang ohne große Überwachung immer größer werden lassen. Erst in den vergangenen Jahren haben die politischen Entscheidungsträger angefangen, sich über die Macht der Konzerne Sorgen zu machen.

Im Juli 2019 gab das US-amerikanische Justizministerium

bekannt, dass es untersuchen werde, ob die marktführenden Netzwerkplattformen Funktionen nutzten, »die den Wettbewerb gemindert, Innovationen unterdrückt oder anderweitig den Verbrauchern geschadet haben«. Dem Ministerium zufolge können digitale Plattformen gegen die Interessen der Verbraucher handeln, ohne dass am Markt ein sonderlicher Konkurrenzdruck entsteht. Dies könnte bedeuten, dass die Behörden die Aufspaltung von Amazon, Facebook und Google in kleinere Teile in Erwägung ziehen.

Die Aussage des Justizministeriums war auch deshalb bemerkenswert, da Behörden für gewöhnlich einleitende Ermittlungen nicht öffentlich ankündigen.

Steven Mnuchin, der während Donald Trumps Amtszeit Finanzminister war, befürwortete in einem TV-Interview mit CNBC die Prüfung von Amazon, da der Konzern »überall in den Vereinigten Staaten den Einzelhandel ruiniert hat«.

Amazon ist so schnell gewachsen, dass die anderen Unternehmen am Onlineversandhandel-Markt keinen fairen Wettbewerb erlebt haben – Amazon ist mit 40 Prozent Marktanteil die ungeschlagene Nummer eins im US-amerikanischen Onlinehandel.

Die Internetriesen sind auch verstärkt ins Zentrum politischer Debatten geraten. Sie werden verdächtigt, 2016 sowohl auf die US-Präsidentschaftswahl als auch auf die Volksabstimmung zum EU-Austritt in Großbritannien eingewirkt zu haben.

Im Sommer 2019 berichtete Facebook, mit der Federal Trade Commission (FTC), der US-amerikanischen Handelsbehörde, eine Einigung erzielt zu haben in Bezug auf die Anschuldigungen, denen zufolge Facebook die persönlichen Daten ihrer Kunden missbraucht hatte – und gegen eine früher getroffene Vereinbarung mit der FTC verstoßen hat. Die FTC begann,

Facebook im Frühjahr 2018 zu überprüfen, nachdem die britische Zeitung *The Observer* enthüllt hatte, dass die Beratungsfirma Cambridge Analytica unerlaubt von Facebook beschaffte Daten von 50 Millionen NutzerInnen missbraucht hatte. Diese Daten wurden mindestens in Donald Trumps Wahlkampagne und der britischen Vote-Leave-Kampagne für den Brexit, die den EU-Austritt befürwortete, genutzt. Die mexikanische Regierungspartei Partido Revolucionario Institucional (PRI) erhielt ebenfalls ein Angebot von Cambridge Analytica, doch die Partei beschloss, die Daten nicht zu nutzen, weil sie auch ohne diese über genügend Informationen für eine Hetzkampagne gegen ihre Opponenten verfügte. PRI bezahlte Cambridge Analytica dennoch, weil die Partei verhindern wollte, dass ihre Konkurrenten die Daten kauften, die das Unternehmen gesammelt hatte, berichtete die *New York Times*.

Facebook zahlte für die Einigung eine Strafe in Höhe von fünf Milliarden Dollar. Die Investoren ließen sich davon nicht abschrecken; der Aktienkurs des Konzerns stieg um zwei Dollar an, als die ersten Informationen über die bevorstehende Strafe an die Öffentlichkeit durchgedrungen waren. Am Tag des Urteils vermeldete der Konzern, im letzten Quartal einen Gewinn von 2,6 Milliarden Dollar gemacht zu haben – nachdem er bereits im Vorfeld drei Milliarden Verluste in Erwartung des bevorstehenden Urteils der FTC abgezogen hatte.

Auch Facebook selbst ließ sich vom Kräftemessen mit der FTC nicht allzu sehr abschrecken. Die Behörden forderten von dem Konzern keinerlei Veränderung, was die Methoden anging, mit denen er Nutzerdaten sammelt – von Veränderungen der Unternehmensstruktur ganz zu schweigen. Facebook darf zumindest bis auf Weiteres das Modell beibehalten, mit dem es gemeinsam mit seinem Instagram-Dienst den halben Social-Media-Markt der USA beherrscht.

»Die FTC hat Facebook gerade ein fünf Monate verfrühtes Weihnachtsgeschenk gemacht«, kommentierte auf Twitter der Vorsitzende des Ausschusses des Repräsentantenhauses die Strafe. »Es ist eine große Enttäuschung, dass ein enorm starkes Unternehmen, dass sich so schwerer Vergehen schuldig gemacht hat, lediglich eins auf die Finger bekommt. Die Strafe ist ein Bruchteil von Facebooks Jahresumsatz und veranlasst den Konzern nicht dazu, über seine Verantwortung für den Schutz der Nutzerdaten zweimal nachzudenken«, stellte er fest.

Die FTC machte Facebook allerdings erneut zum Ermittlungsgegenstand. Die US-amerikanischen Medien enthüllten im Sommer 2020, dass Mark Zuckerberg mehrere Tage von den Behörden vernommen worden war. Die FTC untersuchte, ob Facebook gegen die Wettbewerbsgesetze verstoßen hatte. Im Dezember 2020 forderten die FTC und zig US-amerikanische Bundesstaaten WhatsApps und Instagrams Abspaltung von Facebook, da Facebook durch die Aneignung dieser Konzerne den Wettbewerb zu sehr einschränken konnte.

Auch viele andere hatten angefangen, Facebooks Vorgehensweise zu hinterfragen. Dina Srinivasan, Forscherin an der Universität Yale, schrieb im April 2019, wie Facebook seine Nutzer in die Irre führt: »Facebook verfolgt seine Nutzer nicht nur dann, wenn sie sich beim Dienst aufhalten, sondern auch, wenn sie die Facebook-Seite verlassen.«

Srinivasan zufolge könnte Facebook nicht so handeln, wenn sich der Konzern in einer echten Wettbewerbssituation befände. »Es ist wichtig zu verstehen, wie Facebook vorgegangen ist, als es sich selbst die Führungsposition am Markt einrichtete. Zehn Jahre lang war Privatsphäre der von Facebook proklamierte Markttrumpf. Dies umfasste immer das Versprechen, dass NutzerInnen nicht im Internet verfolgt wurden.

Nachdem Facebook sich die Marktherrschaft gesichert hatte und es keine Konkurrenten mehr gab, änderte die Konzernleitung plötzlich ihre Meinung über die Nutzerverfolgung.«

Laut Srinivasan bedeutet die Nutzung von Facebook heute die Zustimmung dazu, dass der Konzern den Nutzer verfolgt. Facebook weiß, worüber sie Informationen suchen, was sie lesen, kaufen und welche Datenhäppchen sie auf den besuchten Internetseiten und benutzten mobilen Apps hinterlassen. Facebook werden selbst die heikelsten und persönlichsten Informationen zur Nutzung überlassen, auch wenn die Apps, denen die NutzerInnen diese Daten überlassen, mit Facebook nichts zu tun haben. »Wenn man zum Beispiel Pulsdaten oder Daten über den Menstruationszyklus in eine Gesundheitsapp eingibt, teilt diese App die Information nahezu unmittelbar mit Facebook.«

Anfang 2014 hatten zig mit Facebook konkurrierende Social-Media-Konzerne das Spiel abgebrochen. Als dann auch Google den Versuch aufgab, mit Google+ einen Konkurrenten gegen Facebook ins Rennen zu schicken, konnte Facebook den Markt ganz allein nutzen.

Während die Konkurrenten von der Bildfläche verschwanden, begann Facebook, tagtäglich mehr davon zu profitieren, dass mehr als eine Milliarde NutzerInnen ihre Informationen und Gefühle ausgerechnet auf Facebook teilten und nirgendwo sonst. Der sogenannte Netzwerkeffekt bedeutet, dass der Wert eines Produkts oder einer Dienstleistung mit zunehmender Nutzerzahl steigt.

»Der Rückzug der Konkurrenten und das Fesseln der VerbraucherInnen an den Dienst ermöglichten letztlich Facebook, von den VerbraucherInnen die Zustimmung zu etwas zu verlangen, das sie anfangs abgelehnt hatten. Im Juni 2014 verkündete Facebook, dass es dazu übergehen werde, die Nutzeraktivitäten auf Webseiten und in Apps im Internet zu verfolgen. Außerdem sagte der Konzern, er fange an, die so erhaltenen Daten zu nutzen, um Nutzer zu erreichen und zu beeinflussen«, schrieb Srinivasan.

Facebook sammelt Nutzerdaten auf vielfältige Weise, und zumindest einige Methoden sind nur dem Unternehmen selbst bekannt. Der Organisation Consumer Reports zufolge darf Facebook zum Beispiel wissen, wenn eine Person eine Webseite besucht hat, auf der sich der »Teilen«-Button des Konzerns befindet – allein der Besuch auf einer solchen Seite genügt, dass Facebook wissen darf, wo der Nutzer sich aufgehalten hat. Dass Facebook die Bewegungen der Nutzer erfahren darf, setzt also nicht einmal das Teilen des Inhalts voraus.

Für den Verbraucher oder die Verbraucherin kann es von Nutzen sein, dass Facebook maßgeschneiderte Anzeigen für ihn oder sie auswählt. Die Situation kann aber für VerbraucherInnen auch zum Nachteil werden: Wenn Facebook feststellt, dass ein bestimmter Nutzer gesundheitliche Probleme zu haben scheint, werden ihm oder ihr nicht unbedingt die besten Jobangebote angezeigt.

Srinivasan lieferte einen konkreten Beweis dafür, dass Facebook die User geradezu an der Nase herumführte: Zur selben Zeit, als der Konzern versicherte, seine NutzerInnen nicht zu verfolgen, besorgte er sich das Patent, das ihm genau dies ermöglichte.

II

Chinas Aufstieg zur wirtschaftlichen Supermacht begann im Dezember 1978, als Mao Zedongs Nachfolger Deng Xiaoping in der Rolle des »Überragenden Führers« begann, die kommunistische Wirtschaft für Unternehmenstätigkeit zu öffnen.

Heute wird in China über das Schicksal der Informationsindustrie und der gesamten Weltwirtschaft entschieden.

Im Jahr 2000 betrug Chinas Bruttosozialprodukt (BSP) 1200 Milliarden Dollar, also zwölf Prozent des BSP der Vereinigten Staaten. Gemessen an der Kaufkraftparität betrug die chinesische Wirtschaft 36 Prozent der US-amerikanischen Wirtschaft. 13 Jahre später war die chinesische Wirtschaft kaufkraftbereinigt genauso stark wie die Wirtschaft der USA. In den USA verdoppelte sich die Produktion von 2000 bis 2018, aber in China stieg sie um das Elffache.

Das Wunder von China wurde dadurch umgesetzt, dass man das Land zur Fabrik der ganzen Welt machte. Ein Großteil der sogenannten Low-Tech-Produktion der Industrieländer wurde nach China verlagert.

Die Chinesen waren allerdings nicht so kurzsichtig, dass sie nur auf Massenproduktion setzten. Neben Kitsch und billiger Kleidung setzte China auf die Elektronikindustrie. Ein gutes Beispiel ist das Kronjuwel der US-amerikanischen IT-Industrie, Apple: iPods (seit 2001 auf dem Markt) und iPhones (2007) wurden von Anfang an in den chinesischen Fabriken von Apples Subunternehmern zusammengesetzt. Als das Lohnniveau in China anstieg, begann Apple, die Montage der Geräte von China nach Vietnam zu verlegen.

Chinesische Konzerne haben allerdings – zum Beispiel auf dem weltweiten Mobiltelefonmarkt – in hohem Tempo am Thron der europäischen und US-amerikanischen Marken gesägt, wenngleich auch Huaweis Marktstellung infolge der Sanktionen mehrerer westlicher Länder zusammengebrochen ist. Dem Marktforschungsunternehmen IDC zufolge betrugen die Marktanteile der fünf größten Hersteller (gemessen an den Stückzahlen) im zweiten Quartal 2022:

1. Samsung (Südkorea) 22 Prozent
2. Apple (USA) 16 Prozent
3. Xiaomi (China) 14 Prozent
4. Vivo (China) 9 Prozent
5. Oppo (China) 9 Prozent

China verfügt über den größten Binnenmarkt der Welt. Enorme Menschenmassen haben den direkten Sprung aus der Landwirtschaft in die digitale Welt geschafft, und in China entstanden im Eiltempo eine Reihe der wichtigsten Onlineunternehmen der Welt, darunter vor allem Tencent, Alibaba und Baidu. Den chinesischen Riesen kam auch zugute, dass die Kommunisten Facebook, Google und Twitter Geschäfte im Land verboten hatten.

Mithilfe der gigantischen Binnenmärkte haben die chinesischen Riesen vor allem mobile Dienste und Apps entwickelt, die fortschrittlicher sind als die des Westens. Vier von fünf chinesischen Smartphone-NutzerInnen nutzen ihr Handy zum Bezahlen. Bettler am Puls der Zeit haben QR-Codes auf ihren Pappschildern, sodass spendable Passanten ihnen direkt eine mobile Zahlung per Smartphone senden können. Die mobilen Bezahldienste – Tencents WeChat Pay und Alibabas Alipay – sind überall in China verbreitet, und die Konzerne weiten ihren Dienst verstärkt auch in andere Länder aus. Im Januar 2017 gab der Flughafen Helsinki-Vantaa bekannt, dass er als dritter Flughafen Europas Alipay als Bezahlmethode aufgenommen habe, nach den deutschen Flughäfen in Frankfurt und München. Alipay wird auch in den Taxis von New York und Las Vegas verwendet.

Da sich die Dienste und Apps von Alibaba, ByteDance, Tencent und anderen chinesischen Konzernen in immer mehr Länder verbreiten, ist es schwer zu sagen, wo das chinesische

Internet anfängt und wo seine Grenzen verlaufen. Es lässt sich allerdings sagen, dass, während sich das chinesische Internet über die ganze Welt ausbreitet, das westliche Internet an der chinesischen Grenze zum Stillstand kommt.

Nachdem Chinas Export und Einnahmen aus dem Ausland explosionsartig angestiegen waren, begannen auch die Währungsreserven des Landes schnell zu wachsen, da die Zentralbank Dollars und andere Währungen der Exportunternehmen in Renminbi (Yuan) umtauschte.

Die kommunistische Regierung Chinas musste entscheiden, wofür sie die enormen Währungseinnahmen, die zusehends größer wurden, verwenden wollte. Auch diese Entscheidung war clever und weitsichtig. Peking begann, die Schuldscheine der USA zu kaufen. Das bedeutet, dass China anfing, den USA Geld zu leihen, in riesigen Mengen. Die Gesamtsumme dieser Anleihen betrug mehr als 1000 Milliarden Dollar.

Das Schicksal der USA ist mit dem Chinas durch Güterströme und Anleihen untrennbar verbunden.

Chinas Einfluss ist auch auf anderen Kontinenten spürbar, aber etwas viel Größeres ist bereits im Gange. Das als »Neue Seidenstraße« bekannte gewaltige Infrastrukturprojekt Belt and Road Initiative (BRI) ist ein außenpolitisches Konzept der chinesischen Regierung zur Integration der Wirtschaftsräume Asien (mit China im Zentrum), Europa und Afrika. Das Projekt umfasst Land- und Seewege, um interkontinentale Handels- und Infrastrukturnetze zwischen China und Ländern aus Afrika, Asien und Europa auf- und auszubauen.

In der EU wird Chinas Projekt mit Skepsis verfolgt, da die Europäer befürchten, dass es das Ungleichgewicht des Handels zwischen der EU und China noch verstärkt. 2020 lag der Export der EU-Länder nach China (203 Milliarden Euro) rund 181 Milliarden Euro unter dem Import aus China (383 Milliarden Euro). Dennoch hat rund die Hälfte der 27 EU-Mitgliedstaaten bereits eine BRI-Absichtserklärung unterschrieben. In das BRI-Projekt sind insgesamt mehr als 130 Länder aus der ganzen Welt involviert.

Das BRI-Projekt wurde 2013 von Präsident Xi Jinping auf den Weg gebracht. Er berichtete, dass das Projekt von der Seidenstraße inspiriert worden war, dem Handelsroutennetz, das die damals in China herrschende Han-Dynastie vor 2000 Jahren bis zum Mittelmeer hin aufgebaut hatte. Die Gesamtkosten der »Neuen Seidenstraße« werden auf rund 1000 Milliarden Dollar geschätzt. Neben Straßen, Schienennetzen, Ölpipelines und Häfen geht es auch um die digitale Seidenstraße: Glasfaserkabel, Mobilnetze, Satellitennetze, Rechenzentren und Smart Cities.

Chinas Vorhaben ist extrem ambitioniert und könnte die Welt gravierend verändern. Die globale Infrastruktur wirkt sich nicht nur auf die Wirtschaft aus, sondern auch auf die Verbreitung von Menschen, Ideen und Konventionen. Gleichzeitig haben viele Industrieländer mit ihrer eigenen bröckelnden Infrastruktur zu kämpfen, und sie scheinen nicht die Mittel zu haben, um ihre eigene Infrastruktur instand zu halten.

Nach 2013 hat China Kredite und Spenden in Höhe von mehreren hundert Milliarden Dollar für den Bau von Kraftwerken, Häfen, Schienennetzen, Straßen und sonstiger Infrastruktur in Asien, Afrika, Europa und Lateinamerika vergeben – oder zumindest zugesichert.

Mitunter haben sich die Projekte der Chinesen als ziemlich kurios herausgestellt. In Tansania verkündete Präsident John Magufuli, die Planung des Hafens in Bagamoyo auf Eis gelegt zu haben, da sein Vorgänger einen Vertrag unterschrieben hatte, dessen Bedingungen »nur ein Betrunkener zustimmen würde«. Dem Vertrag zufolge hätte China den Hafen für 99 Jahre pachten dürfen.

Der sogenannte Pariser Club – ein informeller Zusammenschluss von staatlichen Kreditgebern – verlangt beispielsweise für seine Entwicklungsdarlehen keine Sicherheiten. Die chinesischen Banken bewilligten mehr als die Hälfte all ihrer Darlehen an Entwicklungsländer. Laut dem *Economist* ist es theoretisch möglich, dass ein Entwicklungsland bei der Rückzahlung nur entlastet wird, wenn es China eine Mine oder einen Hafen als Pfand anbietet. Der Wochenzeitung zufolge ist dies ein Grund dafür, warum chinesische Banken sich nicht an multilateralen Krediten beteiligen wollen, sondern ihre Geschäfte direkt und heimlich mit dem Darlehensempfänger regeln – dies verschafft ihnen Einfluss und die Möglichkeit, das Pfand zu nutzen, wenn es ihnen am besten passt.

Die Hemmschwelle, das Pfand zu nutzen, ist jedoch hoch. Die »Neue Seidenstraße« ist der Stützpfeiler der chinesischen Außenpolitik, und Peking möchte wohl kaum auf internationaler Ebene für negative Aufmerksamkeit sorgen.

Die Grundlage für die moderne Welt wurde geschaffen, als die Europäer anfingen, vor 500 Jahren ihre Handelsrouten auszuweiten. Auf diesen Routen wurden nicht nur Waren transportiert, auch Geld, Macht und Kulturen konnten sich auf diesem Weg verbreiten. Der expandierende Handel und die dadurch gesicherten Annehmlichkeiten sicherten dem Westen eine jahrhundertelange Vorherrschaft. Diese Vormachtstellung driftet nun in Richtung China.

Seltsam ist, dass die Machthaber sowohl in Europa als auch in den USA den Fortschritt des BRI-Projekts stillschweigend beobachtet haben. Auch über Chinas resoluten Schritt hin zur direkten Überwachung Hongkongs blieb der Westen stumm. Die chinesische Regierung sah sich mit den Demonstrationen der Hongkonger Jugend konfrontiert, schlug diese aber rigoros nieder. »Viele Hongkonger Bankiers waren erleichtert, als auf den Straßen wieder für Disziplin gesorgt wurde – und sei es mit eiserner Faust«, schrieb der *Economist* im März 2021. Zur selben Zeit, als die Freiheit der Bevölkerung eingeschränkt wurde, wurden Hongkong und China aus dem Ausland mit mehr Anlagekapital überflutet als zuvor.

Der Westen erwachte selbst dann nicht, als die Kommunisten im Sommer 2021 entschieden, die Peking-kritische Zeitung *Apple Daily* abzuschaffen. Zudem endeten immer mehr Organisatoren der chinakritischen Demonstrationen hinter Schloss und Riegel.

III

Die Tech-Riesen der Welt ernteten bereits vorsichtige Kritik für alles, was sie hinter dem Rücken der NutzerInnen ihrer Dienste treiben. Computer und Handys sammeln so viele Daten über den Standort und die Bewegungen der NutzerInnen, über deren Nutzung von Internetinhalten, über ihre Kontakte – und die Aktivitäten der Kontakte –, dass Werbungtreibende den NutzerInnen maßgeschneiderte Werbung anzeigen können. Diese Daten sind zudem auch für die Polizei, für Ermittlungsinstanzen und für konkurrierende Unternehmen Gold wert.

Vor allem über Dienste, die mit der Spracherkennung der NutzerInnen arbeiten, kommen bezüglich der Datensicherheit immer neue Themen an den Tag, die Anlass zur Sorge geben. Es ist bekannt geworden, dass zumindest Facebooks Messenger, Apples Siri, Amazons Alexa, der »Google Assistant« und Microsofts Cortana teilweise die Stimmen der NutzerInnen (zum Beispiel aus Kommandos und Anrufen) aufzeichnen. In mehreren Fällen haben die IT-Riesen Subunternehmer mit der

Analyse dieser Audiodateien beauftragt – und somit zugleich vertrauliche Informationen geteilt.

Sprachgesteuerte Dienste haben auch in der Öffentlichkeit manches Mal für bizarre Situationen gesorgt, von denen die vielleicht amüsanteste sich im Juli 2018 im Unterhaus des britischen Parlaments ereignete. Während der Verteidigungsminister Gavin Williamson über den Kampf gegen den IS in Syrien referierte, ertönte aus der Innentasche seines Anzugs eine Stimme: »I found something on the web for ›Syrian democratic forces supported by premonition‹.«

Auf Williamsons iPhone hatte Siri erkannt, dass der Verteidigungsminister über Syrien sprach, und bot Hilfe an. Der von Siri gebildete Satz ist schwer zu deuten – was könnte damit gemeint sein, dass Siri im Internet etwas gefunden hatte, das mit »von einer Vorahnung gestützten syrischen demokratischen Mächten« zu tun hatte? Einen Moment zuvor hatte Williamson allerdings gesagt: »Syrian democratic forces, supported by coalition air power.« Siri hatte in der Tasche offensichtlich die Wörter »coalition« (Koalition) und »premonition« (Vorahnung) verwechselt.

Nachdem Siri Williamsons Rede unterbrochen hatte, kommentierte der Sprecher des Unterhauses John Bercow: »Das ist aber sehr außergewöhnlich.« Darauf sagte Williamson: »Ich bitte um Entschuldigung. Es kommt doch ziemlich selten vor, dass man von seinem eigenen Handy unterbrochen wird«, und schaltete sein Handy stumm.

Williamson und die Datensicherheit traten im darauffolgenden Frühjahr erneut ins Rampenlicht der Öffentlichkeit. Die Premierministerin Theresa May entließ Williamson, als herauskam, dass aus dem Umfeld des Verteidigungsministers geheimes Material an den *Daily Telegraph* geleakt worden waren. Williamson hatte an Treffen des National Security Council teilgenommen, die als streng geheim gelten. Dabei wurde auch der Ausbau des britischen 5G-Netzes erörtert und die Rolle, die der chinesische Konzern Huawei bei diesem Ausbau spielen sollte. Informationen aus einem dieser Treffen wurden offenbar an die Presse weitergeleitet, und May entzog am 1. Mai 2019 Williamson das Vertrauen, weil die Sorge bestand, dass Huaweis Zugang zum neuen Hochleistungs-Mobilfunknetz chinesischen Spionen das Abfangen vertraulicher Daten ermöglicht. Williamson wies die Vorwürfe zurück, und zwei Monate später ernannte ihn der neue Premierminister Boris Johnson zum Bildungsminister. Aber die Huawei-Saga hielt an, und im Sommer 2020 gab die britische Regierung bekannt, dass sie Huawei-Geräte aus dem britischen 5G-Netz ausschließen werde.

Neben den Unternehmen haben auch Geheimdienste an der Entwicklung von Spracherkennung gearbeitet. Die größte Sprachdatenbank der Welt wurde von der National Security Agency (NSA), dem US-Auslandsnachrichtendienst, erstellt. Dies hat die NSA durch das Abhören von Millionen alltäglicher Festnetz- und Internettelefonate zuwege gebracht. Durch Edward Snowdens massives Datenleak 2013 kam ans Licht, dass NSA-Agenten Personen sogar anhand von lange zurückliegenden Telefongesprächen identifizieren konnten.

Die IT-Riesen nutzen auch in Gesichtserkennungssystemen die neueste Technik. Eigentlich handelt es sich dabei um eine Unterart der künstlichen Intelligenz, die »Maschinelles Lernen« genannt wird.

Für den Menschen ist es schwer, einen Computer darauf zu programmieren, alle möglichen Gesichter zu identifizieren, weshalb man diese Aufgabe den Computern selbst überlässt: Dem Computer werden Bilder vorgelegt, und jedes Mal, wenn das Programm erkennt, dass es sich um ein Gesicht handelt, wird es für diese Leistung »belohnt«. Wenn das Programm gelernt hat, Gesichter von anderem Bildmaterial zu unterscheiden, wird ihm beigebracht, Gesichter voneinander zu unterscheiden. Hierbei werden verschiedene Algorithmen verwendet, die in der Regel auf dem Abstand zwischen den Augen oder den Maßen der Nase beruhen.

Das National Institute of Standards and Technology (NIST) hat den Erfolg von insgesamt 127 solcher Algorithmen analysiert. Von 2014 bis 2018 stieg die Treffsicherheit der Gesichtserkennungsprogramme um das Zwanzigfache auf 99,8 Prozent an: Nur in zwei von 1000 Fällen konnte das Programm anhand des vorgelegten Fotos nicht die richtige Person aus der Datenbank zuordnen.

Gesichtserkennung ist zum Alltag geworden. Die Werbeagentur M&C Saatchi experimentierte bereits 2015 in London mit einer Werbetafel, in die Kameras integriert worden waren. Der Inhalt der Werbetafel änderte sich je nachdem, ob die Person, die sie ansah, fröhlich, neutral oder traurig war. Seitdem wurden die Werbetafeln auch darauf programmiert, Alter und Geschlecht einer Person zu erkennen. An vielen Flughäfen werden abreisende und ankommende Passagiere bereits routinemäßig gefilmt. In Großbritannien umfasst die Datenbank der Polizei mehr als 20 Millionen Bilder von Gesichtern.

Facebook verkündete 2019 Fortschritte in einer gemeinsamen Studie mit der University of California San Francisco zur Entwicklung maschinell lernender Algorithmen. Das Ziel ist, ein Gerät zu entwickeln, mit dem Menschen mit der Kraft ihrer Gedanken schreiben können – indem sie einfach Wörter denken. Facebook zufolge hat die Studie gezeigt, dass die Gehirnaktivität, die beim Sprechen der Probanden beobachtet wurde, dabei half, eine »bemerkenswert authentische« synthetische Version dieser Sprache zu erstellen.

Googles YouTube-Dienst nutzt ein KI-System, das aus der Auswahl der NutzerInnen lernt und ihnen neue Videos vorschlägt. Die Empfehlungen mögen diesen zwar wie ein harmloser Service erscheinen, aber sie können gravierende Folgen haben.

Laut einer Analyse der *New York Times* ist der schnelle Aufstieg der Rechtsextremen in Brasilien nur dank YouTubes Funktionslogik möglich gewesen. YouTube wird in Brasilien außerordentlich stark genutzt, und es gibt nur einen TV-Sender, der bessere Einschaltquoten hat. Durch die Empfehlungen entsteht ein Rückkopplungseffekt, der auch dem zuvor nahezu unbekannten Rechtspopulisten Jair Bolsonaro zu großer Popularität und letzten Endes zu seiner Präsidentschaft verhalf.

YouTubes Empfehlungssystem wurde entwickelt, um die Zeit zu maximieren, die Nutzer auf dem Kanal verbringen. In der Praxis führt dies dazu, dass der Dienst immer kühnere Inhalte vorschlägt, um die Nutzer dazu zu bringen, sich immer neue Videos anzusehen. So können sie an Inhalte herangeführt werden, die sie sonst nicht gefunden hätten.

»Mit einer Milliarde User hat YouTube das Potenzial, eines der wirksamsten Radikalisierungsinstrumente des 21. Jahrhunderts zu sein«, schrieb Zeynep Tüfekçi, außerordentliche Professorin an der Universität von North Carolina, im März 2018 in der *New York Times*. »Eigentlich ist YouTube wie ein Restaurant, das uns immer mehr zucker- und fetthaltige Speisen anbietet – und unseren Teller direkt auffüllt, wenn wir das letzte Gericht aufgegessen haben. Im Laufe der Zeit passt sich unser Geschmackssinn an, und wir wollen noch süßere und fettigere Speisen, die das Restaurant uns bereitwillig vorsetzt. Wenn Gesundheitsbehörden und besorgte Bürger mit dem Restaurant in Kontakt treten, antwortet die Leitung, dass das

Restaurant nur das anbietet, wonach wir verlangen«, so ihr Vergleich.

Das Verdienstmodell supranationaler Internetriesen orientiert sich vorwiegend an Werbeeinnahmen. Deshalb setzen diese Unternehmen verstärkt auf die Entwicklung verschiedener Überwachungstechniken und des Suchtfaktors ihrer Dienste.

Ethan Zuckerman, Leiter des staatlichen Medienzentrums am Massachusetts Institute of Technology (MIT), bezeichnet die Entscheidung der IT-Riesen, Werbeeinnahmen zum Geschäftsmodell zu machen, als »Erbsünde des Internets«. »Das Internet überwacht uns an jeder Ecke – nicht weil Zuckerberg (Facebook), Brin oder Page (Google) intrigante und böswillige Genies wären, sondern weil die gute Absicht auf den Kopf gestellt wurde«, schrieb Zuckerman bereits 2014 in der Zeitschrift *The Atlantic*.

Zuckerman war einer der ersten Mitarbeiter des Onlinedienstes Tripod.com. Der Dienst war für junge Erwachsene bestimmt, die gerade ihren Universitätsabschluss gemacht hatten. Als die Gebühren des Dienstes und der Verkauf von Waren keine Gewinne einbrachten, beschloss die Leitung von Tripod, Einnahmen aus der Werbung zu beziehen.

»Wir haben eins der verhasstesten Werbetools erfunden, die Pop-up-window-Anzeige«, schrieb er. »Wir haben eine solche Anzeige entwickelt, nachdem ein großer Autokonzern ausgeflippt war, als er sein Werbebanner auf einer Webseite gesehen hatte, auf der Analsex angepriesen wurde. Ich schrieb einen Code, der ein (neues) Fenster erzeugte und die Werbung in dieses neue Fenster setzte. Es tut mir leid. Unsere Absicht war gut.«

IV

Und wieder stoßen wir auf China.

Xi Jinping, der Präsident, Generalsekretär der Kommunistischen Partei Chinas und Vorsitzende der Zentralen Militärkommission, hat dargelegt, dass China bis 2030 die KI-Vorherrschaft erreichen soll.

KI wird die Wirtschaft, die Verwaltung und die Kriegführung auf den Kopf stellen. China interessiert sich auch für eine effizientere Überwachung mit den Möglichkeiten der künstlichen Intelligenz. Chinas Ziel ist es, ein Überwachungskamerasystem aufzubauen, das in Echtzeit vor möglichen Dissidenten warnen kann.

Die Rohversion eines Überwachungsnetzes ist bereits in der autonomen Region Xinjiang in Westchina im Einsatz, wo schätzungsweise mehr als eine Million islamische Uiguren hinter Gittern sitzen. Es handelt sich um die wahrscheinlich größte Internierung einer ethnisch-religiösen Gruppe seit dem Dritten Reich. Wenn die Technik in Xinjiang zuverlässig funktioniert, kann sie nichts mehr daran hindern, sich in der ganzen Welt zu verbreiten.

Ross Andersen schrieb im September 2020 in *The Atlantic*, dass China seine Überwachungstechnik schon in zahlreiche despotisch und autokratisch geführte Länder exportiert hat. Ihm zufolge arbeiten eine Reihe Erfolg versprechender Spitzentechnologiekonzerne Chinas als Xis Partner an der Entwicklung eines umfassenden Überwachungssystems: SenseTime, CloudWalk, Megvii, Hikvision, iFlytek und Meiya Pico.

Alle Uiguren müssen auf ihren Handys eine Software installieren, die Telefongespräche und Nachrichten überwacht. Überall gibt es Überwachungskameras. Bei einem Besuch in der uigurischen Stadt Kaschgar zählte die *New York Times* auf einem kurzen Straßenabschnitt 20 Kameras.

Die Nachrichtenagentur AP berichtete 2020, dass die chinesischen Behörden harte Maßnahmen ergriffen haben, um auch die Geburtenrate der Uiguren zu reduzieren. Laut AP gehörten zu diesen Maßnahmen sowohl Abtreibung als auch die Zwangssterilisation uigurischer Frauen. Dadurch sei die Geburtenrate in einigen uigurischen Gebieten von 2015 bis 2018 um mehr als 60 Prozent gesunken.

Der US-amerikanische Konzern Lookout, ein Entwickler mobiler Sicherheitslösungen, fand heraus, dass Uiguren bereits vor der Verbreitung von Überwachungskameras und Gefangenenlagern überwacht worden waren. Der Untersuchung zufolge hatten Crackergruppen aus dem chinesischen Regierungsumfeld bereits seit 2013 Schadsoftware in den Android-Anwendungen von Uiguren platziert. Mithilfe dieser Programme konnten die Behörden die Mikrofone der Handys einschalten, Telefonate aufzeichnen, auf Fotos zugreifen und Gespräche mithören. »Wo auch immer die Uiguren hingingen – sei es in die Türkei, nach Indonesien oder Syrien –, die Malware folgte ihnen«, berichtete der Lookout-Vertreter Apurva Kumar im Juli 2020 der *New York Times*. Kumar verglich die Situation mit einem Raubtier, das seine Beute überall auf der Welt verfolgen kann.

Forscher von Google fanden ihrerseits heraus, dass die Cracker auch Malware entwickelt hatten, mit der die Chinesen in die iPhones von Apple eindringen konnten.

Der *New York Times* zufolge wurden die Uiguren in Gefangenenlager gesteckt, wenn sie mehr als zwei Handys oder ein altmodisches Handy verfügten, das sich nicht überwachen ließ. Als Grund für eine Festnahme genügte auch, wenn ein Uigure kein Handy besaß.

Das Überwachungssystem in Kaschgar wurde von der staatlichen China Electronics Technology Corporation (CETC) entwickelt. Der Konzern mit dem Schwerpunkt Nachrichtentechnik und Datenverarbeitung nutzte Methoden, die für die Cyberkriegführung entwickelt worden waren, und passte sie an die zivile Umgebung an. Der *New York Times* zufolge hielt ein Konzernvertreter die Idee für »absolut bahnbrechend«. Die Kamerasysteme wurden von Hikvision bereitgestellt, dem weltweit größten Hersteller von Überwachungsgeräten. Der Konzern SenseNets erstellte seinerseits eine Datenbank aus Gesichtsaufnahmen von Millionen Menschen.

Der Menschenrechtsorganisation Human Rights Watch zufolge haben die Behörden eine Software in Betrieb genommen, die die in Xinjiang gesammelten Datenbanken in der Predictive Policing, der sogenannten Vorhersagenden Polizeiarbeit, nutzt. Das System löst bei der Polizei einen Alarm aus, wenn jemand sich den Behörden gegenüber bedrohlich zu verhalten scheint. Nach Definition der Behörden könnte es zum Beispiel als bedrohlich gelten, wenn jemand ungewöhnlich viel Strom verbraucht oder eine ungewöhnlich große Menge an Lebensmitteln kauft. Die chinesische Realität ähnelt immer mehr dem Zukunftsentwurf, den der Film *Minority Report* (2002) mit Tom Cruise bietet, wo die Polizei Verbrechen verhindert, kurz bevor sie begangen werden.

Human Rights Watch hat ein Projekt aufgedeckt, bei dem die chinesischen Behörden eine Sprachdatenbank der Bevölkerung erstellen: Ziel ist, die Teilnehmer eines Telefongesprächs automatisch identifizieren zu können. Die Behörden tragen auch eine DNA-Datenbank der Bevölkerung von Xinjiang zusammen.

Unter den europäischen Konzernen scheinen zumindest der deutsche Konzern Siemens und das spanische Unternehmen

Telefónica mit den chinesischen Sicherheitsbehörden in Xinjiang zusammenzuarbeiten. Über dieses Thema schrieb Benjamin Haas, Forscher des Mercator Institute for China Studies (Merics), das mit der Ruhr-Universität Bochum und der Universität Duisburg-Essen assoziiert ist, im August 2019 in der *New York Times*.

Auch außerhalb von Xinjiang werden Chinesen von Kameras gefilmt: an Kreuzungen, in Einkaufszentren, in Restaurants, in öffentlichen Verkehrsmitteln – und in Schulen. Während der Ausbreitung des Coronavirus installierten Behörden Kameras vor Wohnungstüren, um Leute zu filmen, die wegen des Virus in Quarantäne mussten. Der US-amerikanische Nachrichtensender CNN berichtete von einem Fall, in dem die Behörden sogar eine Überwachungskamera bei einem Beamten zu Hause installiert hatten.

Unter den 20 am stärksten überwachten Städten der Welt befinden sich 18 in China, berichtete das britische IT-Forschungsunternehmen Comparitech 2020. Außerhalb Chinas schafften es nur London und Hyderabad auf die Liste.

Die meisten von Behörden installierten Kameras gibt es Taiyuan: 465.000 Kameras, also 120 pro 1000 Einwohner. In Wux kommen auf 1000 Einwohner 92 Kameras.

Auf der ganzen Welt sind 770 Millionen Überwachungskameras im Einsatz. Laut einer Statistik des Forschungsunternehmens IHS Markit soll im Jahr 2021 die Milliardengrenze überschritten worden sein.

Neben der regelrechten Unterdrückung feilt die chinesische Regierung an einem »weicheren« System zur Überwachung der gesamten Bevölkerung. Bei der Methode namens »Sozialkredit-System« werden Bürger und Unternehmen anhand eines Punktesystems für »anständiges Verhalten« bewertet. Im Wesentlichen handelt es sich dabei um »schwarze Listen«, auf die Bürger gesetzt werden können, um sie für Verhaltensweisen zu strafen, die zwar keine offiziellen Verbrechen, aber nach Meinung der Regierung verwerflich sind, wie beispielsweise Zahlungsverzögerungen. Wenn man auf der »schwarzen Liste« steht, kann dies zur Folge haben, dass man sich beim Staat nicht um eine Arbeitsstelle bewerben oder dass man keine Flugtickets kaufen kann. Darüber hinaus erstellt das System »gute Listen«: Ein Platz auf dieser kann bedeuten, dass man bei der Arbeitssuche bevorzugt wird oder vergünstigte Telefontarife erhält.

Tencent und Alibaba helfen den Behörden beim Aufbau dieses Systems, weil sie über ständig aktualisierte Daten über das Leben, die Bewegungen, den Zahlungsverkehr und private Nachrichten von mehr als einer Milliarde Chinesen verfügen. Mit der Straßenkarten-App von Tencents WeChat kann man zum Beispiel im eigenen Umkreis nach Personen oder Unternehmen suchen, die auf der »schwarzen Liste« stehen.

Auf der Website *The Intercept* war im Juli 2019 zu lesen, dass ein wesentliches Puzzleteil beim Aufbau der chinesischen Massenüberwachung ein Unternehmen namens Semptian ist. Eine Mitarbeiterin von Semptian gab gegenüber *The Intercept* an, dass mit der Technik des Konzerns die Aktivitäten von 200 Millionen Chinesen im Internet überwacht wurden. Semptian verkauft Überwachungs- und Zensurtools auch an andere Staaten. Der Preis für das Einstiegspaket für die Überwachung der Internetaktivitäten von fünf Millionen Bürgern liegt bei 1,5 bis 2,5 Millionen Dollar. Mithilfe der ans Telefon- und Internetnetz gekoppelten Tools kann ein Staat in aller Ruhe die Standortdaten von Handys, die E-Mails, Telefongespräche, Textmitteilungen und den Browserverlauf von jeder beliebigen Person sammeln.

Es kann nicht viele Systeme auf der Welt geben, die in solchem Umfang Daten zusammentragen können, so die Einschätzung von Joss Wright, Senior Forscher der Oxford University, gegenüber *The Intercept*.

Semptian ist Mitglied der von Google und IBM gegründeten OpenPower Foundation, deren Ziel es ist, Innovationen durch das Teilen von Daten zu beschleunigen. »Es ist verstörend zu sehen, wie es China gelungen ist, westliche Konzerne und Forscher dazu zu bringen, bei der Entwicklung von Informationsüberwachung zu helfen«, sagte Mark Warner, stellvertretender Vorsitzender des Geheimdienstausschusses des US-Kongresses, zu *The Intercept*.

The Intercept ist eine 2014 von Glenn Greenwald, Laura Poitras und Jeremy Scahill gegründete Online-Webseite, die sich auf die Beobachtung der Ermittlungswelt spezialisiert hat. Greenwald ist für seine Artikel im britischen *The Guardian* bekannt, in denen mithilfe des Whistleblowers Edward Snowden die Überwachungsprogramme der USA und Großbritanniens enthüllt wurden. Ende 2020 verließ Greenwald *The Intercept* wegen Meinungsverschiedenheiten über die redaktionelle Linie.

Die Überwachung der Bevölkerung und die Probleme, die diese mit sich bringt, beschränken sich natürlich nicht nur auf China. China geht voran, doch der Rest der Welt scheint zu folgen. Die Überwachungstechnologie offenbart die Machtlosigkeit der Politiker der westlichen Länder gegenüber dem schnellen Fortschritt der Tech-Konzerne.

Das Ausmaß der digitalen Überwachung kam 2013 ans Licht, als Edward Snowden Dokumente veröffentlichte, die die Aktivitäten des US-amerikanischen Geheimdienstes NSA offenbarten. Sie enthüllten das Überwachungssystem, das die NSA aufgebaut hatte und das gewaltige Mengen privater Daten aus Telefon- und Internetverbindungen bezog. Kurz nach

Snowden berichtete die *Washington Post,* dass die NSA tagtäglich fünf Milliarden Standortdaten von Handys der Menschen weltweit speicherte.

2020 brachte das Coronavirus die Entwicklung und Nutzung von Überwachungsmaßnahmen auf ein neues Level. Das britische Datenschutzunternehmen Top10VPN.com stellte folgende Aufzählung zusammen:

- $ mobile Anwendungen, die die Exposition des Coronavirus verfolgten: 50 Länder
- $ andere Techniken zur digitalen Verfolgung: 35 Länder
- $ physische Verfolgung (unter anderem mit Kameras und Drohnen): elf Länder
- $ die Pandemie betreffende Zensur: 18 Länder

Als in Israel über die Präventionsmaßnahmen in der Coronapandemie diskutiert wurde, stellte sich heraus, dass die Telefonanbieter auf Anordnung des jeweiligen Ministerpräsidenten den zentralen Geheimdienst Shin Bet bereits seit 2002 mit Metadaten (Daten aus Telefongesprächen) des Telefonnetzes beliefert hatten.

Nach dem Ende der Pandemie können die neuen Überwachungsmethoden »halb versehentlich« in Kraft bleiben. »Dies könnte zum neuen ›Normal‹ werden«, sagte Ron Deibert, Leiter des Citizen Lab an der Universität Toronto, gegenüber *The Guardian* im April 2020.

200 NGOs warnten im Frühjahr 2020 vor einer Überreaktion bei der Erhöhung der Überwachung. »Die Technologie kann eine wichtige Rolle bei der globalen Aufgabe haben, die Covid-19-Pandemie zu bekämpfen, aber dies gibt Staaten dennoch keine Vollmacht, die digitale Überwachung zu erhöhen.

In jüngster Vergangenheit hat sich gezeigt, dass Staaten befristete Überwachungsbefugnisse nur widerwillig aufgeben. Wir dürfen nicht unbemerkt in einen dauerhaft erweiterten Überwachungsstaat hineingeraten«, sagte Rasha Abdul Rahim, Vizedirektorin von Amnesty Tech.

Die Gesichtserkennung ist der Eckpfeiler der Überwachung. Beispielsweise nutzt Facebook die Gesichtserkennung, um die Gesichter auf den Fotos, die Nutzer und deren Freunde bei dem Dienst hochladen, den Nutzern zuzuordnen.

Das US-amerikanische IT-Unternehmen Clearview AI gibt an, eine Datenbank aus mehr als drei Milliarden Fotos zusammengestellt zu haben, indem es diese unter anderem bei Facebook, Instagram, Twitter und YouTube gesammelt hat. Clearview speichert die Bilder in seiner Datenbank auch, nachdem der Nutzer oder die Nutzerin diese von der eigenen Facebook-Seite löscht oder deren Sichtbarkeit einschränkt.

Anfang 2020 experimentierte der CNN-Reporter Donie O'Sullivan mit der Funktion der Datenbank. Das System fand mehrere Fotos des Journalisten überall im Internet. Am erstaunlichsten war, dass sich in der Datenbank ein Foto des 15-jährigen O'Sullivan fand, das in einer irischen Lokalzeitung erschienen war – selbst sein Produzent erkannte ihn auf dem Foto nicht, doch das System von Clearview durchaus.

Die Bilddatenbank des Unternehmens ist siebenmal so groß wie die Datenbank des FBI, der zentralen Sicherheitsbehörde der Vereinigten Staaten. Laut US-amerikanischen Presseinformationen nutzen mehrere US-Behörden die Datenbank von Clearview. Als sich das Coronavirus im ganzen Land ausbreitete, bot das Unternehmen den Behörden seine Technik zur Nachverfolgung von Personen an, die sich mit dem Virus infiziert hatten.

Die Onlinezeitung *HuffPost* stellte Recherchen über das

Unternehmen an und gab im April 2020 bekannt, Dokumente gefunden zu haben, die aufdeckten, dass mehrere Angestellte von Clearview – unter anderen der Mitbegründer Hoan Ton-That – enge, langjährige Kontakte zu extremen Aktivisten haben.

Der Australier Ton-That hatte *HuffPost* zufolge mit mehreren Rechtsextremisten zusammengearbeitet, um Donald Trump zur Präsidentschaft zu verhelfen. Einer davon war der Hackaktivist, Internet-Troll und Rechtsextremist Andrew Auernheimer, der sich selbst als Neonazi bezeichnet und der sich im Online-Nachrichtenportal *The Daily Stormer*, einer den Holocaust verherrlichenden Webseite, bewegt.

HuffPost gab an, Videos und Nachrichten erhalten zu haben, die bestätigen, dass Ton-That 2016 mit dem Neuen Rechten Charles Johnson zusammengearbeitet hat. Johnson hatte gesagt, dass man mit der Technik von Clearview möglicherweise alle »Fremden« in den USA identifizieren könnte. Johnson hatte auch im Jahr 2017 auf Facebook damit geprahlt, dass er an einem Algorithmus arbeitete, »mit dem man alle illegalen Einwanderer für Abschiebungstrupps ausfindig machen kann«.

Wenn zum Beispiel eine Polizeibehörde eine Datenbank benutzt, um zu prüfen, ob es ein Foto der Person gibt, gegen die ermittelt wird, wird auch ein aktuelles Foto, das von einem Polizeibeamten aufgenommen wurde, in die Datenbank hochgeladen, wo es so lange verbleibt, wie Clearview es für richtig hält.

»Es ist zu befürchten, dass diese Art von autoritärem Überwachungsinstrument in die Hände der falschen Leute gerät«, sagte Liz O'Sullivan, technische Leiterin des Surveillance Technology Oversight Project, der *HuffPost*.

US-amerikanische IT-Unternehmen haben die Behörden lange davor gewarnt, die Nutzung der Gesichtserkennung zu kommerziellen Zwecken einzuschränken, da dies den chinesischen Unternehmen einen Vorsprung auf dem Markt liefern würde.

Facebook-Gründer Mark Zuckerberg sagte dem US-Senat 2018, dass es US-amerikanischen Unternehmen möglich sein muss, Innovationen auch in heiklen Gebieten wie der Gesichtserkennung einzuführen: »Andernfalls werden wir hinter unsere chinesischen Konkurrenten und andere in der Welt zurückfallen, die für andere Regierungssysteme arbeiten.«

Diese Rhetorik hat eine Zeit lang funktioniert, aber dann starb im Mai 2020 in Minneapolis der Afroamerikaner George Floyd im Würgegriff des weißen Polizisten Derek Chauvin. Floyds Tötung führte in den USA und weltweit zu Protesten gegen Polzeigewalt und Rassismus unter dem Motto »Black-Lives-Matter« (BLM).

Es wurde wiederholt festgestellt, dass Gesichtserkennungsprogramme bei der Identifizierung von dunkelhäutigen Personen häufiger falsche Ergebnisse liefern als bei Hellhäutigen. Die BLM-Proteste führten dazu, dass über Gesichtserkennung lauter als zuvor diskutiert wurde, und zumindest Amazon, IBM und Microsoft verkündeten, den Verkauf von Erkennungsprogrammen an Polizeidienststellen abzubrechen. Gleichzeitig setzten jedoch einige kleinere Unternehmen wie Clearview und Palantir den Verkauf der Programme an die Polizei fort.

Über Internetüberwachung und Spionage wird oft so gesprochen, als ginge es nur die USA, China oder Russland an. In Wirklichkeit beteiligen sich auch europäische Staaten mit Begeisterung daran – in erster Linie Großbritannien, das zur Five-Eyes-Allianz gehört (die anderen Mitglieder sind Australien, Kanada, Neuseeland und die USA). Die Gruppe Maximator hingegen konnte jahrzehntelang im Dunkeln agieren, ehe der niederländische Informatik-Professor Bart Jacobs 2020 ihre Existenz enthüllte.

Maximator war 1976 von den Niederlanden, Frankreich, Schweden, Deutschland und Dänemark gegründet worden. Anlass für die Gründung waren Satelliten: Die Kommunikation begann sich allgemein auf Satellitenübertragung zu verlagern, aber das geheime Abhören von Satelliten war teuer, und durch die Zusammenarbeit erwartete man, Geld zu sparen.

Anfangs nannte die Gruppe sich »Ostsee«, später »Alpenjäger«. 1979 trafen sich die Vertreter der Gruppe zum Biertrinken im bayrischen Pullach, wo sich die Zentrale des Bundesnachrichtendienstes (BND) befand. Sie waren auf der Suche nach einem endgültigen Namen für ihre Gruppe. Vor ihnen standen Gläser des lokalen Bierherstellers Maximator, und der neue Name trat gleich in Kraft.

Die Mitglieder von Maximator haben unter anderem Informationen über die Funktion und die Sicherheitslücken der Verschlüsselungsgeräte der Crypto AG geteilt, die in rund 120 Ländern im Einsatz waren. Diese wurden beispielsweise von Ermittlungsbehörden genutzt, die mithilfe der Crypto-Geräte vertrauliche Mitteilungen so verschlüsseln konnten, dass kein Außenstehender die Nachrichten dechiffrieren konnte.

Crypto galt als vertrauenswürdiges Schweizer Unternehmen, bis die *Washington Post* und das ZDF Anfang 2020 enthüllten, dass der Konzern sich seit Jahrzehnten im Besitz der CIA und des BND befand. Der BND zog sich schließlich aus dem Konzern zurück, doch die CIA blieb Eigentümer.

Greg Miller, Journalist bei der *Washington Post*, gab dem US-Radiosender NPR gegenüber an, dass die CIA als Eigentümerin von Crypto den internen Datenverkehr mehrerer Staaten unter anderem im Nahen Osten, Lateinamerika und

Afrika verfolgen konnte. Laut Miller erstreckte sich das Abhören aber auch auf »einige europäische Staaten«. Eine der Behörden, die Geräte von Crypto nutzten, war das finnische Außenministerium.

Die USA teilten ihre von Crypto erhaltenen Daten auch mit ihren Verbündeten – dies half zum Beispiel Großbritannien beim sogenannten Falklandkrieg mit Argentinien. »Diese Operation verschaffte den Vereinigten Staaten einen enormen Überblick darüber, welche Pläne und Absichten andere Staaten verfolgten«, sagte Miller zu NPR.

Die Crypto AG wurde aufgelöst, doch der Geheimdienstverbund Maximator ist Bart Jacobs zufolge weiterhin aktiv.

V

Neben der Wettbewerbspolitik hat auch die Coronapandemie die Debatte über die Bedeutung von Konzernen, soziale Gleichberechtigung und die Möglichkeiten der Politik, die Situation zu ändern, vorangetrieben. »Es bedarf dringend eines neuen Gesellschaftsvertrags, selbst seitens derer, von denen man es nicht erwartet hätte, wie der *Economist* und die *Financial Times*«, schrieben Donncha Kavanagh (University College Dublin) und Jeroen Veldman (City University, London) im Sommer 2020 in einem Artikel auf der Onlineplattform *The Conversation*.

Ihrer Meinung nach wurde jedoch noch nicht ausreichend erkannt, dass ein neuer Gesellschaftsvertrag möglicherweise grundlegende Änderungen an den Unternehmen selbst erforderlich macht.

Die Diskussion kulminiert in der Frage, ob das vorrangige Ziel von Unternehmen darin besteht, das Vermögen der Anteilseigner zu maximieren. Indem die Interessen der Aktionäre über alles andere gestellt werden, fokussiert sich die Konzernleitung auf eine kurzfristige Steigerung des Marktwerts statt auf langfristige Ziele. In der Praxis bedeutet dies die Ausschüttung von satten Dividenden und den Rückkauf der eigenen Aktien. Kavanagh und Veldman geben zu bedenken, dass dies auch dazu führt, dass in guten Zeiten der Erfolg mit den Aktionären geteilt wird, aber in schlechten Zeiten die Verluste von den Angestellten und Steuerzahlern getragen werden.

Der Rückkauf von Konzernaktien hat sich seit 1982 weltweit verbreitet. Damals räumte die US-Börsenaufsichtsbehörde SEC Unternehmen das Recht ein, ihre eigenen Aktien an der Börse zu kaufen. Der einzige Sinn dieses Modells ist, dass es Konzernbesitzern ermöglicht, ihr Vermögen schnell und einfach zu steigern: Wenn ein Unternehmen die eigenen Aktien an der Börse kauft, sinkt die Anzahl der am Markt verfügbaren Aktien, und der Preis, also der Wert, steigt. 2018 tätigten US-amerikanische Unternehmen Aktienrückkäufe im Wert von mehr als 1000 Milliarden Dollar. An diesem Geld fehlte es dann zum Beispiel für Investitionen und Löhne, schrieben die US-Senatoren Chuck Schumer und Bernie Sanders im Februar 2019 in einem Artikel in der *New York Times*.

Kavanagh und Veldman zufolge ist das Priorisieren von Aktionärsinteressen weit bekannt, aber in Wirklichkeit ein Mythos. Die Rechte der Aktionäre sind gesetzlich begrenzt und gestatten ihnen nicht, Konzernleiter oder Vorstandsmitglieder herumzukommandieren. Aktionäre haben laut den beiden Professoren dasselbe Recht auf Dividenden wie ein Kellner oder eine Kellnerin auf Trinkgeld: Es sind nur Erwartungen, deren Erfüllung auf dem Rechtsweg zudem unwahrscheinlich wäre.

Der Aktionärswert ist in den Wirtschaftsdebatten vieler

Länder in der Vergangenheit zu einem so heiligen Glaubenssatz erhoben worden, dass selbst das kleinste Hinterfragen als radikal angesehen wird. Auch wenn in der heutigen Debatte die Wirtschaft nicht mehr als intrinsischer Wert angesehen wird, sondern vielmehr als ein Weg zur Verbesserung des Gemeinwohls, lohnt es sich, die alten Vereinfachungen aus verschiedenen Blickwinkeln zu betrachten.

Die Erkenntnis, dass Aktionäre in ihrem Status Einschränkungen unterliegen, hilft dabei, Unternehmen mit neuen Augen zu sehen: Unternehmen haben mehrere Interessengruppen (»Stakeholder«), deren Erwartungen, Zeitspannen, Verpflichtungen und Rechte in Bezug auf das Unternehmen unterschiedlich sind. Die Aufgabe des Vorstands ist es, nicht nur die Interessen der Anteilseigner zu bedienen, sondern die Interessen aller Stakeholder gleichmäßig zu fördern.

Vor Kavanagh und Veldman schrieb auch Lynn Stout, Professorin für Unternehmensrecht an der Cornell Law School, über den *Aktionärswertmythos*. In ihrem Forschungspapier »The Shareholder Value Myth« (2013) schreibt Stout, das Hervorheben der Interessen der Anteilseigner setze eine »abstrakte Wirtschaftstheorie voraus, die weder von der Geschichte noch von der Legislative oder von empirischem Beweismaterial gestützt wird«. Es handle sich vielmehr um den holprigen Versuch, eine »wirtschaftswissenschaftliche« Idee in die für gewöhnlich verzwickte Geschäftspraxis und das Konzernrecht zu implementieren. Stout zufolge findet der Aktionärsmythos vor allem bei Privatiers und institutionellen Investoren Zuspruch ebenso wie bei Managern, deren Gehälter immer häufiger an die Entwicklung des Aktienkurses gebunden sind.

Die Coronapandemie hat gezeigt, dass das Verhalten der Konzerne, das ihren tiefsten Charakter widerspiegelt, sich mit öffentlichen Maßnahmen schnell ändern lässt: In einigen Ländern ist die finanzielle Unterstützung, die Unternehmen gewährt wurde, an die Bedingung geknüpft, dass die Unternehmen keine Dividenden ausschütten und nicht ihre eigenen Aktien vom Markt kaufen.

Ursprünglich gehörten die Angestellten der globalen Riesen in den USA keiner Gewerkschaft an. Die ersten Facebook- und Google-Angestellten (unter anderem das Personal der Cafeterias) begannen, 2015/2016 der Gewerkschaft beizutreten.

Meredith Whittaker, Professorin an der Universität in New York und Mitbegründerin des AI Now Institute, schrieb im April 2020 in einer Veröffentlichung der Non-Profit-Nachrichtenzeitschrift *The Markup*, dass Corona den ArbeitnehmerInnen die Augen geöffnet habe, die Vorteile des Eintritts in eine Gewerkschaft zu bedenken: »Die am schlechtesten bezahlten und verwundbarsten Arbeiter begreifen, dass sie als Kanonenfutter benutzt werden, während die Führungskräfte in ihren Villen in Connecticut sitzen und ihre Gedanken und Gebete teilen.«

Die Verbreitung des Coronavirus offenbarte zumindest einen Teil des Problems der Arbeitnehmerschaft: Ohne die Macht der Gewerkschaft im Rücken war es für die Angestellten schwierig, Handdesinfektionsmittel oder bezahlte Krankentage einzufordern.

Die beiden Jahrzehnte nach dem Kalten Krieg waren für die USA ein Goldenes Zeitalter. Die USA bildeten die unangefochtene Spitze sowohl in der globalen Wirtschaft als auch moralisch. Washingtons Straucheln in internationalen Beziehungen und schließlich beim Umgang mit der Coronakrise 2020 waren rückblickend betrachtet der Moment, in dem die globale Spitzenposition der USA ernsthaft zusammenzufallen drohte.

Der Glaube an die Magie der Märkte war so groß gewesen, dass nicht einmal die Finanzkrise 2007 den Mythos so recht ersticken konnte. Laut der neoliberalen Lehre hätte die unsichtbare Hand der Märkte die Banken, die zu hohe Risiken eingegangen waren, bestrafen müssen. Aber in vielen westlichen Ländern wartete man nicht darauf, dass die unsichtbare Hand sich rührte, sondern entschied sich dazu, die Banken im Eilverfahren mit Steuergeldern zu retten. Zu diesem Bild gehört auch, dass ein beachtlicher Teil der Banken, die die Finanzkrise verursacht haben, jetzt stärker ist als je zuvor.

Ken Lewis, CEO und Präsident der Bank of America, äußerte beiläufig in einem Interview mit *Frontline* im Juni 2009, wie Banker denken: »Wir sind so sehr mit den USA verwoben, dass es schwierig ist, die Interessen der USA von den Interessen der Bank of America zu trennen.«

Im Nachhinein wurde immer deutlicher, dass die Finanzkrise nicht nur wirtschaftlich ein Schock war. Sie war auch ein schwerer strategischer Schock für die Globalwirtschaft, die sich bislang entsprechend den Zielen, die die USA sich gesetzt hatten, entwickelt hatte. In der Folge der Finanzkrise sah das »amerikanische Modell« gar nicht mehr so allmächtig und alternativlos aus. Im Gegenteil: Der deregulierte Finanzsektor, die Verbreitung des Marktmodells und die Einschränkung des öffentlichen Sektors waren keine ökonomischen Notwendigkeiten mehr, sondern bewusste Entscheidungen, für die man auch Alternativen zu suchen begann.

Der Rest Glaubwürdigkeit, über den die USA nach der Finanzkrise noch verfügten, wurde dann von den Kriegen im Irak und in Afghanistan, Chinas Aufstieg und schließlich von Donald Trump ausgelöscht.

Einer der angesehensten Ökonomen der Welt, der Professor an der New York University Thomas Philippon, veröffentlichte 2019 das Buch *Die Große Umkehr: Wie Amerika die freien Märkte aufgab*, demzufolge es für Europa keinen Sinn mehr macht, dem US-amerikanischen Wirtschaftsmodell nachzueifern.

In den USA hat sich eine Branche nach der anderen auf wenige Teilnehmer verdichtet, die unter den Politikern aggressive Lobbyarbeit betreiben, um ihre Gewinnspannen zu schützen und zu steigern. Laut Philippon führt die Abnahme des Wettbewerbs in den USA zu steigenden Preisen. Außerdem vermindert sie Investitionen, die Produktivität, das Wirtschaftswachstum und die Löhne. Die Ungleichheit nimmt währenddessen zu. »Zur selben Zeit schlägt Europa – das lange für den Mangel an Wettbewerb und das schwache Wettbewerbsgesetz heruntergespielt wurde – die USA in ihrer eigenen Disziplin«, fasste Philippon zusammen.

Das »amerikanische Modell« funktioniert nicht einmal im Kern, nämlich im zielgerichteten Einsatz von Wagniskapital in die Gewinner der Zukunft. Die Forschung und Produktentwicklung der USA haben viele beeindruckende Innovationen und Erfolge hervorgebracht, aber die einzelnen Erfolge verdecken das Gesamtbild. Das Verhältnis der öffentlichen Forschung und Produktentwicklung zum Bruttoinlandsprodukt lag zu Bestzeiten in den Sechzigerjahren bei mehr als zwei Prozent, aber in den vergangenen Jahren ist der Anteil auf etwa ein halbes Prozent gefallen. Das bedeutet, dass ein immer größerer Teil der Innovationen in der Hoffnung auf schnelle Gewinne entsteht und nicht in der Hoffnung auf Erfindungen, von denen die ganze Gesellschaft profitiert.

Laut Nouriel Roubini, Professor für Wirtschaftswissenschaft an der New York University, waren die Proteste, die nach dem Tod von George Floyd entstanden, nicht nur Reaktionen auf Rassismus und Polizeigewalt. Sie waren auch ein Protest gegen die institutionalisierte Plutokratie.

Der Ökonom schrieb im Juni 2020, dass es sich um den Protest der immer stärker verschuldeten und immer pessimistischeren Unterschicht gegen das System handelte, von dem sie enttäuscht worden sei. Er wies darauf hin, dass sich neben Afroamerikanern auch Latinos und zunehmend US-Amerikaner mit weißer Hautfarbe den Protesten anschlossen.

Roubinis Meinung nach waren die Demonstrationen, die die US-amerikanischen Städte eroberten, Teil einer größeren, internationalen Bewegung. Überwältigende Demonstrationen fanden 2019 auch in Bolivien, Chile, Hongkong, Indien, im Iran, Kolumbien, im Libanon, Malaysia, Pakistan und Frankreich statt. »Obwohl all diese Ereignisse unterschiedliche Auslöser hatten, spiegelten sie alle die Unzufriedenheit mit wirtschaftlichen Problemen, Korruption und wirtschaftlicher Benachteiligung wider«, schrieb er in der Zeitschrift *Social Europe*: »Plutokraten wie Trump und seine Freunde, also die Vertreter der Geldherrschaft, haben die USA jahrzehntelang geplündert, indem sie ausgeklügelte Finanzinstrumente, Schlupflöcher des Steuer- und Insolvenzrechts und andere Methoden genutzt haben, um sich am Vermögen und Einkommen der Mittel- und Arbeiterklasse zu bedienen.«

Laut dem Wirtschaftsmagazin *Forbes* gab es 2021 2755 Dollarmilliardäre auf der Welt, 660 mehr als im Vorjahr. Das Gesamtvermögen der Milliardäre stieg innerhalb eines Jahres um 5000 Milliarden auf 13.000 Milliarden Dollar an. Die meisten Milliardäre gibt es in den USA (724) und China (698).

»Ein paar glückliche Einhorn-Unternehmen (darunter versteht man ein Start-up-Unternehmen mit einem Wert von mehr als einer Milliarde US-Dollar), die von ein paar wenigen glücklichen 20-Jährigen geleitet werden, ändern nichts an der Tatsache, dass ein immer größerer Teil junger US-Amerikaner sich in der Sackgasse der unsicheren Auftragsarbeit befindet«, sagte Roubini.

Was sollten die USA also tun? Thomas Philippon antwortet: »Der Staat sollte wieder das tun, was er früher am besten konnte – dafür sorgen, dass das Spielfeld für alle offen ist.« Und in Anlehnung an Donald Trump fügt er hinzu: »Es ist Zeit, die US-amerikanischen Märkte wieder großartig – und frei – zu machen.«

VI

Die Coronapandemie hat die ernsten strukturellen Probleme der Europäischen Union ans Licht gezerrt.

Vor Corona war der Einfluss der EU langsam, aber stetig gewachsen – ohne spektakuläre Neugründungen oder große Zusammenschlüsse, sondern durch die tagtägliche Arbeit der Behördenapparate der verschiedenen Länder.

Professor Andrew Moravcsik, Direktor des EU-Programms der US-amerikanischen Princeton University, präsentierte auf einem Seminar in Mailand 2019 eine Übersicht des Macht- und Einflussanstiegs der EU. Mucksmäuschenstill lauschten die in Hörsaal U6 der Universität Mailand-Bicocca versammelten Wirtschaftsforscher einschließlich des Verfassers dieses Textes seinem Vortrag.

Moravcsiks Hauptthese lautete: Allen negativen Nachrichten der vergangenen Jahre zum Trotz ist die EU in einer starken Position, und die europäische Integration macht durchgehend Fortschritte. Die EU ist eine Supermacht und die zweitgrößte Militärmacht der Welt, listete er die Errungenschaften der Union auf. Die Kooperation der Staaten nimmt von Jahr zu Jahr zu. Terrorismus gibt es in der EU kaum. Die Ukraine ist mit Ausnahme der östlichen Gebiete heute ein westliches Land. Die illegale Einwanderung ist unter Kontrolle. Der Aufstieg der Populisten scheint nachzulassen. Die technischen

Normen, auf die die EU sich gemeinsam verständigt hat, breiten sich durch den Handel auf der ganzen Welt aus. Die Normen aus Brüssel bringen YouTube dazu, Stellung zu Hassreden zu beziehen, spornen Südkorea an, die Google-Ermittlung der EU nachzuahmen, und wirken sich auf die Abholzung des Regenwaldes in Indonesien aus. Die EU hat jedoch ein großes Problem – das Problem heißt Italien.

Die italienische Wirtschaft ist eine ungelöste Gleichung. Die Starre und die vielen unterschiedlichen Gesetzmäßigkeiten der italienischen Gesellschaft (der reiche Norden – der arme Süden, die Mafia, das Misstrauen in die Politik) sowie die gewaltige Schuldenlast des Staates und der Banken haben in Kombination mit der Wirtschaftspolitik der Eurozone das dynamische Wachstum der Wirtschaft verhindert. Italien ist im selben Tempo verarmt, in dem Deutschland reich geworden ist.

Dass Italien anfangs im Kampf gegen das Coronavirus allein gelassen wurde, und die mangelnde Bereitschaft der Euroländer, gemeinsame Lösungen für die großen wirtschaftlichen Probleme zu finden, drohen die Integrationsrichtung umzukehren von der Verdichtung zur Aufspaltung. Einige kleine Länder der EU waren zufrieden, weil sie die Vertiefung der wirtschaftlichen Zusammenarbeit verhindert hatten, aber sie haben vielleicht nicht bemerkt, dass dies den Kooperationswillen und die Strukturen der EU unwiderruflich aufweichen kann. Und das geschieht gerade jetzt, da wir einen engen Zusammenhalt der EU mehr bräuchten denn je, um beispielsweise zu verhindern, dass der europäische Markt durch die Raubkultur US-amerikanischer und chinesischer Großkonzerne zweigeteilt wird.

Im Sommer 2020 einigten sich die EU-Mitgliedstaaten auf ein 750 Milliarden-Euro-Konjunkturpaket zur Bewältigung der durch das Coronavirus verursachten Rezession. Die Beratungen waren kontrovers verlaufen, und die praktische Umsetzung des Konjunkturpakets birgt noch Potenzial für einige bittere Konflikte zwischen den Mitgliedstaaten.

Ein Problem von ähnlicher Größenordnung wie Italien stellt für die EU die Steuerumgehung dar, die große Unternehmen betreiben, indem sie einzelne Geschäftstätigkeiten auf verschiedene Teile der EU verstreuen. Der französische Wirtschaftswissenschaftler Gabriel Zucman, Associate Professor an der University of California, Berkeley, hat ausgerechnet, dass die Steuerumgehung der großen EU-Länder den Staaten 2017 Einkommensverluste in folgender Höhe bescherte:

Deutschland	20 Milliarden Dollar
Großbritannien	18 Milliarden Dollar
Frankreich	13 Milliarden Dollar
Italien	6 Milliarden Dollar

Francesco Saraceno, Ökonom an der Sciences Po-Universität in Paris, und Tommaso Faccio, Lektor an der Nottingham University Business School, schrieben in ihrem Artikel »Waiting for Godot: tackling multinationals' tax avoidance«, dass die großen Gewinner dieser Steuerumgehung keinesfalls die als Steuerparadiese bekannten Karibikinseln sind, sondern in 80 bis 90 Prozent der Fälle Belgien, die Niederlande, Irland, Luxemburg und Malta.

Unter dem Druck der Öffentlichkeit nahm die Kampagne gegen Steuerumgehung allerdings Fahrt auf, als im Sommer 2021 ganze 130 Länder verkündeten, den Plan einer supranationalen Besteuerung von Großkonzernen zu unterstützen. Von den EU-Mitgliedstaaten fehlten in dieser Gruppe Irland, Ungarn und Estland.

Bei Beratungen der Organisation für wirtschaftliche Zusammenarbeit und Entwicklung (OECD) wurde entschieden, für Konzerne eine Mindeststeuer von 15 Prozent anzustreben. Außerdem wird beabsichtigt, Unternehmen dort zu besteuern, wo sie ihre Waren und Dienste verkaufen. Laut der OECD würde das Stopfen der größten Steuerschlupflöcher jährlich 150 Milliarden Dollar an neuen Steuereinnahmen einbringen.

»Dank der globalen Mindeststeuer können multinationale Unternehmen nicht mehr Länder gegeneinander ausspielen, ihre Steuersätze zu senken oder die Konzerngewinne auf Kosten öffentlicher Einnahmen zu schützen«, sagte US-Präsident Joe Biden.

Das Inkrafttreten der Reform muss allerdings wegen der weltweiten Angst vor Inflation und Rezession von 2023 zumindest auf 2024 verschoben werden.

Laut einer Veröffentlichung von VATT, Finnlands staatlichem Zentrum für Wirtschaftsforschung, ist die Reform allerdings nicht besonders signifikant (6. Juli 2021): »Die Reform kann man nicht als besonders ›bahnbrechend‹ bezeichnen, denn die neuen Verordnungen werden dem aktuellen System übergestülpt und betreffen nur die größten Konzerne. Die größten Probleme der internationalen Unternehmenssteuer entstehen durch das Herkunftslandprinzip, demzufolge der Unternehmensgewinn in dem Land versteuert wird, aus dem der entsprechende Gewinn stammt. Dies spornt Unternehmen an, ihre Einnahmen in Niedrigsteuerländer zu verlagern. Die aktuell anvisierte Reform ändert nichts am Herkunftslandprinzip, sondern zielt lediglich auf die Minimierung der daraus resultierenden Störeffekte ab, wie die Gewinnverlagerung in Steuerparadiese. Der Ansporn zur Gewinnverlagerung bleibt also überwiegend unverändert, auch wenn den Unternehmen höhere Kosten entstehen und sich die Gewinne durch die Reform verringern können. Um die Möglichkeit der Gewinnverlagerung auszuschließen, bedarf es einer Änderung der Prinzipien der Unternehmensbesteuerung und auf diese zielt diese Reform nicht ab.«

Andere Forscher warnten auch, dass der Plan einer globalen Mindeststeuer nicht zwangsläufig umgesetzt wird.

»Wenn nicht alle Teilnehmer mitziehen und einer zentralisierten Verwaltung für die Prozesse zustimmen, fällt dieser Plan wie ein Kartenhaus zusammen«, sagte Jennifer Blouin, Wirtschaftsprofessorin an der Wharton Business School der University of Pennsylvania, in der Sendung *Wharton Business Daily*.

Die EU war bisher ein zahnloser Tiger, wenn es darum ging, supranationale Konzerne zu disziplinieren. Beispiele dafür sind die Datenschutzverordnung der Union (General Data Protection Regulation, GDPR) oder die Datenschutz-Grundverordnung (DSGVO). Das Gesetz zur Regulierung des Umgangs mit personenbezogenen Daten wurde im Frühjahr 2018 in allen EU-Mitgliedstaaten übernommen.

Die DSGVO sollte für einen besseren Schutz der personenbezogenen Daten sorgen und den Bürgern Möglichkeiten bieten, die Nutzung ihrer eigenen Daten zu kontrollieren. Das Ziel war, dass es der EU mithilfe der DSGVO unter Androhung von enormen Bußgeldern gelingen sollte, die IT-Riesen zu disziplinieren.

Laut PrivacyAffairs, einem Dienst, der sich für ein freies Internet einsetzt, waren bis Mitte August 2020 347 DSGVO-Bußgelder verhängt worden, deren Gesamtsumme 176 Millionen Euro betrug.

Die höchste Strafe, 50 Millionen Euro, war zu diesem Zeitpunkt gegen Google in Frankreich verhängt worden. Den Behörden zufolge hatte Google die Nutzung der personenbezogenen Daten der Nutzer nicht offen genug kommuniziert und sich bei der Einholung der Zustimmung zur Anzeige von zielgerichteter Werbung nicht korrekt verhalten.

Google ging gegen das Urteil in Berufung, doch der Oberste Gerichtshof in Frankreich bestätigte das Urteil im Sommer 2020. Obwohl es die bisher höchste Geldstrafe im Zusammenhang mit der DSGVO war, hatte sie für Google keine Bedeutung. Der Nettogewinn des Konzerns beträgt rund 34 Milliarden Dollar, das von Frankreich verhängte Bußgeld verdient der Konzern also innerhalb von knapp 24 Stunden.

Im Mai 2020 berichtete das Magazin *Protocol*, dass innerhalb eines Jahres nach Inkrafttreten der DSGVO mehr als 140.000 Anzeigen über Verletzungen der Privatsphäre erstattet wurden.

Dem Magazin zufolge schafften die unterbesetzten Datenschutzbehörden der EU-Länder es schlicht nicht, die bei ihnen eingehenden Anzeigen zu bearbeiten.

Für den zähen Fluss gibt es auch eine andere mögliche Erklärung. »Selbst wenn der Verstoß eindeutig ist, zögern die Datenschutzbehörden, ihre Maßnahmen gegen große IT-Konzerne anzuwenden, da sie nicht imstande sind, ihre Entscheidungen gegenüber der Feuerkraft der Rechtsabteilungen der IT-Riesen vor Gericht zu verteidigen«, sagte Johnny Ryan von der Organisation The Irish Council for Civil Liberties zu *Protocol*.

Nach Einschätzung der EU-Kommission seien die Ressourcen zur Überwachung bereits spürbar erhöht worden. Zwischen den Mitgliedstaaten gebe es jedoch immer noch beachtliche Unterschiede.

Die norwegische Verbraucherzentrale überprüfte im Sommer 2018, ob die DSGVO den Verbrauchern genutzt hat. Norwegen gehört zwar nicht zur EU, hat aber als Mitglied der europäischen Wirtschaftszone die DSGVO-Normen ebenfalls in seine Gesetze aufgenommen.

Die Untersuchung, die sich auf Facebook, Google und Microsofts Software Windows 10 bezog, ergab, dass die Verbraucher von der Situation nicht profitiert hatten. »Diese Unternehmen verleiten uns durch Manipulation dazu, Informationen über uns selbst zu teilen. Dies zeigt einen Mangel an Respekt vor den Nutzern und unterminiert die Absicht, den Verbrauchern zu ermöglichen, über ihre eigenen persönlichen Daten zu verfügen«, stellte Finn Myrstad, Leiter der Abteilung für digitale Dienste bei der Verbraucherzentrale, fest.

Die Verbraucherzentrale kritisierte unter anderem Facebooks und Googles Gepflogenheit, jene Einstellungen als »Werkseinstellung« festzulegen, die der Privatsphäre der Nutzer den geringsten Schutz bieten. Die Konzerne stellen das Teilen von persönlichen Daten und zielgerichtete Werbung außerdem durchweg positiv dar – und häufig einhergehend mit Androhungen von Funktionsverlusten, wenn die Nutzer nicht bereit sind, ihre Daten zu teilen. In vielen Fällen verschleiern die Unternehmen die Tatsache, dass die Verbraucher eigentlich nicht viel Entscheidungsfreiheit haben. Zusätzlich versuchen die Konzerne den Nutzern das Gefühl zu vermitteln, die Kontrolle über ihre eigenen Daten zu haben, was sie dazu ermutigen könnte, ihre Daten großzügig zu teilen.

»Die Konzerne sollten den Wortlaut und den Geist der DSGVO achten. Der Bericht zeigt, dass viele globale, allseits bekannte Unternehmen davon noch weit entfernt sind«, kommentierte Monique Govens, Direktorin des Europäischen Verbraucherverbands (BEUC) in Brüssel, den Bericht auf der Webseite der norwegischen Verbraucherzentrale.

Die American Federation of Teachers (AFT), der US-amerikanische Berufsverband für Lehrende, forderte 2022 die Rentenfonds auf, wegen unangemessener Vorgehensweise gegenüber Kindern gegen Facebook vorzugehen. Der Berufsverband verwies auf geleakte Dokumente der ehemaligen Facebook-Mitarbeiterin Frances Haugen, denen zufolge der Konzern die Öffentlichkeit wiederholt mit den Ergebnissen eigener Umfragen in die Irre geführt hatte. Darüber hinaus habe Facebook nach Angaben der AFT über Jahre hinweg erlaubt – oder zumindest nicht verhindern können –, dass die Plattform für die Verbreitung politischer Desinformationen genutzt worden sei. Der AFT zufolge habe Mark Zuckerberg in seiner Rolle als größter Anteilseigner sowie als Geschäftsführer und Vorstandsvorsitzender des Konzerns erwiesenermaßen die Aktivitäten des Vorstands eingeschränkt.

Die Monat für Monat zunehmende Macht der IT-Riesen hat auch in Europa zu einem Umdenken geführt. Im Sommer 2021 gab der Luxemburger Datenschutzbeauftragte nach dreijähriger Untersuchung bekannt, dass Amazons zielgerichtetes Anzeigensystem nicht mit der Entscheidungsfreiheit der NutzerInnen vereinbar ist und somit nicht der DSGVO der EU entspricht. Die von der französischen Organisation La Quadrature du Net eingereichte Klage führte dazu, dass Amazon in Luxemburg zu einer Geldstrafe in Höhe von 746 Millionen Euro verurteilt wurde. Amazon verkündete, gegen das Urteil Berufung einzulegen.

Im September 2021 brummte die irische Data Protection Commission dem zu Facebook gehörenden Instant-Messaging-Dienst WhatsApp, der seit 2014 Teil von Meta Platforms ist, eine Strafe in Höhe von 225 Millionen Euro auf. Der irischen Datenschutzkommission zufolge hatte WhatsApp seine europäischen Kunden nicht ausreichend darüber informiert, wie die Daten seiner Nutzer gesammelt und genutzt werden. Der Konzern kündigte an, gegen das Urteil Einspruch einzulegen.

Im Herbst 2022 verhängte die Data Protection Commission über Metas (Facebooks) andere Plattform Instagram eine Strafe in Höhe von 405 Millionen Euro für die Veröffentlichung von Kontaktdaten Minderjähriger.

Die EU-Kommission soll Verordnungen planen, die das Vorgehen gegen Großkonzerne erleichtern und den Konzernen verbieten können, in neue Geschäftszweige zu expandieren.

EU-Behörden haben angefangen zu überprüfen, ob die Regeln des AppStores von Apple den Wettbewerb einschränken und ob Amazon seine Marktstellung gegenüber kleineren Konkurrenten missbraucht. In Europa hat man auch misstrauisch beobachtet, wie Google Onlinedienste für die Tourismusbranche entwickelt und wie Facebook seinen Onlinehandel um Dienstleistungen erweitert hat.

US-Unternehmen haben erklärt, mit den EU-Gesetzgebern und den EU-Behörden zusammenzuarbeiten. Laut der *New York Times* verbreiten die Konzern-Lobbyisten jedoch die Nachricht, dass es bei den Strategien der Europäer vielmehr darum gehe, dass europäische Konzerne die Marktbeherrschung nicht den US-Amerikanern überlassen wollen.

Die EU hat auch früher schon versucht, IT-Riesen in die Schranken zu weisen. Die EU-Kommission hat in den Jahren 2017 bis 2019 dreimal anerkannt, dass Google gegen das Wettbewerbsgesetz verstoßen hat. Dem Konzern wurden insgesamt 8,25 Milliarden Euro Strafe auferlegt, aber aufgrund der eingelegten Berufungen zogen sich die Strafprozesse in die Länge, und in der Zwischenzeit konnte Google in aller Ruhe seine Machtstellung im Onlinemarketing, in Smartphone-Softwares und Internetsuchmaschinen sichern. Im Sommer 2021 verkündete die EU-Kommission, eine neue Ermittlung gegen Google eingeleitet zu haben. Die Kommission verdächtigt Google erneut, seine marktbeherrschende Stellung im Onlinemarketing missbraucht und das Geschäft von Wettbewerbern behindert zu haben.

Amazon gewann hingegen 2021 den Kampf gegen die EU-Kommission im Streit um die Konzernbesteuerung. Die Kommission hatte dem US-amerikanischen Konzern auferlegt, für seine europäische Zentrale in Luxemburg 300 Millionen Dollar zusätzliche Steuern zu zahlen, da der Konzern nach Angaben der Kommission in dem Land unverhältnismäßige Steuervergünstigungen erhalten hatte. Das Gericht der Europäischen Union entschied jedoch, die Kommission habe nicht nachgewiesen, dass Amazon gegen die Wettbewerbsgesetze verstoßen hatte.

Die britische Wettbewerbsbehörde The Competition and Markets Authority (CMA) errechnete im Sommer 2020, dass Großbritanniens digitaler Werbungsmarkt im Jahr 2019 14 Milliarden Pfund umfasste, rund 500 Pfund pro Haushalt. Aus diesem Topf gingen 80 Prozent an Google und Facebook.

Laut dem Marktforschungsunternehmen eMarketer wird die Hälfte des weltweiten digitalen Anzeigenmarkts von Google und Facebook kontrolliert.

CMA berichtete, dass Googles Anteil an der Suchmaschinenwerbung in Großbritannien bei mehr als 90 Prozent und Facebooks Anteil am Onlinemarketing bei mehr als 50 Prozent lag.

Googles Einnahme pro Suchanfrage hat sich seit 2011 verdoppelt. Facebooks durchschnittliche Jahreseinnahme pro Nutzer lag 2011 bei weniger als fünf Pfund, 2019 jedoch bereits bei mehr als 50 Pfund, also rund 55 Euro.

CMA zufolge haben sowohl Facebook als auch Google ihre Stellung dadurch erreicht, dass sie bessere Produkte angeboten haben als die Konkurrenz. Mittlerweile sind Facebooks und Googles Stellung so klar, dass potenzielle Wettbewerber nicht mehr gleichberechtigt mit diesen Riesen konkurrieren können: »Der schwache Wettbewerb bei Onlinesuchen und in sozialen Medien führt zu einem Rückgang von Innovationen und Auswahlmöglichkeiten und dazu, dass die VerbraucherInnen mehr Informationen über sich abgeben, als ihnen lieb ist.«

Die Wettbewerbsbehörde schätzt, dass der Rückgang von Innovationen die Verbraucher teuer zu stehen kommen kann, vor allem angesichts der strategischen Bedeutung, die Google und Facebook als Sprachrohr der Unternehmen haben, die die Aufmerksamkeit der Verbraucher gewinnen wollen.

Nach einjähriger Untersuchung der digitalen Märkte berichtete CMA, dass die Preise der Werbeanzeigen, die bei den Google-Suchergebnissen angezeigt werden, 30 bis 40 Prozent über den Preisen der Werbeanzeigen bei der Microsoft-Suchmaschine Bing liegen. Die höheren Anzeigenpreise spiegeln sich auch in den höheren Preisen der Flüge, Hotels und Bücher wider, die den Verbrauchern angezeigt werden.

Laut Einschätzung der CMA haben die Kapitalrenditen von Facebook (50) und Google (40) infolge der übermäßigen Marktmacht eine unnatürliche Größe erreicht.

CMA gab auch an, dass Facebooks und Googles Marktstellungen so stark seien, dass die 2013 gegründete Behörde über keine Instrumente verfüge, um die Situation zu korrigieren. Die derzeitige Gesetzgebung reiche ihr zufolge für eine Regulierung der IT-Riesen nicht aus.

Europas Maßnahmen zur Regulierung von Großkonzernen konnten in den vergangenen Jahren auch anderweitig nicht überzeugen. Die europäischen Großbanken sind wiederholt bei allerlei Betrügereien erwischt worden, wurden dafür jedoch vorwiegend in den USA zur Verantwortung gezogen.

Deutschland ist das größte Land und Entscheidungsträger der EU. Deutschlands Ergebnisse bei der Überwachung von

Unternehmen waren nicht zufriedenstellend. Die deutschen Behörden reagierten nicht nur im Fall der Deutschen Bank zu langsam, sondern auch beim Abgasskandal von Volkswagen.

Auch der Fall des Zahlungsabwicklers und Finanzdienstleisters Wirecard ist eine kuriose Geschichte über die Langatmigkeit Deutschlands. Investoren und US-Behörden hatten die deutsche Finanzaufsichtsbehörde BaFin seit 2010 vor dem Milliardenbetrug bei Wirecard gewarnt. Das Unternehmen hatte Investoren hereingelegt, indem es sich durch Fälschung der Bilanzen über Jahre hinweg Geld von ihnen lieh. In den Wirecard-Bilanzen gab es ein Loch, in dem 1,9 Milliarden Euro verschwanden. Der Vorstandsvorsitzende wurde festgenommen und das Insolvenzverfahren des Konzerns eröffnet. Der Untergang von Wirecard im Sommer 2020 war eine Blamage für Europa, wo man das Unternehmen als Beweis dafür betrachtet hatte, dass man auch hier etwas zustande brachte.

Einen wichtigen Rechtsstreit scheinen die Behörden in Europa allerdings gewonnen zu haben. Der deutsche Bundesgerichtshof fällte im Sommer 2020 das Urteil, dass Facebook seine Marktmacht missbraucht hatte, indem der Konzern Daten von Nutzern aller seiner Dienste (Facebook, Instagram und WhatsApp) sowie von Webseiten und Apps externer Unternehmen zusammengefügt hatte.

Facebook kündigte allerdings an, das Urteil anzufechten und zumindest nicht sofort seine Vorgehensweise zu ändern.

In Großbritannien bereitet das Parlament ein Gesetz vor, das Facebook dazu zwingen würde, seinen Dienst so anzupassen, dass konkurrierende soziale Netzwerke erleichterten Zugang zum Wettbewerb haben. Die britischen Parlamentarier suchen auch nach Möglichkeiten, Google dazu zu zwingen, einen Teil seiner Suchdaten mit kleineren Suchmaschinen zu teilen.

Abseits der großen Öffentlichkeit hat man in Europa begonnen, Pläne zu entwerfen, wie sich die Abhängigkeit von den US-amerikanischen IT-Riesen verringern ließe. Deutsche und französische Behörden planen, zusammen mit der Industrie einen Cloudservice für europäische Banken zu entwickeln, der von europäischen IT-Konzernen betrieben werden soll. In einer Umfrage des Nachrichtensenders Bloomberg Anfang 2020 gaben alle 22 großen europäischen Banken, die befragt wurden, an, dass ihre Clouddienste von US-amerikanischen Unternehmen verwaltet werden.

Die EU erarbeitete im Frühjahr 2022 eine Verordnung, mit der versucht werden soll, IT-Riesen daran zu hindern, Nutzer von den Diensten der Konzerne auszuschließen. Das Gesetz über digitale Märkte (Digital Markets Act, DMA) betrifft Gatekeeper-Plattformen wie Apple und Google. Das Gesetz bezieht sich auf Konzerne, deren Marktwert mindestens 75 Milliarden Euro oder deren Jahresumsatz auf dem EU-Gebiet mindestens 7,5 Milliarden Euro beträgt und die über mindestens 45 Millionen NutzerInnen im Monat verfügen. Aller Voraussicht nach soll das Gesetzespaket 2023 in Kraft treten. Es wird davon ausgegangen, dass die großen IT-Konzerne versuchen werden, das DMA-Gesetz auf dem Rechtsweg zu kippen oder zumindest zu beschneiden. Vor allem die US-amerikanischen Riesen sind der Ansicht, dass das DMA-Gesetz ihnen gegenüber auf eine ungerechte Behandlung abzielt.

Der vermutlich am meisten mitverfolgte Kampf der Behörden betrifft Apples Steuerzahlungen in Irland. Der US-amerikanische Konzern erhielt in Irland »selektive Steuervergünstigungen«. Apple verbuchte in seinem irischen Konzern Gewinne in Milliardenhöhe, musste für diese jedoch im Vergleich zu anderen Konzernen deutlich weniger Steuern zahlen.

Die EU-Kommissarin für Wettbewerb, Margrethe Vestager,

erklärte 2016, dass Irland von Apple nachträglich Steuern und Zinsen in Höhe von 13 Milliarden einzufordern habe. Der EU-Kommission zufolge hatte Apple in der EU eine illegale staatliche Förderung erhalten, da Irland den Hauptteil von Apples weltweiten Gewinnen unversteuert ließ. Im Sommer 2020 hob das Gericht der Europäischen Union Vestagers Verfügung auf.

Das Urteil sollte einen Wendepunkt in der Steuerumgehungspraxis der Konzerne darstellen und beweisen, dass die Union in der Lage ist, Konzernriesen zu disziplinieren. Dem Gericht der Europäischen Union zufolge hatte die Kommissarin nicht eindeutig nachgewiesen, dass Apple eine illegale Förderung erhalten hatte. Vestager kündigte an, weiterhin in dem Fall zu ermitteln, und erklärte, dass die Kommission an dem Ziel festhalte, alle Unternehmen fair zu besteuern.

Wenn der Europäische Gerichtshof die Entscheidung des Gerichts der Europäischen Union bestätigt, kann dies die in der Union schlummernden Fusionspläne beschleunigen. Einige der wichtigsten Mitgliedsländer möchten in der EU »europäische Meister« aufbauen, die mit den US-amerikanischen und asiatischen Riesen auf Augenhöhe konkurrieren können.

Die EU-Kommission hat unter anderem den britischen Telefonanbieter-Deal verhindert, bei dem Three, die Tochterfirma von CK Hutchison, Telefónicas O2 gekauft hätte. Laut Vestager hätte die Fusion Nachteile für die Verbraucher bedeutet.

Die Kommission torpedierte auch einen Deal, bei dem Siemens und das französische Alstom als Hersteller von Schienenfahrzeugen ihre Kräfte vereint hätten. Deutschland und Frankreich zufolge wäre die Fusion notwendig gewesen, damit die europäische Industrie gegen die chinesische China Railway Rolling Stock Corporation (CRRC) in Wettbewerb treten kann. CRRC entstand 2015, als CSR Corp und China CNR sich zum weltweit größten Hersteller der Branche zusammenschlossen.

Neben Deutschland und Frankreich betrachten auch Italien und Polen den Aufbau europäischer Konzernriesen als Notwendigkeit. Insbesondere Frankreich möchte EU-weite Konzernriesen ins Leben rufen, die es mit Amazon, Apple, Facebook und Google aufnehmen können, wenn es darum geht, die Märkte der KI, der Biotechnik und digitaler Währungen zu beherrschen. Dies würde eine Änderung der Wettbewerbsgesetze der Europäischen Union bedeuten, um die Unterstützung ausgewählter Großkonzerne mit Steuergeldern ermöglichen.

VII

Wieder einmal müssen wir unseren Blick nach Osten wenden.

Es empfiehlt sich, Chinas Politik und Absichten zu kennen, da die Macht chinesischer Konzerne mit einer diplomatischen Macht vergleichbar ist, wenn es darum geht, Chinas Einfluss auf der Welt zu erweitern und zu vertiefen. Eine von Peking angeführte Welt steht uns möglicherweise bevor, und es ist nicht angebracht, sich gegenüber Chinas Ansichten und Aktivitäten blauäugig zu verhalten.

Im Westen hat man darauf gehofft, dass die Verbreitung des privaten Unternehmertums an der uneingeschränkten Machtstellung der Kommunistischen Partei in China rütteln würde. Was diese Hoffnung angeht, ist der Wirtschaftswissenschaftler Nicholas Lardy, Senior Researcher am US-amerikanischen Peterson Institute for International Economics in Washington, pessimistisch. Seinem im Juni 2019 erschienenen Artikel »China's Private Firms Continue to Struggle« zufolge waren seit Beginn der Reformen von 1978 private Unternehmen fast 40 Jahre lang für einen Großteil des chinesischen Produktions-, Beschäftigungs- und Exportwachstums verantwortlich. Präsident Xi Jinping, der 2012 an die Macht kam und von Jahr zu Jahr zunehmend autokratisch handelt, hat jedoch angefangen, staatliche Konzerne systematisch auf Kosten von privaten Unternehmen zu bevorzugen.

Ein Grund für das nachlassende Wachstum Chinas liegt genau darin: Die staatlich geführten Banken haben begonnen, immer mehr Kredite an ineffiziente staatliche Konzerne zu vergeben statt an die dynamischeren privaten Unternehmen. Infolge dieser Neuorientierung konnten Konzerne im Staatsbesitz, die direkt von der Kommunistischen Partei kontrolliert werden, viele private Unternehmen, die in finanziellen Schwierigkeiten steckten, aufkaufen.

Der Westen war vor allem über die Expansion des Telekommunikationsriesen Huawei besorgt. Huawei ist der weltweit größte Anbieter von Telekommunikationsnetzen. Es besteht die Befürchtung, dass der Konzern in seinen Netzen Systeme einbaut, mit denen die Chinesen den Datenverkehr der Netzwerkkunden verfolgen können.

Die US-Regierung setzte Huawei 2019 auf die schwarze Liste und hinderte US-Konzerne daran, Huawei ohne Genehmigung zu beliefern. 2020 zog die Trump-Administration die Daumenschrauben an und verkündete, dass Hersteller von integrierten Schaltkreisen, die US-amerikanische Geräte verwendeten, Huawei nicht mehr ohne Genehmigung durch die US-Behörden beliefern durften.

»Diese sogenannten Datenschutzargumente sind ein reiner Vorwand. Hier geht es um (die von Huawei ausgehende) Bedrohung der Technologie-Hegemonie der Vereinigten Staaten«, kommentierte Richard Yu, Vorsitzender der Abteilung für Verbraucherprodukte bei Huawei, beim Social-Media-Dienst WeChat.

Huawei ist jedoch nur die Spitze des Eisbergs. Im Sommer 2017 ist Chinas neues Gesetz zur Cybersicherheit in Kraft getreten, demzufolge alle Bürger und Organisationen die Arbeit des nationalen Geheimdienstes unterstützen und mit diesem kooperieren müssen. Die Kommunistische Partei hat auch eine eigene Zelle in fast allen großen chinesischen Konzernen. Kommunistische Zellen sind auch in den China-Bereichen vieler westlicher Unternehmen vertreten.

Chinas neue Milliardäre stehen mit der Kommunistischen Partei – zumindest in der Öffentlichkeit – häufig auf gutem Fuß. Beispielsweise prophezeite Richard Liu vom Onlineversandhaus JD.com, dass sich der Kommunismus in der jetzigen Generation verwirklichen wird und alle Unternehmen verstaatlicht werden.

Einer der reichsten chinesischen Konzernleiter, Alibaba-Gründer Jack Ma, sagte bei einem Interview im Rahmen des Wirtschaftsgipfels im Januar 2015 in Davos: »Liebe die Regierung. Aber heirate sie nicht.« Im Herbst 2018 gab Ma überraschend bekannt, dass er sich aus dem Tagesgeschäft des Konzerns zurückziehen und auf wohltätige Zwecke konzentrieren werde.

Nach der Bekanntgabe listete *Renmin Ribao*, die offizielle Zeitung der Kommunistischen Partei, Jack Ma unter den 100 Personen auf, die die Entwicklung des Landes vorangebracht haben.

Experten und Politiker beteuerten lange, dass der Wettkampf zwischen China und den USA nicht zu einer so gefährlichen Situation führen würde wie der Kampf zwischen den USA und der Sowjetunion zur Zeit des Kalten Kriegs. Die Wirtschaft der USA und die Wirtschaft Chinas profitieren augenscheinlich so stark voneinander, dass keine der beiden Parteien diese Symbiose lösen möchte.

Heute haben sich die Aussichten geändert. Donald Trumps Amtsperiode hat gezeigt, dass Popularität dazu führt, dass das Volk Maßnahmen duldet, die den eigenen Lebensstandard schwächen können. Xi Jinping hat seinerseits bewiesen, dass Chinas Stolz inzwischen so groß geworden ist, dass Peking sich vor niemandem mehr verneigt.

Die Kommunistische Partei Chinas feierte im Sommer 2021 ihr hundertjähriges Jubiläum. Xi verkündete in seiner Festrede, dass niemand Chinas Aufstieg aufhalten könne und China sich von den Instanzen anderer Länder keine Lehren erteilen lasse: »Das chinesische Volk wird niemals zulassen, dass andere Staaten uns belästigen, unterwerfen oder versklaven. Alle, die diese Illusionen hegen, werden sich an der aus dem Fleisch und Blut von 1,4 Milliarden chinesischen Bürgern errichteten, undurchdringlichen Chinesischen Mauer den Kopf einschlagen und Blut vergießen.«

Die Eroberung der Welt durch die chinesischen Konzerne hatte 2014 mit Alibabas Gang an die New Yorker Börse deutlich Fahrt aufgenommen. Alibabas Bewertung lag bei 25 Milliarden Dollar, und plötzlich waren alle großen internationalen Investoren auf der Suche nach Erfolgsgeschichten wie der von Alibaba. Folglich begann Investitionskapital in chinesische IT-Konzerne zu fließen, so wie beispielsweise in ByteDance.

ByteDance war 2012 gegründet worden und brachte zuerst die Nachrichten-App Toutiao auf den Markt, die es innerhalb von vier Monaten auf eine Million tägliche NutzerInnen brachte. Bis 2018 erreichte der Wert von ByteDance auf Basis der Investmentrunde 75 Milliarden Dollar – und zwei Jahre später bereits 140 Milliarden.

Das Coronavirus brachte die Menschen dazu, ihre Handys noch stärker zu nutzen, und die ByteDance-Erfolgsapp TikTok wurde bis zum Sommer 2021 drei Milliarden Mal heruntergeladen. Laut einer Studie von Nikkei Asia war TikTok im Jahr 2020 die am häufigsten heruntergeladene App der Welt.

Hinter TikToks Beliebtheit stecken vom Konzern entwickelte Algorithmen, die das Nutzerverhalten analysieren und basierend darauf weitere Inhalte vorschlagen. Das Marktforschungs- und Analyseunternehmen CBInsights berichtete 2020, dass TikTok-UserInnen durchschnittlich 52 Minuten am Tag auf der App verbringen, was bedeutet, dass sie einen ähnlich starken Suchtfaktor hat wie Facebooks Instagram (53 Minuten) oder Snapchat (50). Die durchschnittliche Nutzungsdauer von Googles YouTube beträgt »nur« 40 Minuten.

Ende 2021 verbrachten Kinder und Jugendliche zwischen vier und 18 Jahren auf der ganzen Welt bereits durchschnittlich 91 Minuten am Tag auf TikTok. Bei YouTube waren es 56 Minuten. Darüber berichtete die Webseite TechCrunch im Sommer 2022.

In den USA befürchtet man, dass die chinesische Regierung TikTok zu Spionagezwecken oder zur Einflussnahme auf Wahlen nutzen könnte, indem man beispielsweise TikToks Algorithmen bearbeitet, sodass Videos empfohlen werden, die bestimmte Kandidaten unterstützen.

»Ich hoffe, dass die US-Amerikaner erkennen, dass die chinesischen Software-Konzerne, die in den USA tätig sind – sei es nun TikTok oder WeChat –, Daten direkt an die Kommunistische Partei Chinas, Chinas Sicherheitsapparat, weitergeben«, sagte Außenminister Mike Pompeo in einem Interview mit *Fox News* im August 2020.

ByteDance beteuerte TikToks Unabhängigkeit von den chinesischen Behörden. Die Realität der chinesischen Unternehmen sieht allerdings ganz anders aus als die westlicher Unternehmen. Gerade ByteDance ist ein gutes Beispiel dafür.

Im April 2018 wies die Regierung ByteDance an, die beliebte Witze-App Neihan Duanzi wegen »unangemessenen« Inhalts zu sperren. Nach der Sperrung veröffentliche ByteDance-CEO Zhang Yiming einen Brief, in dem er Selbstkritik übte und sagte, dass die App einen falschen Weg eingeschlagen hätte und Material beinhaltete, das nicht mit den sozialistischen Grundwerten vereinbar war. Zhang versprach, dass der Konzern künftig dafür sorgen werde, nur von den Behörden gebilligte Inhalte zu verbreiten.

Im März 2017 hatte Chinas Regierung bereits Tencent und weitere chinesische IT-Konzerne Webseiten sperren lassen, auf denen Diskussionen über Geschichte, internationale Beziehungen und das chinesische Militär stattfanden. Die VPN-Netzwerke (die Abkürzung steht für »virtual private network«) zur Umgehung der staatlichen Zensur sind ebenfalls verboten.

Im Frühjahr 2019 berichtete Apple, dass Xuexi Qiangguo die beliebteste App im chinesischen App-Store sei. Die App lag auch in vielen Android-App-Stores an der Spitze. Die App informiert über Präsident Xi Jinpings Ideen, Entscheidungen und Reden, und man kann mit ihr die staatlichen Medien verfolgen und mit Freunden chatten. Die App bewertet die Aktivitäten der Nutzer. Schüler und Beamte mit schlechten Bewertungen werden an den Pranger gestellt. Den Mitgliedern der Kommunistischen Partei wurde angeordnet, die App auf ihre Handys herunterzuladen.

Der Wohlstand, den der zunehmende Handel mit sich gebracht hat, hat China weder liberaler noch demokratischer gemacht – im Gegenteil: Das Land hat sich immer mehr in Richtung Unterdrückung entwickelt.

»China hat die Regeln der freien Marktwirtschaft missbraucht, indem es Waren im Überfluss produzierte und sie auf den ausländischen Märkten ablud. Es hat in großem Stil Industriespionage betrieben. Es hat anderen Ländern Schuldenfallen gestellt, um Macht über sie zu erlangen«, schrieb Nick Timothy, Kabinettsvorsitzender unter Premierministerin Theresa May, im April 2020 auf der Nachrichten- und Meinungswebseite UnHerd.

Nach seinem Rücktritt konnte Timothy sich offen über die Ressentiments der westlichen Länder äußern: »China hat mithilfe des internationalen Handels Techniken entwickelt, die es zu Überwachung der Bevölkerung nutzt. Außerdem hat es die Transparenz anderer Länder missbraucht, um Konkurrenzkonzerne zu brechen und andere Staaten zu erpressen.«

»Die Frage ist: Was können wir eigentlich tun?«, schrieb er. »China ist eine Weltmacht mit einer Bevölkerung von 1,4 Milliarden Menschen. Es verfügt über Atomwaffen und ein Heer von mehr als zwei Millionen Berufssoldaten. [...] Es verfügt über US-amerikanische Anleihen im Wert von mehr als 1000 Milliarden Dollar und hat sich selbst zu einem unverzichtbaren Investor gemacht, nicht nur in der Wirtschaft, sondern auch in der nationalen Infrastruktur Großbritanniens.«

Timothys Ansicht nach muss Großbritannien die Ideologie der freien Märkte aufgeben und gemeinsam mit verbündeten Ländern an der Erneuerung der Telekommunikationsmärkte arbeiten, um sicherzustellen, dass westliche Unternehmen wie Nokia und Ericsson im Wettbewerb mit Huawei mithalten können.

Seines Erachtens stellt China für Großbritannien ein größeres Sicherheitsrisiko dar als der islamistische Terror oder die Angriffe Russlands. »Wir müssen uns von unserer übertriebenen Abhängigkeit von China befreien«, schrieb Timothy und schlug vor, die Produktion und Montage in andere asiatische

Länder wie Vietnam sowie in europäische Länder mit niedrigeren Produktionskosten wie Polen und Portugal anzusiedeln – und auch wieder nach Großbritannien zu verlagern.

Die Kommunistische Partei Chinas begann 2021, die Schlinge um die chinesischen Konzernriesen enger zu ziehen. Es machte die Partei offensichtlich nervös, dass die erfolgreichsten Konzernleiter mehr Reichtum und Macht als je zuvor angehäuft hatten. Hohe Tiere der Geschäftswelt, die die Partei und die Regierung kritisiert hatten, wurden zu langen Gefängnisstrafen verurteilt, und Präsident Xi Jinping verlangte, dass die Konzernleiter ihren Reichtum mit der Bevölkerung teilten.

Chinas Wirtschaft ist in den vergangenen Jahrzehnten der Motor gewesen, der das Wachstum der Weltwirtschaft am Laufen gehalten hat. Zugleich haben sich die Industrieländer in ihrer Gier nach billiger Ware schlafwandelnd in eine Sackgasse begeben, in der sie einen großen Teil ihrer Industrie, ihrer Computersoftware, ihrer natürlichen Ressourcen und ihrer kritischen Infrastruktur an chinesische Unternehmen outgesourct haben.

Ein banales, aber sprechendes Beispiel sind die Schutzmasken, an denen während der Ausbreitung des Coronavirus weltweit Mangel herrschte. Schon vor der Pandemie wurde in China die Hälfte aller Masken hergestellt. Auf Anweisung der Regierung wurde die Maskenproduktion innerhalb von zwei Monaten von zehn auf 120 Millionen Masken pro Tag hochgefahren – ein überzeugendes Beispiel für die Macht der Kommandowirtschaft.

In vielen Ländern stellte man plötzlich fest, dass die Versorgungssicherheit vieler Produkte nur von internationalen Zulieferern – immer häufiger von China – abhing. Man könnte sogar sagen, dass die westlichen Länder freiwillig und ohne nachzudenken in dieselbe Lage geraten sind, in der sich die

Kolonien der alten Kolonialmächte Europas befanden: Sie nehmen alles an, was das Mutterland (China) exportieren will.

Während chinesische Waren die Märkte des Westens fluteten, floss das Kapital nach China. Davon haben sowohl im Westen als auch in China vor allem die Reichsten profitiert. Die Leidtragenden waren die ArbeiterInnen in China, doch durch das bröckelnde Fundament der Industrie noch häufiger die ArbeiterInnen im Westen.

In den USA gibt es einen überentwickelten Finanzsektor, aber einen unterentwickelten Industriesektor. In China ist die Situation umgekehrt: Dort gibt es einen überentwickelten Industriesektor, aber einen unterentwickelten Finanzsektor. China muss seinen Finanzsektor ausbauen, um nicht länger auf US-amerikanisches Kapital angewiesen zu sein, und die USA müssen ihren Industriesektor ausbauen, um nicht länger alle Waren aus China importieren zu müssen. Dieser Zustand kann nicht ewig andauern, aber ihm ein Ende zu setzen ist sehr schwer.

Die Coronapandemie hat möglicherweise dieses Gefälle noch steiler werden lassen. Die US-amerikanischen Banken stecken bereitwillig immer mehr Geld in chinesische Konzerne, da die Rezession der Heimatmärkte die Nachfrage nach Krediten schmälert. China wiederum tut alles, damit seine Industrie möglichst schnell wieder auf Hochtouren läuft. Das Wortgefecht zwischen Peking und Washington verläuft hitzig, doch an der Grundstruktur scheint dies nichts zu ändern.

Für die Verbraucher bedeuten die Produkte chinesischer Hersteller und die Expansion chinesischer Onlineversandhäuser über Chinas Landesgrenzen hinaus, dass ihnen billigere Produkte angeboten werden. Dieses Phänomen hat aber auch eine Kehrseite.

Laut der EU-Richtlinie für Produktsicherheit dürfen Unternehmen, die in Unionsländern geschäftstätig sind, nur sichere Produkte auf den Markt bringen. Die Richtlinie betrifft Onlinehändler, die außerhalb der EU tätig sind, nicht.

Europäische Unternehmen, die Produkte aus China importieren, müssen die Richtlinien der EU einhalten, diese Vorgaben greifen jedoch nicht bei asiatischen oder US-amerikanischen Onlinehändlern. Laut einer Mitgliederumfrage von der Finnish Commerce Federation (Kaupan liitto) ist allein der Kostenvorteil im Zusammenhang mit der Produktsicherheit, den beispielsweise chinesische Versandhäuser im Vergleich zu europäischen Importeuren haben, beachtlich. Wenn ein finnischer Importeur unter Einhaltung der EU-Richtlinien ein chinesisches Spielzeug zum Einkaufspreis von 100 Euro erwirbt, liegt der Preis ohne die Erfüllung der EU-Standards oder Selbstkontrolle und Revision bei 62 Euro. Bei Kosmetikprodukten ist der Unterschied noch größer: 100 Euro gegenüber 59 Euro.

Die ehrgeizigen Ziele, die China sich selbst gesetzt hat, und deren Umsetzung sind weitgehend bekannt. Pekings Vorgehensweise sollte für den Westen keine Überraschung darstellen.

Bereits 1997 versprachen Chinas Präsident Jiang Zemin und Russlands Präsident Boris Jelzin, gemeinsam eine »multipolare Welt und die neue Weltordnung vorantreiben zu wollen«.

China und Russland stellen heute eine Alternative zum Westen dar. Xi Jinping und Wladimir Putin haben diese Entwicklung nicht angestoßen, sondern sie ernten ihre Früchte. Sowohl Ungarn als auch die Türkei oder die Philippinen sind Beispiele für Länder, deren Staatsoberhäupter sich deutlich von der ursprünglichen Wertewelt des liberalen Westens abgewandt haben.

Innerhalb des derzeitigen Jahrzehnts wird das Bruttoinlandsprodukt Asiens das BIP der gesamten restlichen Welt übersteigen. Eine solche Situation gab es zuletzt im 18. Jahrhundert.

Während Chinas Macht und die asiatische Wirtschaft wachsen, entsteht zwischen Asien und dem Westen, abseits der Politik, eine wirtschaftliche Kooperation. Die Märkte des Ostens sind so gigantisch, dass westliche Konzerne nicht auf sie verzichten können. Neben der Industrie kommt auch in den Finanzsektor Bewegung. Der größte Vermögensverwalter der Welt, der US-Konzern BlackRock, gehört zu den Unternehmen, die besonders auf China setzen. Neben den eigenen Investitionen ermutigte BlackRock seine Kunden dazu, 2021 ihre Investitionen in China zu verdreifachen. George Soros, einer der bekanntesten Investoren der Welt, warnte, dass BlackRocks Aktivitäten dazu beitragen, die Macht von »Chinas Diktator zu untermauern«, und der nationalen Sicherheit demokratischer Länder zu schaden drohen.

Xi Jinping hielt im Oktober 2017 auf dem 19. Volkskongress eine bezeichnende Rede. Er sagte, dass China »auf die Beine gekommen, reich geworden und auf dem Weg an die Macht« sei. China räume anderen Ländern, die sich in Entwicklung befinden, den Weg frei, indem es ihnen »chinesische Weisheit und die chinesische Art, die Probleme zu lösen, die die Menschheit bedrohen,« vorschlage. Er stellte auch in Aussicht, dass China bis 2049 »dank der Kombination aus nationaler Stärke und internationalem Einfluss zum globalen Anführer« werden würde.

Dem Nachrichtensender Bloomberg zufolge sprechen chinesische Strategen und Institutionen völlig offen vom Aufbau einer »neuen, China-zentrierten Wirtschaftsordnung«. Im Mai 2020 berichtete Bloomberg von Chinas jüngstem Plan, der Investitionen im Wert von 1400 Milliarden Dollar in das Mobilnetz, Kameras und Sensoren der fünften Generation sowie in KI-Programme beinhaltet. Laut Bloomberg hilft der Plan chinesischen Unternehmen wie Alibaba, Huawei, SenseTime und Tencent, den Kampf gegen US-amerikanische Unternehmen zu gewinnen.

»So etwas hat es noch nie zuvor gegeben. Das bedeutet die Eröffnung eines Spiels, dessen Ziel es ist, den weltweiten Technologiewettbewerb zu gewinnen«, sagte Maria Kwok, Geschäftsführerin des Investmentunternehmens Digital Holdings, dem Nachrichtensender.

»China bereitet sich auf eine Konfrontation vor. Die Frage ist nur noch, welche Form diese annimmt«, schrieb Maajid Nawaz, Mitbegründer des britischen Thinktanks Quilliam, im Juni 2020 auf UnHerd. Er begründete seinen Standpunkt mit Zitaten aus der Rede Xi Jinpings im Frühjahr 2020, in der dieser sagte: »Es ist wichtig, die Ausbildung der Truppen umfassend zu verstärken und sich auf den Krieg vorzubereiten.«

Chinas Außenminister Wang Yi wiederum warnte im Mai 2020, dass die USA China »an den Rand eines neuen Kalten Kriegs« drängen würden. »Dieser gefährliche Versuch, das Rad der Geschichte zurückzudrehen, macht die jahrzehntelange Zusammenarbeit von China und den USA zunichte, schwächt Amerikas eigene Entwicklungsperspektiven und bedroht die Stabilität und den Wohlstand der Welt«, sagte Wang auf einer Pressekonferenz im Rahmen des chinesischen Volkskongresses.

»Während der Kalte Krieg früher ein nukleares Wettrüsten bedeutete, bedeutet die Neuauflage des Kalten Kriegs einen Kampf um die ›Quantenherrschaft‹«, schrieb Maajid Nawaz. »Die Kontrolle über die Verarbeitung von Big Data, von großen Datenmengen, wird darüber entscheiden, wer als Gewinner hervorgeht, denn Quantenherrschaft bedeutet Weltherrschaft.«

Nawaz wies darauf hin, dass Google im Herbst 2019 verkündet hatte, einen Quantencomputer gebaut zu haben, der innerhalb von 200 Sekunden dieselbe Menge an Rechenleistung erbrachte, für die ein gewöhnlicher Supercomputer 10.000 Jahre bräuchte. Forscher von IBM sagten allerdings gleich nach Googles Bekanntmachung, dass ein handelsüblicher Computer, wenn er mit ausreichend Festplattenkapazität ausgestattet ist, die entsprechende Leistung innerhalb von zweieinhalb Tagen erreichen könnte.

Die Rechenleistung eines funktionierenden Quantencomputers würde laut Nawaz die Verwaltung von Finanzrisiken revolutionieren, die Entwicklungsdauer neuer Medikamente verkürzen und seinem Herrscher uneingeschränkte militärische Macht verleihen. Ein Quantencomputer könnte auch sämtliche Verschlüsselungen knacken und gleichzeitig die eigenen Daten so verschlüsseln, dass ein gewöhnlicher Supercomputer den Code nicht knacken könnte.

»Infolgedessen könnte jedes beliebige Land, das als Erstes die Quantenüberlegenheit erreicht, sofort das gesamte Internet hacken – von den persönlichen Daten aller Staatsoberhäupter der Welt bis zu den Systemen der Zentralbanken sämtlicher Länder«, schrieb Nawaz.

Sowohl die USA als auch China haben Großprojekte zur Entwicklung der Quantentechnik gestartet. In China steht der militärisch-industrielle Konzern China Electronics Technology Group Corporation (CETC) an vorderster Front der Quantentechnik. Der Konzern gab bekannt, bereits einen Quantenradar entwickelt zu haben, der Tarnkappenflugzeuge aufspüren kann, die auf dem gewöhnlichen Radar unsichtbar sind. China hat auch verkündet, den ersten Satelliten der Welt gebaut zu haben, der quantenverschlüsselte Nachrichten übermitteln kann.

VIII

Man gewinnt leicht den Eindruck, dass die Strukturen der Weltwirtschaft in Stein gemeißelt seien. Wer sich auch nur ein wenig mit Geschichte auskennt, weiß allerdings, dass nichts von Dauer ist.

Der berühmte Ökonom John Maynard Keynes schrieb: »Ein Londoner, der seinen Frühstückstee im Bett trinkt, konnte mit seinem Telefon verschiedene Produkte aus der ganzen Welt bestellen und zwar in Mengen, die er für angemessen hielt, und in der Erwartung, dass diese zügig bis an seine Tür geliefert werden.«

Keynes hat aber nicht unsere Gegenwart beschrieben, sondern die Zeit vor dem Ersten Weltkrieg. Der Weltkrieg bedeutete das Ende des freien Handels und »stellte auf brutale Weise die Intellektuellen bloß, die an die Unwiderruflichkeit des Fortschritts geglaubt hatten«, schrieb der indische Schriftsteller Pankaj Mishra im Frühjahr 2020.

Die Rückkehr der Handelshürden stellt keine historische Ausnahme dar, sondern vielmehr eine Rückkehr zur Normalität. Freier Handel war in der Geschichte selten.

Dem Finanzanalysten Gary Shilling zufolge wurde freier Handel meistens dann praktiziert, wenn eine globale Großmacht den ungehinderten Austausch von Gütern förderte, um ihre eigenen Interessen voranzutreiben.

Im 19. Jahrhundert wollte Großbritannien, das von der industriellen Revolution profitierte, die Rohstoffzufuhr aus dem Ausland für seine Fabriken sowie den Export seiner Produkte auf andere Märkte sicherstellen. Ein weiteres Beispiel sind die

USA nach dem Zweiten Weltkrieg, für die der Freihandel während des Kalten Kriegs im Vergleich zu den Militärstützpunkten ein günstigerer und akzeptablerer Weg war, um Westeuropa und Japan an ihren Wirkungskreis anzubinden.

Das Coronavirus könnte zu einer grundlegenden Neubewertung der Globalwirtschaft führen. Die Globalisierung hat die schnelle Verbreitung des Virus zusätzlich beschleunigt sowie die wechselseitigen Abhängigkeiten von Staaten und Konzernen verstärkt, was sie noch anfälliger für unerwartete Katastrophen machte. Erst das Coronavirus hat sowohl Politikern als auch Geschäftsleuten die Augen dafür geöffnet, wie folgenschwer diese Abhängigkeiten sind.

Auf der Welt herrschte im Frühjahr 2020 ein heilloses Durcheinander, als Staaten sich ein Wettrennen um den Kauf von Masken lieferten, wo auch immer sie welche ergattern konnten. Russland und die Türkei verboten die Ausfuhr von Masken. Die EU wurde auf eine ernsthafte Probe gestellt, in der sich zeigen sollte, wie stark ihr Zusammenhalt ist. Das Ergebnis war ernüchternd: In Frankreich wurden Masken von den Behörden beschlagnahmt; das stärkste Land der EU, Deutschland, verbot den Export von Masken, und die EU konnte sich auf keine gemeinsame Linie im Kampf gegen das Virus einigen. Italien, das am schlimmsten unter der ersten Viruswelle gelitten hatte, bat die anderen EU-Länder um Hilfe, erhielt jedoch keine. Stattdessen bot China Italien Masken, Beatmungsgeräte und Schutzkleidung zum Kauf an.

Eine der Auswirkungen der Pandemie ist wohl die zunehmende Wertschätzung des öffentlichen Sektors. Der in den westlichen Ländern herrschende neoliberale Wirtschaftsgedanke sah den öffentlichen Sektor allenfalls als unvermeidbares Übel an, aber das Coronavirus brachte – zum Teil auch auf grausame Art – rechtsorientierte Politiker wie Boris Johnson dazu, vor Pressefotografen und Fernsehkameras für ÄrztInnen und Pflegepersonal zu applaudieren. Das Krankenhauspersonal wartete allerdings vergebens auf eine spürbare Gehaltserhöhung als Entlohnung für die Opfer, die es brachte.

Auch die Umweltkrisen machen eine gründliche Überprüfung der wirtschaftlichen und politischen Ziele und Instrumente zwingend erforderlich. Die extremen Wetterphänomene, die 2021 in verschiedenen Teilen der Welt verstärkt zu beobachten waren, könnten immer mehr politische Entscheidungsträger dazu bringen, sich zu schwierigen Entscheidungen durchzuringen, die auf kurze Sicht unangenehm erscheinen.

Der Europäischen Union böte sich in dieser Entwicklung die Rolle der international treibenden Kraft an, wenn sie diese denn übernehmen will. Im Juli 2021 präsentierte die EU bereits ihr ehrgeiziges Ziel, bis 2030 die Treibhausgasemissionen im Vergleich zu 1990 um 55 Prozent zu reduzieren. Das entsprechende Ziel der USA liegt bei 40 bis 43 Prozent. Der weltweit größte Treibhausgasverursacher China hingegen strebt lediglich an, 2030 mit der Verringerung der Emissionen zu beginnen.

Die Idee, die Gestaltung einer besseren Zukunft einzig in die Verantwortung privater Unternehmen zu legen, hinkt auch deshalb, weil viele bahnbrechende Innovationen ihre Anfänge in den Bemühungen von Staaten – und nicht von Unternehmen – hatten.

Als die Sowjetunion 1957 den ersten Satelliten ins Weltall schoss, begannen in den USA frenetische Forschungs- und Entwicklungsbemühungen, die unter anderem zur Entstehung der Integrierten-Schaltkreis-Industrie führten. Die globale Handytechnologie entstand aus einem Projekt skandinavischer Telefonbehörden, ein gemeinsames Telefonnetz zu errichten. Google begann mit dem National Digital Library Project (NDLP) der Stanford University.

Trotz der Kritik an der Bürokratie des öffentlichen Sektors führen selbst konservative Staatsobermänner häufig den Ausbau des öffentlichen Sektors als Antwort auf die Krise an.

Als Antwort auf die Terroranschläge vom 11. September 2001 gründete Präsident George Bush eine neue Behörde für den Kampf gegen den Terrorismus. Das Department of Homeland Security beschäftigt heute rund 240.000 Menschen.

Die Finanzkrise 2007 führte sowohl in Europa als auch in den USA und China zu beträchtlichen Maßnahmen, mit denen neben Banken in den USA auch die Autohersteller General Motors und Chrysler gerettet wurden.

IX

»Im 20. Jahrhundert wurden die großen Machtkämpfe zwischen dem Industriekapital und den Arbeitern ausgetragen. Im 21. Jahrhundert findet der Kampf zwischen dem Überwachungskapitalismus und der gesamten restlichen Gesellschaft statt. Der Kampf um Macht und Gewinne ist unblutig, aber ebenso gewaltsam wie jeder Kampf, den die Welt zuvor gesehen hat«, schreibt Shoshana Zuboff, emeritierte Professorin der Harvard University, in ihrem Buch *Das Zeitalter des Überwachungskapitalismus*. »Der digitale Kapitalismus ist vom Raubkapitalismus gekapert worden, der das Internet besitzt und antreibt.«

Zuboff verwendet eine harte Sprache, aber sie ist auf dem richtigen Weg: »Wir verdienen eine digitale Zukunft, die die Menschenrechte, die Souveränität der Individuen und andere Voraussetzungen für eine freie und florierende Demokratie stärkt.«

Die mangelnde Bereitschaft der Behörden, im Fall von Amazons, Apples, Facebooks und Googles Unternehmenskäufen einzugreifen, hat diese Unternehmen so groß werden lassen, dass sie resistent sind gegen jegliche behördlichen Maßnahmen, die auf eine Änderung der Situation abzielen, stellte das Open Technology Institute im Sommer 2020 fest.

Die Anhörung im US-Repräsentantenhaus 2020 war hitzig, doch es blieb weitgehend unklar, unter welchen juristischen Voraussetzungen man die Konzernriesen aufspalten oder ihnen auch nur vorschreiben könnte, anders zu handeln, als sie es derzeit tun.

Die Disziplinierung von Konzernriesen ist auch insofern schwierig, als sich die Wettbewerbsgesetze schlecht an die moderne Internetwelt anpassen lassen. Nach den Achtzigerjahren wurden Wettbewerbsbeschränkungen vor allem unter dem Gesichtspunkt ausgelegt, ob ein Unternehmenskauf zu einer Erhöhung der Kosten führte, die den Verbrauchern entstanden. Dieses Argument greift kaum bei der Konzentration der digitalen Welt, bei der wir es eher mit einem langfristigen Machtzuwachs der Konzerne als mit kurzfristigen Preissteigerungen zu tun haben.

Die Grundlagen des Wettbewerbsrechts wurden zu einer Zeit geschaffen, als Unternehmen auf Basis ihrer Standorte und dem Ort ihrer Geschäftstätigkeit reguliert wurden. Im digitalen Zeitalter machen Konzerne weltweit Geschäfte, und die Gesetzgebung hat den Anschluss verloren.

Eine Option ist die Aufspaltung der Konzerne. In den USA reicht diese Praxis gut 100 Jahre zurück, als der von Rockefeller geleitete Konzern Standard Oil sämtliche Ölraffinerien aufgekauft hatte. 1911 wurde Standard Oil in 34 separate Unternehmen aufgespalten.

Seitdem hat der Kapitalismus die US-amerikanischen Ölkonzerne wieder so weit zusammengetrieben, dass sich die Ölraffinerien des Landes heute größtenteils im Besitz von vier Konzernen befinden.

Alex Webb, Kolumnist bei Bloomberg, denkt nicht, dass die härtere Wortwahl der Politiker dieses Mal in der Praxis schärfere Maßnahmen zur Folge haben wird: »Europa hat die Motivation, doch keine Mittel, IT-Riesen aufzuspalten. In den USA ist die Situation umgekehrt«, schrieb er im August 2020.

Richard Waters, Silicon-Valley-Experte der *Financial Times*, analysierte im Juli 2020 die Möglichkeiten des US-Kongresses zur Einschränkung der IT-Riesen folgendermaßen: »Big Tech ist immer noch äußerst beliebt bei Milliarden Menschen, die die Webseiten und Suchfunktionen der Konzerne nutzen, deren Handys kaufen und in deren Onlineshops einkaufen. Wir wissen nicht, wie viel politischen Willen es zu ordentlichen Regulierungsmaßnahmen gäbe.«

Die Verschlechterung der Beziehungen zwischen dem Westen und China kann von den IT-Riesen zumindest teilweise als Erleichterung empfunden werden: Für Google, Amazon oder Facebook scheint es keine bessere Rechtfertigung zu geben als den Hinweis darauf, dass Alibaba und Tencent bereit sind, alle Märkte zu erobern, auf denen die US-amerikanischen Konzerne ihren Griff auch nur ein kleines bisschen lockern.

Lassen wir noch David Cicilline, den Vorsitzenden des Wettbewerbsausschusses des US-Repräsentantenhauses, zu Wort kommen. Sein Ausschuss kann die IT-Riesen nicht aufspalten, aber die Arbeit des Ausschusses könnte im Prinzip den Maßnahmen der Marktaufsicht den Boden bereiten – ebenso wie einer neuen Gesetzgebung auch außerhalb der USA.

Cicilline fasste im Sommer 2020 die Ergebnisse der Anhörungen der IT-Riesen zusammen: »Heute bekamen wir die

Entscheidungsträger der vier mächtigsten Konzerne der Welt zu hören. Diese Anhörung hat mir eine Tatsache vor Augen geführt. Diese Konzerne verfügen über Monopolmacht. Einige von ihnen müssen aufgespalten werden, und alle müssen einer strengen Regulierung unterzogen und für ihr Handeln zur Verantwortung gezogen werden. […] Wie der renommierte Richter des Obersten Gerichtshofs, Louis Brandeis, einmal sagte: ›Wir müssen uns entscheiden: Wir können eine Demokratie haben oder konzentrierten Reichtum in den Händen weniger – aber nicht beides.‹«

Brandeis starb vor 82 Jahren, aber seine Schlussfolgerung hat nicht an Aktualität verloren.

Die Konzernriesen arbeiten nach ihrer eigenen Logik, und zu dieser gehört nicht das Einschränken des eigenen Handelns. Sie müssen immer noch ein neues Unternehmen kaufen, auf noch einen neuen Markt expandieren, noch einen Konkurrenten vom Markt fegen – und aus den Kunden noch ein wenig mehr Gewinn herauspressen. Die Konzerne machen damit so lange weiter, wie es keinen funktionierenden Wettbewerb oder keine behördliche Regulierung gibt.

Die Europäische Union sollte sich um die Bevölkerung, die VerbraucherInnen und die Umwelt kümmern. Im Umgang mit den US-amerikanischen Großkonzernen hat sie jedoch Schwäche gezeigt. Überraschenderweise haben die USA, das Land, aus dem die meisten Probleme herrühren, in dieser Hinsicht Entschlusskraft bewiesen. An vorderster Front steht dabei der US-Kongress, der im Sommer und Herbst 2020 die ersten Schritte unternommen hat, um die IT-Riesen in die Schranken zu weisen.

Aber wie die Welt in Zukunft aussehen wird, kann nicht einigen US-Politikern überlassen werden – denn Marktmachtmissbrauch ist nicht nur auf US-amerikanische IT-Riesen beschränkt. Beim Missbrauch des Marktes geht es nicht nur um US-amerikanischen IT-Müll. Die Welt der Wirtschaft geht uns alle an. Wir müssen die Unternehmen genauer als zuvor beobachten und immer daran denken, dass man sich ihnen gegenüber nicht naiv verhalten darf. Sie handeln zu ihrem eigenen Vorteil.

QUELLEN

Die Quellen, die im Vorwort, in der Einleitung und in den Kapiteln im Anschluss an die Auflistung der Unternehmen verwendet wurden, werden im Text angeführt. In den Kapiteln über die einzelnen Konzerne werden die Quellen entweder direkt im Text oder in der folgenden Liste unter der jeweiligen Kapitelüberschrift angegeben. Als zusätzliche Quellen dienten die konzerneigenen Webseiten.

25. Cargill: Der Konzern hinter dem Big Mac

The Economist stellte die internationale Lebensmittel-Logistikkette am 09. 04. 2020 vor: »The food miracle. How to feed the planet«.
The Economist, Artikel vom 02. 09. 2017: »Cargill, an intensely private firm, sheds light on the food chain«.
The Economist über die Bedeutung von COFCO International für die internationalen Märkte am 02. 02. 2019: »Feeding the dragon. A Chinese state-backed giant's rapid rise in global trading of food«.
Die Umweltorganisation Mighty Earth berichtete über Cargills

Aktivitäten in einer Pressemitteilung am 11.07.2019: »Cargill Named ›Worst Company in the World‹«.

The New York Times schrieb über den Wandel von Cargills Ruf am 29.07.2019: »From Environmental Leader to ›Worst Company in the World‹«.

Die Non-Profit-Organisation Project Syndicate veröffentlichte am 12.07.2021 einen Artikel von Joseph Stiglitz und Geoffrey Heal: »Are US Corporations Above the Law?«

Der Nachrichtensender Bloomberg analysierte in einer Veröffentlichung in *Businessweek* am 07.05.2020 die Verbreitung des Coronavirus in den Fleischfabriken: »Cold, Crowded, Deadly: How U.S. Meat Plants Became a Virus Breeding Ground«.

The Economist berichtete über die internationale Logistikkette der Lebensmittelproduktion am 09.05.2020: »The world's food system has so far weathered the challenge of Covid-19«.

Der Nachrichtensender Bloomberg über die Unternehmenskonzentration der Großkonzerne in der Fleischproduktion am 12.05.2020: »U.S. Meat-Plant Changes Signal End of the 99-Cent Chicken«.

Philip Mattera, Leiter des Corporate Research Project, verfasste einen Überblick über die Geschichte und das Geschäftsfeld von Cargill am 01.08.2020: »Cargill: Corporate Rap Sheet«.

Forschungsquellen

Salerno, Tania (2016): »Cargill's corporate growth in times of crises: how agro-commodity traders are increasing profits in the midst of volatility«, in: *Agriculture and Human Values* 34 (2017), S. 211–222.

24. JBS: O Mann, was für ein Unternehmen!

Die kanadische Zeitung *The Star* berichtete über Gewaltverbrechen in Schlachthöfen in einem Sonderartikel am 14.05.2010: »Probing the link between slaughterhouses and violent crime«.

Die BBC berichtete über die gegen JBS verhängten Bußgelder wegen Korruption am 31.05.2017: »Brazil meat-packing giant JBS to pay record $ 3.2bn corruption fine«.

Die *Financial Times* berichtete über den Machtwechsel bei JBS und die Verurteilung der Batista-Brüder am 05.12.2018: »Brazilian meatpacker JBS names new chief executive«.

Der Nachrichtensender Bloomberg berichtete von JBS' Aufstieg am 17.05.2019: »JBS Is Market Darling Again After Scandal That Haunts Brazil«.

Die Organisation Repórter Brasil, der Journalistenverein The Bureau of Investigating Journalism und die britische Zeitung *The Guardian* veröffentlichten einen Bericht über die Zusammenhänge zwischen der Fleischindustrie und der Zerstörung des Amazonas am 02.07.2019: »Revealed: How the global beef trade is destroying the Amazon«.

In derselben Serie wurde auch über den Weg des Fleisches aus Brasilien auf die Teller der Verbraucher geschrieben: »JBS: The Brazilian butchers who took over the world« sowie über das Thema ›Geldwäsche‹: »UK purchased £ 1bn of beef from firms tied to Amazon deforestation«.

Die *Financial Times* berichtete über die Kritik an den JBS-Finanzierern am 23.09.2019: »Capital and BlackRock under fire for backing Brazil's JBS«.

Die *New York Times* berichtete über die Hintergründe der

Brände im Amazonas am 10.10.2019: »Why Amazon Fires Keep Raging 10 Years After a Deal to End Them«.

Die Organisation Global Witness forderte, den Amazonas vor den Aktivitäten der Fleischgiganten zu retten, 11.12.2019: »New Letter from 50 Organisations Urges Investors and Banks to Note Major Risks of Exposure to Amazon Deforestation of Buying Shares in Global Meatpackers JBA and Marfrig«.

In der *Financial Times* wurde die Klimaverantwortung der Fleischkonzerne nachverfolgt, 12.03.2020: »Meat companies must do more over climate risks, say investors«.

Die *Financial Times* berichtete über das Hähnchenfleischkartell am 03.06.2020: »US chicken executives charged with price-rigging«.

Die BBC berichtete über die Verbindungen britischer Investoren zu Fleischkonzernen, die den Regenwald zerstören, 04.06.2020: »Revealed: UK banks and investors' $ 2bn backing of meat firms linked to Amazon deforestation«.

Die *Financial Times* berichtete über die Verbreitung des Coronavirus in den Schlachtereien am 08.06.2020: »How slaughterhouses became breeding grounds for coronavirus«.

Businessweek schilderte den trostlosen Alltag der Schlachtereien und Rinderzuchten, 18.06.2020: »U.S. Meat Plants Are Deadly as Ever, With No Incentive to Change«.

23. Die Walt Disney Company: Träume für alle

Die *New York Times* berichtete über Disneys Fusion mit ABC am 01.08.1995: »The Media Business: The Merger; Walt Disney To Acquire Abc In $ 19 Billion Deal To Build A Giant For Entertainment«.

Die *Financial Times* über die Auswirkung von Disneys Pixar-

Kauf auf die Marktmacht des Konzerns, 24.01.2006: »Disney acquires Pixar in $ 7.4bn deal«.

Die finnische Tageszeitung *Helsingin Sanomat* veröffentlichte einen Artikel über Ed Catmulls Besuch in Finnland, 08.10.2016: »Disneyn ja Pixarin animaatiostudioiden pääjohtajan johtamisopit: Parempi korjata virheitä kuin vältellä niitä«.

Die BBC berichtete über die Kosten der Serie »The Crown« am 25.12.2017: »›The Crown‹: Does Netflix series cost more than the actual Queen?«

Disney gab seine Umstrukturierung in einer Mitteilung vom 14.03.2018 bekannt: »The Walt Disney Company Announces Strategic Reorganization«.

Das Anlageberatungsunternehmen The Motley Fool berichtete über die Kosten von Disney+ am 14.04.2019: »Disney Is Willing to Lose Billions to Compete With Netflix«.

Das Wirtschaftsmagazin *Bloomberg Businessweek* veröffentlichte einen umfangreichen Artikel über die Ära Bob Iger, 07.11.2019: »Bob Iger Takes the Gloves Off for Disney's Streaming Debut«.

Die *Financial Times* berichtete über die Beliebtheit der Streamingdienste am 10.11.2019: »Online streaming: Television's looming car crash«.

Vox berichtete über die Preisschilder der Megaproduktionen am 26.11.2019: »Baby Yodas don't come cheap: The streaming wars will cost Disney, Netflix, and WarnerMedia $ 16 billion«.

Die Onlineplattform Statista veröffentlichte eine Statistik über die Entwicklung der Disney+-Abonnements: »Number of Disney Plus subscribers worldwide from 1st quarter 2020 to 3rd quarter 2022«. Die Statistik umfasst Daten bis zum 02.07.2022.

Die US-amerikanische Webseite LoveMoney veröffentlichte eine Bildergalerie über Disneys Geschichte, 03.02.2020: »How Disney has taken over the world in the past 50 years«.

Die Marketing- und Media-Zeitschrift *AdAge* berichtete von AT&Ts Start auf dem Streamingmarkt am 02.03.2020: »AT&T's streaming TV service launches nationally with familiar look«.

The Guardian schrieb über Disneys kulturellen Welteroberungszug am 21.03.2020: »Taking the Mickey: How Disney Swallowed Up All of Culture«.

Die *Financial Times* berichtete über Mayers Wahl zum Geschäftsführer von TikTok am 19.05.2020: »TikTok appoints senior Disney executive as new chief«.

Investors.com schrieb über den Prozess von Disney und Johansson am 23.08.2021.

Zitate aus Neil Gablers Buch *Walt Disney: The Biography* stammen aus Mark Greifs Artikel »Tinkering« (*London Review of Books*, Bd. 29, Nr. 11, 7. Juni 2007).

Die *New York Times* berichtete am 20.11.2022 vom Geschäftsführerwechsel bei Disney. https://www.nytimes.com/2022/11/20/business/disney-robert-iger.html?searchResultPosition=2

Forschungsquellen

Arendt, Hannah (1960): *Vita activa oder Vom tätigen Leben*. München/Zürich 2002.

Jewett, Robert & Lawrence, John Shelton: The Myth of the American Superhero. Grand Rapids, Michigan 2002.

Greif, Mark (2007): »Tinkering«. *London Review of Books* 29 (11). »Anstatt dass die Menschen und Menschengruppen ihre realen Beziehungen erkennen, schließen sie sich zusammen und grenzen sich voneinander ab, indem sie imaginäre und fiktive Kategorien bilden.«

Heinämaa, Sara: »The Crisis of Reason and the Forgetfulness of the Lifeworld: Arendt and Husserl on Worldhood«, the 44th Annual Meeting of *Collegium Phaenomenologicum, Critical Phenomenology: Rethinking Politics, Affect, and Normativity, Section I: Hannah Arendt & Critical Political Phenomenology: The Crisis of Thinking and Acting*. Città di Castello, 9.–10. Juli 2019.

»Laut Arendt wird in der Modernität die erlebte Unendlichkeit vom mathematischen Konzept der seriellen Unendlichkeit verdrängt, die die Zeit in eine endlose Serie und die endlose Wiederholung der immer selben Schritte einteilt.« (Heinämaa, Sara 2020: »Infinity and Repetition: From Husserl's Critique of Mathematization to Arendt's Analysis of Modernity«, unveröffentlichtes Manuskript: »According to Hannah Arendt, one crucial change that happens in modernity is that the traditional understanding of infinity as openness is replaced by a mathematical conception of serial infinity. This new conception frames all forms of infinity by the idea of repeatability. Thus, we moderns tend to conceive all modes of infinity – also the openness of the world and that of human community – as limitless series of identically repeatable steps.«

Gespräch mit Sara Heinämaa.

22. HSBC: Die Bank für Terroristen und Drogenhändler

Überblick über die Geschichte von HSBC, zusammengestellt von Philip Mattera, Leiter des Corporate Research Project, 01.08.2020: »HSBC: Corporate Rap Sheet«.

Artikel über die Klagen gegen HSBC in *The Economist*, 08.08.2019: »Too big to thrive? As profits dwindle, HSBC plans a radical overhaul«.
Bericht über den Ruf der HSBC in *The Guardian*, 10.01.2015: »The Guardian view on HSBC: a bank beyond shame«.
Artikel in der *New York Times* über die Verbindungen von Huawei und HSBC zum Iran, 14.12.2018: »How a National Security Investigation of Huawei Set Off an International Incident«.
Artikel des *Rolling-Stone*-Journalisten Matt Taibbi über die Beziehungen der HSBC zu kriminellen und terroristischen Organisationen, 28.02.2013: »Gangster Bankers: Too Big to Jail«.
Mitteilung des US-Justizministeriums über die Einigung mit der HSBC, 10.12.2019: »Justice Department Announces Deferred Prosecution Agreement with HSBC Private Bank (Suisse) SA«.
Untersuchung des US-Senats über die Aktivitäten der HSBC, 16.06.2012: »HSBC Exposed U.S. Financial System to Money Laundering, Drug, Terrorist Financing Risks«.
Artikel von Milind Sathye »Behind Every Big Fortune, There is a Crime: Why HSBC is No Exception« (*ABC Network*, 2018).

21. Softbank: Start-up-Rausch im großen Stil

Forbes berichtete von der Gründung des Vision Fund II am 26.07.2019: »SoftBank Launches New $ 108 Billion Vision Fund To Invest in AI«.
In einem Artikel auf der Webseite *Seeking Alpha* wurden die Erfolge und die Herausforderungen der Finanzierungen des Vision Fund abgewogen, 07.10.2019: »SoftBank's ›Capital

Cannon‹ Is Misfiring – That Could Be Great News For IPO Investors«.

Auf der Webseite *Fast Company* wurde über das Ende des Brandless-Konzerns berichtet, 10.02.2020: »Brandless, the pioneering Amazon alternative, shuts down«.

In der finnischen Tageszeitung *Helsingin Sanomat* wurde über die Zusammenarbeit von Supercell und Softbank berichtet, 11.02.2020: »Supercell on tehnyt kahdella pelillään enemmän rahaa kuin mitä Star Warsin yhdeksän elokuvaa ovat keränneet lipputuloina yhteensä«.

Der Nachrichtensender Bloomberg berichtete über Sons Vermögenswert am 13.04.2020: »Son's $ 2 Billion Guarantee at Risk as Virus Hits SoftBank Star«.

Die *Nikkei Asian Review* berichtete von der Auswirkung des Coronavirus auf Softbanks Konzernwert, 18.05.2020: »SoftBank taps Alibaba stake to raise $ 11.5bn after huge loss«.

Masayoshi Son erzählte dem Magazin *Forbes* in einem exklusiven Interview über seine Erfolge und Visionen, 30.05.2020: »Masayoshi Son Talks WeWork, Vision Fund and Softbank Under Siege«.

In einem Artikel in der *Financial Times* wurde von Softbanks neuen Investitionen berichtet, 14.06.2020: »SoftBank invests in Credit Suisse funds that finance its technology bets«.

CNBC berichtete am 08.02.2022 vom geplatzten ARM-Nvidia-Deal: »SoftBank plans to take ARM public after Nvidia's $ 66 billion takeover deal collapses«.

Die *Nikkei Asian Review* berichtete am 08.08.2022 von Softbanks gigantischen Verlusten: »SoftBank eyes Vision Fund layoffs after posting $ 23bn loss«.

20. Boeing: Weit entfernt von der Marktwirtschaft

Juha-Pekka Raestes Reportage über den Besuch in den Boeing-Werken in Gebäude 49 in Huntington Beach in der finnischen Tageszeitung *Helsingin Sanomat* am 12.06.2005: »Boeingin tappokone«.

Business Insider schrieb über den Konkurrenzkampf zwischen Boeing und Airbus am 17.10.2017: »Airbus may have just torpedoed Boeing's grand plan to kill off a major competitor«.

Helsingin Sanomat schrieb über die Methoden, mit denen die Emissionen des Flugverkehrs reduziert werden sollen, am 04.05.2018: »Lentoliikenteen raju kasvu lisää ilmasto-päästöjä vaarallista tahtia – Suomessa toimivassa yhtiössä päätettiin esittää yksi pieni kysymys, ja lento-päästöt kääntyivät laskuun«.

Die Nachrichtenagentur Reuters berichtete über Boeings Zusammenarbeit mit Embraer, 05.07.2018: »Boeing to take over $ 4.75 billion Embraer unit, targeting Airbus-Bombardier«.

Der finnische Rundfunksender Yle berichtete auf seiner Webseite über die Emissionen des Flugverkehrs am 15.01.2019: »Suomalaisten lentämisen päästöistä näkyy vain murto-osa – lentokoneet saastuttavat jo saman verran kuin autot«.

The Wall Street Journal berichtete über Boeings Softwarefehler am 05.05.2019: »Boeing Knew About Safety-Alert Problem for a Year Before Telling FAA, Airlines«.

Die *New York Times* berichtete über die gefährlichen Planungsfehler der Boeing-Maschinen am 01.06.2019: »Boeing Built Deadly Assumptions Into 737 MAX, Blind to a Late Design Change«.

Der Nachrichtensender Bloomberg berichtete über Dennis

Muilenburgs Kündigung am 10.01.2020: »Boeing Ex-CEO Denied Severance, Keeps $ 80.7 Million of Past Pay«.

The Economist spekulierte über Boeings Herausforderungen in der Zukunft am 08.02.2020: »Away from the headlines, defence is Boeing's next problem«.

In der Prognose über die Zukunft der zivilen Luftfahrt »Boeing Commercial Market Outlook 2019–2038« berichtete der Konzern, dass das durchschnittliche Wachstum der vergangenen fünf Jahre bei 6,7 Prozent im Jahr gelegen habe.

Die Website *Defense News* listete 2020 die größten Konzerne der Rüstungsindustrie auf.

Die *New York Times* berichtete über die Entscheidung der US-Luftfahrtbehörde, die Boeing 737 MAX wieder im US-amerikanischen Luftraum zuzulassen, 18.11.2020: »Boeing 737 MAX Is Cleared by F.A.A. to Fly Again«.

19. Walmart: Hier lohnt es sich einzukaufen

Im *Wall Street Journal* wurde von Walmarts Ablehnung der Gewerkschaften bereits am 11.04.2000 berichtet: »Pro-Union Butchers at Wal-Mart Win a Battle, but Lose the War«.

Über die Auswirkungen der Gründung neuer Walmart-Filialen auf die regionale Wirtschaft ging es in einem Bericht der NGO Puget Sound Sage am 05.04.2012: »Economic Impacts of Walmart Store in Skyway«.

Die *New York Times* berichtete über den Bestechungsskandal am 21.04.2012: »Wal-Mart Hushed Up a Vast Mexican Bribery Case«.

Die Protestbewegung »Occupy Wall Street« veröffentlichte betriebsinternes Material von Walmart am 14.01.2014: »Walmart Organizes Against Workers«.

The Atlantic schrieb über die Gewerkschaftsfeindlichkeit der Walmart-Manager am 08.06.2015: »How Walmart Persuades Its Workers Not to Unionize«.

Die *Financial Post* berichtete von Walmarts Verödung der Kleinstädte am 25.01.2016: »Small towns devastated after Wal-Mart Stores Inc decimates mom-and-pop shops, then packs up and leaves:›They ruined our lives‹«.

Jay Somaney spekulierte über Walmarts Investitionen in China in einer Kolumne in *Forbes* am 05.02.2017: »Why Does Walmart Keep Upping Its Stake In Chinese E-Commerce Player JD.Com?«

Die *New York Times* berichtete über die Ergebnisse des Prozesses wegen Bestechung am 20.06.2019: »A ›Sorceress‹ in Brazil, a ›Wink‹ in India: Walmart Pleads Guilty After a Decade of Bribes«.

Binyamin Appelbaum nahm in einem Meinungsartikel in der *New York Times* am 24.08.2019 den Kapitalismus auseinander: »Blame Economists for the Mess We're In«.

Die *New York Times* berichtete über die Auswirkungen von Corona auf die Walmart-Angestellten am 26.03.2020: »At Walmart, the Coronavirus Makes It Feel Like Black Friday«.

Meghna Chakrabarti interviewte Branko Milanovic über die Zukunft des Kapitalismus, *Wbur*, 11.9.2019: »If Capitalism Is Our Future, What Will It Look Like?«

Branco Milanovic schrieb am 18.09.2019 in *Quillette* darüber, wie durch selektive Paarung die Ungleichheit verstärkt wird: »Rich Like Me: How Assortative Mating Is Driving Income Inequality«.

Meghna Chakrabarti interviewte Binyamin Appelbaum über den Einfluss der Ansichten der Ökonomen, *Wbur*, 10.09.2019: »The Rise Of The Free-Market Economists Who Reshaped Our World«.

18. China National Tobacco Corporation: Das Raucherzimmer der Welt

Fang, J., Lee, K. & Sejpal, N. (2016). »The China National Tobacco Corporation: From domestic to global dragon?«, in: *Global Public Health* 12(3), S. 315–334.

Freeman, B., Winstanley, M., Bayly, M. (2019): »The global tobacco manufacturing industry«, in: Scollo, Michelle und Winstanley, Margaret (Hrsg.): *Tobacco in Australia: Facts and issues*. Melbourne: Cancer Council Victoria.

Xu, S.S., Gravely, S., Meng G. u.a. (2018). »Impact of China National Tobacco Company's ›Premiumization‹ Strategy: longitudinal findings from the ITC China Project (2006–2015)«. *Tobacco Control* 2018(0), S. 1–9.

Global Center for Good Governance in *Tobacco Control* 2020. »GGTC Fact Sheet: Tobacco Industry: Manipulating the Youth into a Lifelong Addiction«.

Der Nachrichtensender Bloomberg berichtete über den geplanten Börsengang von CNTC am 02.01.2019: »World's Largest Cigarette Maker Plans IPO for Its International Business«.

In einem Artikel der *Financial Times* wurde über CNTCs Eroberungswunsch der westlichen Märkte berichtet, 04.04.2019: »China Tobacco looks to take on global cigarette makers«.

Die *South China Morning Post* berichtete über CNTCs Börsendebüt und Chinas Tabakmarkt am 12.06.2019: »Overseas unit of China's state-owned cigarette monopoly lights up after lacklustre trading debut as market sentiments turn stale«.

In der indischen Zeitung *The Print* wurde ein Forschungsartikel der Journalistin Jennifer Fang über die Verbindung zwischen der Tabakindustrie und den chinesischen Schulen veröffentlicht, 15.08.2019: »Tobacco companies in China are opening schools, and the Chinese welcome it«.

17. Chevron: Bis die Hölle gefriert

Bloombergs Artikel klärte Chevrons Verantwortung für Treibhausgasemissionen auf, 08.12.2014: »Chevron Courts Liability as Leading Producer of Greenhouse Gases«.
Die Zeitschrift *Science* berichtete am 25.08.2016 über Richard Heedes Untersuchung: »Just 90 companies are to blame for most climate change, this ›carbon accountant‹ says«.
Charles Nessons Beitrag wurde am 06.12.2019 in *The Harvard Law Record* veröffentlicht: »Collateral Estoppel«.
Ein Appell der philippinischen Abteilung von Greenpeace erschien in Madrid am 09.12.2019: »The Climate Change and Human Rights Petition«.
In einem Artikel auf der Webseite *The Intercept* wurde die Geschichte von Steven Donziger erzählt, 29.01.2020: »How the Environmental Lawyer Who Won a Massive Judgment Against Chevron Lost Everything«.
The Nation berichtete über die Endphase von Donzigers Rechtsstreit am 31.03.2020: »How a Human Rights Lawyer Went From Hero to House Arrest«.

16. McKinsey: »Schuldig!«

Businessweek ist McKinseys Aktivitäten auf den Grund gegangen, 08.07.2002: »Inside McKinsey«.
Die *Financial Times* berichtete über McKinseys Aktivitäten am 25.11.2011: »Inside McKinsey«.

Bloomberg veröffentlichte eine Rezension des Buches *The Firm* am 26.08.2013: »The McKinsey Mystique«.

BBC World Service veröffentlichte einen Artikel über die Geschichte von McKinsey am 30.10.2017: »Managing the managers: The rise of the business ›philosopher-kings‹«.

Die *Financial Times* berichtete von dem Streit mit Eskom am 04.03.2018: »McKinsey unclear how to repay South Africa scandal fees«.

Der Nachrichtensender Bloomberg berichtete über McKinseys Situation in Südafrika am 09.07.2018: »McKinsey Apologizes for Overcharging South African Power Utility«.

Bloomberg berichtete von McKinseys Verdacht des Missbrauchs eines Konzernberichts, 21.10.2018: »McKinsey Says It's ›Horrified‹ Saudi Arabia Report May Have Been Misused«.

Bloomberg veröffentlichte einen Artikel über Rajat Guptas Verurteilung am 07.01.2019: »Rajat Gupta Fails to Have Insider-Trading Conviction Tossed«.

In einem Artikel der *New York Times* wurde über die Beschuldigungen von McKinsey berichtet, 01.02.2019: »McKinsey Advised Purdue Pharma How to ›Turbocharge‹ Opioid Sales, Lawsuit Says«.

Die *New York Times* berichtete am 13.04.2022 vom Fall Smith: »McKinsey Opened a Door in Its Firewall Between Pharma Clients and Regulators«.

Das Magazin *Current Affairs* veröffentlichte den Artikel einer anonymen Quelle über die Beschäftigung bei McKinsey, 05.02.2019: »McKinsey & Company: Capital's Willing Executioners«.

Bloomberg berichtete von Guptas Memoiren am 24.03.2019: »Finance People Will Eat You for Lunch, Rajat Gupta's Wife Warned«.

Das *New York Magazine* veröffentlichte einen umfassenden Artikel über McKinseys Beratungstätigkeit in Puerto Rico, 17.04.2019: »The McKinsey Way to Save an Island«.

Der Non-Profit-Newsdesk für investigativen Journalismus *ProPublica* veröffentlichte einen Artikel über den Korruptionsverdacht gegen McKinsey in der Mongolei, 14.05.2019: »The Country That Exiled McKinsey«.

Bloomberg berichtete von McKinseys Beendigung der Opioid-Beratungen, 24.05.2019: »McKinsey No Longer Consulting for Purdue, Ends Opioid Work«.

The Economist beschrieb McKinseys Wertsteigerung und Bedeutung am Markt, 21.10.2019: »Rethinking McKinsey«.

Die *New York Times* berichtete von den Verdächtigungen gegen McKinsey im Zusammenhang mit Kunden-Insolvenzverfahren, 08.11.2019: »McKinsey Faces Criminal Inquiry Over Bankruptcy Case Conduct«.

ProPublica untersuchte McKinseys Verbindungen zur Trump-Administration, 03.12.2019: »How McKinsey Helped the Trump Administration Carry Out Its Immigration Policies«.

The American Prospect veröffentlichte einen Text über McKinseys Rolle in Einwanderungsfragen, 04.12.2019: »McKinsey's Complicity in Immigration Cruelty«.

Vox.com schrieb über McKinseys Rolle in der Gesundheitsversorgungskrise, 13.12.2019: »How McKinsey infiltrated the world of global public health«.

In einem Meinungsartikel der *Financial Times* wurde über McKinseys schmutzige Vergangenheit berichtet, 23.12.2019: »Why McKinsey alumni don't always make good bankers«.

Die *New York Times* berichtete von McKinseys Aktivitäten in Angola, 19.01.2020: »How U.S. Firms Helped Africa's Richest Woman Exploit Her Country's Wealth«.

The Atlantic veröffentlichte Daniel Markovits' Artikel über die Aktivitäten des Beratungsunternehmens, 03.02.2020: »How McKinsey Destroyed the Middle Class«.

15. Koch Industries: Sponsor eines »Netzwerks der Verleugnung«

Leonard, Christopher Olaf (2019): *Kochland: The Secret History of Koch Industries and Corporate Power in America*. New York.

MacLean, Nancy (2017): *Democracy in Chains: The Deep History of the Radical Right's Stealth Plan for America*. New York.

Mayer, J. (2017). *Dark Money: The Hidden History of the Billionaires Behind the Rise of the Radical Right*. New York.

Die *Financial Times* nahm die Galionsfigur von Koch Industries genauer in Augenschein, 08.01.2016: »Lunch with the FT: Charles Koch«.

Der Nachrichtensender Bloomberg berichtete über den Verkauf von Invista, 07.11.2017: »China Dealmaker Pays Koch Industries $ 2 Billion for Lycra Empire«.

Die Organisation Americans for Tax Fairness berichtete von den Vorteilen der Änderung des Steuergesetzes für die Koch-Brüder am 24.01.2018: »Analysis: Koch Brothers Could Get Up To $ 1.4 Billion Tax Cut From Law They Helped Pass«.

The Institute for New Economic Thinking (INET) veröffentlichte eine Analyse über den Rassismus der US-amerikanischen Wirtschaft, 30.05.2018: »Meet the Hidden Architect Behind America's Racist Economics«.

Die BBC enthüllte die Geschichte der Koch-Brüder, 10.06.2018: »Who are the Koch brothers?«

Die *New York Times* berichtete über den Tür-zu-Tür-Vertrieb des Koch-Konzerns, 19.06.2018: »How the Koch Brothers Are Killing Public Transit Projects Around the Country«.

In der Zeitschrift *The American Prospect* wurden die Steuervorteile der Koch-Brüder ausgerechnet, 28.06.2018: »The Koch Brothers' Best Investment«.

The Economist berichtete am 02.08.2018 von der Beziehung Trumps zu Koch: »Donald Trump versus Charles Koch«.

Die *New York Times* berichtete von der Beziehung Trumps zu den Brüdern Koch, 06.09.2018: »Trump and the Koch Brothers Are Working in Concert«.

Der Nachrichtensender Bloomberg informierte über Kochs Investitionen in neue Technologie, 13.08.2019: »Koch's Massive Tech Bet: ›Do It or We'll End Up in the Dumpster‹«.

FOX Business stellte das Vermögen der Koch-Familie am 23.08.2019 vor: »The Koch fortune: A look inside the brothers' wealth and business«.

The Intercept berichtete über die Rolle von i360 beim Ködern von Wählern, 09.09.2019: »Koch Data Mining Company Helped Inundate Voters with Anti-immigrant Messages«.

Die Nachrichtenagentur Reuters berichtete von der Klage des Bundesstaates Minnesota, 24.06.2020: »Minnesota sues Exxon, Koch and API for being ›deceptive‹ on climate change«.

14. Microsoft: Einfach immer viel zu mächtig

Die finnische Tageszeitung *Helsingin Sanomat* berichtete über Microsofts Aufstieg, 18.10.1992: »Microsoft ei voi estää rahantuloa; Yhtiön markkina-arvo yli sata miljardia«.

In einem Artikel in der *Businessweek* wurde Microsofts bedrohliche Marktstellung ausführlich abgehandelt, 01.03.1993: »Is Microsoft Too Powerful?«

Die EU-Kommission gab das Ende der Ermittlungen gegen Microsoft bekannt, 24.03.2004: »Commission concludes on Microsoft investigation, imposes conduct remedies and a fine«.

Die Nachrichtenagentur Reuters berichtete über die von der EU-Kommission angeordneten Entschädigungen, 27.02.2008: »EU fines Microsoft record $ 1.35 billion«.

Die *New York Times* referierte über den Tod von Thomas Jackson und dessen Rolle als Vorsitzender Richter im Fall »USA gegen Microsoft«, 15.06.2013: »Thomas Penfield Jackson, Outspoken Judge, Dies at 76«.

Der Crowdsourcing-Dienst Seeking Alpha bestätigte Microsofts erfolgreichen Kauf von LinkedIn, 17.07.2019: »Microsoft: LinkedIn Bet Is Paying Off Better Than Expected«.

In einem Artikel von Seeking Alpha wurde über Microsofts Wachstumsaussichten spekuliert, 22.09.2019: »Microsoft: A Big Tech Darling«.

In der DealBook-Rubrik der *New York Times* wurde über Microsofts Megadeal mit dem US-amerikanischen Verteidigungsministerium berichtet, 28.10.2019: »Microsoft wins the Pentagon's huge cloud contract«.

In der DealBook-Rubrik in der *New York Times* wurde von Microsofts Vorhaben, CO_2-neutral zu werden, berichtet, 17.01.2020: »Microsoft's ambitious climate goal: ›carbon negative‹«.

Die BBC berichtete von Bill Gates' Vorhaben, sich auf Wohltätigkeitsarbeit zu konzentrieren, 13.03.2020: »Bill Gates steps down from Microsoft board to focus on philanthropy«.

Business Insider berichtete von Bill Gates' Absicht, die Entwicklung eines Corona-Impfstoffs mit Milliarden zu fördern, 03.04.2020: »Bill Gates is helping fund new factories for 7 potential coronavirus vaccines, even though it will waste billions of dollars«.

The Economist legte Microsofts Ansichten über den Umgang mit Daten dar, 23.04.2020: »Microsoft embraces big data«.

Im Blog »Zen Analyst« auf der Investmentwebseite Seeking Alpha wurde festgestellt, dass Microsoft nicht aufzuhalten ist, 01.05.2020: »Nothing Can Stop Microsoft«.

Seeking Alpha verglich zwei Konzernriesen unter Investmentaspekten, 04.05.2020: »Microsoft vs. Apple: One Is A Better Investment«.

VOX Recode berichtete von Gates' Engagement im Zusammenhang mit dem Coronavirus, 13.05.2020: »Bill Gates has an idea for how to get billionaires to donate more for coronavirus«.

Das Mediennetzwerk The Verge berichtete über die Popularität von Minecraft, 18.05.2020: »Minecraft still incredibly popular as sales top 200 million and 126 million play monthly«.

Auf der Webseite von Seeking Alpha wurden Microsofts Ergebnisprognosen analysiert, 29.06.2020: »Microsoft: To Buy Or Not To Buy? That's Not Really The Question«.

Die *Financial Times* berichtete über Slacks Rechtsstreit mit Microsoft, 22.07.2020: »Slack files EU antitrust complaint against Microsoft«.

In einem Artikel der *Financial Times* wurde die Zusammenarbeit von zwei Konzernriesen erläutert, 05.08.2020: »Unpacking the Samsung-Microsoft pact«.

In einem Artikel des Magazins *Protocol* wurden Gründe für die Allianz von Microsoft und Samsung gesucht, 06.08.2020: »The enemy of my tech enemy«.

13. Hon Hai Precision Industry: Das Ausbeutungsunternehmen schlechthin

Business Insider berichtete über das Leben in Foxconns Fabrikstädten in China, 07.04.2018: »Inside ›iPhone City‹, the massive Chinese factory town where half of the world's iPhones are produced«.

Die *New York Times* brachte einen Bericht über einen Besuch in Zhengzhou, 29.12.2016: »China Rules. How China Built ›iPhone City‹ With Billions in Perks for Apple's Partner«.

Die *Nikkei Asian Review* berichtete über Foxconns Unternehmensstruktur, Führungspersönlichkeiten und Erfolge, 13.07.2017: »Gadget assembler Foxconn harbors big-brand ambitions«.

Der Nachrichtensender Bloomberg beschrieb die Zustände in Foxconns Werk in Indien, 29.08.2019: »Army of Women Earning $ 4 a Day Could Be Behind Your Next Phone«.

Die Non-Profit-Organisation China Labor Watch berichtete über die Zustände in Zhengzhou, 09.09.2019: »iPhone 11 Illegally Produced in China: Apple Allows Supplier Factory Foxconn to Violate Labor Laws«.

Die *Nikkei Asian Review* berichtete von Young Lius Fiat-Ankündigung, 23.01.2020: »Foxconn chief targets 2022 rollout of electric cars with Fiat«.

Dieselbe Webseite beschrieb auch Foxconns Situation, 24.01.2020: »Return of the ›Tiger‹: Gou to lead Foxconn as investor-in-chief«.

Über das Werk in Wisconsin vermittelte die *Nikkei Asian Review* ebenfalls einen Überblick, 08.04.2020: »Foxconn to mass produce ventilators in Wisconsin from May«.

Forschungsquellen

Drahokoupil, Jan, Andrijasevic, Rutvica & Sacchetto Devi (2016): *Flexible workforces and low profit margins: electronics assembly between Europe and China.* The European Trade Union Institute ETUI.

12. BlackRock: Der Fuchs, der den Hühnerstall bewacht?

Auf der Investmentwebseite MarketWatch wurde über die Fonds-Fusion von BlackRock und Merrill Lynch Investment Managers berichtet, 02.10.2006: »BlackRock, Merrill fund unit complete merger«.

The Guardian berichtete von George Osbornes Megahonorar, 08.03.2017: »George Osborne to be paid £ 650,000 for working one day a week«.

»Schumpeter« von *The Economist* kommentierte die Folgen der Trennung von Blackstone und BlackRock, 13.01.2018: »BlackRock v Blackstone«.

Businesswire veröffentlichte BlackRocks Meldung über den Kauf von eFront, 22.03.2019: »BlackRock to Acquire eFront – Industry Leading Alternatives Investment Software Provider«.

Institutional Investor berichtete von dem eFront-Kauf, 22.03.2019: »BlackRock's Aladdin Adds Alts Power«.

Business Insider berichtete über das Wachstum des Aladdin-Dienstes, 17.04.2020: »BlackRock is eyeing aggressive growth for its Aladdin platform, and says it could manage risk for the entire asset management industry by 2025«.

Die *Financial Times* brachte einen Artikel über BlackRocks politischen Einfluss, 29.04.2020: »BlackRock's growing clout carries risks for asset manager«.

Jeffrey D. Sachs verglich in seiner Kolumne auf der Webseite

Project Syndicate die globalen Darlehensmärkte mit einer Massenkarambolage, 07.05.2020: »Argentina and How to Avoid Global Financial Catastrophe«.

Der Nachrichtensender Bloomberg berichtete am 8. September, dass die junge Jennifer O'Neil eine Einigung in den Schuldenverhandlungen zwischen BlackRock und Argentinien gefunden habe: »She Is BlackRock's New Star After Sealing Argentina's Debt Deal«.

Die *Financial Times* berichtete von PNC Financials Verkauf seiner BlackRock-Anteile, 12.05.2020: »BlackRock's largest shareholder sells 22 % stake«.

11. Apple: Des Kaisers neue Kleider

In einer Analyse der Nachrichtenagentur Reuters wurden Apples Gewinnspannen miteinander verglichen, 06.11.2017: »Apple's iPhone X has higher margin than iPhone 8: analysis«.

TechInsights veröffentlichte einen Vergleich der Produktionskosten beliebter Handymodelle, 10.11.2017: »Cost Comparison – Apple iPhone X, Apple iPhone 8, Huawei Mate 10, Samsung Galaxy S8«.

Der Nachrichtensender Bloomberg gab Tim Cooks Milliardärsstatus bekannt, 10.08.2020: »Tim Cook Hits Billionaire Status With Apple Nearing $ 2 Trillion«.

Die Webseite *News Break* veröffentlichte einen Überblick über Apples AppStore-Monopol, 15.08.2020: »Apple's Epic Monopoly Problem«.

Bloomberg erstattete Bericht, als Apples Wert die zwei Billionen überstieg, 19.08.2020: »Apple Makes Wall Street History by Breaking $ 2 Trillion Barrier«.

Apple kann es sich nicht leisten, den AppStore-Streit gegen

Epic Games zu verlieren, stellte Richard Waters in seiner Kolumne in der *Financial Times* fest, 28.08.2020: »Apple cannot afford to lose battle royale with Epic«.

In der *Financial Times* wurde über Apples neue Positionierung zur Redefreiheit referiert, 04.09.2020: »Apple commits to freedom of speech after criticism of China censorship«.

Dieselbe Meldung wurde auch von der Nachrichtenagentur Reuters veröffentlicht, 04.09.2020: »Apple commits to freedom of information and expression in human rights policy«.

Die *Financial Times* hob die Beliebtheit der Apple Watch und anderer Accessoires hervor, 11.09.2020: »With no iPhone to launch, Apple turns to accessories and wearables«.

Der Bericht des US-amerikanischen Repräsentantenhauses, Oktober 2020: »Investigation of Competition in Digital Markets (Majority Staff Report and Recommendations)«.

10. JPMorgan: Überall dabei

Die *New York Times* berichtete von JPMorgans Beteiligung an den Enron- und WorldCom-Skandalen, 15.06.2005: »J.P. Morgan Chase to Pay Enron Investors $ 2.2 Billion«.

Die *New York Times* schrieb über die Ergebnisse der Überprüfung von JPMorgan durch den Ausschuss des US-Senats, 16.03.2013: »JPMorgan's Follies, for All to See«.

Die *New York Times* berichtete von JPMorgans milliardenschweren Entschädigungen, die JPMorgan infolge der betrügerischen Vermarktung von hypothekenbesicherten Wertpapieren zahlen musste, 20.10.2013: »JPMorgan Pays«.

Der Ruf der korrupten Bank und der Madoff-Skandal wurden in einem Artikel in *Forbes* analysiert, 18.03.2016: »Is JPMorgan Chase America's Most Corrupt Bank?«

Ein Artikel, der unter anderem den London Whale-Skandal beschreibt, wurde in der *Financial Times* veröffentlicht, 12.09.2018: »JPMorgan: defying attemps to end 'too big to fail'«.

Einen Überblick über die Unterschiede zwischen europäischen und US-amerikanischen Banken brachte die *Financial Times* am 17.09.2018: »How US banks took over the financial world«.

In einem Artikel auf *Yahoo! Finance* antwortet CEO Dimon auf die Kritik am Honorarsystem der Bank, 29.06.2019: »Jamie Dimon attacks populism of AOC and Bernie Sanders: ›Just because it resonates, doesn't make it right‹«.

In der Wirtschaftsrubrik DealBook in der *New York Times* wurden Informationen über JPMorgans Gewinne veröffentlicht, 15.01.2020: »Banks had a great year. 2020 could be just as good«.

In derselben Rubrik wurde auch eine Bewertung darüber abgegeben, wie Trumps Präsidentschaft sich auf das Finanzergebnis der Banken ausgewirkt hat, 17.01.2020: »Why banks should give thanks to Trump«.

In der Zeitschrift *Rolling Stone* wurde die Geschichte von JPMorgan dargelegt – und die fragwürdigen Aktivitäten der Bank wurden kritisiert, 24.02.2020: »How JPMorgan Chase Became the Doomsday Bank«

9. Alibaba: So funktioniert das Geschäft der Zukunft

Das Wirtschaftsmagazin *Forbes* berichtete über den Verkauf gefälschter Produkte auf Alibabas Plattform, 23.11.2015: »Why Alibaba's Massive Counterfeit Problem Will Never Be Solved«.

Harvard Business Review stellte Alibabas Business in der September/Oktober-Ausgabe vor, 01.09.2018: »Alibaba and the Future of Business«.

Der Nachrichtensender Bloomberg berichtete von Alibabas Produktentwicklung auf Basis des Kaufverhaltens, 24.10.2018: »Alibaba Used Shoppers' Data to Invent a Spicy Snickers Bar«.

Die chinesische Onlinezeitung *People's Daily* berichtete von Mas Auszeichnung für sein Lebenswerk durch das Zentralkomitee, 26.11.2018: »Beijing to honor founders of three internet giants«.

Eine Quelle der CNBC berichtete von Jack Mas Verbindung zur Kommunistischen Partei Chinas, 27.11.2018: »Alibaba's Jack Ma has been a Communist Party member since the 1980s«.

Die finnische Zeitung *Helsingin Sanomat* schilderte Alibabas 20-jährige Geschichte, 21.03.2019: »Kiinalainen opettaja Jack Ma muutti tavan, jolla ostoksia tehdään«.

CNBC berichtete von Alibabas »Singles' Day«-Kampagne, 07.11.2019: »From Kim Kardashian to Disney tickets: Alibaba gears up for Singles Day, a $ 30 billion shopping event«.

Forbes berichtete ebenfalls vom Erfolg der Kampagne, 11.11.2019: »Alibaba's 11/11 Singles' Day By The Numbers: A Record $ 38 Billion Haul«.

Die chinesische Nachrichtenagentur Xinhua News schilderte Alibabas Maßnahmen, um den Verkauf von Produktfälschungen in den Griff zu bekommen, 04.01.2020: »Alibaba intensifies anti-counterfeiting, IPR protection: report«.

Die Nachrichtenagentur Reuters gab bekannt, dass Ant Financial Services vorhatte, an die Hongkonger Börse zu gehen, 08.07.2020: »Exclusive: Alibaba's Ant plans Hong Kong IPO, targets valuation over $ 200 billion, sources say«.

Die *Financial Times* berichtete von Jack Mas gigantischem Ver-

mögen, 25.08.2020: »Ant Group reveals $ 2.6bn profit as it files for blockbuster IPO«.
Alibabacloud informiert auf seiner Webseite über die Geschäftstätigkeiten und die Größe des Unternehmens.
Alibaba berichtet auf der Webseite *Alizila* in einem Video von der Kette Freshippo: »Take a tour of a Freshippo supermarket and experience 'new retail'«.
Bei YouTube wurde am 14.11.2017 das Video »Jack Ma fights Ip Man in kung fu movie Gong Shou Dao« hochgeladen und am 08.09.2017 das Video »Jack Ma dances to Michael Jackson«.

8. Goldman Sachs: Im Auftrag Gottes

Die seither häufig zitierte Überschrift stammt ursprünglich aus *The Sunday Times*, 08.11.2009: »I'm doing ›God's work‹. Meet Mr Goldman Sachs«.
Über den direkten Kanal zwischen Goldman Sachs und der Regierung haben unter anderem *OpenSecrets.org* geschrieben, 23.03.2017: »The revolving door always spins for Goldman Sachs – by design« sowie *Finance Watch* am 22.02.2019: »Still Going Round in Circles: The Revolving Door Between Banks And Their Regulators«.
Die *Financial Times* vermeldete den Übergang von Politikern und Zentralbanken zum Finanzsektor am 27.10.2012: »Goldman's well-worn path to public office«, am 29.6.2016: »›Revolving door‹ trend takes hold in Europe« und 20.01.2017: »Goldman Sachs: Occupying Washington again«.
Goldman Sachs' Verwicklung in Griechenlands Schuldenkrise wurde unter anderem in der *Financial Times* gründlich recherchiert, 09.02.2010: »Goldman's Trojan currency swap« sowie in einem Artikel in *The Independent*, 11.06.2015:

»Greek debt crisis: Goldman Sachs could be sued for helping hide debts when it joined euro«. Über dasselbe Phänomen in den US-amerikanischen Städten schrieb auch *The Nation* am 16.06.2015: »How Goldman Sachs Profited From the Greek Debt Crisis«.

Über Goldman Sachs' Malaysia-Skandal liefert ein Artikel in *The Financial Times* einen umfassenden Überblick, 19.01.2020: »The 1MDB scandal: what does it mean for Goldman Sachs?« Die Bank bekannte sich im Oktober 2020 in dem Skandal schuldig. *The New York Times*, 22.10.2010: »Goldman Sachs Malaysia Arm Pleads Guilty in 1MDB Fraud«.

In *The Financial Times* wurden Goldman Sachs' Erfolg und Zukunftsaussichten beurteilt, 27.01.2020: »Goldman Sachs: will Solomon's consumer gamble pay off?«

Über die Gehaltserhöhung von CEO Solomon berichtete u. a. Bloomberg am 20.03.2020: »Goldman CEO Bucks Wall Street Trend With 20 % Pay Bump for 2019«.

Die *Financial Times* berichtete über die Untersuchung in Bezug auf die Ernennung von EU-Kommissar José Manuel Barroso, 29.04.2018: »Former EU commissioner hired as UBS Brexit adviser«.

In einem von der EU-Kommission veröffentlichten Live-Video kritisiert der Präsident der Europäischen Kommission Jean-Claude Juncker José Manuel Barrosos Tätigkeit, 15.09.2016: YouTube Interview with President Juncker – https://www.youtube.com/watch?v=c38nU4kDHz4. Über die Aussage wurde unter anderem in *The Guardian* berichtet, 15.09.2016: »Juncker Questions Barrosos Decision to Join Goldman Sachs«.

Das US-Justizministerium veröffentlichte eine Mitteilung über die Geldstrafen, die Goldman Sachs für die Hypothekenaffäre auferlegt worden waren, 11.04.2016: »Goldman

Sachs Agrees to Pay More than $ 5 Billion in Connection with Its Sale of Residential Mortgage Backed Securities«.
Die Geschichte von Goldman Sachs beleuchtet William Cohan in seinem Buch *Money Power: How Goldman Sachs Came to Rule the World* (Allen Lane), das die *London Review of Books* umfassend besprach, 03.11.2011: »Elephant Tears«.

7. Gazprom: Putins Faust

Yergin, Daniel (2011): *The Quest: Energy, Security, and the Remaking of the Modern World*. London.

Der Nachrichtensender Bloomberg berichtete über Gazproms Anteile an Deutschlands Energiemärkten, 04.07.2017: »Germany Is Addicted to Russian Gas«.

Die Rede von Alexei Borissowitsch Miller über die Energie-Zukunft am 25.05.2017 in Wien, auf der Webseite von Gazprom: »›Natural Gas as Destination Fuel for the Future‹. Conference during annual International Business Congress«.

Die *Vestnik Kavkaza* berichtete von Putins Aufstieg zu einem der einflussreichsten Menschen Russlands, 30.08.2018: »Putin, Gref and Miller named most influential people in Russia«.

Helsingin Sanomat schrieb über die Nord Stream 2 am 15.06.2019.

Die Deutsche Welle gab am 22. September 2022 bekannt, dass Deutschland die Verstaatlichung eines weiteren Gasimporteurs in Erwägung ziehe: »Germany considers nationalizing another major gas importer«.

Gazproms Konzernprogramm 2019 und 2020 und die Präsentation am Investorentag 2019.

Auf der Webseite *The Next Big Future* wurden Mutmaßungen über die Zukunft der Ölproduktion angestellt, 02.05.2019:

»In 2025 the USA Could Produce More Oil Than Saudi Arabia and Russia Combined«.

Auf *Oilpricecarts.com* findet sich die Liste der Barrel-Preise der Rohöl-Referenzsorte Brent 2020: https://oilprice.com/oil-price-charts/.

6. Deutsche Bank: Im Herzen Europas ist etwas faul

Der Spiegel veröffentlichte einen umfassenden Artikel über die verschiedenen Phasen der Deutschen Bank, 19.12.2012: »A Reputation in Ruin. Deutsche Bank Slides into a Swamp of Scandal«.

Der Nachrichtensender Bloomberg berichtete von dem Hexentanz um die Deutsche Bank, 09.02.2016: »German Finance Minister Schaeuble Has ›No Concerns‹ Over Deutsche Bank«.

Über die Razzia berichtete Bloomberg am 31.05.2022: »Deutsche Bank's DWS Unit Raided Amid Greenwashing Allegations«.

Die Nachrichtenagentur Reuters referierte über den Bericht des Internationalen Währungsfonds IWF, 30.06.2016: »IWF says Deutsche Bank's global links make it biggest potential risk«.

Der *Express* schrieb über die immense Verantwortung der Deutschen Bank in Europas Bankenwelt sowie über ihre Beziehung zur deutschen Regierung, 21.12.2016: »Deutsche Bank failure could DESTROY the ENTIRE European banking system, top analyst says«.

Der Nachrichtensender Bloomberg berichtete von einem Besuch in der New Yorker Filiale der Deutschen Bank, 01.07.2019: »Empty Desks and Early Beers: Life at Deutsche Bank in New York«.

Arturo Bris, Finanzprofessor am Lausanner IMD World Competitiveness Center, analysierte die Nachrichten über die Kündigungen der Deutschen Bank auf der Webseite *Channel News Asia* am 16.07.2019: »Commentary: Deutsche Bank job cuts are just tip of iceberg for finance industry«.

Die *New York Times* berichtete von Jeffrey Epsteins Verbindung zur Deutschen Bank, 23.07.2019: »Jeffrey Epstein Moved Money Overseas in Transactions His Bank Flagged to U.S.«.

Der Nachrichtensender Bloomberg berichtete über die Deutsche Bank und die Banca Monte die Paschi di Siena, 19.01.2017: »How Deutsche Bank Made a $ 462 Million Loss Disappear«

5. Facebook: Expansion um jeden Preis

Levy, Steven: *Facebook – Weltmacht am Abgrund: Der unzensierte Blick auf den Tech-Giganten*. München 2020.

Inquirer.net berichtete von Facebooks und Globe Telecoms kostenlosem Internetangebot, 23.10.2013: »Globe Telecom to offer Free Facebook access for its 36 million subscribers«.

Die *New York Times* räumte mit Stephen K. Bannons Vergangenheit auf in einem Artikel vom 31.03.2017: »Bannon Made Millions in Shaping Right-Wing Thought«.

Die *New York Times* berichtete über Zuckerbergs Image-Tournee durch die USA, 25.04.2017: »Mark Zuckerberg's Great American Road Trip«.

Die *New York Times* berichtete von russischen Fake-Accounts, die während der US-Präsidentschaftswahl 2016 Werbeflächen gekauft hatten, 06.09.2017: »Fake Russian Facebook Accounts Bought $ 100,000 in Political Ads«.

Christopher Wylie enthüllte die Methoden von Cambridge Analytica in einem Interview mit *The Guardian*, 18.03.2018:

»›I made Steve Bannon's psychological warfare tool‹: meet the data war whistleblower«.

Die *New York Times* berichtete von der Aufklärung in Zusammenarbeit mit *The Observer of London* und *The Guardian*, 04.04.2018: »Cambridge Analytica and Facebook: The Scandal and the Fallout So Far«.

Die *New York Times* berichtete über Facebooks Geständnis, dass Cambridge Analytica die Nutzerdaten des Anbieters ausspioniert hat, 05.04.2018: »Facebook Says Cambridge Analytica Harvested Data of Up to 87 Million Users«.

Ein Artikel von *Buzzfeed News* gab Aufschluss über den Machtkampf auf den Philippinen, 04.09.2018: »How Duterte Used Facebook To Fuel The Philippine Drug War«.

The Wall Street Journal beleuchtete Zuckerbergs und Facebooks Zukunftsaussichten in einem Artikel vom 18.11.2018: »With Facebook at ›War‹, Zuckerberg Adopts More Aggressive Style«.

Facebook veröffentlichte ein eigenes Zuckerberg-Interview über die Verteidigung der Redefreiheit, 04.04.2018: »Hard Questions: Q&A With Mark Zuckerberg on Protecting People's Information«.

Vox berichtete, dass die digitale Werbung die Print- und Fernsehwerbung überholt hat, 20.02.2019: »Digital advertising in the US is finally bigger than print and television«.

Bloomberg berichtete von der Skepsis der Machthaber gegenüber der Libra-Währung, 09.10.2019: »Senators Caution Mastercard, Visa, Stripe on Libra Membership«.

Helsingin Sanomat berichtete von der skeptischen Haltung der EU-Länder gegenüber Libra, 18.10.2019: »Ranska, Italia ja Saksa valmistautuvat estämään Facebookin Libra-valuutan pääsyn Eurooppaan«.

The Guardian berichtete von Elisabeth Warrens Wunsch, Facebook aufzuspalten, und von Zuckerbergs Reaktion, 20.10. 2019: »›Too much power‹: it's Warren v Facebook in a key 2020 battle«.

Die *New York Times* berichtete von der Vorstandsversammlung, bei der Zuckerberg verkündete, ein Anführer in »Kriegszeiten« werden zu wollen, 15.4.2020: »Now More Than Ever, Facebook Is a ›Mark Zuckerberg Production‹«.

Die *Financial Times* stellte die aktuelle Lage von Facebooks Libra-Währungsprojekt vor, 16.04.2020: »Facebook's Libra overhauls core parts of its digital currency vision«.

CNBC berichtete von den Auswirkungen der Coronapandemie auf das Vermögen von Milliardären wie Mark Zuckerberg, 21.04.2020: »American billionaires got $ 434 billion richer during the pandemic«.

Die Auswirkungen der Coronapandemie auf die Weltwirtschaft wurden in einem Artikel von *Project Syndicate* behandelt, 29.04.2020: »The Limits of Extreme Covid Monetary Policy«.

Der Radiosender NPR klärte über den geschichtlichen Hintergrund des Zitats aus Trumps Tweet auf, 29.04.2020: »The History Behind ›When The Looting Starts, The Shooting Starts‹«.

Das Mediennetzwerk *The Verge* berichtete über Facebooks Versprechen, seine Moderatoren zu entschädigen, 12.05.2020: »Facebook will pay $ 52 million in settlement with moderators who developed PTSD on the job«.

OperSecrets.org berichtete von den Lobbyismus-Investitionen in den USA in der Rubrik »Top Spenders 2019«.

The Verge berichtete am 04.11.2020 über Twitters und Facebooks Warnungen im Zusammenhang mit Trumps Posts: »Twitter and Facebook label baseless Trump post suggesting Democrats manipulated ballot counts«.

Dem Bloomberg Billionaires Index zufolge war Mark Zuckerberg am 19.11.2020 der viertreichste Mann der Welt – nach Jeff Bezos, Bill Gates und Elon Musk.

eMarketer teilte eine Analyse des Werbemarkts am 10.05.2021: »Duopoly still rules the global digital ad market, but Alibaba and Amazon are on the prowl«.

4. Amazon: Ein Datenunternehmen mit allem Drum und Dran

Die Investmentseite Dogs of the Dow aktualisiert durchgehend die Liste der teuersten Unternehmen am Markt: Largest Companies by Market Cap Today (Top 50 List).

Architectural Digest veröffentlichte einen Artikel über Warners Haus, der im April 1992 erschienen war, 24.08.2016: »Tour Jack L. Warner's House in Beverly Hills«.

The Wall Street Journal berichtete von Jeff Bezos' Wohnungskauf, 05.06.2019: »Jeff Bezos Buys Fifth Avenue Condo Spread for Around $ 80 Million«.

Die *Financial Times* verglich am 19.06.2020 die Unternehmen, deren Wert während der Pandemie gestiegen war: »Prospering in the pandemic: the top 100 companies«.

Jeff Bezos gab am 09.01.2019 nach 25 gemeinsamen Jahren die Trennung von seiner Frau MacKenzie Bezos auf Twitter bekannt.

Das Marktforschungsunternehmen eMarketer informierte am 27.04.2021 über die Marktanteile des Onlinehandels in den USA: »Amazon dominates US ecommerce, though its market share varies by category«.

eMarketer berichtete am 07.09.2018 über Amazons steigende Anteilen bei den Produktsuchen: »More Product Searches Start on Amazon«.

Jeff Bezos berichtete von dem Gedankenexperiment, das zu Amazons Gründung geführt hatte, in einem Artikel des Business Insider vom 13.11.2017: »Jeff Bezos used a simple mind trick to decide if he should start Amazon – here's how to use it«.

AWS-Manager Eric Morales sprach in einem Interview mit der finnischen Tageszeitung *Helsingin Sanomat* über die Geschäfte des Amazon-Tochterkonzerns, 07.10.2019: »Suurin osa Amazonin voitoista tulee jo pilvipalveluista, ei verkkokaupasta – yhtenä syynä yhtiön menestykseen on Jeff Bezosin kahden pizzan sääntö«.

Der Nachrichtensender Bloomberg berichtete von Bezos' raschem Vermögenswachstum, 30.01.2020: »Bezos Adds $13 Billion to Fortune in Minutes on Amazon Surge«.

Die Webseite für Unternehmenstechnologie ZDNet berichtete von den marktführenden Cloud-Anbietern, 11.04.2020: »Top cloud providers in 2020: AWS, Microsoft Azure, and Google Cloud, hybrid, SaaS players«.

Die Onlineplattform Statista berichtete von den Cloudserver-Märkten am 20.08.2021: »Cloud infrastructure services vendor market share worldwide from 4th quarter 2017 to 2nd quarter 2021«.

Die Investment-Webseite Seeking Alpha berichtete, warum AWS einen guten Grund liefert, Amazon-Aktien zu kaufen, 08.06.2020: »Amazon: Here's What You Should Be Monitoring«.

Die *Financial Times* listete die Unternehmen auf, denen es seit Beginn der Coronapandemie am besten ergangen war, 19.06.2020: »Prospering in the pandemic: the top 100 companies«.

Helsingin Sanomat berichtete von den Riesen des Kapitalismus, 29.07.2020: »Neljä yhtiötä on kasvanut niin isoksi, että ne uhkaavat koko kapitalismin toimintaa, ja tänään niitä kuullaan«.

3. Saudi Aramco: Mohammed bin Salman, der Inbegriff der Macht

The Economist interviewte Mohammed bin Salman über den beabsichtigten Börsengang von Aramco, 07.01.2016: »Saudi Arabia is considering an IPO of Aramco, probably the world's most valuable company«.

Companiesmarketcap.com schätzte den Marktwert von Saudi Aramco am 02.11.2022 auf circa 2090 Milliarden Dollar.

Die Auswirkungen des Börsengangs auf die Weltwirtschaft wurden in *The Economist* erwogen, 09.01.2016: »Sale of the century?«

Der Nachrichtensender CNN berichtete über Saudi-Arabiens Wunsch, die Abhängigkeit des Staates von den Ölreserven zu reduzieren, 25.04.2016: »Saudi Arabia tries to break ›dangerous‹ addiction to oil«.

Die *New York Times* veröffentlichte einen umfassenden Artikel über die Entwicklung Aramcos, 16.06.2018: »An Oil Giant Is Taking Big Steps. Saudi Arabia Can't Afford for It to Slip«.

The Guardian berichtete über den Verlauf des Kriegs im Jemen unter anderem am 26.09.2018: »Huge spike in Yemen violence as civilian deaths rise by 164 % in four months«.

Eine weitere Quelle über den Krieg im Jemen: Acleddata.com/tag/yemen.

Über die saudischen Ölfunde: *Energy to the world: The story of Saudi Aramco* Bd. 1.

Quellen für die ausführlichere Geschichte von Saudi Aramco sind Daniel Yergins Bücher *Der Preis: Die Jagd nach Öl, Geld und Macht* (Frankfurt a. M. 1991) und *Staat oder Macht: Die Schlüsselfrage unserer Zeit* (München 2001).

Die BBC berichtete am 7. September 2020 über die Abmilderungen von fünf Todesurteilen zu 20-jährigen Gefängnisstrafen durch das saudische Gericht. In derselben Meldung wird der Fall von einem hohen Abgeordneten des Menschenrechtsausschusses kommentiert: »Jamal Khashoggi murder: Saudi court commutes death sentences«.

Der Kolumnist »Schumpeter« befasste sich in *The Economist* mit Aramco, unter anderem am 17.04.2019: »Saudi Aramco looks downstream, and East«.

2. Tencent: Die Datenschmiede der Welt

Der Nachrichtensender Bloomberg taxierte Tencents bisherigen Erfolg und prophezeite dem Konzern die Weltherrschaft, 28.06.2017: »Tencent Dominates in China. Next Challenge Is Rest of the World«.

Bloomberg berichtete über die Eigentumsverhältnisse des Spielekonzerns Naspers im Vergleich zu Tencent, 22.03.2018: »Tencent's 60,000 % Runup Leads to One of the Biggest VC Payoffs Ever«.

Die Webseite *The Motley Fool* berichtete von Social-Media-Diensten, die die 100-Millionen-Nutzer-Grenze am schnellsten geknackt haben, 20.01.2019: »The Social Media Platforms That Hit 100 Million Users Fastest«.

Das akademische Mediennetzwerk *The Conversation* veröffentlichte einen Forschungsartikel von Jialu Shan und Michael Wade über den chinesischen Onlinehandel, 02.04.2020: »How China is revolutionising e-commerce with an injection of entertainment«.

Auf der Webseite *Seeking Alpha* wurde eine zweiteilige Serie über Tencent veröffentlicht. Der erste Teil erschien am 25.08.2020: »Tencent: The Ultimate Outsider. Part I In A Two-Part Series On The Biggest Company We Know The Least About«.

Der zweite wurde am 30.08.2020 ins Netz gestellt: »Tencent's Dreams, Part II: Investing In the Metaverse«.

Vom Verkauf von Tencents Anlagen berichtete die *Financial Times* am 31.08.2022: »Tencent turns from buyer to seller in investment pivot«.

Bloomberg analysierte Tencents Rolle in der chinesischen Gesellschaft in einem Beitrag am 07.08.2020: »Why Tencent and WeChat Are Such a Big Deal in China«.

BBC News schilderte Tencents Größe in einem umfangreichen Artikel, 07.08.2020: »What is Tencent?«

Bloomberg berichtete über die Verbindungen des Dienstes WeChat zu Chinas Regierung, 03.09.2020: »WeChat Is China's Everything App, and the ›We‹ Is Looking Suspicious«.

1. Google: Die wichtigste Zahl

Zuboff, Shoshana: *Das Zeitalter des Überwachungskapitalismus* (Frankfurt 2018).

Die Nachrichtenagentur Reuters berichtete von dem Prozess gegen Google in Bezug auf die Nachverfolgung des privaten Browserverlaufs, 03.06.2020: »Google faces $ 5 billion lawsuit in U.S. for tracking ›private‹ internet use«.

Columbia Journalism Review berichtete über die Absicht von Google, die Anbieter von Nachrichten für die von ihnen bereitgestellten Inhalte zu bezahlen, 26.06.2020: »Bowing to pressure, Google says it will pay publishers for news«.

Der Gründer des Softwarekonzerns SparkToro Rand Fishkin

veröffentlichte in seinem Blog eine Textreihe darüber, wie man in den Google-Suchergebnissen auf dem ersten Platz landet, 28.06.2020: »The Dirty Secret to Ranking #1 on Google (part 1 of 3)«.

Der Crowdsourcing-Inhaltsdienst für Finanzmärkte Seeking Alpha veröffentlichte eine Analyse über Alphabets Monopolstellung auf dem Markt, 06.07.2020: »Alphabet: Antitrust Suits Will Weaken Google's Dominance«.

Die *New York Times* berichtete über YouTubes Vorherrschaft auf dem Werbemarkt, 06.07.2020: »YouTube's power of the purse«.

Die Non-Profit-Nachrichtenzeitschrift *The Markup* berichtete von Googles Vorzug der eigenen Webseiten bei den Suchergebnissen, 28.07.2020: »Google's Top Search Result? Surprise! It's Google«.

Der Bericht des US-Repräsentantenhauses im Oktober 2020: »Investigation of Competition in Digital Markets (Majority Staff Report and Recommendations)«.

Mitteilung der Justizbehörde über die gegen Google erhobene Anklage: »Justice Department Sues Monopolist Google For Violating Antitrust Laws, 20.10.2020«.

Business Insider berichtete über Peter Thiels Kritik an Google, 02.08.2019: »Peter Thiel just cranked up his attack on Google's ›naive‹ relationship with China in a blistering New York Times op-ed«.

The Economist schrieb über Googles 21-jährige Entwicklung, 30.07.2020: »How to cope with Middle age. Google has outgrown its corporate culture«.

In derselben Zeitschrift wurden auch die Probleme im Zusammenhang mit der Expansion der US-Holding Alphabet analysiert: »Google's problems are bigger than just the antitrust case«.

Wie weit darf Gewinnmaximierung gehen?

McKinsey ist zweifellos eines der einflussreichsten Unternehmen der Welt und hat es sich zur Aufgabe gemacht dem Interesse des Kunden zu dienen. Aber was passiert, wenn die Gewinnmaximierung des Kunden oberstes Gebot ist und Ethik keine Rolle spielt?

Die beiden preisgekrönten Investigativ-Journalisten der New York Times, Walt Bogdanich und Michael Forsythe, haben intensiv recherchiert und zeichnen das Porträt eines Unternehmens, das in scharfem Widerspruch zu seinem öffentlichen Image steht.

Walt Bogdanich und Michael Forsythe
Schwarzbuch McKinsey
Die fragwürdigen Praktiken der weltweit führenden Unternehmensberatung

Aus dem Amerikanischen von Karsten Petersen, Karlheinz Dürr und Andreas Thomsen
Hardcover mit Schutzumschlag
Auch als E-Book erhältlich
www.ullstein.de

Econ

Niemand kann diese Geschichte so erzählen wie derjenige, der sie aufgedeckt hat

Der Financial Times-Journalist Dan McCrum hat getan, wofür eigentlich Wirtschaftsprüfer und Finanzaufsicht zuständig sind: Er hat mit seinen Recherchen den größten Betrug in der Geschichte des DAX aufgedeckt. Dieses Buch erzählt die rasante und unglaubliche Geschichte mit seinen vielen Akteuren, Mitwissern, Helfern, Geheimagenten und Kriminellen aus Dan McCrums ganz persönlicher Sicht.

»Dan McCrum hat mit House of Wirecard nicht nur einen Meilenstein in der Geschichte des investigativen Journalismus gelegt, er hat sich damit auch große Verdienste für den Finanzplatz Deutschland erworben.«
Olaf Scholz

Dan McCrum
House of Wirecard
Wie ich den größten Wirtschaftsbetrug
Deutschlands aufdeckte und einen
DAX-Konzern zu Fall brachte

Aus dem Englischen von Karsten Petersen,
Violeta Topalova, Sigrid Schmid, Thomas
Stauder und Hans-Peter Remmler
Hardcover mit Schutzumschlag
Auch als E-Book erhältlich
www.ullstein.de

Econ

Folge der Spur des Geldes

Birgit Orths ist seit zwanzig Jahren Steuerfahnderin. Sie hat bei Clan-Kriminalität, bei Cum-Ex-Deals und Steuerhinterziehung, in Geldwäsche-Verfahren, bei den Panama Papers, bei Korruptionsvorwürfen und zuletzt beim systematischen Betrug mit Corona-Soforthilfen ermittelt. Hier erzählt sie anhand eines spektakulären Falles, wie sie versucht, gegen die Organisierte Kriminalität vorzugehen. Ihr Fazit: Die Finanzverwaltung ist bei dem Aufspüren und der Bekämpfung von kriminell organisierter Steuerhinterziehung kolossal überfordert.

Birgit E. Orths
Als Steuerfahnderin auf der Spur des Geldes
Wie Kriminelle und Fehler im System uns Milliarden kosten

Klappenbroschur
Auch als E-Book erhältlich
www.ullstein.de

Econ